专业学位教学案例精选精析

国际商务迷局

来自毅伟商学院的26堂经典案例课

刘庆林 / 刘 素 / [加] 包铭心（Paul W. Beamish）
◎ 编译

中国财经出版传媒集团
经济科学出版社
Economic Science Press

图书在版编目（CIP）数据

国际商务迷局：来自毅伟商学院的26堂经典案例课/刘庆林，刘素，（加）包铭心（Paul W. Beamish）编译．—北京：经济科学出版社，2021.7

（专业学位教学案例精选精析）

ISBN 978-7-5218-2606-7

Ⅰ．①国…　Ⅱ．①刘…②刘…③包…　Ⅲ．①国际商务-案例-汇编-高等学校　Ⅳ．①F740

中国版本图书馆CIP数据核字（2021）第110014号

责任编辑：刘战兵
责任校对：孙　晨　齐　杰
责任印制：范　艳

国际商务迷局

来自毅伟商学院的26堂经典案例课

刘庆林　刘　素　[加]包铭心（Paul W. Beamish）　编译
经济科学出版社出版、发行　新华书店经销
社址：北京市海淀区阜成路甲28号　邮编：100142
总编部电话：010-88191217　发行部电话：010-88191522
网址：www.esp.com.cn
电子邮箱：esp@esp.com.cn
天猫网店：经济科学出版社旗舰店
网址：http://jjkxcbs.tmall.com
北京时捷印刷有限公司印装
710×1000　16开　23.25印张　420000字
2021年7月第1版　2021年7月第1次印刷
ISBN 978-7-5218-2606-7　定价：79.00元
（图书出现印装问题，本社负责调换．电话：010-88191510）
（版权所有　侵权必究　打击盗版　举报热线：010-88191661
QQ：2242791300　营销中心电话：010-88191537
电子邮箱：dbts@esp.com.cn）

IVEY | Publishing

本书中的案例仅供课堂讨论使用，作者无意说明在特定管理情境中应对方式是否有效。为了保护商业秘密，作者可能会隐去某些名字或其他能显示身份的信息。

未经版权所有者书面授权，禁止以任何形式复制、收藏或转载本书的内容。任何复制权组织（reproduction rights organization）均无权准许复制本书中的内容。如需订购或申请复制本书中材料的许可，请联系：Ivey Publishing, Ivey Business School, Western University, London, Ontario, Canada, N6G 0N1；（t）519.661.3208；（e）cases@ivey.ca；www.iveycases.com。

推荐者序

为适应经济全球化的趋势，2011年教育部首次批准78家培养院校设立国际商务硕士（Master of International Business，MIB）专业学位。截至2020年底，该专业的招生院校数量扩大至121家。国际商务硕士的课程设置与实践紧密结合，致力于提升学生的分析能力和创造性解决国际商务实际问题的能力。

加拿大韦仕顿大学毅伟商学院自1922年建立至今，一直以全案例教学的授课方式而闻名全球。本书从毅伟商学院案例库30000多个案例中精选了26个典型性案例和3个阅读材料，基本涵盖了国际商务课程涉及的主要议题，如全球商业环境、外包、合资、品牌授权、战略联盟、国际供应链、跨国并购、对外直接投资、国际人力资源管理、跨文化沟通、政府关系等。案例大多涉及国内外的知名公司，代入感和情节冲突感强，很值得学生和企业经理们阅读和深入探讨。

在"一带一路"倡议以及高标准自由贸易试验区建设、构建开放型经济、参与全球治理体系等国家战略指引下，中国企业正逐步走向世界舞台的中央并已取得了令世界瞩目的成就。独特的文化传统、历史命运和基本国情，促使许多中国企业在"走出去"的过程中形成了极具特色的管理哲学、管理体系和方法。我们有必要将这些并不为西方商界、学者熟知的中国管理模式、管理方案和管理智慧开发成经典的国际商务案例向全球传播和推广，因为讲好中国企业的故事有利于推动它们的国际化发展，更有利于提升中国企业的全球影响力。

这本毅伟案例集的出版恰逢其时。全国国际商务专业学位研究生教育指导委员会已与设在教育部学位与研究生教育发展中心的中国专业学位教学案例中心共同合作，开展案例研究、案例开发和案例库建设。本书为教师提供了国际一流的国际商务案例资源，有助于引导学生在无风险情况下演练商业决策实践，提升学生的分析决策能力。同时，教师在使用这些经典范例后，还可以将身边典型的国际商务实践故事开发成商业案例，投稿国际案例库，为完善和丰富国际商务理论与实践做出积极贡献。

赵忠秀
全国国际商务专业学位研究生教育指导委员会秘书长
山东财经大学校长

编译者序

为深入贯彻落实习近平总书记关于哲学社会科学工作、教育工作的系列重要论述和指示批示精神，讲深、讲透、讲准、讲好中国精彩故事，服务立德树人根本任务和支撑研究生教育高质量发展，《学位与研究生教育发展"十三五"规划》将"案例库建设"列入五年重大建设项目。之后，国务院学位委员会、教育部印发了《专业学位研究生教育发展方案（2020－2025）》，该方案指出，发展专业学位是学位与研究生教育改革发展的战略重点，应破除仅以论文发表评价教师的简单做法，将教学案例编写等纳入教师考核、评聘体系。

尽管案例编写得到了政策支持，案例教学已经成为一种趋势，但教师们仍然需要面对有关教学案例的基本问题：什么是教学案例？怎么写教学案例？在课堂上案例具体怎么用？有没有好的教学案例可供参考？教师应该从哪里入手开始准备案例？这些问题看似简单，却常常使很多想尝试案例教学和写作的教师望而却步。

为了推动我国国际商务专业的案例开发和教学更加国际化，提升我国国际商务教师撰写教学案例的能力，我们从全球最顶尖的两大国际商业案例库之一的毅伟案例库（另一个是哈佛案例库）中精选了26个国际商务领域的优秀案例。教师可以通过阅读这些案例，理解教学案例的写作特点和风格，尝试使用和开发教学案例。

目前，案例开发和案例教学是国际商务硕士（MIB）人才培养的重要组成部分，也是教育部国际商务专业学科评估以及各项国际认证考察的重要指标。随着教师对高质量教学案例需求的日益迫切，入选哈佛商学院、毅伟商学院案例库的案例数在教育部国际商务学科评估中的权重日趋增加。因此,全国各大知名高校都非常重视高水平案例的开发工作。

加拿大韦仕顿大学毅伟商学院的国际商务专业一直排在全球前十名之内,其案例库中收录的案例将近4万个,其中包含大量国际商务相关的优秀教学案例。如果教师想获得更多的毅伟案例和案例对应的指导手册,可以免费注册和登录毅伟案例库(https://www.iveycases.com),如果教师想在课堂上使用毅伟案例,则需购买毅伟案例库的使用授权。①

很开心能借此机会和我的硕士生导师山东大学经济学院国际商务专业学位负责人刘庆林教授以及我在毅伟访学的导师包铭心(Paul W. Beamish)教授合作,非常感谢国家社科一般基金(课题号:18BGL084)对本书出版的支持,希望这本书的出版能为国内的教师了解、撰写、使用高质量教学案例提供参考,祝中国案例建设的明天更加美好!

刘　素

山东财经大学教授

毅伟商学院兼职教授

---

① 有关毅伟案例库的使用授权许可和培训等相关事宜,请发邮件邮件至longlivetinna@126.com。

目　录

第1章　全球商业环境 …………………………………………………… 1
　1. 加拉德日本：全球化还是本土战略？ …………………………… 1
　2. 珍珠行业：是否存在新的发展机会？ …………………………… 12

第2章　全球外包 ………………………………………………………… 24
　3. Sher-Wood冰球杆：全球采购 …………………………………… 24
　4. 海信的国际化困境：与罗意威公司合作 ………………………… 37
　5. 百丽婚纱公司的危机 ……………………………………………… 49

第3章　国际许可 ………………………………………………………… 57
　6. Cameron汽车零部件公司：合资、许可经营还是出口 ………… 57
　7. 印度麦当劳：开心乐园已不再 …………………………………… 66

第4章　国际合资企业和联盟 …………………………………………… 73
　8. Nora-Sakari：一家拟在马来西亚成立的合资企业（修订版） …… 73
　9. 海信日立合资公司：开拓东南亚市场 …………………………… 87

第5章　国际并购 ………………………………………………………… 95
　10. Apex科技股份有限公司：融资收购 …………………………… 95
　11. 华意压缩机巴塞罗那公司：并购后的挑战 …………………… 108
　12. 三一重工的跨国并购、整合和战略重塑 ……………………… 118

第6章　对外直接投资 ········· 134
13. 桑顿公司在柬埔寨：退出还是坚持？ ········· 134
14. IMAX 公司：在金砖四国的扩张（修订版） ········· 144

第7章　国际人力资源管理 ········· 164
15. 上海欧几里德印刷机器有限公司：在裁员和倒闭间徘徊 ········· 164
16. 海思堡公司的招聘困境 ········· 174
17. Larson 公司在尼日利亚 ········· 186

第8章　跨文化沟通 ········· 193
18. 为在亚洲取得成功而谈判：适应多极世界 ········· 193
19. 舆论危机中的戴姆勒（中国） ········· 201

第9章　国际政府关系 ········· 207
20. 飞鹤乳业：在加拿大投资 ········· 207
21. 衰退中的澳大利亚汽车工业 ········· 224
22. Molto Delizioso 咖啡机：英国脱欧货币贬值后的定价和利润 ········· 236

第10章　国际供应链管理 ········· 240
23. 贝宁的"白金"：中国在贝宁的棉花投资 ········· 240
24. 雀巢公司的中国咖啡计划 ········· 253

第11章　演进中的跨国公司 ········· 272
25. 立足于欧洲的护理机构法国欧葆庭集团：扩展到中国 ········· 272
26. GE 中国技术中心：全球创新中角色的演变 ········· 289

延伸阅读 ········· 310
1. 你到过哪些地方？算一算你接触过多少其他国家（地区）的人（2019 年） ········· 310
2. 关于国际合资企业的设计和管理的说明 ········· 321
3. 关于国际许可的说明 ········· 339

第1章 全球商业环境

1. 加拉德日本：全球化还是本土战略？*

2017年7月中旬，加拉德日本公司总裁兼首席执行官田中伸男（Toshio Tanaka）委托他的团队进行了一次民意调查，9月下旬，他收到了此次调查的随访结果。加拉德日本是加拉德股份公司（Garrard S. A.）的全资子公司，以收入来看，加拉德股份公司是全球最大的包装食品公司之一。这家总部设在欧洲的跨国公司长期致力于推动贸易和商业的全球化发展。

田中最近目睹了与全球化背道而驰的若干趋势，如在美国的"美国制造"运动中，保护主义不断发展；民族主义兴起，如英国的"脱欧"运动；有关全球化的消极言论在公共领域的各主流平台上频繁出现。田中不确定这些趋势是民粹主义的还是实质性的。他于2017年7月委托他的团队进行了这项调查，以确定日本基层民众对跨国公司（MNE）的基本看法。

调查结果既有定性的，又包括定量的：64%的日本人认为跨国公司把利润看得比其他事情都重；50%的人认为跨国公司没有人情味；41%的人认为它们是官僚主义的（见表1）。调查还表明了日本人如何看待跨国公司的"全球当地化迎合度"（glocal）——全球和本地迎合度的混合——以及他们如何从"全球当地化层面"评价加拉德日本。加拉德日本在1~10的评分范围内获得了3.5分的评分，这一得分在消费品（CPG）行业的同行中处于中游位置（见表2）。

---

* 本案例由拉马斯萨斯特里·钱德拉塞卡尔（Ramasastry Chandrasekhar）在包铭心（Paul W. Beamish）的指导下编写，案例编号：9B19M031。©2019，Ivey Business School Foundation，版本：2019-04-26。

表 1　　加拉德日本，本地调查反映的一些重点，2017 年 8 月

64%	…在被调查者中，有人认为相比其他方面，跨国公司更加关心利润
50%	…有被调查者认为，跨国公司没有人情味
41%	…在被调查者中，有人认为跨国公司是官僚主义的
94%	…在被调查者中，有人认为全球公司有可能为当地利益行事
67%	…在被调查者中，有人认为，与规模较小的本地公司相比，跨国公司会以更具竞争力的价格提供更好、更高质量的产品
70%	…有被调查者认为，跨国公司支持研究与开发
57%	…在被调查者中，有人认为跨国公司的举措旨在造福其所在地区的环境

资料来源：公司资料。

表 2　　全球本地化评级

跨国公司编号	为自身利益行事（%）	为当地社会的最大利益行事（%）	在两者之间取得平衡（%）	全球本地化平均评级/评分
1	40	42	18	4.0
2	40	46	14	3.9
3	42	42	15	3.8
4	43	43	14	3.8
5	47	38	15	3.6
*6	48	39	13	3.5
7	49	42	9	3.4
8	48	43	9	3.4
9	49	42	9	3.3
10	50	42	8%	3.3

注：被调查者还被问及以下问题："当做出可能影响当地社区的决定时，这些（10 个）品牌/公司是为了全球公司整体的最佳利益行事，还是为了可能受决策影响的当地社区的最佳利益行事，或者它们在追求利益和减少对公司和当地社区可能产生的负面影响之间达成平衡？"对这些回答进行分析，得出 10 个品牌/公司中每个品牌/公司的全球本地化评分。* 为加拉德美国。

资料来源：公司记录。

田中在 9 月初召集其直接下属开会，会议主题就是讨论这个调查结果。会上达成共识，加拉德日本还有提升全球本地化评分的余地，并计划为此制定一项临时战略以提高评分。

摆在田中面前的文件就是按照他的要求制定的一份行动计划。该计划表示，加拉德日本应做到以下几点：(1) 确定其在日本的发展目标，并将其明确传达给利益相关者。(2) 界定员工行为，并确保其与发展目标保持一致。(3) 将日本本土的一些元素融入公司全球行动中，以提高同本土消费者的关联度。

在评阅战略文件时，田中有两点考虑：第一，该战略能否提高加拉德日本的全球当地化评分？如果不能，需要在哪些方面强化战略？第二，公司是否拥有执行该战略所需的资源，以及谁将提供所需的财务支持——加拉德日本，还是加拉德总部（HQ）？

跨国公司

跨国公司可以由三个属性来定义：(1) 直接投资于外国，而不是仅仅向外国出口商品和服务；(2) 积极协调境外资产管理，而不是将其资本作为被动金融投资组合的一部分；(3) 在战略上和组织上将其业务在不同的国家进行整合，而不是让它们各自为政。①

跨国公司一直在努力满足全球需求与当地需求之间的平衡。跨国公司对当地需求的响应程度受当地因素如文化、消费者偏好、经营方式、基础设施、技术标准、分销渠道、政府需求、国家法规和国内竞争对手等的影响。

近几十年来，美国国内对自由贸易的态度变得更加关注自己的国内利益。造成这一转变的原因是，人们认为失业主要是单个公司全球化而不是技术进步的结果。因此，跨国公司面临着当地政府日益严格的审查。

跨国公司也在应对国家资本主义的兴起，相关案例包括国有企业和主权财富基金日益强大，以及政府加大对国内产业的直接支持。金融市场研究公司 Preqin 的数据显示，2017 年，主权财富基金管理着价值 7.3 万亿美元的投资组合产品，而封闭式私人基金管理的资产为 4.2 万亿美元。

四大地缘政治变化也影响到跨国公司的发展：第一，地方保护主义正在抬头。自 2009 年以来，美国、俄罗斯和印度各自宣布了 500 多项歧视性贸易措施。第二，双边贸易协定正在逐步超越多边贸易协定。第三，亚洲基础设施投资银行等新的区域金融机构开始发挥更大的作用。第四，国家资本主义正在兴起，国有

---

① Christopher A. Bartlett and Paul Beamish, *Transnational Management*: *Text and Cases in Cross-Border Management*, 8th ed., (Cambridge, UK: Cambridge University Press, 2018).

企业的经济作用日益增强，政府对国内产业的直接支持也有所增加。①

包装食品行业

2016年，全球包装食品零售额为2.11万亿美元。② 该行业市场结构较为分散，前五大公司合计占全球市场份额不到10%。③

虽然食品业在贸易方面是全球属性，但它植根于当地文化。公司可以买卖食品，但不能买卖口味，而口味是食品消费不可或缺的一部分。大多数食材都是当地种养的，新鲜食品（如蔬菜、肉类和水果）尤其如此，同样，在小吃领域，当地品牌明显更受欢迎。

食品行业领域的跨国公司有时会提供在它们经营范围内同质或类似的产品。同质性也是它们利用规模经济发展的方式。它们并不总是能与本地竞争对手抗衡，无论这些对手的规模多么小，因为后者不仅更了解客户偏好，而且能够更快地响应不断变化的客户口味。

包装食品公司的商业模式之所以难以维持，原因有三：

第一，许多经济体的人口结构正在发生变化。"千禧一代"（定义为1977～1995年间出生的人）④ 不仅占全球人口的27%，⑤ 而且正成为工作和消费的主力军。他们的购物和消费习惯深受他们的独特经历（如"9·11"事件和经济衰退）以及反现存社会体制的运动（如占领华尔街等）的影响。"千禧一代"与食物的关系也不同于"婴儿潮"时期出生的一代："千禧一代"想要新鲜食物，在食物中寻找当地食材，并热衷于追踪他们消费食物的供应链，以确保这些食物是合规的。

第二，新的分销渠道正在发挥作用，传统的食品连锁店所起的作用日益减小。外卖服务越来越普遍。直接面向消费者的网站和电子商务平台的销售额占特

---

① Arindam Bhattacharya, Dinesh Khanna, Christoph Schweizer, and Aparna Bijapurkar, "Going Beyond the Rhetoric," BCG Henderson Institute (blog), April 25, 2017, accessed on October 12, 2017, www.bcg.com/publications/2017/new-globalizationgoing-beyond-rhetoric.aspx.

②③ "Packaged Food," Euromonitor International, December 2018, accessed on February 27, 2019, www.euromonitor.com/packaged-food-in-japan/report.

④ Jeff Fromm, Celeste Lindell, and Lainie Decker, *American Millennials: Deciphering the Enigma Generation* (Kansas City, MO: Barkley, 2011), accessed on April 1, 2018, https://barkley.s3.amazonaws.com/barkleyus/American Millennials.pdf.

⑤ Erik R. Peterson, Ari Sillman, and Courtney Rickert McCaffrey, "Where are the Global Millennials?" AT Kearney (blog), n.d., accessed on February 27, 2019, www.atkearney.com/web/global-business-policy-council/article?/a/where-are-the-globalmillennials-.

色食品和饮料销售额的 36%。① 使用移动设备，客户可以在工作时间从他们选择的地点订购，并在回家的路上拿到食物。

第三，长期以来，包装食品公司的产品中盐、糖和脂肪的含量很高。众所周知，加工食品是导致肥胖、糖尿病和心脏病流行的主要原因，这反过来又增加了医疗费用。食品公司被迫使其产品系列更健康。

这三种压力因国家而异。

日本与包装食品行业

2016 年，日本包装食品行业收入为 198600 亿日元（合 1825 亿美元）。② 尽管"千禧一代"只占日本人口的 14%，③ 但日本的食品公司正在努力应对两大人口趋势——人口减少④（每年负增长率为 0.2%）和老龄化消费者逐年增加⑤（以世界上 65 岁以上人口最多为特征）。这些趋势促使制造商专注于增加产品价值而不是增加销售量。

日本消费者经常外出购买即食食品，但与许多发展中国家不同，他们从离自己家或办公室最近的便利店购买。为了留住顾客，日本的便利店运营商在产品设计上投入了大量精力，除了经典产品外，每周都会推出时令性产品。⑥

另一大趋势是，互联网零售正在日本流行起来；然而，此举是由亚马逊公司（Amazon.com）牵头的。这家全球零售商于 2017 年 4 月在日本推出了亚马逊生鲜服务，⑦ 提供超过 10 万种商品（包括鱼类等生鲜食品，还包括包装食品）供顾客挑选，顾客可以在线订购，公司能够在四小时内将食物送到顾客家门口。

日本包装食品行业的领先企业有明治株式会社（世界第四大糖果公司）、藤

---

① John Nicolopoulos "Top 5 Trends for Food and Beverage Industry Businesses in 2018," *Boston Business Journal*, January 29, 2018, accessed on April 1, 2018, www.bizjournals.com/boston/news/2018/01/29/top-5-trends-for-food-and-beverageindustry.html.
② 2016 年平均汇率：1 美元 = 108.80 日元。
③ Ken Moriyasu, "We Lucky Few: Japan's Millennials Reshape Their Country's Drab Workplaces," *Nikkei Asian Review*, July 2, 2015, accessed on January 5, 2019, https://asia.nikkei.com/Business/We-lucky-few-Japan-s-millennials-reshape-theircountry-s-drab-workplaces.
④ Worldometers, www.worldometers.info/world-population/japan-population/, accessed on March 29, 2019.
⑤ World Atlas, www.worldatlas.com/articles/countries-with-the-largest-aging-population-in-the-world.html, accessed on March 29, 2019.
⑥ "Packaged Food," Euromonitor International, December 2018, accessed on February 27, 2019, www.euromonitor.com/packaged-food-in-japan/report.
⑦ "Amazon Launches Fresh Grocery Delivery Service in Japan," *Mainichi*, April 21, 2017, accessed on December 15, 2018, https://mainichi.jp/english/articles/20170421/p2a/00m/0na/016000c.

井株式会社（蛋糕和饮料制造商）、森永制果（Morinaga & Co.，糖果制造商）和格力高（Ezaki Glico）有限公司（食品制造商）。在日本包装食品市场销售其产品的跨国公司包括比利时的歌帝梵巧克力公司、美国的好时公司、美国的亿兹国际公司和瑞士雀巢公司。①

加拉德股份公司

加拉德2016年的收入接近1000亿美元。其产品组合中有十几个品牌，每个品牌的销售额都超过10亿美元。它有几百家工厂，在世界上的大多数国家都有业务，雇用了25万人。

加拉德采取全球化的发展思路有历史原因。给予当地管理人员自主权最初是源于战争而导致的分销中断。随着时间的推移，虽然当地管理人员保持了自主权，但总部也继续控制子公司。总部对子公司加强管理并非出于追求制造业潜在规模经济的愿望，虽然这种做法在跨国公司中很常见，相反，它对管理的强调是出于该公司希望能有效采用各国食品业务经理的营销理念的愿望。

很快，总部就以一种新颖的方式利用其对子公司的管理来推进全球化和本土化事业。该公司将具有在加拉德网络管理本地业务经验的一线经理调到总部的中央营销中心。尽管这些一线经理现在在总部担任产品总监，但他们可以说服各个子公司的一线经理接受总部的产品和服务理念，因为他们曾经在加拉德偏远的区域基层取得过成功。这种说服力对于他们的前同事来说很重要。

加拉德随后完善了其全球化战略，大力发展根植于当地市场且能够敏锐识别发展机遇的子公司，并鼓励它们改进世界其他地区的产品以满足当地需求。产品开发在一定程度上本地化。所有来自加拉德公司的用于全球范围内批量化生产的新产品，在推出前都必须在当地进行测试。测试时，加拉德的产品与本地竞争性产品一起以无品牌的形式提供给当地顾客，新产品必须凭借口味让顾客首先挑选出来。然后，全球产品才会在当地市场推出。如果产品未通过测试，但仍被认为具有本地需求（根据现场销售人员的市场反馈），则该产品将被进行改造，以适应当地口味，然后进行销售。

这种做法形成了良性循环。本土化水平的不断提高促使品牌衍生产品激增，

---

① "Packaged Food," Euromonitor International, December 2018, accessed on February 27, 2019, www.euromonitor.com/packaged-food-in-japan/report.

从而产生了新的收入来源。某些产品可能含有大量具有当地特色的调味料或配方；由于各地口味不同，产品因国家而异。

到20世纪90年代末，加拉德已在近100个国家设立了子公司。公司规模如此之大，各种缺点很快就浮出水面。例如，数据已经无法整合。每个国家都拥有自己的数据中心，并开发自己的软件程序，这些程序与加拉德其他地区的子公司没有关联。为了把事业做好，公司推出了一项名为"国际商业成就"（IBA）的计划。这一计划是实现在全球化和本地化之间经常需要平衡的关键一步。它有三个目标：统一数据管理协议、统一业务流程和标准化信息技术（IT）平台。它分阶段推出，并持续了近十年。

IBA使加拉德能够更加有效地管控三项特定的业务——采购、生产和分销。然而，总部不是直接实施控制，而是通过区域总部行使管控权。加拉德将其控制权移交给区域总部，区域总部每天都在监测其区域内的业务。正是通过这种权力下放，总部对其数百家工厂实行了有效控制。很快，内部采购（即加拉德子公司之间的原材料和成品的流动）也囊括进了IBA的职权范围，使总部能够更好地了解实际发生的情况。

IBA的一个主要好处是它形成了内部竞争。例如，哥伦比亚的一家加拉德工厂不再单独与哥伦比亚的同行进行比较；指标的标准化确保了工厂能够将其绩效与区域内外的同行进行比较。内部竞争将导致绩效改进。由于加拉德现在可以将其标准化数据系统、最佳业务实践模式和IT系统扩展到加拉德之外运营的代加工厂和第三方承包商，因此IBA还可以实现更大规模的生产外包。

有助于实现全球—本地平衡的另一种方法是投资组合管理工具，它确保所有参与加拉德未来规划的人员（无论身处何处）能有共同语言。例如，加纳市场的产品规划师可以使用该工具决定是否将资源分配给本地产品，而总部的首席执行官也正是利用该工具来决定是否将更多资源分配给某个全球价值驱动因素。

加拉德认为自己还承担着"让全球顾客都能够消费得起"的重要任务。与许多以高端产品为目标的跨国公司不同，加拉德在多种价位上定制其产品，包括面向全球30亿低收入消费者的产品。其理念是，加拉德的所有产品都是高质量的，涵盖许多食品类别，并保证营养价值、价格实惠。这一战略依赖于三种降低成本的方法：本地采购、本地制造和本地分销。它利用流动的食品摊贩等本地渠道，将产品送到最终用户的家门口。除了创造就业机会外，这种办法还在市场扩张的过程中创造了创业机会。

该公司通过关注市场份额和利润，避免了自己只追逐市场份额的陷阱——这一现象在低价市场中很常见。这意味着追求高端产品和低端产品的增长,为新兴和发达市场的客户提供服务,提高运营和资本效率,并在长期投资的同时实现短期交付。

  加拉德使用科层制和矩阵结构的组合来执行其战略。科层制结构在跨市场同质化的业务中占主导地位,因此可以从总部进行全球管理。矩阵结构则在需要分权的业务中占主导地位,并按区域和产品的组合进行组织。产品组织为单个战略业务部门,有些位于总部,有些位于不同区域,由地区主管管理。

  每个产品类别都由一位产品总监领导,他在全球范围内为该类别制定长期战略。产品总监负责工厂产能利用率等运营问题,并决定每种产品应在哪个工厂和哪个地点生产以及生产多少。产品总监是没有一线权限的员工高管。每个产品也由负责区域内特定地理范围的经理协调。区域经理负有损益责任,一线经理与产品主管和区域经理有双重报告关系。

  系统的复杂性决定了该系统容易定期爆发问题。这些问题大部分都是在本地逐渐积累,然后才爆发出来的。在全球范围内还有两个解决冲突的机制。首先,由首席执行官领导的公司执行董事会每月召开一次会议,制定应对系统中众多顺境或困境等不同情况的总体对策。同时,执行董事会还将对反馈情况进行审查,详细说明哪些是有效的,哪些是不起作用的,哪些措施的效果是快速的,哪些是缓慢的,并做出适当的调整。其次,所有国家分公司的经理、负责全球业务的经理和产品负责人等大约180人将每两年在总部举行一次为期一周的峰会,在此期间,内部调整将是他们议程中的优先事项。

  在大多数国家市场上销售的产品中,超过90%是本地生产的。本地制造是加拉德的一个竞争优势。在2013年1月开始的脱欧危机期间,英国政府宣布要就是否继续与欧盟合作进行全民公决,加拉德的这一优势在此时得到了充分体现。[①] 对于许多在欧盟运营的跨国公司来说,脱欧是一个最大的风险,但对于加拉德来说,它甚至没有将其计入前十大风险。加拉德英国在当地生产的大部分产品在当地销售,这给了它一个天然的对冲。

  加拉德所有的初级工作都在本地进行。该公司不仅为年轻人提供了第一份工作,供其积累工作经验,还将从大学和学院招聘,提供包括国际流动在内的职业发展道路,作为其从聘用到退休体系的一部分。

---

  ① Nigel Walker, "Brexit Timeline: Events Leading to the UK's Exit from the European Union," Briefing Paper CBP - 7960, House of Commons Library, British Parliament, March 22, 2019, accessed on March 25, 2019, https: //researchbriefings.parliament.uk/ResearchBriefing/Summary/CBP - 7960.

2010 年，希腊和西班牙等欧洲国家的失业率已超过 40% 的临界水平。① 为了解决青年失业问题，该公司于 2010 年启动了一项名为"加拉德入门"的全球计划。该计划旨在帮助各地市场中的青年人获得相关的工作技能，从而进入就业市场。该计划还扩展到了日本等国家，尽管日本的总体失业率较低，但青年失业率较高。

加拉德的特点是高层领导任期稳定，可确保战略的一致性。例如，最近的首席执行官从入职加拉德，直到晋升为首席执行官，已经在加拉德工作超过 10 年。然而，跨国公司发展的全球趋势是引入更多外部 CEO。②

加拉德日本

加拉德日本公司成立于 20 世纪 30 年代，2016 年销售额达到 40 亿美元。它在全国拥有 20 个制造、销售和分销站点。加拉德日本 60% 的制成品是从其 30 家子公司进口的。

加拉德日本在其产品系列中有几个畅销品牌。该公司雇用了 6000 名担任不同角色的员工，每年采购价值 14 亿美元的日本产品和服务。

田中是日本人，于 1990 年加入加拉德日本公司从事销售和营销工作，并在当地业务部门担任领导职务，2013 年晋升为该子公司的总裁兼首席执行官。有 11 名员工直接向他汇报，其中包括 4 名产品主管和 7 名职能主管。作为加拉德日本公司的领导人，他还负责全球业务的市场活动，向总部的地区执行副总裁汇报。

社交媒体加剧了加拉德日本的全球化—本土化压力。在全球范围内发生的问题将影响到日本子公司，即使这些问题与当地无关。例如，日本消费者通过社交媒体了解产品召回，并在当地提出有关产品安全的问题。

每当总部在利润率、平均销售价格和分销成本方面跟踪每个区域的表现时，加拉德日本与其他一些区域的同行相比，经常处于劣势，因为日本在包装方面的翻译法规要求增加了日本的交易成本。总部经常问加拉德日本："为什么你的利润不那么高？你什么时候能提高盈利能力？快行动起来吧。"

---

① Katrin Oesingmann, "Youth Unemployment in Europe," *ifo DICE Report* 15, no. 1 (2017): 52 – 55, accessed on December 15, 2018, www.cesifo – group. de/ifoHome/facts/DICE/Labour – Market/Labour – Market/Training/DR – 2017 – 1 – oes – – youthemploy/fileBinary/DR – 2017 – 1 – oes – – youth – employ. pdf.

② "Are CEOs Less Ethical Than in the Past?," PwC, accessed on January 15, 2019, www. strategyand. pwc. com/ceosuccess.

加拉德调查

2017年7月,一家位于东京的民意和市场调研公司进行了"加拉德调查"。该项调查于2017年7月26日至8月2日在网上进行,样本为1201名日本成年人。以最新一期日本人口普查数据为总体样本,从年龄、性别和地区等不同维度进行筛选,误差范围为±2.8%。

田中热衷于探索这样一种理念,即跨国公司既能体现利用规模向新市场扩张的全球属性,又能体现满足其开展业务的当地社区需求的当地属性。此次调查选出了10家主要的快速消费品(CPG)公司。

田中将加拉德视为一家本地公司,其理念是,加拉德不仅拥有标准化、规模化和专业知识,能够向日本人提供来自世界各地的最佳产品,而且还将在当地工厂生产越来越多的产品。加拉德使用当地供应商采购当地原料、从当地资源着手并雇用当地人。

田中之前面临的问题

田中的团队制定战略时有几个方面的背景。

首先,调查结果喜忧参半,并不一致。在对跨国公司的某些方面持否定态度的同时,受访者也对跨国公司提出了改变的希望,例如,94%接受调查的日本人认为,一家大型跨国公司确实有可能为当地利益行事。该战略必须以调查的积极因素为基础。

其次,田中还察觉到调查结果中暗含的一种态度倾向,即:"一旦企业超过一定规模,人们很难对它抱有喜爱的态度,不论它们对经济的贡献有多大。"因此,新的战略需要向人们传达这样一个信息:企业规模大不是坏事,而是好事。

日本受访者也没有意识到,尽管加拉德日本公司在许多方面是一家本地公司,但它仍然是一家全球公司的一部分。其任何计划都需要加强加拉德日本的"本土化"。

新的战略是否完善?

母公司的业务目标很明确——"通过健康食品确保生活质量",并不随着时间的推移而有所变化。它为子公司提供了满足客户需求的指南。集团是面向全球消费者的，但在当地建立这种业务倾向就需要子公司做出努力。因此，加拉德日本有一个基本的发展目标框架：它只需要在当地以吸引当地消费者的方式来开展业务。

员工行为已经与业务目标保持一致，并符合其"平等、多样性和可持续性"这三个核心价值观，这些价值观是随着时间推移而演变的，以适应不断变化的世界。它们是员工日常工作所遵循标准的路标。推动这些价值观是子公司层面一项持久的任务，在员工个人层面，这些价值观的建立也是一项持久的任务。

虽然加拉德有一个全球发展理念和一套价值观，但在灵活发挥作用的子公司中并未实施"一刀切"方法。子公司会根据国家、区域和地方情况进行微调。

作为加拉德日本公司的首席执行官，田中必须确定对加拉德作为一家全球性公司而言重要的事情，以及对本地社区重要的事情。他还必须确定两者的融合点在哪里——这将是一个挑战。他想知道他正在审查的战略能否经受住全球化和本土化融合交汇的严峻考验。

这一战略是可执行的吗？

田中认同该战略的大方向。作为加拉德日本公司总裁，他只需利用一切机会重申这一战略，以确保人们理解这一战略并始终致力于该战略。然而，该战略的执行给田中提出了三个难题。

第一个难题是，加拉德在创造消费需求方面曾经投入大量精力推广单个品牌，而不是将加拉德作为一家公司进行推广。因此，消费者似乎能够识别单个品牌，但无法确定这些品牌背后的公司。

这导致了第二个难题。加拉德日本没有为公司层面的营销活动提供预算，这些活动通常在主流媒体上开展。加拉德日本在电视广告或平面广告上并不是一个大手大脚花钱的公司，而是专注于商店级别的促销和社交媒体宣传。后者旨在推动销售，仅此而已。

第三个难题是在定制产品广告以传达公司总体业务目标时在概念上的困难。例如，实现业务目标的方式之一可能是关注产品成分。广告可以说，加拉德产品不含人工添加剂，因此对健康有益。另一种方法是专注于合乎道德标准地采购原材料，并声称通过生产可持续产品，加拉德提高了客户的生活质量，并为客户未来的健康做出了贡献。困难在于，信息必须针对每种产品量身定制。由于加拉德产品组合太多，因此成本将很高（高达数百万美元）。谁来为此举买单？

2. 珍珠行业：是否存在新的发展机会？*

2018年5月，居住在加拿大的中国创业者李简（Jane Li）在中国青岛的一个海滨市场调研物美廉价的珍珠。她想知道珍珠在西方是否有很好的市场机会。在中国市场上，她通过持续调研发现人工养殖的淡水珍珠在加拿大的价格要高得多。这段经历使她想知道从批发或是零售角度进入这个行业是否有吸引力。珍珠——如此古老而不过时的产品——并没有在西方显现出生机活力是什么原因导致的呢？

古往今来的珍珠

珍珠是三种生物成因宝石之一，另外两种是琥珀（amber）和斑彩石（ammolite）。[①] 珍珠是唯一由活的动物产出的宝石，不需要抛光或切割。不管是在当前还是在古代，珍珠饱含的美好寓意都使得它们与众不同。珍珠与负面传闻的联系比钻石更少。事实上，珍珠据说可以"唤醒人性美好的一面"。"珍珠"这个词是"罕见而珍贵"的同义词。[②]

在所有的珠宝中，珍珠的历史最悠久。它们在古罗马和伊丽莎白时代就很受妇女欢迎。在此之前，珍珠一直是被视为纯洁或财富的象征。[③] 当哥伦布在西班牙斐迪南国王和伊莎贝拉王后的支持下寻找通往东方和一夜暴富的捷径时，珍珠在他们的愿望清单上排名第一。从古代到20世纪70年代，用于贸易的珍珠主要产于波斯湾、红海以及印度东南部和斯里兰卡西部之间的马纳尔湾。[④]

---

* 本案例由刘素、包立卓（Alex Beamish）、包铭心（Paul Beamish）和米拉·博伊茨（Mila Bojic）编写，案例编号：9B18M165。作者感谢珠宝设计师凯西·比米什（Cathy Beamish）对本案例研究的投入。©2018，Ivey Business School Foundation，版本：2018 - 10 - 25。

① "Freshwater Pearls," Jewelry Supply, Inc., accessed on August 16, 2018, www.jewelrysupply.com/pearls.html.

②④ Steve King, "Naked Lustre," *Vanity Fair*, July 2009, accessed on August 16, 2018, www.vanityfair.com/news/2009/07/pearlindustry200907.

③ Sarah Shannon, "The Long Fall and Curious Rise of the Pearl Industry," *Financial Times*, June 1, 2017, accessed on August 17, 2018, www.ft.com/content/71bf7030 - 1954 - 11e7 - 9c35 - 0dd2cb31823a.

珍珠的形成

异物进入咸水牡蛎和淡水贻贝的体内而无法被排出，母贝的外套膜受到刺激，分泌出珍珠质（与贝壳成分相同）将异物一层一层包裹起来，最终形成珍珠。

珍珠质会反射光线，使珍珠富有光泽，甚至呈现出虹彩。在自然界，每10000只野生牡蛎中只有一只含有珍珠。[①]

最近的历史和价格

在20世纪，加布里埃尔·"可可"·夏奈尔（Gabrielle "Coco" Chanel）在呼吁大众关注珍珠方面发挥了关键作用。她会佩戴多个珍珠项链，这些珍珠项链中包含有养殖的或天然的珍珠，也有塑料制成的。虽然她为珍珠带来了极大的人气，将它们用于高级时装和快速时尚，但是最终效果就是使得珍珠太过普通，无处不在。珍珠甚至与过时和不时尚联系在了一起。然而，近几十年来，珍珠经历了一些复兴。虽然早期的流行趋势偏好于成串的珍珠，但大个的"南海养殖珍珠"于20世纪90年代变得非常受欢迎。结果，一条由南海养殖珍珠或黑色大溪地养殖珍珠制成的项链价格可以达到150000英镑，[②] 是更少见的天然珍珠制成的项链价格的10倍。但是，天然珍珠后来又恢复了其声望。

法国皇帝拿破仑·波拿巴（Napoleon Bonaparte）曾将La Regente珍珠作为礼物赠送给他第二任妻子，这个珍珠已被佳士得拍卖出售了三次。它于1987年以14.3万美元的价格售出，1988年以85.9万美元的价格售出（经过了专业鉴定），2005年以250万美元售出——创造了当时拍卖一颗珍珠的最高价格。相比之下，当时钻石的最高价格为7120万美元。

中国香港地区和中东是买家的主要聚集地，印度紧随其后。据一位专家称："价格将保持高位，因为珍珠真的很稀有。像所有市场一样，珍珠的价格也会有一些小波动，但我认为从20世纪初到21世纪初，经过100年的发展，大家已经

[①] Steve King, "Naked Lustre," *Vanity Fair*, July 2009, accessed on August 16, 2018, www.vanityfair.com/news/2009/07/pearlindustry200907.
[②] 2018年5月1日汇率为1美元兑换1.36英镑。

意识到它们有多么珍贵。"① 2009年2月，迪拜珍珠交易所开业。②

养殖珍珠③

早在公元5世纪，中国就将铅质小佛像放入淡水蚌中，试图创造像佛一样的养殖珍珠。④ 大约在19世纪末，在澳大利亚渔业部工作的英国海洋生物学家威廉·萨维尔—肯特（William Saville-Kent）成功地进行了在珍珠贝中采用"组织移植技术"的实验。⑤ 1916年，日本的御木本幸吉（Kokichi Mikimoto）成功申请了培养球形珍珠方法的专利，后来这一专利对珍珠制造的发展影响深远。由于他的珍珠在色彩、光泽和形状方面看起来完美无缺，"天然珍珠游说团"（natural-pearl lobby）宣称他的珍珠是假的。

在20世纪初期，过度捕捞损害了许多牡蛎栖息地。在大规模商业化采摘天然珍珠停止后，养殖珍珠开始大行其道。无论稀缺性如何，天然珍珠的价格都急剧下降。虽然天然珍珠的价格最终上涨了，然而从历史标准看，天然珍珠在21世纪初的价格接近20世纪初的价格，可以说是相当便宜了。

根据官方数据，2009年中国每年生产1500吨淡水养殖珍珠（有些人估计接近3000吨）。⑥ 2010年，中国生产了20吨akoya海水养殖珍珠。同年，澳大利亚生产了10吨南海海水养殖珍珠。⑦ 高品质的中国淡水珍珠可以呈现出令人惊叹的桃红色和杏黄色，或在圆度和光泽上与akoya海水珍珠不相上下。行业的竞争引起了日本珍珠生产商的焦虑，因为中国珍珠的价格可能是日本珍珠的1/10。中国及其他地区的珍珠常采用抛光、漂白和染色等处理方法。⑧

2017年，全球海水养殖珍珠产值达4亿美元，其中南海珍珠的产值为2.3亿美元。然而，美国宝石研究所的一名分析师称，按体积计算，海水养殖珍珠的数量不超过中国淡水养殖珍珠产量的5%。⑨

---

①⑨ Sarah Shannon, "The Long Fall and Curious Rise of the Pearl Industry," *Financial Times*, June 1, 2017, accessed on August 17, 2018, www.ft.com/content/71bf7030-1954-11e7-9c35-0dd2cb31823a.

②③④⑧ Steve King, "Naked Lustre," *Vanity Fair*, July 2009, accessed on August 16, 2018, www.vanityfair.com/news/2009/07/pearlindustry200907.

⑤ Michael S. Krzemnicki, "Age Determination of Pearls: A New Approach for Pearl Testing and Identification," *Radiocarbon* 55, no. 2-3 (2013), accessed on August 17, 2018, https://journals.uair.arizona.edu/index.php/radiocarbon/article/viewFile/16389/pdf.

⑦ Saleem H. Ali and Laurent E. Cartier, "China's Pearl Industry: An Indicator of Ecological Stress," *Our World*, January 23, 2013, accessed on August 16, 2018, https://ourworld.unu.edu/en/chinas-pearl-industry-an-indicator-of-ecological-stress.

珍珠的类型和质量

没有任何人为干预而形成的珍珠被称为天然珍珠。它们非常罕见。而人工养殖的珍珠有时会被错误地称为"假珍珠",事实上这种珍珠更为常见,主要分为两类:淡水珍珠和海水珍珠。牡蛎每两年半只能产出一枚海水珍珠,因而海水珍珠比淡水珍珠贵。

贻贝(mussels)体内每次可以形成20枚珍珠,个头比海水珍珠小,每批珍珠需要18~24个月生长。[1] 淡水珍珠贻贝以1毫米见方的外套膜组织为核逐渐形成珍珠。[2]

客旭(Keshi)珍珠由各种类型的牡蛎和淡水贻贝生产。当种植在这些软体动物中的异物遭到排斥时,细小且形状不规则的珍珠就形成了,这就产生了具有明显光泽的纯珍珠。[3]

中国的人工湖和水库是淡水珍珠的主要来源。相比之下,海水珍珠如经典的、标志性的akoya珍珠以及大溪地和南海珍珠大多是在小海湾和环礁处养殖的。[4]

珍珠的价值主要根据尺寸(越大越好)、形状(越圆越好)、瑕疵数量(越少越好)、光泽和颜色等特征来判定。不同于钻石,珍珠没有标准化的分级。[5] 但是,泪滴形的珍珠比圆形珍珠便宜得多,大多数淡水珍珠收获物中包含半巴洛克和巴洛克(不规则形状)珍珠。虽然受到追捧,但是真正的圆形淡水珍珠不到年收成的3%。最常见的淡水珍珠夹杂物或瑕疵是垩白色的斑点。[6]

生产养殖海水珍珠的牡蛎的三个主要种类是:(1)合浦珠母贝(Pinctada fucata),它产出珠宝商御木本使用的小型圆形的akoya珍珠;(2)大珠母贝(Pinctada maxima),它可以达到餐盘的大小,并产出白色的南海珍珠(业界最大的和最有光泽的珍珠);(3)珠母贝(Pinctada margaritifera),它产出黑色大溪地珍珠。[7]

---

[1][3] "Freshwater Pearls," Jewelry Supply, Inc., accessed on August 16, 2018, www.jewelrysupply.com/pearls.html.

[2][6] "Pearl Grading: The Insider's Guide to Grading Freshwater Pearls," Pure Pearls, accessed on August 16, 2018, www.purepearls.com/freshwater-pearls-grading.html.

[4] "Pearl Education," PearlParadise.com, accessed on August 17, 2018, www.pearlparadise.com/pages/pearl-education.

[5] Jeremy Shepherd, "7 Secrets You Must Know Before Buying Pearls," PearlParadise.com, accessed on August 17, 2018, https://cdn.shopify.com/s/files/1/1248/7127/files/pearl-paradise-ebook-7-secrets.pdf?15739026647103584.

[7] Sarah Shannon, "The Long Fall and Curious Rise of the Pearl Industry," *Financial Times*, June 1, 2017, accessed on August 17, 2018, www.ft.com/content/71bf7030-1954-11e7-9c35-0dd2cb31823a.

珍珠市场价值的排名是南海珍珠第一，大溪地珍珠第二，然后是 akoya 珍珠和淡水珍珠。南海珍珠的大小为 9~19 毫米，大溪地珍珠尺寸为 9~12 毫米，而 akoya 珍珠为 5~10 毫米。淡水珍珠大小各不相同。

根据英国宝石协会负责人的说法，有很多不同种类的珍珠，大多数人都不知道天然珍珠和人工养殖珍珠之间的区别，不知道淡水珍珠和海水珍珠的区别，也不知道在不同自然颜色水中养殖或不同的处理方式造成的差别。他们不明白这些东西意味着什么以及它们如何影响珍珠的价值。①

如果李简坚持在珍珠业务领域发展下去，就应该去学习珍珠鉴定课程，比如 Pearls As One 提供的专业课程。②

科学处理技术已远远超出了染色，而是创造出了新的可能性。中国生产商使用各种人工养殖技术和细胞核植入技术将染料事先注入打好的小洞中，使珍珠成长后呈现出彩虹色、白炽灯光色、细波纹状或火球状。一些中国淡水珍珠无论大小、颜色和光泽等方面都接近南海珍珠。然而，并非所有人都对用这些贻贝养殖的高档珍珠持乐观态度。③

环境保护与珍珠

牡蛎是检测它们生活的水体是否清洁的有效指示器。④珍珠可持续发展研究员卡蒂尔（Laurent Cartier）说："只有在原始的海洋环境中才能长出优质的海水珍珠。"他认为珍珠产业明显受到了气候变化的影响，而越来越频繁的飓风和台风可能导致产量大幅降低，碳排放量的上升导致海洋酸化程度显著加强，这也阻碍了牡蛎壳的形成，持续升高的海洋温度会伤害牡蛎壳。为了确保珍珠产业能够生存下去，海水珍珠行业对可持续发展的实践有着天然的关注。⑤

在珍珠养殖之前，人们先在自然界中发现了珍珠。这意味着必须打开成千上万的牡蛎或贻贝才能找到少量珍珠，这导致了数百年对牡蛎和贻贝的过度捕捞。⑥因此，一些人认为养殖珍珠已经对珍珠贝产生了极大的积极影响，并对珍珠养殖

---

①④ Steve King, "Naked Lustre," *Vanity Fair*, July 2009, accessed on August 16, 2018, www.vanityfair.com/news/2009/07/pearlindustry200907.

② "Pearls As One," Pearls As One, accessed on August 17, 2018, www.pearlsasone.org.

③⑤ Sarah Shannon, "The Long Fall and Curious Rise of the Pearl Industry," *Financial Times*, June 1, 2017, accessed on August 17, 2018, www.ft.com/content/71bf7030-1954-11e7-9c35-0dd2cb31823a.

⑥ "Pearls and the Environment: Sustainable Pearls," Timeless Pearls, accessed on August 17, 2018, www.timelesspearl.com/sustainable-pearls.

者灌输了维护甚至改善海洋生态系统的好处。① 在某些情况下，如在金伯利海岸（引领澳大利亚珍珠产业），珍珠与自然资源重叠，将其提取出会威胁生态系统。②

在中国和其他地方，淡水珍珠一般在足球场大小的池塘中养殖。贻贝养殖在经过挖掘、灌水形成人工湖的旧稻田中，虽然淡水贻贝对原始环境的依赖程度低于牡蛎，但它仍然需要清洁的水环境。然而，邻近地区的工业污染可能阻碍淡水珍珠的成长，而这是珍珠养殖者所无法控制的。中国的一些农民发现养殖淡水珍珠是不切实际或不经济的，因此转向其他行业。③ 淡水珍珠养殖场有时可以在养殖珍珠的同时养殖其他产品。

一些珍珠加工商从淡水和海水珍珠养殖者那里获得珍珠后，采用了不可持续的技术，如使用漂白剂和染料。

最终，虽然采购有认证的可持续珍珠可以带来差异化，但这仍然是一个很大的挑战。李简或许可以找到使用明显可持续技术的海水珍珠养殖者，但她的研究并没有为采购可持续淡水珍珠找到任何线索——如果将来要做珍珠业务，淡水珍珠将是她的主打品类。因此，可持续的视角不能为李简提供任何明显和可行的利基市场。

选择

李简意识到她要做很多决策。她首先需要决定是否进入珍珠行业。这个行业有足够的吸引力吗？如果她决定进入珍珠行业，那么她应该专注于批发还是零售，抑或两者兼顾？她应该开一家网上商店还是在商场或农贸市场开一家实体店（可能季节性的）？也许她可以通过企业礼品计划或通过家庭聚会销售珍珠首饰。她应该提供什么类型的珠宝（如耳环、项链、戒指）？她会自己生产吗？她应该瞄准家庭珠宝制造者吗？她应该聚焦于哪个细分市场（如高端珠宝、低端时装或人造珠宝）？她怎样区分目标群体？也许她可以利用珍珠与经典或复古之间的联系。她的初步调查研究表明，大量采购来自中国的相对便宜的淡水养殖珍珠可能

---

① Jeremy Shepherd, "7 Secrets You Must Know Before Buying Pearls," PearlParadise.com, accessed on August 17, 2018, https://cdn.shopify.com/s/files/1/1248/7127/files/pearl-paradise-ebook-7-secrets.pdf？15739079826647103584.

② Steve King, "Naked Lustre," *Vanity Fair*, July 2009, accessed on August 16, 2018, www.vanityfair.com/news/2009/07/pearlindustry200907.

③ Saleem H. Ali and Laurent E. Cartier, "China's Pearl Industry: An Indicator of Ecological Stress," *Our World*, January 23, 2013, accessed on August 16, 2018, https://ourworld.unu.edu/en/chinas-pearl-industry-an-indicator-of-ecological-stress.

非常容易吸引普通消费者。然而，采购优质的海水珍珠要困难得多。李简意识到，如果要继续冒险经营下去，她还有很多需要解决的问题。

零售价格和经验

在考察加拿大零售珍珠的前景时，李简走访了许多购物中心，想更详细地了解价格和服务水平。对她来说，很明显，大多数珠宝店的销售人员甚至是大型标志性连锁店的销售人员都缺乏珍珠的一般知识和收藏知识。一开始她拜访了一家商店，这家商店是一家国际珠宝零售商，其中一位销售人员说："我们的一些珍珠是淡水珍珠，而另外一些是养殖珍珠。"实际上，所有在商店出售的淡水珍珠都是养殖的。这位销售人员在回答关于珍珠前景的问题时表现得很不耐烦。

李简不敢再继续询问关于海水珍珠的问题。然而她了解到这家商店以120加元的价格出售6~7毫米的淡水珍珠银耳钉，以159加元的价格出售9~10毫米淡水珍珠银耳钉。该商店还以199加元的价格出售6毫米珍珠项链，并以160加元的价格出售6毫米珍珠银吊坠。

她拜访的第二家商店的工作人员对珍珠及珍珠产品有一定的了解，似乎知道淡水珍珠、海水珍珠、养殖珍珠和天然珍珠之间的区别。然而，珍珠在商店的商品中并没有任何特殊的标识，也没有引起销售员任何热情的介绍，这也许代表了珍珠在许多消费者心目中"永恒但容易遗忘"的定位。这家商店提供各种7~8毫米淡水珍珠银耳钉，售价区间为90~120加元，8毫米淡水珍珠银制嵌锆石坠饰售价为150加元，9~10毫米淡水珍珠项链售价为249加元，9毫米akoya海水珍珠项链售价为899加元。

李简不确定这个商场的氛围是不是不利于珍珠或奢侈品的销售，所以她决定去更高档的商场看看。在第二个商场，她进入一家新开业的国际连锁店，发现销售员热衷于推荐一些简单、优雅又实惠的珍珠产品。样品包括售价为35加元的带7毫米淡水珍珠的银色吊坠耳环、售价为99加元的45.7厘米银制淡水珍珠链以及售价为219加元的10K金嵌有淡水珍珠的项链。这家商店的产品更时尚，销售人员的工作效率更高，而她知道自己可以以更低的价格采购珍珠。她也觉得一般的珠宝店不太可能会对推销珍珠有特殊的兴趣。

事实上，经过一番深思后，李简清楚地意识到，珍珠提供了一个与其他产品不同的故事，这个故事珠宝商并不知道也不了解。可以通过哪些改变让一个知识储备丰富的工作人员能够热情地推销珍珠？也许商场或农贸市场售货亭播放的南太平洋珍珠养殖的视频能够引起消费者的好奇心。提升珍珠销售人员的经验和服务能力成本不会太高。她想象着一个场面：一位母亲和她的女儿们一同来到她的摊位了解珍珠，并在一时冲动下购买了豪华、充满异国情调、令人兴奋且价格实惠的产品。

在线零售

在线零售是一种相对容易实施的选择。一家由珍珠专家谢波德（Jeremy Shepherd）经营的、价值2000万美元的企业——珍珠天堂提供大量相对实惠且品质优良的珍珠。其在线商店中的产品包括7.5~8.0毫米AAA级淡水珍珠耳钉，售价为105美元；① 还有7.0~7.5毫米白色akoya AA+级珍珠耳钉，配有14K金，售价为125美元；② 8~9毫米的白色Freshadama珍珠吊坠，售价为201美元。③ 大多数吊坠使用比项链和耳环稍大一些的更贵重的珍珠。珍珠天堂也提供由7.5~8.0毫米珍珠串成的45.7厘米长的AAA级优质淡水珍珠项链，售价为253.6美元。④

另一家在线零售商Pearls Only提供7~8毫米AA级淡水养殖珍珠银耳环，售价为75加元；⑤ 7.5~8.0毫米AA级日本akoya养殖珍珠白金耳环，售价为185加元；⑥ 9~10毫米AA级淡水养殖珍珠吊坠，售价为85加元；⑦ 7~8毫米的A级淡水养殖珍珠项链，售价为79~95加元。⑧

在线销售巨头亚马逊网站还提供一种白色AAA级淡水圆形养殖珍珠项链，售

---

① "7.5 – 8.0mm AAA White Freshwater Pearl Stud Earrings," PearlParadise.com, accessed on March 10, 2018, www.pearlparadise.com/collections/pearl – earrings/products/75 – 80 – mm – aaa – white – freshwater – pearl – stud – earrings.

② "7.0 – 7.5mm White Akoya AA + Pearl Stud Earrings," PearlParadise.com, accessed on March 10, 2018, www.pearlparadise.com/collections/akoya – pearls/products/70 – 75 – mm – white – akoya – aa – pearl – studearrings? variant = 40742359431.

③ "Looking for Akoya Pearls?," PearlParadise.com, accessed on August 17, 2018, www.pearlparadise.com/collections/pearlpendants/products/classic – collection – 8 – 0 – 9 – 0 – mm – freshadama – pearl – pendant.

④ "7.5 – 8.0mm 18 Inch AAA White Freshwater Pearl Necklace," PearlParadise.com, accessed on March 10, 2018, www.pearlparadise.com/collections/pearl – necklaces/products/75 – 80 – mm – 18 – inch – aaa – white – freshwater – pearl – necklace.

⑤ "7 – 8mm AA Quality Freshwater Cultured Pearl Earring Pair in White," Pearls Only, accessed on March 17, 2018, www.pearlsonly.ca/white – freshwater – 7 – 8mm – pearl – earring – set – w – aa – 78 – e – ss.html.

⑥ "7.5 – 8mm AA Quality Japanese Akoya Cultured Pearl Earring Pair in White," Pearls Only, accessed on March 17, 2018, www.pearlsonly.ca/white – japanese – akoya – 7.5 – 8mm – pearl – earring – set.html.

⑦ "9 – 10mm AA Quality Freshwater Cultured Pearl Pendant in Sally White," Pearls Only, accessed on August 17, 2018, www.pearlsonly.ca/white – sally – pearl – pendant.html.

⑧ "7 – 8mm A Quality Freshwater Cultured Pearl Necklace in Single White," Pearls Only, accessed on March 17, 2018, www.pearlsonly.ca/white – single – pearl – necklace – fw – w – a – 78 – n.html.

价为 160 加元；Ever Faith 925 纯银 AAA 级优质淡水养殖珍珠纽扣耳钉，售价为 18 加元；① 6~6.5 毫米白色 akoya AA 级优质养殖珍珠耳钉，14K 黄金，售价为 99 加元。②

Peoples Jewellers 出售售价为 109 加元的 7.0~10.5 毫米淡水珍珠前/后银耳环，③ 7.0~7.5 毫米 14K 金的 akoya 珍珠耳钉，售价为 119 加元，一套 6~8 毫米的淡水珍珠和水晶珠项链、手链和 925 纯银耳环，售价为 249 加元。④

迈克尔·希尔国际有限公司（Michael Hill International Ltd）出售简单的淡水珍珠银耳环，售价为 29 加元。⑤ 它还提供一款采用 10K 黄金扣和带吊坠的淡水珍珠项链，售价为 199 加元。⑥ 还有融合了立方氧化锆的 925 纯银淡水珍珠，售价为 59 加元。⑦

可能的批发价格

淡水珍珠供应量很大，可以通过互联网快速搜索到。容易搜索到的部分原因是淡水珍珠的产量远高于海水珍珠。然而，在李简看来，她在网上找到的许多商品都有一个可疑之处，在 eBay 上尤其明显，即它们使用了大量假珍珠。淡水珍珠和假珍珠在 eBay 上常常被当成海水珍珠出售。这些网站的评论系统经常被"戏耍"，卖家会强力回击负面评论，给予部分或全部退款，而不允许出现负面评

---

① "Ever Faith 925 Sterling Silver AAA Freshwater Cultured Pearl Button Stud Earrings," Amazon. ca, accessed on August 17, 2018, www. amazon. ca/Ever – Faith – Sterling – Freshwater – Cultured/dp/B01B5HT6DS/ref = sr_1_5？ ie = UTF8&qid = 1520980174&sr = 8 – 5&keywords = pearl + earrings.

② "6.0 – 6.5mm White Akoya Cultured Pearl Stud Earrings in 14K Gold – AA + Quality," Amazon. ca, accessed on August 17, 2018, www. amazon. ca/6 – 0 – 6 – 5mm – White – Cultured – Pearl – Earrings/dp/B00P2W0J3O/ref = sr_1_7？ ie = UTF8&qid = 1520980196. &sr = 8 – 7&keywords = akoya + pearl.

③ "7.0 – 10.5mm Button Cultured Freshwater Pearl Front/Back Earrings in Sterling Silver," Peoples, accessed on March 10, 2018, www. peoplesjewellers. com/70 – 105mm – button – cultured – freshwater – pearl – front – back – earrings – sterling – silver/p/V – 20141801.

④ "6.0 – 8.0mm Cultured Freshwater Pearl and Crystal Bead Necklace, Bracelet and Earrings Set in Sterling Silver," Peoples, accessed on August 17, 2018, www. peoplesjewellers. com/60 – 80mm – cultured – freshwater – pearl – crystal – bead – necklace – braceletearrings – set – sterling – silver/p/V – 19972991.

⑤ "Drop Earrings with Cultured Freshwater Pearl in Sterling Silver," Michael Hill, accessed on August 17, 2018, www. michaelhill. ca/drop – earrings – with – cultured – freshwater – pearl – in – sterling – silver – 11082897. html.

⑥ "Necklace with Cultured Freshwater Pearl & 10kt Yellow Gold Clasp," Michael Hill, accessed on August 17, 2018, www. michaelhill. ca/necklace – with – cultured – freshwater – pearl – 10kt – yellow – gold – clasp – 10176115. html.

⑦ "Pendant with a Cultured Freshwater Pearl Cubic Zirconia in Sterling Silver," Michael Hill, accessed on March 12, 2018, www. michaelhill. ca/pendant – with – a – cultured – freshwater – pearl – cubic – zirconia – in – sterling – silver – 15383440. html.

论。这种回应方式使他们能够一直"挂羊头卖狗肉",① 在李简看来,除了淡水珍珠之外,采购廉价的珍珠并不容易。

李简考虑了采购珍珠的几种选择。在确定不可能从 eBay 采购后,她决定从香港地区的经销商处采购珍珠和珍珠首饰。她可以购买散装的 7.0~7.5 毫米的淡水珍珠,圆形珍珠售价 4.30 美元,水滴形珍珠售价 1.20 美元,纽扣形珍珠售价 0.70 美元。纽扣形状是她在中国购买珍珠的典型形状,在海边市场价格低廉。圆形 7.0~7.5 毫米的 akoya 海水珍珠的价格是 10.70 美元。她认为销售更贵重的大溪地或南海海水珍珠已经超出了她的视野范围,尽管她可以将其用于特殊订单。李简还意识到对于在香港地区和亚洲缺乏联系的人来说,大规模购买真正的珍珠(不仅是淡水珍珠)并不容易。她可能需要参加香港或广州的交易会,并与多家供应商洽谈,以确保最优惠的价格和可靠的原料供应。

样品订单

为了更清楚地了解实际质量、真实价格和产品范围,李简调查了中国的各种网站。2018 年 7 月,她与她研究过的一家公司签订了一份数量不大的订单。在发货之前,供应商向李简为所有订单提供了以下条款:除了纽扣珍珠和 akoya 珍珠外,所有商品均为"银白色";除了 akoya 珍珠外,所有珍珠都是淡水珍珠;所有珍珠都是 AA 级;买家负责门到门的全部运费(简称出厂价格),不包括转让佣金、运费、保险或税收等;价格因金属价格和汇率而异;白银饰品的最低订单数量为五件;付款后两到三周的交货时间可能会受到订单数量的影响;包装包括一个小塑料气泡袋和纸箱,但没有珠宝盒;运送到大多数国家需要三到五个工作日;生产前需要先付定金。

产品如期交货,质量也符合承诺。事实上,当地的珠宝商似乎非常了解珍珠,甚至评价说 akoya 珍珠品质好。另外,李简觉得她清楚地了解每种产品的总落地成本,包括所有运输和相关费用(见表 1)。

---

① Blaire Beavers, "Is eBay Fraud and Misrepresentation Eroding the Reputation and Value of Saltwater Pearls," PearlGuide.com, July 8, 2017, accessed on August 17, 2018, www.pearl-guide.com/forum/content.php? 364.

表1　订单成本明细分解

名称	单价（美元）	数量	总成本（美元）	总成本（加元）	调整后的总金额（美元）	调整后的总金额（加元）	调整后的单价（美元）	调整后的单价（加元）
珍珠耳环（一对）	6.00*	10*	60.00*	79.80	79.80	106.13	7.98	10.61
珍珠项链	18.90*	5*	94.50*	125.68	125.68	167.15	25.14	33.43
珍珠吊坠	7.00*	5*	35.00*	46.55	46.55	61.91	9.31	12.38
三颗珍珠吊坠	15.50*	5*	77.50*	103.08	103.08	137.10	20.62	27.42
纽扣珍珠	0.70*	40*	28.00*	37.24	37.10	49.28	0.93	1.23
Akoya珍珠	11.00*	5*	55.00*	73.15	73.15	97.29	14.63	19.46
合计		70*	350.00*	465.50	—			
邮寄（通过DHL快递）至加拿大：			35.00*	46.55				
卖方支付的PayPal佣金：			18.00*	23.94				
卖方总成本（美元）：			403.00*	535.99				
买方使用VISA信用卡支付的额外费用（加元）：				0.67				
卖方总费用（加元）：				536.66*				
报关费用：	加拿大的关税（占465.50加元的8.5%）：			39.56*				
	加拿大统一销售税费用（465.50加元的5.0%）：			23.28*				
	报关手续费			11.87*				
	交易费用			5.37*				
买方总成本：				616.74*				

注：调整后的总金额是将所有运费、关税、税金和其他费用按相等比例分配给每个产品；实际费用用星号（*）标出；没有显示加拿大以外国家的清关费用；本表采用的汇率：1美元=1.33加元（2018年6月25日）。

资料来源：本案例作者根据李简的订单制作。

决策

到 2018 年 8 月，李简需要做出最终决定。她或许可以通过在购物中心或市场里开一个小店进入珍珠行业。但在网上开设商店怎么样呢？她会自己制作珠宝还是直接从中国内地或香港地区采购？她是否应该远离这个行业？尽管消费者喜欢他们眼中的珍珠，即喜欢珍珠的寓意，喜欢珍珠的古典、高雅，但是他们恐怕不会接受在售货摊或者通过很努力的搜寻后才能购买到心爱的珍珠。或许这个原因便能够解释为什么之前珍珠市场一直萎靡不振。但是，无论其他人是否意识到这一点，她很想知道迎合当今消费者的现代珍珠产品（即价格实惠、时尚、容易买到的珍珠产品）是否能够满足当前消费者的需求。

第 2 章 全 球 外 包

3. Sher–Wood 冰球杆：全球采购*

2011年初，久负盛名的加拿大冰球杆制造商 Sher–Wood 公司正在考虑是否将旗下自己保留的高端复合冰球杆和守门员球杆的生产业务转交给其中国供应商。随着零售价格的持续下降，Sher–Wood 的高价、高端一体式复合球杆不断失去市场份额。将加拿大制造的标志性冰球杆生产外包给中国是否会帮助 Sher–Wood 显著刺激市场需求？除此以外还有其他的选择吗？

冰球的历史①

自早期文明开始，在罗马、苏格兰、埃及和南美等地区，人们就开始玩"球和杆"的游戏。这些游戏有着不同的名称，但其基本理念是相同的。在爱尔兰，"hockie"一词就曾经被用于描述这种体育运动。有些报告将这一运动的起源追溯到4000年前，并一直流传至今。

现代冰球运动是19世纪末期由两名在麦吉尔大学（McGill University）学习的加拿大人詹姆斯·克雷顿（James Creighton）和亨利·约瑟夫（Henry Joseph）

---

* 本案例由张明（Megan (Min) Zhang）在包铭心（Paul W. Beamish）教授的指导下编写而成，并由陈烁（Shuo Chen）协助完成由中文到英文的翻译，案例编号为：9B12M003。©2012, Ivey Management Services，版本：2012-02-13。

① Summarized from Jacqueline L. Longe, How Products Are Made (Volume 4) (Farmington Hills: Gale Research, 1998); http://www.historyhockey.net, accessed on July 18, 2011; http://www.mcgilltribune.com, accessed on July 18, 2011; and http://www.madehow.com, accessed on July 18, 2011.

发明的。他们制定的规则在 1875 年魁北克省蒙特利尔市举行的第一次现代冰球比赛上被使用。1892 年，加拿大总督斯坦利勋爵（Lord Stanley）第一次将比赛命名为"斯坦利勋爵争霸挑战杯"，后来被简称为"斯坦利杯"。1917 年，国家冰球联盟（National Hockey League，NHL）在蒙特利尔成立。

冰球在 1893 年进入美国，到 20 世纪初，它也开始在欧洲流行。在 1920 年 4 月于比利时安特卫普举行的夏季奥运会上，冰球正式成为比赛项目之一。

从 20 世纪后期开始，冰球成为加拿大人民族自豪感的重要来源，而且它也开始流行于北半球其他国家，如美国、捷克共和国、芬兰、俄罗斯和瑞典。

冰球杆[①]

在冰球比赛中，运动员们使用专用装备以方便他们参与比赛并且保护他们免受伤害。冰球运动装备可分为五类：守门员装备、头部/面部装备（头盔、护颈）、防护装备（护肩、护腿板、护肘、冰球裤和手套）、球杆和冰鞋。"全身装备供应商"通常提供除守门员装备外的所有装备。在五种装备中，球杆和冰鞋推动着整个行业的发展，并且几乎占全球设备销售的 2/3。[②]

冰球杆用于射门、传球以及运球。它由一个细长的杆柄和一个称为杆刃（blade）的扩展平面组成。守门员使用的球杆通常会略做修改，杆刃更宽一些。冰球杆的尺寸可以改变，以适应球员的身高和控球技术等。

冰球杆有一体式的（杆柄与杆刃永久连在一起），也有分体式的（杆柄与杆刃是分开的，在生产过程的后期再连在一起）。一体式球杆是随着新型复合材料的产生而出现的。

球员在挑选冰球杆时通常注重三个要素：重量轻、响应性、"手感"。职业球员追求的三个特点是：杆柄与杆刃的交角、柔韧性和杆刃的类型。球员需要一个适当的交角使他们能够在滑行时保持杆刃与冰面的平行。冰球杆的杆身具有很高的柔韧性，而这种柔韧性是其性能的关键组成部分。柔韧度、刚度等术语可以用来描述单位长度杆柄弯曲所需的力量。

20 世纪 50 年代末以前，冰球杆的杆刃很少是弯曲的。然而，20 世纪 60 年代，球员们开始要求他们的球棍制造商制造预弯曲的杆刃以获得更好的性能。不

[①] 归纳自 J. L. Longe, How Products Are Made, 1999, http：//www.prohockeystuff.com, accessed on July 18, 2011; and http：//www.nhlhockeyice.com, accessed on July 18, 2011.

[②] http：//www.thehockeysource.tv, accessed on July 18, 2011.

久之后，许多 NHL 球员成为"香蕉杆刃"（banana blade）的支持者。2011 年，NHL 杆刃曲线的法定上限为 19 毫米，即 3/4 英寸。此外，球员普遍要求冰球杆的重量轻以便于使用，同时具有柔韧性。

为了满足这些品质要求，变化最大的是制作冰球杆的材料。采用更先进的复合材料使制造过程变得复杂，并且需要更多的创新。与此同时，专业球员更要求球棍能够适应自己的身体特征（如身高和力量）及技术。

制造冰球棍的三种主要材料是木材、铝和复合材料。最早的冰球杆由实木制造，这些球杆不是很耐用，长度和形状也不一致。20 世纪 40 年代，层压球杆被制造出来，它是由多层木板胶合在一起，以获得更大的柔韧性和耐用性。20 世纪 60 年代，制造商开始加入额外的玻璃纤维层或其他合成涂料，以进一步提高耐用性。

Easton 冰球用品公司（Easton Hockey）在 20 世纪 80 年代初推出了比木质球杆轻得多的一体化全铝合金冰球杆。因为坚硬的铝手感不好，制造商开发了一种很轻的铝质球杆和可更换的木质杆刃。这一设计于 20 世纪 80 年代末和 90 年代初开始流行。

20 世纪 90 年代中期，先进的复合材料球杆被研发出来。复合材料包括增强纤维［如石墨（碳）纤维和凯夫拉（Kevlar）］以及黏合剂（如聚酯、环氧树脂或其他聚合物树脂）等。在接下来的十年中，碳纤维成为 NHL 中最流行的材料，它也迅速普及到业余和休闲球员使用的装备中。虽然碳纤维球杆原作为杆柄单独出售，但是杆柄和杆刃一体化的球杆最终占据了主导地位。还有一些生产商使用钛制造复合材料球杆。此外，Sher-Wood 使用泡沫材料（如聚氨酯）来填充守门员杆刃和护板以减震和增加杆刃的硬度。

厂商们一直在开发新的更轻、更耐用的复合材料。冰球球杆、轮滑曲棍球球杆、长曲棍球球杆、棒球棒、垒球棒和冰球鞋都需要类似的技术来制造，因为几乎所有这些运动产品都采用复合材料。研发、制造和质量控制流程不断进步，而且越来越多的精密技术被用于整个生产过程。

对于大多数复合材料球杆和铝质球杆，其柔韧性特征以数值表示。这个数值从 50 到 120 不等，被印于球杆上，用来表示需要使杆柄弯曲一英寸的力量（用磅表示）。相比之下，木质球杆的柔韧性无法精准测量，因为大批量生产的球杆柔韧性各不相同。

冰球设备行业的基础知识[1]

根据大多数业内人士的分析,全球冰球设备市场呈现出成熟的迹象,每年增长率只有1%～2%。[2] 全球冰球设备市场销售额在2010年为5.55亿美元,其中62%来自冰鞋和球杆销售。

冰球设备的销售主要受全球冰球运动参与率(注册的和未注册的)驱动。2010年,加拿大约有60万名冰球球员。在此后的五年中,加拿大5～25岁注册的冰球球员预计将减少3万人,即5%。尽管如此,一些行业分析师认为,休闲和未注册的冰球运动参与者[特别是在美国以及在东欧(尤其是俄罗斯)]和女子冰球运动参与者的增长率已经超过了注册冰球参与者的增长率。促进冰球运动装备销售的其他因素包括创造市场需求、引进创新的产品、缩短产品更新换代的周期,以及改善总体宏观经济条件和提高消费者可支配收入水平。

相对于足球或棒球,参与有组织的冰球活动所需的设备更加昂贵。十几岁的年轻人或业余冰球爱好者的全部装备约需600美元,更年轻的参与者的装备则更便宜一些。近40%的冰球爱好者家庭年收入超过10万美元。

专业球员青睐的冰球杆在市场中享有更加强势的地位。儿童和业余选手喜欢使用刻有球员名字的球杆。冰球杆制造商通常向NHL球员支付费用以使他们使用自己生产的球杆,并向这些球员提供为其量身订制的球杆。

竞争品牌以及策略[3]

在19世纪80年代后期一家蒙特利尔的公司开始制造冰球杆之前,大部分球员都是自己制作球杆。到21世纪初,北美和欧洲共有20多个品牌的冰球杆,而

---

[1] 归纳自"Preliminary Prospectus of Bauer Performance Sports Ltd.," January 27, 2011, http://www.secure.globeadvisor.com/servlet/ArticleNews/story/gam/20110614/GIVOXBAUERMILSTEADATL, accessed on July 18, 2011; http://www.sgma.com/press/93_Sanctioned-Team-Sports-Play-In-the-US-Remains-Strong, -But, accessed on July 18, 2011; and http://www.ehow.com/way_5191903_ice-hockey-equipment-guide.html, accessed on July 18, 2011.

[2] https://secure.globeadvisor.com/servlet/ArticleNews/story/gam/20110614/GIVOXBAUERMILSTEADATL, accessed on July 18, 2011.

[3] 归纳自"Preliminary Prospectus of Bauer Performance Sports Ltd.," www.fundinguniverse.com, accessed on July18, 2011; www.eastonbellsports.com, accessed on July 18, 2011; www.bauer.com, accessed on July 18, 2011; www.sherwood.com, accessed on July 18, 2011; www.adidas-group.corporate-publication.com, accessed on July 18, 2011; www.warrior.com, accessed on July 18, 2011; www.stickshack.com, accessed on July 18, 2011; and www.hockeystickexpert.com, accessed on July 18, 2011.

许多规模较小的装备制造商或者倒闭，或者被竞争对手收购。目前主要品牌包括 Easton（Easton – Bell 体育用品公司生产）、Bauer（Bauer Performance 体育用品公司生产）、CCM（Reebok – CCM Hockey 公司生产）、Warrior（Warrior 体育用品公司生产）、Sher – Wood（Sher – Wood Hockey 公司生产）、Mission ITECH（被 Bauer 公司收购）和 Louisville/TPS（被 Sher – Wood 公司收购）。Bauer、CCM 和 Sher – Wood 起源于加拿大，Easton 和 Warrior 起源于美国。

Bauer、Reebok 和 Easton 这三个主要的竞争者瓜分了冰球装备市场 80% 以上的份额，这些供应商向冰球爱好者提供从头到脚的全方位产品（冰鞋、球杆和全套防护装备）。此外，Bauer 和 Reebok 还提供守门员装备。冰球装备市场高度细分，许多较小的设备制造商（如 Warrior 和 Sher – Wood）向有特殊需求的客户提供特定的产品。表 1 列出了五大供应商等生产的球杆在 NHL 球员中被使用的比例，这五大公司在不同的类别中寻求新的增长点。

表 1　　各品牌冰球杆在 NHL 中所占份额及生产地点

公司	在 NHL 中的份额（%）	生产地点
Easton	45.1	墨西哥蒂华纳和中国
Bauer	15.7	复合材料球杆产于中国和泰国
RBK/CCM	13.7	复合材料球杆产于中国，木质球杆产于加拿大和芬兰
Warrior	11.8	墨西哥蒂华纳（内包）和中国（外包）
Sher – Wood	2.3	复合材料球杆和守门员高级木质球杆产于加拿大和中国，大部分木质球杆产于东欧
Louisville TPS, Mission 及其他	11.4	不详

资料来源：http：//www.usatoday.com/，January 2008，accessed on May 29, 2011.

Easton – Bell 体育用品公司设立了致力于冰球、棒球、曲棍球和垒球的部门。Easton 公司将自己定位为设计、开发和销售优质体育用品的全球领导者，并向运动和休闲活动提供大量配件。Easton 公司的技术实力使得旗下的冰球杆成为许多 NHL 球员和业余爱好者的首选，而它生产的手套、冰鞋和头盔也都采用了最新的技术。多年来，Easton 公司与 NHL 球员签署了提供全部装备的长期合同。Easton 公司在创新过程中遵循独特的路径——首先为复合材料冰球杆开发新技术，然后将新材料用于冰鞋、棒球棒和垒球棒。2011 年，Easton 公司在其 Synergy 和 Stealth 产品线下提供了 48 种不同的球员和守门员球杆。Easton 公司 2006 年的净销售额为 6.39 亿美元，比 2005 年的 3.799 亿美元增长了 68%。2006 年的毛利为 2.129 亿美元，占净销售额的 33.3%，相比之下，2005 年的毛利为 1.349 亿美元，占当年净销售额的 35.5%。

Bauer 公司制造冰球、轮滑冰球和长曲棍球装备以及相关的服装。Bauer 公司致力于通过在所有性能水平上的持续创新，在所有冰球和轮滑冰球装备中建立领导地位并扩大其市场份额。它通过使用不同的材料、改进采购安排和供应链效率而提供价格有竞争力的产品。除此之外，它还特别针对新兴市场和未开发的消费领域（包括俄罗斯运动员和女性运动员）提供产品服务。2008 年，Bauer 公司实施了几项战略性收购，以进入新的产业，并加强其在特定品类中的市场领导地位。2011 年，Bauer 公司在其 Supreme 和 Vapor 产品线下提供 20 个类型的球员和守门员球杆。2010 年，Bauer 公司是冰鞋、头盔、护具、守门员装备的头号制造商，球杆生产紧随 Easton 公司之后排名第二。它在全球冰球装备市场中占据 45% 的份额，其毛利润占净收入的 37%。

Reebok – CCM Hockey 公司专注于提供冰球器材和服装。该公司利用多品牌策略来瞄准不同的消费者细分市场。特别是它开发出了创新技术以吸引在意自身形象的消费者。其产品最适合在运动中最大限度发挥身体潜能，并常常被那些追求性能和质量的消费者购买。2011 年，公司提供了 32 个种类的球员和守门员球杆。2010 年，Reebok – CCM 公司的净销售额为 2.8 亿美元，其主要市场是加拿大、美国、斯堪的纳维亚地区和俄罗斯。

Warrior 体育用品公司主要提供长曲棍球和冰球装备、服装和鞋类。该公司致力于一套核心的理念和优势：技术卓越，草根营销，新颖、创造性的青春风格，并与零售商和供应商建立密切的伙伴关系。Warrior 公司在 2011 年提供 15 种球员和守门员球杆。

一般来说，冰球用品公司会在三个不同的价格点——初级、中级、高级上提供某种类型的冰球杆。五个竞争对手最好的高级复合球杆的参考零售价格各不相同。Bauer Supreme TotalOne Composite、Easton Stealth S19 Composite 和 Warrior Widow Composite Senior 的零售价均为 229.99 美元。CCM U + Crazy Light Composite 和 Reebok 11K Sickkick III Composite 的售价都为 209.99 美元，而 Sher – Wood

T90 Pro Composite 的球杆售价为 139.99 美元。①

冰球装备行业的全球采购

与其他行业类似，冰球行业最终将进入全球采购的时代。全球采购是将工作承包或委托给一家企业的过程，而这家企业可以位于世界任何地方。② 采购活动可以通过组织或地点进行分类（表 2 列出了几种类型的全球采购）。从组织的角度看，内包和外包之间的选择决定项目是保留在公司内部还是承包给一个独立的服务提供商。从地点角度来看，有三种选择：在岸（在全国范围内）、近岸（邻国）和离岸（相距遥远的国家）。为了最优化整体利益和对冲风险，企业往往在全球外包和内包活动之间寻求平衡。图 1 列出了制造商在决定内包还是离岸外包时通常要考虑的几个因素。

表 2　　　　　　　　　　全球采购类型

	内包	外包
离岸	把工作分配给另一个国家的全资子公司	把工作承包给另一个国家的服务提供商
近岸	把工作分配给在邻国的全资子公司	把工作承包给在邻国的服务提供商
在岸	把工作分配给在国内的全资子公司	把工作承包给本国的服务提供商

资料来源：Derived from Oshri, Korlarksy, and Willcocks, The Handbook of Global Outsourcing and Offshoring, 2009; Macmillan Publishers.

早在 20 世纪 80 年代，西方体育设备制造商（如耐克和锐步）便开始将体育用品（如跑鞋）的制造外包给亚洲。然而，在 2000 年之前，冰球用品公司则倾向于内包，并通过有机增长、战略性收购和在其他国家建立自己的工厂来执行这一战略，例如，Easton 公司和 Warrior 公司都在墨西哥的蒂华纳（Tijuana）建有工厂。在过去的十年中，冰球行业开始外包。Bauer Nike Hockey 在 2004 年关闭或缩减了其在安大略省和魁北克省的工厂，减少了 321 个制造就业机会。公司将 90% 的生产外包给加拿大以及世界各地的生产商。2002～2008 年，Reebok – CCM 公司也关闭了 5 家在安大略省和魁北克省的工厂，减少了约 600 个制造就业机

---

① 资料全部来自 http://www.amazon.com, accessed on May 29, 2011.
② 本段文字归纳自 Ilan Oshri, Julia Kotlarsky, and Leslie P. Willcocks, *The Handbook of Global Outsourcing and Offshoring*, Hampshire, Macmillan, 2009; and Marc J. Schniederjans, Ashlyn M. Schniederjans, and DaraG. Schniederjans, *Outsourcing and Insourcing in An International Context*, New York, M. E. Sharpe, 2005.

会。Easton 公司和 Warrior 公司也将部分制造业务外包给亚洲，但仍保留了其在墨西哥的工厂。2008 年，Warrior 公司墨西哥工厂的产能估计为每周由 250 名员工生产 4000 件冰球杆（表 1 列出了几个领先的冰球杆品牌的生产地）。

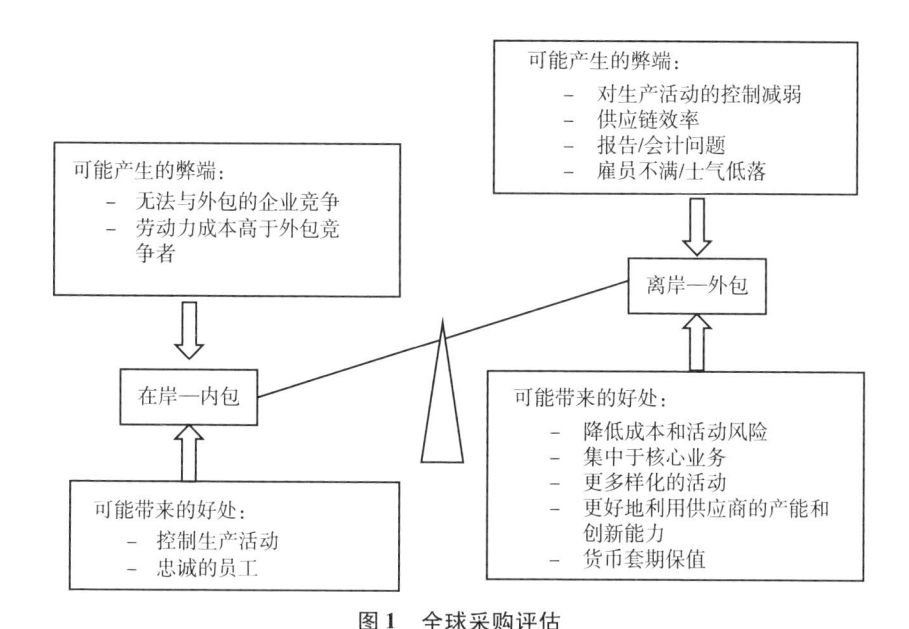

```
可能产生的弊端：
 - 对生产活动的控制减弱
 - 供应链效率
 - 报告/会计问题
 - 雇员不满/士气低落

可能产生的弊端：
 - 无法与外包的企业竞争
 - 劳动力成本高于外包竞争者

                    离岸—外包

在岸—内包

可能带来的好处：
 - 控制生产活动
 - 忠诚的员工

可能带来的好处：
 - 降低成本和活动风险
 - 集中于核心业务
 - 更多样化的活动
 - 更好地利用供应商的产能和创新能力
 - 货币套期保值
```

图 1　全球采购评估

资料来源：Adapted from Schniederjans, Schniederjans, and Schniederjans, Outsourcing and Insourcing in an International Context; 2005; M. E. Sharpe.

全球制造业外包也有一些弊端。外包将生产活动与研发和营销活动分开，这对公司不同职能（如产品创新、可制造性设计、供应链效率和质量控制）间的协调带来了挑战。尤其是在离岸外包中，文化差异造成了沟通上的偏差，技术差距使额外的培训成为必要，地理距离造成了提前期或周转时间延长。[①] 2010 年 3 月，Bauer 公司在加拿大以外生产的 13 款初级球杆因在公共健康部门的随机检查中被发现油漆中铅含量超标而不得不召回。

与此同时，如果离岸外包减少了国内就业，还可能对公司的公共形象造成负面影响。2008 年 11 月，"在此团结"（UNITE HERE）组织[②]发起了一次全国性

[①] 本段文字归纳自 Masaaki Kotabe, *Global Sourcing Strategy: R&D, Manufacturing, and Marketing Interfaces*, New York: Quorum Books, 1992.

[②] UNITE HERE: a union representing 50000 food service, apparel, textile, hotel and distribution workers across Canada.

的抗议活动，旨在说服 Reebok 公司将冰球装备和运动衫的生产迁回国内。①

此外，不断变化的劳动力成本、原材料成本和汇率等为全球采购带来了新的不确定因素。表3列出了加拿大、美国、墨西哥和中国等国家的小时工资成本。2011年，波士顿咨询集团（BCG）得出结论，随着中国工资的上涨和人民币不断升值，美国和中国之间的工资差距迅速缩小。

表3　　　　　　　　　　制造业小时工资成本　　　　　　　　单位：美元

年份	中国（城市）	中国（乡镇）	加拿大	美国	墨西哥	爱沙尼亚	芬兰
2002	0.95	0.41	18.05	27.36	5.59	3.11	22.62
2003	1.07	0.44	21.08	28.57	5.31	4.11	28.12
2004	1.19	0.45	23.67	29.31	5.26	4.86	32.47
2005	1.30	0.49	26.26	30.14	5.61	5.52	33.64
2006	1.47	0.53	28.58	30.48	5.88	6.58	35.23
2007	1.83	0.64	31.27	32.07	6.17	8.73	39.17
2008	2.38	0.82	32.06	32.78	6.47	10.56	44.85
2009	2.69	N/A	29.59	34.19	5.70	9.83	43.47
2010	3.16	N/A	34.60	34.81	6.14	9.42	41.10

资料来源：http：//www.bls.gov，accessed on July 18, 2011.

除去体育用品行业之外，其他行业早已开始向本土回归。事实上，向本土回归从全球外包规划之初就是一种选择。1999～2006年期间，德国有1/6～1/4的制造企业在进行外包后的四年内会向本土回归，主要是因为在外国进行生产缺乏灵活性和无法保证质量。这只是对之前地点误判所做的短期修正，而不是对正在缓慢出现的经济趋势的长期反应。②

---

① http：//www.cbc.ca/news/story/2010/03/18/nike－hockeystick－recall.html, accessed on July 18, 2011.
② S. Kinkel and S. Maloca. "Driversand Antecedents of Manufacturing Offshoring and Backshoring：A German Perspective," *Journal of Purchasing and Supply Management*, 15, 3 (2009)：154－65.

Sher – Wood 冰球公司：大事记①

Sher – Wood 冰球公司主要在加拿大生产并分销冰球杆和冰球装备。它成立于 1949 年，总部设在加拿大魁北克省舍布鲁克（Sherbrooke），前身为 Sherwood – Drolet 有限公司。它是加拿大最知名的冰球装备制造商之一。1976 年，Sherwood – Drolet 推出其旗舰产品——PMP 5030 型木质球杆，NHL 的传奇人物盖伊·拉弗勒（GuyLafleur）将它称为"世界上最好的球杆"。到 2007 年，该公司已制造了 600 多万支 PMP 5030 球杆。

2006 年，Sherwood – Drolet 售出了约 100 万支木质球杆和 35 万支复合材料球杆。公司预计，复合材料球杆的销量和盈利能力将继续增长。此前，Sherwood – Drolet 公司已经开始将旗下的低端木制球杆外包给乌克兰生产商。2007 年，PMP 5030（中高档木质球杆）被外包给在魁北克省维多利亚维尔（Victoriaville）的本地供应商。与此同时，公司致力于生产碳纤维、凯夫拉和其他人工合成材料制作的复合材料球杆。虽然公司将木质球杆的生产外包，但声称将继续为职业冰球选手［如渥太华参议员队的詹森·斯佩扎（Jason Spezza）］制作定制的木质球杆。

然而，当斯佩扎了解到 Sherwood – Drolet 公司将不再在加拿大制造他最喜欢的木质球杆时，他决定换一家公司。"他们（本地制造商）可以让我在一个星期内得到球杆。但是如果它在外国生产，这一过程可能太久了。"斯佩扎说。最终，位于蒙特利尔的 Reebok 公司为他设计了一支看起来像一体式的球杆，但实际上是由碳纤维杆柄和木制杆刃组成。② 2008 年 11 月，Reebok 公司在一份新闻稿中宣布斯佩扎开始使用他们的球棍，"……我们很高兴能与斯佩扎合作，这不仅有助于营销活动，也有助于 Reebok 公司未来对冰球装备的研究、设计和开发活动。"③

2008 年 5 月，Sherwood – Drolet 公司申请破产。加拿大广播公司（CBC）的报道说，"Sherwood – Drolet 公司在近年来由木质球杆转向复合材料球杆的过程中

---

① 归纳自 www. sher – wood. com，accessed on July 18，2011；http：//hockeystickexpert. com，accessed July 18，2011；www. canada. com/topics/sports/story. html? id = 87c5d6b3 – 8872 – 496a – 8d4f – 01f5f4e36342，accessed July 18，2011；and www. thestar. com/News/Canada/article/273561，accessed on July 18，2011.

② http：//www. canada. com/topics/sports/story. html? id = 87c5d6b3 – 8872 – 496a – 8d4f – 01f5f4e36342，accessed on July 18，2011.

③ http：//www. rebokhockey. com/labs/labs – blog/entries/2008/Nov/25/entry/jason – spezza – reebok – hockey – family/，accessed on July18，2011.

遭遇失败"。总部位于加拿大安大略省列治文山市（Richmond Hill）的 Carpe Diem Growth Capital 公司将 Sherwood – Drolet 公司买下，并更名为 Sher – Wood 冰球用品公司。①

Sher – Wood 在 2008 年 9 月收购了 Inglasco 公司的资产。同年 12 月，它收购了领先冰球球杆及保护装备制造商和经销商 TPS 体育用品集团（TPS Sports Group）。Sher – Wood 公司将 TPS 集团在安大略的资产转移至魁北克省，重组了这三家公司的资产，并额外投资 150 万美元设立了新工厂。

生产

截至 2011 年 3 月②，Sher – Wood 公司为冰球运动生产球杆产品（球杆、杆柄、杆刃）、防护装备（手套、裤子、护肩、护肘、护腿板）、守门员用具（守门员垫、手套、板状护具、护膝、手臂和身体防具、裤子）和其他配件（冰球、背包、冰球架、小型球杆、水瓶、便携箱）。该公司还出售一些街头冰球用具和配件（守门员用具、球杆、冰球等），并向冰球迷们出售新奇的体育用品。

每年五六月份和十月底，公司会推出新球杆。一件产品在市场上的生命周期为 18~24 个月。到 2010 年底，Sher – Wood 公司提供 27 种球员和守门员球杆，其中 13 种为木质。

Sher – Wood 公司虽然依靠 NHL 球员来支持品牌的信誉，但公司的主要目标还是放在少年队、AAA 级的球队和少数高级联赛上。Sher – Wood 公司只为高端运动员定制少量产品，并从美观的角度进行定制设计，如为球杆设计个性化的图案或颜色。Sher – Wood 公司通常需要两到三个星期的时间为 NHL 球员生产定制球杆。

2010 年，Sher – Wood 公司在舍布鲁克生产的球杆销售量与 2009 年相比下降了近 50%。其在中国的合作伙伴生产了大部分的复合材料冰球杆。由 33 名工人和 7 名办公室工作人员组成的 Sher – Wood 工厂负责制造其余的高端一体式复合材料球杆和守门员用的特殊泡沫材料球杆，每年约生产 10 万支。在加拿大的固定资本投资回报率很低。

公司高管认为，他们需要提供有竞争力的零售价格来刺激需求。为了实现这一目标，他们还需要向零售商提供高于竞争对手的利润，以便零售商在商店

---

① http：//www.cbc.ca/news/business/story/2008/05/05/sherwood – filing.html? ref = rss, accessed on July 18, 2011.

② 归纳自 http：//www.sher – wood.com, accessed on May 29, 2011.

中进行产品展示并为营销活动提供帮助。这些措施要求低生产成本以及良好的质量。为了降低成本，并充分利用现有设施，他们可以把所有生产外包给在维多利亚维尔的合作伙伴，并将余下的设施转移到那里。然而，根据魁北克省的法规，Sher-Wood公司在将设备转移至或出售给其在魁北克的分包商方面没有多少选择的余地。除此之外，高管们还考虑将外包给中国的制造业务撤回国内。但从降低成本和产品研发的角度来看，他们认为留在中国更加有利。

中国合作伙伴的条件和协作

Sher-Wood公司的供应商分别位于上海市、深圳市和中山市。它们从事网球和羽毛球拍的生产，开发复合材料技术及相关体育用品。Sher-Wood公司在大约10年前开始销售复合材料球杆的时候就开始与他们合作。多年来，这些供应商为世界各地的冰球公司生产一体式和分体式复合材料冰球球杆。渐渐地，它们积累了制造能力和研发能力。Sher-Wood公司在中山市的主要供应商每天两个班次，每班工作10小时，每周工作6天。它们的年生产能力超过100万支。此外，这家供应商还拥有10~15名工程师组成的研发队伍，能够在拥有全部信息的情况下在一天之内生产出样品。相比之下，Sher-Wood公司生产类似的样品需要2~3名工程师花费四五个月的时间。更重要的是，作为长期合作的结果，主要供应商对冰球球杆产生了某种感觉，使得语言和文化障碍不再是问题。Sher-Wood公司的营销副总裁埃里克·罗德里格（Eric Rodrigue）说："他们正在成为合作伙伴，而不只是供应链中的一个环节。"

Sher-Wood公司和其中国供应商伙伴需要密切合作。一方面，Sher-Wood公司需要派专家到中国指导合作伙伴如何根据自己的规格生产冰球杆。另一方面，Sher-Wood公司和合作伙伴虽然也有类似的现场实验室来进行产品测试，但Sher-Wood公司主要关注球杆的手感，即再现球员以某种方式握住球杆进行射门、传球、接球时的感觉。Sher-Wood公司还邀请职业球员在冰上进行测试，这是其供应商无法做到的事。

此外，公司在管理和营销领域配备了年轻、热情、知识渊博的新管理人员，高管们认为公司已经为与中国合作伙伴和零售商的市场合作而需要付出的额外成本和努力做好了准备。

公司高管十分关心中国的人工成本、原材料成本和汇率上涨的情况。然而，中国制造的整体成本仍比在魁北克生产的成本低。他们估计，每件产品成本最多可降低15%，具体降低比例取决于产品的型号，同时能够保证产品的高质量和快速的周转时间。此外，一些行业如纺织品行业已开始将其生产地搬迁到越南和柬埔寨等新兴国家，以降低劳动力成本和设备成本。但是，这些国家在复合材料方面没有优势。

高管们还在考虑其他有关问题。首先，虽然主要供应商能够在24小时内为NHL球员生产定制的冰球杆，但从中国到魁北克的运输费用相当昂贵。其次，主要供应商适合于快速生产大批量但缺乏个性的产品。最后，冰球运动被认为是西方文化遗产，所以在中国制造的任何与冰球运动有关的物品都可能在市场感知方面产生负面影响。但是，多年以来，他们所有的竞争对手都已经把生产外包给中国。

挑战

2011年初，Sher-Wood公司高层管理人员所面对的问题是如何提高其冰球杆的销量。他们认为应该通过提供质量更好、价格更低、能为零售商带来更多利润的球杆来应对这一挑战。他们想知道是否应该将剩下的高端复合材料球杆的制造外包给中国的供应商，或者是否还有其他选择。

如果决定将剩余的制造工作转移到公司外，那么他们需要应对一系列问题。为了充分利用在舍布鲁克的设施，他们需要将其转移到中国，但受到出口法规的限制，这样做很困难并且耗时很长。为了安装生产设备并指导生产团队，他们将需要派出专家。如在9月至4月冰球赛季完成后仍然决定实施这项决策，他们需要精确地规划每一个阶段的工作。他们还需要想好如何给40名受影响的员工一个交代。这些员工中有很多人在Sher-Wood公司工作超过30年，他们的平均年龄为56岁。应该如何把这个决定传达给公众？他们需要尽快做出最后的决定。

4. 海信的国际化困境：与罗意威公司合作*

2013年1月，海信集团的德国子公司向总部提交了一份战略合作方案。然而，经过6个月的激烈辩论，海信的决策者仍然很难决定是否应该与德国高端电视机制造商罗意威公司（Loewe AG）建立战略联盟。拥有90年发展历史、声誉卓著的罗意威公司遭受了严重的财务困境，并准备申请破产保护，因此迫切需要新投资者和技术注入来缓解其巨大的财务压力，并协助重组其电视业务。而海信尽管是全球第四大电视机制造商，但仍想提高品牌声誉，并相信与罗意威公司的合作可能会对提升其品牌有所帮助。两家公司都有机会进入对方的主要分销网络中。无论双方以哪种形式合作，如果罗意威公司破产或持续表现不佳，海信都将面临巨大的财务损失风险。

罗意威：德国奢华电视机品牌

罗意威技术有限公司（Loewe Technologies GmbH）是一家德国高端电视和娱乐系统制造商，该公司以其现代化设计、时尚的用户界面和高品质而闻名欧洲。自从它在德国首次发明并推出彩色电视机以来，罗意威公司一直秉承"德国制造"的承诺[①]，这一经营理念在欧洲市场流传甚广并深受欢迎。尽管罗意威公司得到消费者的高度认可，但其奢侈品牌定位限制了其产品范围——仅针对高端客户的需求[②]。然而，激烈的市场竞争和客户需求的多样化迫使电视机制造商既要经济实惠又要能够快速响应技术变化，否则它们将会面临破产。结果，亚洲制造商逐渐主导了电视机产业。在与大规模制造相关的各个领域，它们比其他生产商更具成本效益，部分原因源自它们每条产品线的研发成本较低，并且在各种产品

---

* 本案例得到山东自然科学基金资助（ZR2014GQ003），由刘素和包铭心（Paul W. Beamish）编写，案例编号：9B17M155。©2017, Richard Ivey School of Business Foundation，版本：2017-10-20。
  ① "Loewe Business," Loewe Technologies GmbH, accessed on August 31, 2017, www. loewe. tv/int/business. html.
  ② Paul Roggema, "Loewe Follows Philips: Another Famous European CE Brand Goes Chinese?" *Appliance Design*, September 9, 2013, accessed on August 31, 2017, www. appliancedesign. com/blogs/14 - appliance - design - blog/post/93754 - loewe - follows - philips - another - famous - european - ce - brand - goes - chinese.

间可以实现协同。即使没有最先进的技术和最好的硬件配置，罗意威公司的平板电视机每台的售价也高达5000欧元（6650美元）[①]，这使得该公司在这样一个竞争激烈的行业中生存得很艰难。

由于亚洲对手的竞争，罗意威公司多年来一直遭受重创。公司的销售收入从2008年的3.74亿欧元（5.08亿美元）下降到2012年的2.5亿欧元（3.4亿美元）（见表1）。在2013年的前6个月，公司的销售情况更加恶化，其收入为7650万欧元（1.04亿美元），比上一年下降了39%，这期间的净亏损增加到2670万欧元（3600万美元）。如果公司未能做出重大业务调整，它将破产。

表1　　　　　　　　　2008~2012年罗意威公司的关键财务指标

	2012年	2011年	2010年	2009年	2008年
关键财务表现					
销售额（百万欧元）	250.00	274.30	307.30	324.00	374.00
EBIT（百万欧元）	-29.00	-10.50	-5.30	13.50	28.50
净利润/亏损（百万欧元）	-44.50	-10.70	-7.00	8.00	18.90
每股收益（欧元）	-3.42	-0.82	-0.54	0.62	1.45
每股股利（欧元）	0.00	0.00	0.00	0.25	0.50
净银行余额（百万欧元）	8.20	27.00	13.10	35.10	33.90
自由现金流（百万欧元）	-37.90	18.90	-23.10	7.80	39.90
开发费用（百万欧元）	13.20	14.40	15.90	16.10	14.40
按产品领域划分的销售额					
电视机（百万欧元）	202.30	220.70	249.80	280.50	323.60
音频、视频游戏等（百万欧元）	21.00	21.70	25.50	15.80	23.60
DVD/蓝光（百万欧元）	3.40	6.30	5.90	7.70	—
其他（百万欧元）	23.30	25.60	26.10	20.00	26.80
按区域划分的销售结构					
德国（百万欧元）	156.40	170.40	179.70	193.00	199.60
其他欧洲国家（百万欧元）	86.40	98.60	122.40	126.30	167.30
欧洲以外的国家（百万欧元）	7.20	5.30	5.20	4.70	7.10
员工数量（人）	1004	1022	10620	1042	1007

注：EBIT＝息税前利润；DVD＝数字视频光盘。
资料来源：作者使用www.morningstar.com的数据绘制。

---

① 2013年1月2日的汇率为1美元兑换0.76欧元。

罗意威公司理想的新投资者

最初，罗意威公司的战略是与潜在投资者谈判以缓解其财务困境，希望新投资者能够帮助其重组电视机业务，增强其电视机业务的竞争力。此外，公司还希望将业务拓展到其他有前景的市场。然而，它很快就了解到没有任何投资者的选择可以切实满足其所有的要求和期望。

那些有可能帮助公司重组和加强其电视机业务的潜在投资者可能是全球主要的电视机生产商。直到2008年，全球电视机市场主要由中国、日本和韩国生产商主导。随着电视机生产商之间的竞争加剧，市场结构很快发生了变化。到2013年，中国和韩国电视机生产商占据了主导地位，因为许多日本电视机制造商失去了竞争优势并退出了电视机市场（通常是剥离电视机业务）。因此，日本电视机生产商不太可能购买德国电视机生产商。

仍有韩国和中国的电视机制造商有可能成为罗意威公司的投资者。在欧洲高端电视机市场，罗意威在2012年之前的市场份额排名第二，仅次于三星。作为一个世界知名的电视机品牌，三星可以说并不需要另一个品牌标签，也不一定要帮助竞争对手。韩国另一个著名品牌LG与三星的情况相同。

海尔、长虹、康佳、创维等众多中国电视机制造商在欧洲没有进行电视机制造，并且很少有产品从中国出口到欧洲。因此，它们收购罗意威的可能性似乎很低。只有两家中国电视机生产商TCL和海信采用了本土化战略，并可能有收购罗意威的能力和兴趣。TCL公司2004年收购了法国电视机制造商，但后来遇到了意料之外的整合困难①。因此，TCL似乎不太可能迅速投入到收购一个德国电视机品牌中。

海信可能发挥的作用：技术支持

海信当然有能力提供技术支持来帮助罗意威公司加强其电视机的竞争力。在海信看来，设计和开发一款新的顶级产品应该是罗意威的首要任务。只有新设计的产品能够吸引更多消费者，罗意威才能够大幅增加销售额。

罗意威也很难决定是否应该与海信建立战略合作关系。如果决定与海信合作寻求技术支持，那么公司仍需要在短时间内找到另一位新投资者，并确保这位新

---

① "Li Dongsheng Rethinkng TCL's Ten Years Internationalization: The Acquisition of Thomson Strategy is Right," http://news.cnfol.com/guoneicaijing/20141129/19579829.shtml, November 29, 2014, accessed on August 31, 2017.

投资者能够支持其重组方案以及与海信的长期战略合作。

海信：一个经济实惠的中国电视机品牌

海信公司于1969年在中国青岛成立。它是一家生产消费电子产品、家用电器、信息技术设备和移动通信设备的全球领先公司，在全球拥有69000名员工。海信以其智能电视而闻名，自2004年以来一直是中国平板电视机的销售冠军。海信在逐渐积累技术能力、国际经验和海外分销渠道资源后，于2007年开始采用自主品牌国际化战略，优先拓展海外市场。这一战略的效果显而易见：到2013年，海信已成为全球第四大电视制造商。①

虽然海信电视机的销量很大，但它还不算是全球知名的品牌。例如，海信在欧洲和北美的市场份额相对较小。因此，如果海信想成为一个真正的全球品牌，就需要进一步提高这两个地区的市场份额。②

为了扩大其有限的欧洲市场份额，海信可以拓展和加强与当地分销渠道的合作。此外，与罗意威等知名欧洲生产商的合作可能有助于海信扩大其品牌知名度并提升其在欧洲的销量。如果海信希望与罗意威建立某种形式的战略合作关系，就必须综合考虑四个方面的因素：市场需求、品牌需求、技术需求和渠道需求。

市场需求

2004年，海信在欧洲开始扩张，选择德国、法国、意大利、英国和西班牙作为其重点市场。它很快遇到了巨大的挑战，如产品设计和开发的复杂性、缺乏本地业务经验和专业人才以及文化和语言障碍。

例如，在产品设计和开发方面，尽管五个欧洲国家在地理上相邻，但它们的电视机的制式、认证标准和电视机的本地智能应用存在很大差异。如果海信希望在这些国家扩大其电视机业务，则必须调整其产品以符合当地的各种技术标准，并在不同国家满足不同消费者的使用偏好。这些高度的市场进入壁垒给海信带来了巨大的困难。

---

① "Global LCD TV Manufacturer Market Share from 2008 to 2016," Statista, accessed on August 31, 2017, www.statista.com/statistics/267095/global-market-share-of-lcd-tv-manufacturers.

② "World Household Electrical Appliance Industry's Market Size and Distribution," China IRN, December 28, 2012, accessed on August 31, 2017, www.chinairn.com/news/20121228/672619.html.

尽管存在这些困难，海信仍然努力拓展这些国家的业务。海信欧洲销售总监贺先生（David He）说：

我们在欧洲有很多机会，这个市场是海信的蓝海。为什么？目前，只有少数亚洲电视机品牌活跃在欧洲电视机市场。日本品牌已经退出或准备退出这个市场。除了海信和TCL之外，在中国和其他海外市场具有很强竞争力的其他中国电视机生产商还没有在欧洲拓展业务。欧洲电视机品牌，如罗意威和梅茨（Metz Consumer Electronics GmbH）都历史悠久且声誉良好，它们只将其电视机业务集中在高端市场。

虽然电视机制造商的数量正在下降，但欧洲消费者仍然需要购买电视机，并且他们不太可能只想在三星和LG两个品牌之中进行选择。因此，只要我们能够克服最初的进入壁垒和困难，我们有信心可以在未来取得良好的销售业绩。相比之下，中国市场有太多的品牌在竞争。几乎每一天，我们都不得不面对"野蛮"的价格战，只有"薄如纸的利润率"。我们的国内电视机市场确实是一片"红海"。

如果海信和罗意威能够建立战略合作关系，则罗意威可以向海信提供欧洲业务经验和高端电视机市场的分销网络（见表2）。反过来，海信可以向罗意威提供在亚洲市场销售电视机的营销经验和进入亚洲市场的渠道。

表2　　　　　　　　西欧液晶电视机市场和LOEWE的市场份额

	2012年	2011年	2010年	2009年	2008年
西欧液晶电视机市场（百万欧元）					
德国	5249.4	5105.8	5050.1	4590.0	4123.6
英国	2828.9	3122.4	3525.8	3644.6	3989.4
法国	2455.3	3260.5	3568.3	3462.2	3293.1
意大利	2009.5	2269.4	2837.1	2439.1	1999.3
西班牙	1354.1	1614.6	2173.8	1982.3	2030.6
荷兰	780.1	889.9	1030.7	1002.3	1149.1
瑞士	566.9	571.3	579.3	509.7	533.2
奥地利	538.0	539.2	597.4	472.3	446.4

续表

	2012 年	2011 年	2010 年	2009 年	2008 年
西欧液晶电视机市场（百万欧元）					
比利时	512.8	629.2	568.1	562.9	454.9
瑞典	476.2	538.9	520.6	505.6	569.1
罗意威在欧洲合格的 LCD 电视市场份额（%）					
德国	7.9	8.6	8.6	9.7	10.1
英国	0.2	0.2	0.3	0.2	0.4
法国	1.7	1.5	1.6	1.9	1.8
意大利	0.3	0.3	0.4	0.6	1.1
西班牙	1.0	1.3	1.9	3.0	4.4
荷兰	2.2	2.7	4.0	5.2	7.1
瑞士	7.6	6.8	7.4	8.0	6.3
奥地利	6.0	5.9	6.4	6.4	7.2
比利时	3.4	3.6	4.6	4.8	6.2
瑞典	0.0	0.0	0.0	0.1	0.1

注：2013 年 1 月 2 日的汇率为 1 美元兑换 0.76 欧元。
资料来源："industries," GfK, accessed on August 31, 2017, www.gfk.com/industries/industries.

品牌需求

虽然海信品牌在中国很有名，但大部分欧洲消费者从未听说过。当欧洲消费者选择传统家电时，他们非常不愿接受鲜为人知的品牌。但是，要打造一个知名品牌，公司需要长期坚持不懈的品牌建设，然后才可以逐渐获得消费者的认可。海信采取了两种提升品牌声誉的方式：一是加强自身品牌建设；二是与欧洲知名公司建立战略合作关系。

首先，海信积极参加全球消费电子展览会，并赞助流行体育赛事。有着重大影响的展会给海信提供了与主要零售商、采购商和媒体见面的机会。这些利益相关方可以帮助海信在欧洲和其他新地域拓展业务。赞助体育赛事可以让海信品牌为更多的人所熟悉。的确，这些品牌建设努力帮助海信扩大了品牌影响力。

其次，海信还积极寻求与许多成熟的欧洲公司的技术合作。虽然这样的合作伙伴可能会对产品型号和生产标准提出很高的要求，但海信可以从联合品牌广告中获益。例如，如果海信与罗意威建立起战略合作关系，它可能能够"站在巨人的肩膀上"，更容易被欧洲消费者和分销渠道所接受。

技术需求

2007年，海信在荷兰成立了欧洲研发中心，以便更好地了解欧洲消费者的需求，并为他们提供最合适的产品。该研发中心的主要任务是帮助海信在中国的研发中心收集产品功能、技术要求、消费者使用习惯、认证标准等信息。根据这些信息，海信国内研发中心可以设计新产品或对现有产品进行功能调整，以迎合欧洲市场的需求。凭借在欧洲丰富的技术和营销经验，海信能够提供符合当地偏好的电视。

在全球电视机制造商中，海信拥有自己先进的显示面板技术，并在制定国际发光二极管（LED）的背光标准方面处于领先地位。此外，海信在互联网和智能应用技术方面处于领先地位，并在全球推出了首款个人智能电视。海信在硬件设计方面也表现出色，开发并制造了中国首个大规模液晶显示（LCD）模组生产线。如果海信将自己的先进显示技术应用于罗意威的产品，并帮助罗意威设计其电视机硬件，这将有助于罗意威提高其电视机的竞争力。此外，通过与罗意威的合作，海信可以扩大其电视机技术的应用范围。

渠道需求

传统的电视机分销渠道主要包括家电零售连锁店、超市和独立零售商。随着互联网的发展，越来越多的消费者开始在网上购物。因此，大多数经销商已经开始发展其在线业务。电视机生产商不得不在不同的分销渠道之间安排和平衡产品类别与定价，而且还要在每个分销渠道的线上和线下销售之间进行平衡和定价。此外，由于消费者购物习惯和行为的差异化，欧洲各个国家不同渠道的业务规模比例以及线上线下销售的比例也大不相同。这使得电视机生产商很难在各个国家管理如此复杂的分销网络。例如，对于海信的每款电视机产品，哪个销售渠道适合并愿意销售？海信应该如何为不同的分销渠道定价？该产品是应该在线上还是线下销售，或者线上线下同步销售？如果同步销售，同一电视机产品的价格应该相同还是不同？

设计其分销渠道非常困难，因为电视机生产商首先需要深入了解分销渠道和消费者的特点。它们还需要针对不同国家的各种分销渠道采取不同的合作策略，安排和协调欧洲不同国家的产品价格、产品型号、上市时间、物流和售后服务。

所有这些议题的学习和适应对于海信来说都非常困难和耗时。如果罗意威能够向海信提供相关经验，海信会节省时间并少走一些弯路。

来自海信的相互矛盾的观点：值得与否？

海信的德国子公司于2013年1月初向海信总部提交了合作提案。该提案当时经过详细讨论，并未得到总部的批复意见。海信的决策者们在罗意威的销售潜力、罗意威新电视的设计和开发困难、双方在资源和管理方面的实力、海信的潜在收益以及罗意威潜在的破产风险等方面持有相互矛盾的观点。详细讨论如下。

罗意威的销售量

罗意威被定位为一个奢侈电视机品牌，许多人对其独特的设计和品质感到惊叹。但是，只有少数消费者能够负担得起如此高的价格来购买电视机。由于单位销售量低，罗意威更新电视机技术的速度比其他大众电视机生产商更慢，其产品竞争力因此下降了。

在电视机产业中，销量是生产者生存的一个非常重要的指标。海信前欧洲区总经理于游海先生（Youhai Yu）表示：

罗意威通常每年在全球销售数十万台电视机，而海信则销售数千万台电视机。因此，在与供应商讨价还价的能力、生产效率、研发费用分摊能力等方面，海信与罗意威相比具有明显的竞争优势。销售规模是电视机行业的一个获胜法宝。

据于先生介绍，罗意威电视的优势和劣势如下：

一台罗意威电视机创造的利润比海信电视多得多。与罗意威合作的利润将更好地支持海信在欧洲的扩张。

然而，罗意威的规模太小，其产品与我们的产品大不相同。这会给我们造成很多麻烦。例如，我们的电视机零件的保修期为5年，但罗意威需要保修10年。鉴于罗意威的要求，我们将不得不从我们的全球供应商那里为罗意威电视机部分进行专门的采购。这个采购量非常小，我们的全球供应商只有一部分愿意接受这样的小订单。

设计和开发罗意威新电视的困难

如果海信和罗意威公司决定联合为罗意威设计新产品，它们可能会遇到至少两个主要挑战：产品开发时间和复杂的产品开发协调。如果它们决定结合两家公司的研发优势，罗意威将主要负责软件设计，海信负责硬件设计。但是，罗意威的新产品开发需要很长时间。新产品是否会成功尚不得而知。

为了快速推出新电视机，罗意威和海信需要加快开发速度。然而，这两家公司有不同的研发管理规则和流程，需要时间相互适应。海信提交本次战略合作计划的负责人贺先生（David He）说：

> 如果我们想共同开发罗意威的新产品，我们必须协调海信在中国、荷兰和美国的研发合作伙伴，海信的中国和德国研发中心以及罗意威在德国的总部和中国子公司。你可以想象这个项目的协调会有多复杂，因为来自不同公司的数百名工程师会参与其中。另一个问题是，你不能确保每个人都有足够的积极性来承担这个项目。尽管困难重重，但罗意威对所有新产品仍然提出了非常高的标准，这是最困难的事情。

贺先生支持的理由是：

> 海信与多家全球领先的高科技公司建立了许多战略合作关系，并且还建立了多个海外研发中心。因此，我们需要进一步优化我们的全球研发效率，积累更多的国际研发合作经验。与罗意威的战略合作将是一个改善自我的好机会。

海信的研发总监林晓峰（Xiaofeng Lin）先生反对的理由是：

> 每家公司的研发资源都是有限的。我们的产品每年出口到130多个国家和地区。由于每个国家和地区对我们的产品都有特定的要求，我们的研发人员必须根据不同的要求进行调整。此外，我们的研发人员还需要为我们的全球市场开发新技术和新产品。因此，考虑到有限的研发资源，我们的研发人员应该更多地关注我们自己的产品。

两家公司资源与管理优势分析

罗意威的优势体现在其奢侈品牌、严格的质量控制体系、有声望的设计能力、完善的分销网络以及在高端电视机市场销售电视的营销经验。相比之下，海信的优势体现在其高效的研发和生产能力、创新的显示和智能应用技术、大规模的采购和制造、成本控制系统以及在高度竞争的电视机市场中的营销经验。如果罗意威和海信能够建立战略合作关系，海信将帮助罗意威设计其电视机硬件并为罗意威提供在亚洲的营销经验；而罗意威将向海信提供其在欧洲高端电视机市场的营销经验以及分销网络。

据海信副总裁林澜（Lan Lin）介绍，罗意威的优势和劣势如下：

尽管我们一直在努力改善我们的品牌形象，但我们的顶级产品只能被愿意以中等价格购买的消费者接受。我们在欧洲高端电视机市场仍然缺乏足够的营销经验和可用的分销渠道。如果我们与罗意威合作，分销渠道和消费者将会更容易以更高的价格接受我们的产品。此次合作的广告效应将对我们提升品牌声誉及拓展高端电视机市场业务非常有帮助。

不过，罗意威是一个奢侈电视机品牌。由于其悠久的历史，消费者愿意为其产品支付溢价。因为罗意威是独一无二的，它不能被其他竞争对手模仿或复制。海信将自己定位为高端电视机品牌目前是不现实的，我们需要逐步改善我们的品牌形象。如果我们使用罗意威的营销经验和销售网络，然后就认为我们可以在欧洲以更高的价格销售海信的相同产品，那将是一个重大的战略错误。提升我们的品牌形象将需要很长时间。

海信的潜在收益

到2013年，海信已在欧洲市场开拓了9年的时间。在考虑与罗意威的战略合作之前，海信不仅在德国建立了欧洲总部，而且在欧洲的许多主要消费地区建立了欧洲研发中心和多个子公司。海信的捷克电视厂也在2015年开始生产电视机。因此，海信在欧洲的战略布局第一步已经基本完成，其下一步行动是提高在欧洲的销量和品牌声誉。

支持与罗意威合作的海信决策者表示：

它可以帮助我们提高我们在欧洲的品牌声誉。当人们谈论罗意威时，海信也会被提及。此外，罗意威可以帮助我们拓展欧洲高端电视机市场的分销网络，并为我们提供相关的营销经验。共同开发的潜在利润将令人满意。我们确实需要积累国际研发合作经验。与罗意威的产品设计合作是一个很好的机会。

海信反对与罗意威合作的决策者说：

首先，与罗意威的合作将加大对海信研发体系和采购体系的压力。其次，这个联合开发项目非常耗时。最后，这个项目是否会取得成功，以及海信能够从这次合作中受益多少，尚不得而知。如果与罗意威合作，海信将偏离稳健管理的一贯经营理念。

罗意威潜在的破产风险

当海信考虑与罗意威合作中的问题时，罗意威正处在破产的边缘。它需要找到一个新的投资者，并做出重大调整以加强其电视机业务的竞争力。但是，海信对向罗意威进行股权投资并不特别感兴趣，只可能向罗意威提供技术支持。罗意威能否找到合适的新投资者和可行的重组方案，不在海信的控制范围内。这些问题在确定罗意威是否能够生存方面也发挥着重要作用。

海信的一个积极看法是：

罗意威近年来的下滑是由于它对新技术和硬件更新的反应慢，特别是其硬件更新速度慢。高科技硬件的设计和开发正是我们的强项。如果我们能够整合两家公司的互补性研发能力，新产品将非常受欢迎，罗意威将会生存下去。

海信的一个消极看法是：

电视机行业是夕阳产业，其特点是产能过剩、消费需求增长缓慢、利润率相对较低。所以我认为很难找到一些愿意投资竞争激烈的电视机行业的投资者。此外，罗意威的销售规模很小，而且始终坚持"德国制造"的承诺。这两点都背离了电视机行业大规模生产和向低成本地区外包制造的两大原则。因此，罗意威难以找到新的投资者，更不用说在短时间内找到理想的新投资者。如果罗意威找不到新的投资者，一切就都结束了！

罗意威的新产品计划

新合作的目标之一是共同为罗意威设计和开发新产品。在很大程度上，这些新产品将决定罗意威是否能够夺回其失去的市场份额并摆脱破产危机。然而，对于罗意威未来的产品规划，海信的决策者们有不同的担忧。

一位海信决策者表示：

我们最好帮助罗意威设计更广泛的电视机产品系列，涵盖中端到高端产品，这可以吸引更多的消费者。但是，如果罗意威也提供中端产品，它可能会与我们的部分高端产品竞争，这将对海信的高端产品销售造成负面影响。应该认真对待这种影响。另一个问题是我们是否应该为罗意威提供我们最好的设计，还是将它们保留供我们自己使用。

另一位海信的决策者说：

如果罗意威开始在市场上提供具有中档硬件配置的电视机，由于其奢侈品牌定位，这些产品可能比三星硬件配置最高的产品还要昂贵。在这种情况下，我认为消费者更愿意购买三星最高端的产品，而不是罗意威的中端产品。在我看来，罗意威只开发与三星最高端电视机一样好或者更好的高端电视机是比较合理的。对于同样高端的电视机来说，由于罗意威的品牌溢价，它可以以高于三星的价格出售其高端电视机。消费者会发现，以最高的价格接受罗意威的高端电视机相对容易。

因此，罗意威只适合在高端细分市场以最高价销售最好的电视机。海信对罗意威的技术支持至关重要，因为只有将罗意威传统上优秀的软件设计与海信的最佳硬件设计相结合，它才能提供至少足以与三星竞争的电视机。

对于海信的决策者来说，目前还不清楚这个合作方案是否值得继续讨论下去。

5. 百丽婚纱公司的危机[*]

2014年2月7日，春节假期之后的第一个工作日，百丽婚纱公司的创始人兼总经理菲奥纳·李（Fiona Lee）来到她在中国苏州的工厂，准备开始为新的一年做安排。工厂非常安静，没有工人，再加上大量积压的订单，这让李感到很沮丧。春节期间是婚纱业务的旺季，但是工人们全都回家过节了，还没有回到工作岗位。按照以往的经验，他们至少还要一个星期后才会回来。

外面的人们还在放烟花来庆祝春节，而在工厂里面的李却没有这种快乐的心情。过去两年在运作和管理公司的过程中遇到了很多艰难险阻，已经使她感到精疲力尽。在过去的三年中，生产成本在快速提高，而订单却大幅减少，订单减少的原因有很多，包括招工困难、劳动力成本提高、原材料价格上涨、人民币相对美元升值（见图1）。与2012年相比，2013年的销售量减少了36%，而利润却减少了50%（见表1），据估算，2014年的情况甚至会更糟糕。如果这种状况不能改变，公司的情况就无法好转，李不知道自己的公司以及行业中类似企业还能不能生存下去，现在的状况非常危急。

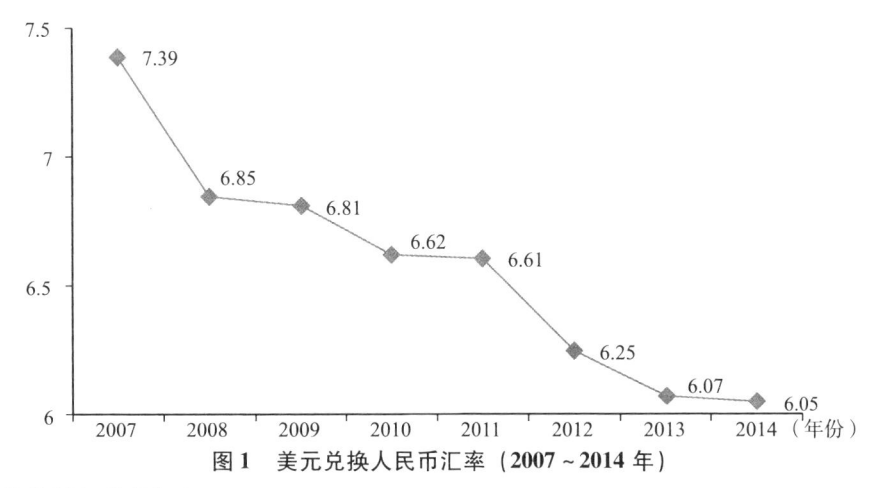

图1 美元兑换人民币汇率（2007~2014年）

资料来源：作者整理。

---

[*] 本案例由朱继庆（Zhu Jiqing）和卢云（Lu Yun）在包铭心（Paul W. Beamish）教授的指导下编写，案例编号：9B15M117。©2015，Richard Ivey School of Business Foundation，版本：2015-11-27。

表1　　　　　　　　　百丽婚纱公司的年销售额　　　　　　　　单位：美元

	2008年（两个月）	2009年	2010年	2011年	2012年	2013年	2014年（一个月）
销售额	9460	857760	1646700	2412000	1853280	1188000	89000

资料来源：公司文件。

公司历史

百丽婚纱公司由李和其他两个合伙人于2008年10月份成立，李拥有公司67%的股份。公司位于江苏省苏州市的虎丘区。苏州地区形成了一个囊括很多婚纱制造商的产业集群。百丽婚纱公司主要从事婚纱礼服、裙子、新郎礼服、花童礼服和婚礼装饰品的设计、销售以及生产。百丽婚纱公司的产品出口到世界各地，主要的客户分布在美国、加拿大、欧洲和澳大利亚。

李是公司的主要创始人，她之前在一家公共服务机构工作。2007年，她被介绍给来自浙江的杰瑞·陈（Jerry Chan）。陈在移民加拿大之后，成为一名房地产商人。由于美国次贷危机的影响，陈的房地产生意惨淡，所以，他开始在业余时间在一个网站上在线售卖婚礼礼服和裙子之类的产品。陈负责在线推广、市场营销和销售，李负责在中国地区的生产、质量控制和物流。之后，陈换了工作，新工作让他平时都很忙，没有时间大力拓展婚纱业务，订单大幅缩减，所以他在2008年退出了婚纱业务。

在与工厂和运输公司打交道的过程中，李慢慢了解到在线婚纱销售的业务模式，她决定放弃现在的工作，而是在婚纱产业开始她自己的事业。因为她认识到国内和海外市场之间有很大的差价，存在很大的操作空间。外国的婚纱每件价格高达几千美元，而在中国，即便一件标价800元人民币（不到200美元）的婚纱仍有较高的利润。2008年10月，李开办了她自己的网上婚纱店，并希望在两个月内开张。但是，因为不熟悉网络技术和网上营销，因此她只有两个选择，要么组织一个自己的技术团队，要么将服务外包给外部供应商。自己组织一个技术团队要花很长时间，而且很难找到合适的技术人员。所以，她联系了一家擅长网站设计的公司，这家公司为她量身打造了一个在线营销平台，产品包括婚纱礼服、裙子、新郎礼服、花童礼服和婚礼装饰品，她的产品所使用的图片都来自外国网站，李解释说：

传统的国外销售过程是这样的：首先，中国的工厂会生产出产品，然后通过销售公司卖给国外的进口商。因此当产品最终到达消费者手中时，价格要高得多。而我们是打造了一个直接面对国外消费者的网站，将制造商与外国消费者直接联系起来，这就意味着利润只在制造商和我们之间分享。

开设工厂

由于李最初对于在线促销和市场的了解有限，事业初期进展并不是很顺利，工厂每天只能接到很少的几笔订单。

2008年，全球金融危机的到来使国际市场的需求急剧减少，传统运输企业的出口订单也严重缩减。尽管很多国际市场上消费者的购买力降低了，但是仍然存在一定的需求。很多人在寻找价格更低的替代品，或者是花一些时间来寻找价值更高的更适合的产品。跨境在线商店则提供了这群消费者所要寻找的替代品。与传统的外国贸易相比，跨境在线商店给消费者提供了一个巨大的信息数据库，更加定制化地满足客户的商业需求、客户的口碑评价以及多种多样的付款渠道。通过因特网，产品在中国制造出来之后能直接销售给零售商或者终端消费者。这种商业模式能显著降低成本、提高效率。当传统的出口系统遇到困难时，这种新兴的电子商务模式就有了机会。

看到其他公司业务蒸蒸日上，李有点着急。在参观了一个朋友的公司之后她认识到在线推广是她的弱项，为了增强公司在市场营销和市场推广方面的实力，她必须建立起自己的市场营销团队和技术团队。2008年底，李聘用了一群外部网络公司的网络技术专家作为她在生意上的合作伙伴，专门负责公司的在线营销和市场推广。她将公司33%的股份转让给这些合作者。此外，为了能扩大公司业务的覆盖面，百丽婚纱公司还丰富了公司产品的种类，同时在不同的销售点进行运作，开发了不同语言的网站来开展销售活动。在在线推广方面，百丽婚纱公司不仅关注传统的谷歌搜索列表，同时还将目标锁定在社交网站上，通过在推特、脸书等社交网站的社会媒体网络服务来提高品牌知名度。

由于对婚纱等婚庆用品的旺盛需求以及公司开展了有效的在线推广，2009年初，百丽婚纱公司在网上的订单数每天达到了30笔，而在2008年的时候，每天的订单数只有寥寥可数的两三笔。在不到半年的时间内，公司每个月的营业额增加到了30万美元。李将她所有的订单外包给一家叫欢乐时光的婚纱工厂，这家工厂规模相当小，只有十几名工人，这些工人都是亲戚，这家工厂每日的产量是10件裙子。因为相对于其他的婚纱工厂，欢乐时光工厂能够提供精细的、高质量的产品以及优质的服务，所以李将她几乎所有的订单都包给了这家工厂。除了李的订单，这家工厂还有其他三个客户，尽管工厂的生产能力远远低于需求，但是由于担心在淡季没有订单，工厂仍然不打算扩大生产规模。

尽管工厂的生产规模远远低于需求，但是在 2009 年 4 月底，李还是给了欢乐时光工厂 1000 多笔订单。其中，由于缺乏合格的生产人员，有差不多 500 笔订单甚至无法进入生产程序。尽管已经被纳入生产计划，但是要裁剪一件婚纱至少需要 7 天，然后还需要大约 5 天的时间来运输。对于李来说，这就造成了一个问题，外国的客户经常在临近婚礼日期时才预定婚纱，因此他们不断催促物流，有些人甚至开始抱怨。另一个问题是工厂的生产规模有限，李试着联系一些其他的婚纱工厂，但是这些工厂大部分都积压着大量的订单，而且他们的产品质量和服务比不上欢乐时光工厂。面对大量的订单，李每天要多次去欢乐时光工厂催促其加快生产进程。有时候，她甚至需要一整天都待在工厂里面，不拿到预定的衣服她就不肯离开。欢乐时光工厂的其他客户也会这样做，时刻监督着工厂的生产进程。2009 年五一假期前一周，几家负责处理李的订单的工厂已经好几天连续工作，李计划是发出 100 多件产品，她曾以为这样能够减轻订单的压力，让她在假期能够轻松一点点。但是，令她吃惊的是，在五一假期之后，客户投诉以及退货退款一个接一个来了。有些客户抱怨产品的质量问题，而其他的客户则是因为婚纱到得太晚，没有赶上婚礼。五一假期前的退货和退款率达到了 40%。

面对积压的几百件订单和高比率的退款，李认识到供应链是目前最大的问题。如果没有自己的工厂，她就不能够准时发货，就不能在原材料、工艺和质量方面满足客户的需求。即使现有的这些工厂尽可能按时发出了产品，但是产品的质量却有问题，导致大量的投诉和退款。因此，2009 年 8 月，李决定投资一家自己的工厂，工厂的位置就在苏州的虎丘区。李接管了一家工厂，购买了 8 台缝纫机器和其他一些设备，雇用了 16 名工人，投资金额大约是 12 万元人民币（大约为 17600 美元）。

产业特征

苏州是中国东部长江三角洲地区的主要城市之一。2014 年初，苏州市在册的人口数大约为 650 万人，除此之外还有 300 万外来打工者。苏州以其丝绸产品闻名，当地居民养蚕，苏州也被称为"丝绸之都"。苏州的虎丘区是婚纱供应商聚集的主要地区之一，这里的供应商占据着全国婚纱生产市场 70% 的份额。经过30年的发展，虎丘区拥有了超过2000家制造商和经销店。发展之初，这里只生产婚纱，但是后来逐渐开始出售多种多样的产品，比如旗袍（中国传统服饰）、晚礼服、头巾以及装饰品。几乎每家店都有自己的设计、裁剪、生产方面的专家和工厂。相关的产业如婚礼设备、婚礼摄影棚用品、婚纱材料和婚礼装饰品等也都聚集在这里。尽管虎丘区的婚纱产业在中国享有盛誉，但是它出名的仍然主要是一些低端、低价的产品。

在虎丘区只有不到10家高端婚纱店有自己的品牌，大部分婚纱店都只是很小的工作坊，产品的质量和管理水平都比较低，所有这些小工厂都聚集在虎丘塔的周边。

婚纱制造行业是一个传统的、劳动密集型的产业，像衣样制作、裁剪、缝纫和上色刺绣等程序几乎都是手工完成。在中国，多年以来廉价劳动力都是一个很大的竞争优势，所以产品在国际市场中竞争力很强，婚纱和其他类型的服装能达到40%的利润率，因此这些产品在出口方面也很有竞争力。根据婚庆报告公司（The Wedding Report, Inc.）的数据统计，2011年，美国一件婚纱的平均价格是1166美元，而同一时期，苏州生产的一件婚纱通过线上商店在国际市场上出售的价格只有200~300美元，这样的价格对于外国的客户来说很有吸引力。

最近，很多新的付款方式也开始使用，包括第三方支付等，以便国外的客户能用本地的信用卡在网上进行支付，同时，跨境运输和物流也能有效地进入中国市场，国际物流公司有DHL、联邦快递（FedEx）等。因此，跨境网络经销商开始涌入婚纱市场，在虎丘附近聚集着很多外国贸易电商，它们大部分都没有高的知名度。它们的年收入一般是100万~200万美元。通常，一家跨境在线销售商会按照这样的程序进行贸易：首先，他们会将产品的特征、价格和图片上传到网站上，当接到来自海外的订单时，这些销售商就会开始进行制造，一旦制造过程完成，物流公司就会接收产品运送给客户。运输过程大约需要5天。产品的图片一般是复制外国品牌的图片，客户如果能提供图片和尺寸就能根据自己的体型和颜色来量身定做服装，所以整个过程没有最低订购量。

生产成本的提高

全球金融危机不仅带来了更多的在线订单，还使美元贬值。人民币升值导致出口成本提高，削弱了中国出口产品在国际市场上的竞争力。生产低端产品的中小型公司受到严重的威胁。2011年末，李开始感受到来自工厂运作方面的压力，即使是在需求旺季工厂全线生产的情况下，由于劳动力短缺、人工成本增加、原材料价格提高以及人民币升值的压力，公司的利润率相对前几年仍然大幅下降。工厂徘徊在盈利和亏损的边缘。在工厂 2009 年成立的时候，一名经验丰富的缝纫机工人每个月的工资是 2500~3000 元，手工工人的工资是 1500~2000 元。此外，工厂也能在需要的时候从其他渠道得到稳定的额外劳动力。但是，在 2014 年需求旺季的时候，一名缝纫机工人的工资从基本的每月 6000 元上升到每个月 10000~12000 元（见表2）。

表2　　　　婚纱产业熟练工人的平均工资比较（按地区比较）　单位：人民币元/月

城市	2008 年	2009 年	2010 年	2011 年	2012 年	2013 年
苏州	2500	3000	3800	4500	5000	6000
郑州	2000	2200	2500	2800	3000	3500
合肥	2000	2200	2400	2600	3000	3500

资料来源：公司估计。

随着中国中西部地区经济不断加速发展，很多劳动力密集型产业的工作，包括服装产业的工作机会，都开始向这些地区转移。很多劳动者在毗邻的地区找工作，所以愿意从事服装制造工作的人越来越少。由于中国地区发展不平衡，中国东部地区发展程度高，但是中西部的农村地区仍然比较贫穷。很多外来打工者都来自中西部地区，他们来到东部地区找工作，几乎一整年他们都在东部地区工作，通常只在春节假期期间才回到中西部地区的家乡。在这个产业要快速生产高质量产品的压力是很大的，很多年轻人不到万不得已也不愿意从事这一行。由于生活费用急剧上升，很多工人也搬离了大城市。在婚纱需求的旺季，尤其是在春节期间，由于很难雇用到工人，婚纱工厂面临着一个大难题：订单太多但是没有工人，而即使有一些人愿意在假期继续工作，他们也期待能得到远远高于平时的工资——通常是正常薪资水平的 3 倍。

为了缓解这个问题，尽管春节假期要在 2014 年 2 月 7 日才结束，但是所有的婚纱工厂都早就开始雇用更多的工人。尽管有一部分工人马上要返回工作岗位，但是一般要到正月十五左右工厂才能恢复正常的生产。

然而，劳动力短缺还不是婚纱工厂面临的唯一问题。婚纱工厂的工人一般年纪都比较大，有自己的家庭，希望能兼顾工作与生活。在工作繁忙的时期，年纪较大的工人通常不太愿意连续工作。尽管如此，劳动力市场的供需不平衡情况导致外来劳动力的价格持续上涨。在就业的过程中，薪水是最关键的因素。虎丘区就业信息委员会对薪水的数据统计是：操作缝纫机器的工人月收入大概是 6000 ~ 8000 元人民币（最低工资加上分红）；裁剪工人工资大概为 6000 ~ 7000 元；衣样设计师工资为 6000 ~ 8000 元；技术含量较低的工作平均工资为每个月 5000 元。但是，很多工厂老板仍然抱怨越来越难找到稳定的劳动力。一旦感到不满意，工人就有可能换一份工作，因为很容易就能找到另一份工作。为了能避免耽误交货，工厂老板可能会向工人屈服，过去，很容易就能使工人们加班工作，但是现在，工人们如果不愿意就可能不干。

工厂运营的难题

  由于招工、劳动力价格高、管理困难等原因，李感到精疲力尽。尽管春节假期刚刚结束，但是李早就已经开始招聘工人了，并在虎丘区的大街小巷张贴招聘工人的海报。但不幸的是，高工资仍然没有吸引很多应聘者。工厂主们都希望找到愿意早点回来工作的工人，有的甚至在虎丘区繁华的街道上摆起了招聘的桌子。然而，大部分工人并不急于应聘。

  李陷入了困境。一方面，运营一家工厂的成本很高。即使是在旺季，工厂全面工作的时候，生产的利润也很低。但是在淡季的时候她又不能随便开除工人，因为这样做的话在下一年旺季就难以招聘到工人。虎丘区地方不大，如果她对工人待遇不好，消息会传得很快。另一方面，如果李关闭工厂，将产品生产部分外包出去，只集中精力进行线上销售，她又担心在旺季产品生产不及时以及产品的质量问题，因为她仍然对去年的投诉和退货事件心有余悸。李尤其关注产品的质量。她对工人们说婚礼是一个女人人生中最重要的场合之一，所以新娘有权利穿上最美丽的婚纱。

  李担心的另一个问题是侵犯版权。她的网上婚纱店中所有的图片都是复制自国外有名的设计师网站。从 2012 年开始，很多国外有名的设计师都为保护自己的设计版权做出了很多努力。美国最大的婚纱连锁店起诉了中国很多婚纱网站。结果，这些被投诉的网站很多都被迫关闭了。李自己也受到很多过国外婚纱设计师的投诉，要求她停止在网站上使用他们的图片，她之前使用的 20 多个盈利情况较好的网店很多都被迫关闭了。在很多情况下，李在一个网店名称被关闭之后就重新使用一个新的公司名来运作。更糟糕的是，第三方支付工具 PayPal 永久关闭了她的账户。这就意味着她无法提取账户中的 50 万美元。

为了避免法律诉讼，李想过要建立自己的品牌，建立自己的设计师团队来设计服装，雇用自己的模特来拍产品图上传到网站。但是，在简单计算过后，她意识到如果这样做的话，每件产品的成本将会是180元，其中包括从设计到衣样到图片的成本，但不包括衣样本身的成本。一个网站需要大约2000件产品，意味着如果按照这种方式来建设网站将需要36万元人民币，这已经超出了李的承受能力。这个产业中一些大一点儿的公司和更富有的企业家确实会在产品设计和产品拍摄方面进行投资，但是事实证明相对于从国外品牌复制图片，这样做只会导致销售量更低。

李还想过将她的工厂迁往中国内陆，如安徽省的合肥或者河南省的郑州，因为这些地区劳动力价格低，生产成本也就相对较低。但是，在这些地区，婚纱相关产业又不成熟。与一般的服装不同，婚纱是一种特殊服装，婚纱产品的回购率不会很高，所以不能进行批量生产，而是需要按照不同的风格、设计和大小来进行量身定做。至于织物、蕾丝、水晶等装饰品也只能低产量、高频率地进行生产，与苏州虎丘区不同，河南省和安徽省没有成熟的婚纱产业集群，会对原材料的购买造成很大的困难。

李不知道该怎么解决这些问题，这几天工人们将陆续返工，她需要尽快地做出决定。

第3章 国际许可

6. Cameron 汽车零部件公司：
合资、许可经营还是出口*

2015年春天，亚历克斯·卡梅伦（Alex Cameron）再次到欧洲拜访他在英国的授权生产商桑迪·麦克塔加特（Sandy McTaggart）以及一位重要的法国客户皮埃尔·米舍拉（Pierre Michelard）。Cameron公司在2013~2014年间取得了显著的增长，并且2015年上半年的增长更显著（见表1和表2）。2013年，Cameron公司实施了一个大规模工厂扩建计划，共花费1000万美元，使公司的生产面积增加了20万平方英尺，另外还用200万美元购买了设备和工具。2014年9月公司增加了800万美元长期负债，利息是7%，减少了银行贷款。

表1　　　　　　　　　　　　　损益表

2013年12月31日和2014年12月31日　　　　　　　　　单位：百万美元

	2013年			2014年		
	弹性连接器	汽车部件	合计	弹性连接器	汽车部件	合计
销售总额	33.0	72.0	105.0	65.0*	85.0**	150.0
制造成本	24.0	61.0	85.0	38.5	74.0	112.5
毛利润	9.0	11.0	20.0	26.5	11.0	37.5

---

* 本案例由包铭心（Paul W. Beamish）教授修订，案例编号：9B16M044，原作者为哈罗德·克鲁克尔（Harold Crookell）教授。©2016, Ivey Management Service，版本：2017-01-09。

续表

	2013 年			2014 年		
	弹性连接器	汽车部件	合计	弹性连接器	汽车部件	合计
管理和销售费用	4.0	4.0	8.0	8.0	4.5	12.5
利息费用	0.5	0.5	1.0	1.0	0.8	1.8
折旧	1.5	1.5	3.0	1.6	1.6	3.2
费用合计	6.0	6.0	12.0	10.6	6.9	17.5
税前净利润	3.0	5.0	8.0	15.9	4.1	20.0
所得税			2.0			8.0
税后净利润			6.0			12.0

注：弹性连接器的资产估计 2013 年可以达到 1800 万美元，2014 年估计可以达到 3200 万美元（和营运资本投资不成比例）。

*：95% 发往美国或加拿大。

**：全部发往美国或加拿大的前三大汽车制造商。

资料来源：公司文件。

表 2　　　　　　　　　　　　资产负债表

2013 年 12 月 31 日和 2014 年 12 月 31 日　　　　　　　单位：百万美元

	2013 年	2014 年
资产		
现金	0.3	2.8
应收账款	15.0	23.5
库存商品	12.0	17.0
流动资产合计	27.3	43.3
固定资产	23.0	22.0
总资产	50.3	65.3
负债		
应付账款	15.0	21.0
银行贷款	8.0	5.0
其他应付款	2.0	3.0
流动负债合计	25.0	29.0
长期借款	8.0	7.0
普通股	0.5	0.5

续表

	2013 年	2014 年
负债		
留存收益	16.8	28.8
总权益	17.3	29.3
总负债	50.3	65.3

资料来源：公司文件。

尽管高速增长带来了这些费用，但 Cameron 公司 2015 年的财务状况很好，这是因为它的整体盈利能力很高。2014 年公司的销售额达到了 1.5 亿美元，其中 0.65 亿美元来自弹性连接器的销售。税前利润是 0.2 亿美元。所以亚历克斯觉得自己具有偿债的能力，而且因为感到有点儿疲惫，他觉得有必要到欧洲做一次一个月的旅行。麦克塔加特在苏格兰的工厂是他的第一站。看起来比 2013 年还要年轻五岁的麦克塔加特欢迎他的到来。

桑迪：请进，亚历克斯，请进！我要给你一个惊喜，一张 10 万英镑的支票。

亚历克斯：这是我们 2014 年的授权费吗？

桑迪：啊，是的。比你去年得到的两万英镑多得多，是吧！而且我们仅仅是开始，你可以期望明年获得 50 万英镑或者更多。

亚历克斯：你到底是怎么管理的，桑迪？你刚才说今年的销售额是 450 万英镑，明年将是 2450 万英镑，但是你并不具备这个生产能力。

桑迪：我们到处购置小型设备，并把它们放在这个工厂的旧储藏间。现在我们有很多的厂房了，我们的销售队伍几乎扩大了一倍。我的两儿子负责这些业务。一个儿子负责英国的销售，另一个儿子负责国外的销售。现在我们已经把价格降到北美的水平，他们对你的弹性连接器产品有很大的热情。

亚历克斯：我不知道你的儿子在负责这项业务。

桑迪：哦，是的。他们直到去年才很积极。好吧，关于合资你有什么看法呢？

亚历克斯：（非常感兴趣）什么？卡梅伦购买麦克塔加特的股份？当然这要看情况……

桑迪：不，不，不，不是购买麦克塔加特的股份，是在澳大利亚合资。

亚历克斯：澳大利亚，你是在开玩笑吧，我们怎么会了解澳大利亚？

桑迪：我不知道你了解得怎么样，但是我们在那里销售了好几年。我们的人很了解澳大利亚市场，并且觉得现在是时候在那里建立生产线了。他现在正在销售弹性连接器和我们的其他产品线的产品。有了当地的工厂，他就可以使销售额增加3倍，即大约1000万美元（大约一半来自弹性连接器，一半来自其他产品）。扣除30%的澳大利亚税收后，每年需要投资200万英镑才能赚取约40万英镑。

亚历克斯：为什么一定要在澳大利亚建厂？你为什么不在这边多增加一些发货量呢？

桑迪：因为关税，亚历克斯，关税！成品的关税是5%，还有其他零部件的关税是5%。所以我们在澳大利亚建立组装线以降低价格，而且能够使我们迅速地为市场提供服务。当然，你不会向我们收取运往澳大利亚零部件的授权费。我的建议是成立一个60：40的合资公司，由我们控股并管理。

亚历克斯：为什么不能是50：50呢，60：40的理由是什么？

桑迪：哦，必须要有人管理这个工厂。你能够提供管理吗？

亚历克斯：现在我们在美国的业务已经开始猛增。所以我们能够做的其实就是做一个不过问业务的合伙人。实际上，你希望我们投入80万英镑，是吗？

桑迪：是。我们这里有些二手设备，这些正是他们所需要的。我们需要就管理投入作价达成协议，剩下的份额我们将以现金投入，我想我们可以达成一个让双方都有利可图的协议。

亚历克斯：看来你已经考虑得很详细了，你对预计盈利有信心吗？

桑迪：我们在澳大利亚市场有丰富的经验。这个市场相当稳定。我们也了解成本。这项合资的利润至少有80万英镑。但是我们最好以费用的形式拿出来，而不是采用红利的形式，因为英国的税率是21%，低于澳大利亚的30%。到2015年4月，对于超过30万英镑的利润，税率甚至会降到20%。我们的提议是我们收4%的管理费用，你们收2.5%的授权费。如果还有利润剩余，我们再把它作为股息，你的意见呢？

亚历克斯：你是行家，桑迪。不过我要仔细考虑一下。我还要去拜访米舍拉，我在返回时再来拜访你并告诉你结果。

桑迪：好的，在你考虑的时候要注意澳大利亚和新西兰在1983年的时候达成了一项自由贸易协定，这个协定似乎运行得很好，而我们在新西兰有商品经销代理。

亚历克斯：我在美国—加拿大协议中见过这些。希望我在欧洲之旅中对自由贸易协定有更深刻的了解。

桑迪：老弟，自由贸易协定和欧洲的联盟形式的协议有很大不同，你们不知道外面发生的事情。

亚历克斯：或许是这样，不过我们调查之后会很快学会。

桑迪：顺便问一下，你拜访米舍拉是什么事情？你和法国人并没有生意往来。

亚历克斯：哦，有。他是我们的一个很好的客户，经常和我们的好客户保持联系，这是我们保持领先地位的原因。

桑迪：这就是我所担心的，我们不希望你们甩开我们进入欧洲。

亚历克斯：桑迪，事实上，发现你们在欧洲和澳大利亚销售我们的弹性连接器，我很惊讶。我们的授权协议仅指定了英国市场。

桑迪：是的，但是那是对生产制造排他性条款。你给了我们在英国生产的排他性授权，但是没有规定我们不能够在其他地方销售，我还以为你已经明白了。

亚历克斯：我现在明白了，我学得很快，我发现这次欧洲之行真的很重要。

桑迪：好的，记住我说过的话，好好考虑一下关于澳大利亚的事情。

讨论结束时，亚历克斯的感受很复杂。虽然卡梅伦公司能够承受这个投资，但是他不知道澳大利亚是不是一个恰当的投资之处。另外，他意识到麦克塔加特很好地利用了弹性连接器的授权协议。比起麦克塔加特赚的钱来说，10万英镑的授权费太低了。因此亚历克斯觉得进行股权投资比充当授权商更有利，他不想仅仅因为2%的授权费而失去整个欧洲市场，在登上去法国的飞机之前，他的主意已定。

法国人的建议

在法国他受到了意想不到的接待。米舍拉的司机到机场迎接他，然后坐一辆豪华轿车来到一座面积不大且远离闹市的乡村别墅。在那里，他受到了米舍拉及其兄弟安德烈和堂兄雷蒙的欢迎。他们三位一起管理着历史悠久的家族企业Michelard & Cie公司。在愉快的两个半小时的宴会之后，虽然有一点点不情愿，皮埃尔进入了正题。

皮埃尔：简而言之，我们想在刚刚在瑞士边境附近收购的小工厂生产你们的弹性连接器，然而我们没有生产经验，所以需要你们的协助。我们希望你能够尽快投资500万美元在我们的公司中占40%的股份，以尽快在这里生产弹性连接器。

亚历克斯：真令人惊讶，当然我很高兴，你们三位都同意这项生意吗？

皮埃尔：当然。我们将给你看我们前几年的财务报告。或许今晚你就可以看看，我们明天再讨论具体事宜。这里有套房，你想住多久都行。

与法国人的协议

适应了房间里华丽的环境之后,亚历克斯坐下来翻阅 Michelard & Cie 公司的财务报表(见表3和表4),并准备了明天会面时要提出的问题。尽管还有桑迪·麦克塔加特的警告,但他憧憬着利用 Michelard & Cie 公司进入欧洲大陆国家的美好前景。然而当他仔细阅读财务报表的时候,有三个问题使他担心:

1. Michelard & Cie 公司看起来资金短缺;
2. 公司的管理费用太高;
3. 公司没有生产制造的经验。

表3 Michelard & Cie 公司的财务数据   单位:千欧元

	2012年	2013年	2014年
销售额	9680	8200	9760
销货成本	7808	6520	7488
毛利润	1872	1680	2272
销售费用	464	480	624
管理成本	1344	1152	1520
净利润	64	48	128
现金	208	160	80
应收账款	2640	2208	2560
库存商品	2320	1968	2240
固定资产(净)	1024	1184	2944
总资产	6192	5520	7824
应付账款	1040	960	1216
银行贷款	640	Nil	1920
权益	4512	4560	4688
总负债	6192	5520	7824

注:2014年1美元平均兑换0.75欧元。
资料来源:公司文件。

表4	Michelard & Cie 公司的地区销售数据		单位：千欧元
	2012 年	2013 年	2014 年
法国	4160	4400	5248
比利时	1840	1360	1744
瑞士	1440	1760	1840
意大利	640	680	448
德国	1040	—	256
荷兰	560	—	224
合计	9680	8200	9760

资料来源：公司文件。

亚历克斯在看该公司的交易记录时，发现卡梅伦公司前两年对 Michelard & Cie 公司的销售额分别是 30000 美元（2013 年）和 85000 美元（2014 年）。2015 年前 4 个月的销售额已经达到了 80000 美元，这甚至导致了一些交货延期。Michelard & Cie 公司的价格策略是到岸价（扣除运费和 5% 的关税后再加上 20% 的增值税）加价 50% 后作为销售价格。该公司还销售一些配套产品给同类客户。第二天早上，亚历克斯在开会之前就做好了一个临时的决定（他的大致计划见表5）。

表5	卡梅伦的大概计划		单位：百万欧元
建议投资	2016 年	2017 年	2018 年
弹性连接器的预计销售额	4.00	9.60	16.00
预期增加的利润*	Nil	0.80	2.40
股份：40%	Nil	0.32	0.96
授权费：4%	0.16	0.38	0.64
零部件出口的利润（40% × 销售额的 1/4）**	0.40	0.96	1.60
合计***	0.56	1.66	3.20

注：汇率为 1 美元兑换 0.75 欧元。
*：仅仅是弹性连接器的预计利润。
**：预计零部件出口相当于销售额的 1/4，毛利率为 40%。
***：总利润的估计是税前利润。
资料来源：公司文件。

亚历克斯：我赞同合作，但不是以你们提议的方式。第一，我觉得购买贵公司 40% 股份的投资额不应该超过 400 万美元；第二，卡梅伦公司对所有弹性连接器产品销售额收取 4% 的授权费；第三，合资公司将作为一个成品组装生产线开始运作，在引进吸收全部的产品技术之前从美国进口零部件。

皮埃尔：400 万美元足以让弹性连接器的销售达到我们要求的成本降低水平吗？我们希望到 2017 年弹性连接器的销售额达到 960 万欧元，并把销售价格降低 25%，我不能肯定 400 万美元就能做到这一步。

亚历克斯：我认为只要我们仔细管理并把我们的利润再投入用于增长就可以做到。我们在美国就是采用这种方法。如果合资公司出现少量资金短缺，卡梅伦公司可以给予短期贷款。

皮埃尔：或许你是对的。我同意你的财务条款，保证我们的工厂两年内不依赖进口。你还有其他的问题吗？

亚历克斯：可能要三年的时间，不过我们希望尽力缩短为两年。现在还有两点我希望澄清。你们的公司看起来盈利状况不佳，就销售水平来说，原因可能是高额的管理成本。而且，你们在德国和荷兰的销售也是零星的。

皮埃尔：我们的利润数据可能误导了你。在法国，由于税收的原因，我们发现给股东的回报最好以工资的形式而不是以红利的形式。用一般的标准来衡量，我们的利润水平会好得多。至于国外市场，我们还一直没有能够和德国及荷兰恰当地进行交易。欧盟提供了大量的机会，但是目前我们法国的销售代表还很难进入德国和荷兰的市场。

亚历克斯：我认为这些变化需要时间。我希望看到我们在这里的投资能够最终服务整个欧洲大陆。2018 年的销售额没有理由不能超过 1600 万欧元。你们的销售和管理加上我们的技术一定能够做到。

桑迪的反应

亚历克斯带着这个未签订的意向性协议离开了米舍拉，在欧洲大陆度过短暂的假期，然后经苏格兰返回。当听到法国合资公司的提议时，桑迪被激怒了，二人发生了第一次争吵：

桑迪：我想你的脑袋打结了吧，亚历克斯。你这样做就把我们变成了竞争对手，米舍拉的所有人只是在空闲时间做生意，你在那里犯了一个非常愚蠢的错误。

亚历克斯：没有必要这么生气，桑迪。我将得到 Michelard & Cie 公司 4% 的授权费，如果是我的脑袋打结了我本来应该也在你这里收取4%的授权费。

桑迪：你从 Michelard & Cie 公司获得的授权费将不到我这里的1/4。他们什么都没有。他们除了在国内市场的那部分，其他市场将得不到任何利益。我也要告诉你，一旦我们掌握了你的专利技术，我们将停止授权协议。

亚历克斯：好啊，你最好做好你的事情，否则的话我们将会提起诉讼。

结束了暴风雨般的会面，亚历克斯登上了飞往底特律的班机。经过6个小时的飞行，由于与桑迪争吵，他的胃还在痉挛。为了缓解这种状态，他决定给桑迪写一封信，同意在澳大利亚建立合资公司，主要根据桑迪的提议，但是稍做修改。

7. 印度麦当劳：开心乐园已不再*

2017年9月6日，印度主流商业报纸《经济时报》（*Economic Times*）刊文宣称："麦当劳自今日起将关闭169家连锁店。"该报道称，康诺特广场餐饮有限公司（Connaught Plaza Restaurants Limited，CPRL）与麦当劳印度分公司（以下简称"麦当劳"）之间的合作协议已于2017年9月5日失效。麦当劳于8月21日发布了终止协议的公告，声称取消与CPRL之间的特许协定，并要求CPRL在15天内全面停止使用其品牌名、食谱以及知识产权。[①]

这一新闻凸显了麦当劳目前在印度的东部与北部地区面临的现实与不确定性。它的前合作伙伴CPRL是否仍有权利合法使用麦当劳的品牌名？双方又能否消除分歧，冰释前嫌？

麦当劳进军印度之路

1977年，印度第一家快餐连锁餐厅Nirula's在新德里的康诺特广场开设了其首家经销店，由此开启了长期独霸印度快餐业的局面。此前，印度的快餐仅限于路边商贩与小吃摊，但Nirula's的出现改变了这一切。该连锁店为印度带来了比萨、汉堡、圣代、香蕉船甜点以及冰激凌等。20世纪80年代后期，印度迎来了第一家外国汉堡店Wimpy（英国连锁快餐厅），该门店同样入驻新德里康诺特广场。但此时，印度快餐业的发展较缓慢，并且具有较强的地域性。[②]

1991年，印度实行经济改革促使其市场对外开放，快餐业的发展随之迎来转机。众多外资企业争相获得开业许可，力求进入印度市场。麦当劳便是其中之一。[③]

---

* 本案例由包铭心（Paul W. Beamish）、普贾·吉普塔（Pooja Gupta）和马德维·塞蒂（Madhvi Sethi）编写，案例编号：9B19M129。© 2019, Ivey Business School Foundation，版本：2019-10-25。

① Ratna Bhushan, "169 McDonald's Stores Stare at Closure from Today," ET Bureau, September 6, 2017, accessed on July 16, 2019, https://economictimes.indiatimes.com/industry/cons-products/food/169-mcdonalds-stores-stare-at-closure-fromtoday/articleshow/60383141.cms?from=mdr.

② Divya Kohli, "1990s: The Decade of Junk Food and Cola Wars," Livemint, June 3, 2017, accessed on July 10, 2019, www.livemint.com/Leisure/V4vHrXtuIYTxcyirtOuKBM/1990s-The-decade-of-junk-food-and-cola-wars.html.

③ "McDonald's to Launch First Restaurant in Delhi Next Week," *Indian Express*, October 9, 1996, accessed on July 10, 2019, www.mcspotlight.org/media/press/indiaxprs_9oct96.html.

印度的外国投资促进委员会（Foreign Investment Promotion Board）于1991年批准了麦当劳的开业申请，但该公司用了五年的时间才终于在德里开设了第一家门店。①

造成延误的主要原因在于麦当劳需要对其菜谱进行前所未有的大改动。该快餐厅必须停止使用其以肉食为主（尤其是牛肉与猪肉制品）的菜谱，转而研发大量素食产品。它还根据印度人的口味和感受定制了菜单，使用更多的本土材料。②

1995年初，麦当劳在印度分别与两家公司签订了合资协议：其一是以维克拉姆·巴克希（Vikram Bakshi）领导的CPRL，该公司承包麦当劳在印度东部与北部的市场；其二是哈德卡斯尔餐饮有限公司（Hardcastle Restaurants Pvt. Ltd.，HCRL），总经理为阿密特·杰提艾（Amit Jatia），其经营分布在印度西部与南部的麦当劳门店。③

麦当劳餐厅采用的是特许经营模式。截至2013年，麦当劳的足迹已遍布118个国家，在全球共有超过34000家门店，其中80%都是遵循这一特许经营模式。④ 然而，麦当劳在进军发展中国家市场时，将策略转变为"所有权模式"。它在印度的两家合作伙伴便是如此——协议双方各拥有合资企业50%的股份。一个有趣的现象是，麦当劳的这两个合作伙伴都并未从事任何与食品相关的业务。⑤巴克希和杰提艾都是房地产商，他们将与麦当劳的合作视为一种商机。⑥

麦当劳最初与两家企业签订的都是为期25年的合同。按该合同的内容，在必要情况下，麦当劳有权选择买断或出售其合伙人的股份。此合资协议要求这两家合伙人均向同一个供应商采购，并且共同协调市场营销开支。除此之外，两家合资企业之间并无其他实质联系。⑦

---

①② Kohli, Divya Kohli, "1990s: The Decade of Junk Food and Cola Wars," Livemint, June 3, 2017, accessed on July 10, 2019, www.livemint.com/Leisure/V4vHrXtuIYTxcyirtOuKBM/1990s-The-decade-of-junk-food-and-cola-wars.html.

③⑤⑦ Bradley Dunseith, "Joint Ventures in India: Learning from McDonald's Experience," India Briefing, September 14, 2017, accessed on July 10, 2019, www.india-briefing.com/news/joint-ventures-india-learning-mcdonalds-experience-15206.html/.

④ John Samuel Raja D. and Chaitali Chakravarty, "Vikram Bakshi & Amit Jatia: A Tale of McDonald's Two Franchise Partnersin India," Economic Times, September 24, 2013, accessed on July 10, 2019, https://economictimes.indiatimes.com/industry/services/retail/vikram-bakshi-amit-jatia-a-tale-of-mcdonalds-two-franchisepartners-in-india/articleshow/22956923.cms.

⑥ Shravan Bhat and Samar Srivastava, "Amit Jatia and McDonald's 15-Year Wait for Success," Forbes India, March 13, 2014, accessed on July 10, 2019, www.forbesindia.com/article/marwari-power/amit-jatia-and-mcdonalds-15year-wait-for-success/37353/1.

麦当劳在印度开设的第一家门店位于新德里的 Basant Lok 市场中。① 该餐厅开业后便大获成功。截至 2017 年，麦当劳已在印度开设了大约 300 家门店；并且，1996~2017 年，麦当劳餐厅研发的印度专属菜谱完美地迎合了当地人口味。② 麦当劳在印度面临的国际快餐品牌的竞争主要来自肯德基、必胜客、达美乐比萨，以及近期迅速崛起的汉堡王。③

天堂里的烦恼

麦当劳的两家合资企业在结构上大同小异，但 CPRL 的处境已大不如前。巴克希对各种房地产企业抱有很大的兴趣，但这极大地恶化了其与麦当劳的合作关系。④ 据指控，巴克希从 CPRL 向自己的房地产公司转移了共计 70 万卢比。⑤ 麦当劳的代表人在与巴克希进行的合资董事会上质疑了对方诸多原因不详的交易，上述资金转移便是其中之一。2008 年，母公司麦当劳发现，巴克希已将其在 CPRL 的 51300 股股份进行了抵押以获得 2 亿卢比贷款，用于他的房地产公司开发新的购物中心，双方的关系由此进一步恶化。此外，麦当劳还指控，巴克希在其他 25 家公司担任董事，这妨碍了他全面专注于 CPRL 业务。⑥

2008 年 8 月，麦当劳出资 500 万美元，试图买断巴克希在 CPRL 中所持有的股份。⑦ 麦当劳想要他出局，并提议由自己全权经营这一企业。但巴克希断然拒绝了这一报价。同年 11 月，麦当劳将报价提升至 700 万美元，但再次遭到了巴克希的拒绝。2009 年 3 月，巴克希声称，他在 CPRL 中所持有的 50% 的股份至少值麦当劳所给报价的 20 倍。他要求麦当劳出资 1 亿美元购买其股份，并声称这一数字是基于致同会计师事务所（Grant Thornton）给出的估价得到的。⑧ 麦当劳

---

① Divya Kohli, "1990s: The Decade of Junk Food and Cola Wars," Livemint, June 3, 2017, accessed on July 10, 2019, www.livemint.com/Leisure/V4vHrXtuIYTxcyirtOuKBM/1990s - The - decade - of - junk - food - and - cola - wars. html.

② Shilpa Kannan, "How McDonald's Conquered India," BBC News, November 19, 2014, accessed on July 10, 2019, www.bbc.com/news/business - 30115555.

③⑥⑦ Suneera Tandon, "McDonald's Is Reinventing Itself So That India Can Start Lovin' It as Much as Before," Scroll. in, March6, 2017, accessed on July 10, 2019, https://scroll.in/article/830799/mcdonalds - is - reinventing - itself - so - that - india - can - start - lovin - itas - much - as - it - did - before.

④ Sumant Banerji, "McDonald's Fight with 62 - Year - Old Indian Businessman: What's It Really About?," Business Today, August 13, 2017, accessed on July 10, 2019, www.businesstoday.in/magazine/features/the - national - company - law - tribunalsstrongly - worded - judgement - gives - vikram - bakshi - the - edge - in - his - battle - with - mcdonalds/story/256932. html.

⑤ 2008 年的汇率为 1 美元兑换 43.24 印度卢比。

⑧ Grant Thornton was an independent assurance, tax, and advisory firm. See "About Us," Grant Thornton, www.grantthornton.in/about/.

对此表示拒绝，因此双方的僵局仍然持续。①

2010年5月，麦当劳改变了其在印度对等的股权结构。它终止了自己与HCRL之间的50∶50对半合资协议，并将自己所持的50%股份出售给杰提艾。这一举措有助于麦当劳从所有权经营模式过渡到它更喜欢的特许经营模式，如此一来，它便可在收取特许经营费的同时获得版税。根据印度公司事务部（Ministry of Company Affairs）的文件推测，在退出合资企业时，麦当劳的损失预计超过10.7亿卢比。但麦当劳与杰提艾双方均对此估价金额不予置评，也拒绝对此金额做出任何公开澄清。②

巴克希对麦当劳这一举措感到十分沮丧，他认为麦当劳付给杰提艾的金额要高于其愿意支付给自己的金额。2009年之后，麦当劳与巴克希之间的工作关系再度恶化。麦当劳对巴克希做出的一些决定非常不满。其中两个决定是：在朝圣小镇开设两家麦当劳素食餐厅以及在麦当劳诺伊达分店的顶层开设其他食品店。麦当劳对有关诺伊达分店的这一决定最为不满，因为该分店一直以来被称为亚洲最大的麦当劳分店，所以麦当劳认为将自己店铺的部分区域出租会削弱自己的品牌价值。③

2013年8月，由于麦当劳的两位提名董事反对巴克希期满后继续担任CPRL董事总经理一职，事情变得更加棘手。该公司的董事成员包括维克拉姆·巴克希、马杜利马·巴克希及其妻子，以及麦当劳提名的两位董事。最初的合资协议规定董事总经理的任期为两年，期满后续期。然而，由于2013年该公司陷入僵局，并且CPRL董事会出现分歧，巴克希被迫辞去公司董事总经理一职。④ 表1列出了维克拉姆·巴克希与麦当劳公司之间的主要分歧所在。

表1　　　　　维克拉姆·巴克希与麦当劳公司之间的分歧

	麦当劳	巴克希
估值	想用合资企业协议中的公式买断巴克希的股份（这会得出较低的企业价值）	想要以市场价值出售自己的股份

①③ Sumant Banerji, "McDonald's Fight with 62 - Year - Old Indian Businessman: What's It Really About?," *Business Today*, August 13, 2017, accessed on July 10, 2019, www. businesstoday. in/magazine/features/the - national - company - law - tribunalsstrongly - worded - judgement - gives - vikram - bakshi - the - edge - in - his - battle - with - mcdonalds/story/256932. html.

② John Samuel Raja D. and Chaitali Chakravarty, "Vikram Bakshi & Amit Jatia: A Tale of McDonald's Two Franchise Partnersin India," *Economic Times*, September 24, 2013, accessed on July 10, 2019, https://economictimes. indiatimes. com/industry/services/retail/vikram - bakshi - amit - jatia - a - tale - of - mcdonalds - two - franchisepartners - in - india/articleshow/22956923. cms.

④ Kiran Stacey, "McDonald's Battles to Regain Control of Brand in India," *Financial Times*, October 1, 2017, accessed on July 10, 2019, www. ft. com/content/720ba6e4 - a293 - 11e7 - 9e4f - 7f5e6a7c98a2.

续表

	麦当劳	巴克希
巴克希作为董事总经理	巴克希不再任董事总经理,因为董事会的投票结果是2:2,而董事总经理需要获得多数票	提名董事无权对董事总经理的再任命投反对票
内部控制问题	1月份审核发现13处问题	2007~2011年的审计报告的提出者没有审计资格
贪污贿赂条款	合资企业合同中没有适用的反腐败、反贪污以及利益冲突条款	有反腐败、反贪污以及利益冲突条款
关联方交易	对合资企业和高级管理人员提起刑事诉讼的风险,因为合资企业正被巴克希名下的阿斯科特酒店所利用	所有支付给阿斯科特酒店的款项都是合法的商业交易
注意力	巴克希在自己的企业上所花费的时间超过了其对合资企业的投入	其他企业由女儿经营
资金管理不善	巴克希将7000万卢比转移到自己的集团中	麦当劳知情;董事会批准了此交易
内部控制问题	合资企业未对第三方进行尽职调查,也未获得租赁交易的可比数据	合同中的大多数条款有利于合资企业

注:1美元=64卢比(2017年9月6日汇率)。
资料来源:改编自John Samuel Raja D. and Chaitali Chakravarty,"Vikram Bakshi & Amit Jatia: A Tale of McDonald's Two Franchise Partners in India," *Economic Times*, September 24, 2013, accessed on July 10, 2019, https://economictimes.indiatimes.com/industry/services/retail/vikram-bakshi-amit-jatia-a-tale-of-mcdonalds-two-franchisepartners-in-india/articleshow/22956923.cms.

巴克希的更多烦恼

巴克希在被要求辞去公司董事总经理一职时,向印度的公司法律委员会(Company Law Board)提起诉讼。与之同时,麦当劳按照合资协议,向英国伦敦国际仲裁院(London Court of International Arbitration)提起诉讼,请求解决这一争端。此时,该争端主要体现在CPRL的估值以及各方在其中所持有的股份方面。巴克希想要买断麦当劳在CPRL中所持有的股份,但后者不愿意出售。反过来,麦当劳想要将巴克希从自己的品牌中驱逐出去并买断他所持有的股份。双方均给出了自己的报价与还价,但彼此的估值仍存在巨大差异。①

---

① Kiran Stacey, "McDonald's Battles to Regain Control of Brand in India," *Financial Times*, October 1, 2017, accessed on July 10, 2019, www.ft.com/content/720ba6e4-a293-11e7-9e4f-7f5e6a7c98a2.

巴克希对自己所持的一半股份要价180亿卢比，但是麦当劳最多只愿意出资12亿卢比。这两位合伙人之间的分歧不断加剧，看不到任何解决迹象。这导致CPRL受到直接影响。2013~2017年，HCRL不断在印度西部与南部地区开设分店。而同一时期，CPRL的扩张计划却停滞不前，它还面临着员工流失和市场份额的巨大损失。它的供应链与质量控制也受到了很大的打击，公司的盈利随之暴跌。这两位合作伙伴之间的争端对CPRL的收益造成了巨大的负面影响（见图1）。①

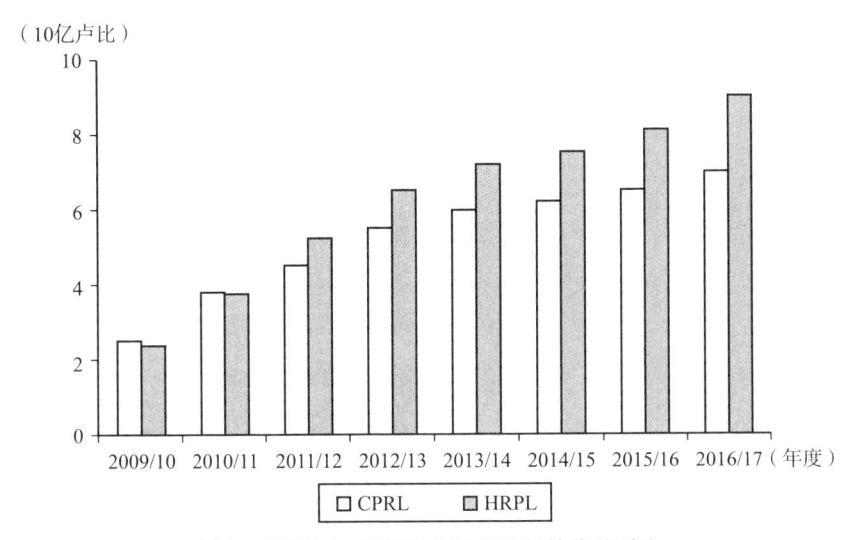

图1　CPRL与HRPL在过去7年的收益对比

注：CPRL = 康诺特广场餐饮有限公司；HRPL = 哈德卡斯尔餐饮有限公司。
资料来源：改编自 Sumant Banerji, "McDonald's Fight with 62 – Year – Old Indian Businessman: What's It Really About?," *Business Today*, August 13, 2017, accessed on July 10, 2019, www.businesstoday.in/magazine/features/the – national – company – law – tribunals – strongly – worded – judgement – gives – vikrambakshi – the – edge – in – his – battle – with – mcdonalds/story/256932.html.

巴克希如释重负②

2017年7月，印度的国家公司法法庭（National Company Law Tribunal, NCLT）恢复了巴克希在CPRL中的董事总经理一职，这令他感到如释重负。该

---

① Kiran Stacey, "McDonald's Battles to Regain Control of Brand in India," *Financial Times*, October 1, 2017, accessed on July 10, 2019, www.ft.com/content/720ba6e4 – a293 – 11e7 – 9e4f – 7f5e6a7c98a2.
② Priyanka Mittal, "NCLT Reinstates Vikram Bakshi as MD of McDonald's Joint Venture CRPL," Livemint, July 14, 2017, accessed on July 10, 2019, www.livemint.com/Companies/PJVjPgc9oU6dtUFoNbRfcN/NCLT – reinstates – Vikram – Bakshi – as – MDof – McDonalds – joint – vent.html.

法庭认为麦当劳对巴克希于 2013 年的免职是非法的、不公正的、充满恶意的，还进一步禁止麦当劳在日后对 CPRL 的平稳运转进行干扰。此外，该法庭任命辛赫维法官（Justice Singhvi，一名退休的高级法院法官）为管理人员，有权在董事会会议上投票，以在必要的情况下打破投票平局。①

然而，巴克希很快又迎来了新的烦恼。2017 年 8 月，麦当劳宣布取消 CPRL 管辖下 169 家门店的特许经营权。麦当劳将终止特许经营协议这一消息告知了其印度供应商。据麦当劳的消息来源称，终止特许协定意味着 CPRL "从此无权使用麦当劳的系统及相关知识产权"。②

巴克希又面临着另一挫折。伦敦国际仲裁院针对他与麦当劳之间的争端做出裁决，要求他将在合资企业 CPRL 中所持有的股份出售给美国麦当劳快餐连锁店。仲裁小组 2∶1 决定，要求巴克希按照双方的协议以公平的估价将其在 CPRL 中的股份转让给麦当劳。③

前景如何？

巴克希的前途未卜，而 CPRL 与其 6000 多名员工亦是如此。巴克希曾请求高等法院撤销伦敦国际仲裁院的命令，但高等法院表示在全面审查国际仲裁院的命令之前拒绝介入此事。在那时，CPRL 与麦当劳的选择都很有限。④

麦当劳面临的最大难题是接下来该怎么办。在这个案子解决之前，它无法为印度东部与北部地区指派新的合作伙伴。麦当劳做错了什么？它与印度两家特许经营权所有人之间的关系可谓是天壤之别。

---

①② Kiran Stacey, "McDonald's Battles to Regain Control of Brand in India," *Financial Times*, October 1, 2017, accessed on July 10, 2019, www.ft.com/content/720ba6e4 – a293 – 11e7 – 9e4f – 7f5e6a7c98a2.

③④ "McDonald's India Row: Setback for Vikram Bakshi as Arbitration Court Asks Him to Sell CPRL Stake," Firstpost, September 14, 2017, accessed on July 10, 2019, www.firstpost.com/business/mcdonalds – india – row – setback – for – vikram – bakshi – asarbitration – court – asks – him – to – sell – cprl – stake – 4041313.html.

第4章　国际合资企业和联盟

8. Nora – Sakari：一家拟在马来西亚成立的合资企业（修订版）*

2013年3月11日（星期一）的早晨，Nora公司（Nora Holdings Sdn Bhd①）的副董事长齐纳尔·哈希姆（Zinal Hashim）想起了上星期五晚上他在马来西亚吉隆坡的家中迎接来自芬兰Sakari公司（Sakari Oy②）谈判代表团的情景。Nora公司在马来西亚是一家领先的通信设备供应商，Sakari公司则是芬兰的一个大型联合企业，在制造和开发移动宽带网络基础设施方面处于领先地位。Sakari公司的谈判代表团来吉隆坡与Nora公司谈判，目的是促成两家电信公司合作成立一家合资企业。

这次最终谈判将决定是否将合资协议付诸实施。经过连续5天的谈判，会谈于星期五下午结束。如果合资公司真的成立的话，它将会被设立在马来西亚，在那里制造和承包4G移动网络设备，进而满足马来西亚及其邻国的电信需求，特别是印度尼西亚和泰国两国的电信需求。Nora公司将在技术转让方面获利，该合资企业将为Sakari公司铺平道路，以获取知识并进入东南亚市场。

合资的机会早在两年半之前就出现了，当时Sakari公司在新加坡的亚洲部总裁彼得·马特森（Peter Mattsson）找到齐纳尔（Zinal）③先生探讨Nora公司和

---

* 本案例由R. 阿齐马·艾努丁（R. Azimah Ainuddin）在包铭心（Paul W. Beamish）教授的指导下编写，案例编号：9B15M085。©2015，Richard Ivey School of Business Foundation，版本：2015-09-09。

① Sdn Bhd是Sendirian Berhad的缩写，它的意思是马来西亚的私营有限公司。

② Oy是Osakeyhtiot的缩写，它的意思是芬兰的私营有限公司。

③ 由于马来人的名字中并不带姓，所以使用名指代个人。名和（或）中名属于个人，姓是其父亲的名字。

Sakari 公司成立合资企业的可能性。马特森这样说道：

未来五年中，我们预计亚洲移动网络设施年均增长速度能够超过 100%，而全球年均增长速度为大约 60%。我们预计移动宽带（4G）将成为亚洲市场增长最快的细分，2015 年将占所有移动网络流量的 40%。移动宽带网络项目的收益可达上亿到几十亿欧元。马来西亚、泰国、印度尼西亚和中国目前正进入这些项目的合同阶段。因此，Sakari 公司通过在该地区的发展来争取市场份额是非常有必要的。

在大多数东南亚国家，较低的普及率意味着移动宽带网络产业拥有巨大的潜力。2011 年，在印度尼西亚、泰国、马来西亚和菲律宾，每 100 个人仅有 3~30 人使用移动宽带，而在日本、芬兰、美国和瑞典等国家，每 100 人中移动宽带的使用者超过 75 人。

马来西亚的电信业

马来西亚电信（Telekom Malaysia Bhd，TMB）作为国家电信公司得到了马来西亚政府授权发展本国的电信基础设施。在得到 24 亿马来西亚林吉特（RM）[①]的拨款后，该公司还受命提供与发达国家质量等同的电信服务。2013 年，马来西亚拥有一个主要的固定线路运营商——TMB，以及三个主要移动运营商——Maxis、Celcom 和 DiGi，三家运营商均获得了由政府授权的 1800 兆赫（MHz）4G 无线频段牌照。2013 年，Maxis 成为首家设立 4G LTE 服务的公司，Celcom 和 DiGi 紧随其后。TMB 也有意进入 4G 无线 LTE 市场，以进一步提高公司在全国宽带服务方面的覆盖率和质量。TMB 打算使用 1998 年授权的 850 兆赫频段，目标是到 2017 年拥有 100 万无线 LTE 网络用户。使用频率较低的 850MHz 频段将提高其地理覆盖范围，并使 TMB 在蜂窝基站上的投资低于竞争对手的投资。

作为本国最大的电信公司，TMB 的经营由能源、电信和邮政部（Ministry of Energy，Telecommunications and Posts）签发的为期 20 年的经营许可来规范。依据政府 2020 年远景规划（到 2020 年使马来西亚成为发达国家），政府迫切需要改善农村地区的电信设施。在 2013 年年度报告中，TMB 集团 CEO 指出：

TMB 将于 2014 年进军 LTE 领域，集团将继续扩展无限宽带业务，尤其是在服务不足的地区，并补充 TMB 现有固定宽带服务。为 TMB 用户提供移动解决方案是个自然渐进的过程，并和行业演进方向一致，不仅仅是在技术和设备层面，

---

① 2002 年 12 月 31 日，1 美元 = 3.80 马来西亚林吉特。

更重要的是从客户体验角度实现端到端的宽带传输和数据服务的真正融合。

尽管 TMB 已经成为大型的国家电信公司，但它仍然缺乏实施大规模基础设施建设项目的专业知识和技术。在大多数情况下，当地电信公司会被邀请参与某个特定合同的投标。另外，当地公司与大型跨国公司合作的情况也很普遍，这主要是为了获取技术支持。例如，Pernas 控股公司（Pernas Holdings）与 NEC 组建的合资企业 Pernas – NEC 是成功从马来西亚政府获得大型电信合约的公司之一。

Nora 公司寻求合资伙伴

2012 年 8 月，TMB 为一个价值 10 亿林吉特的 2 年期项目进行招标，这个项目内容是在马来西亚的不同地区建立一个 LTE 无线接入网络。该项目涉及部署小区基站，包括天线、放大器、LTE 基站及交换机、铺设光纤以连接蜂窝基站与固定宽带网络，并安装网络规划与优化软件。4G LTE（以及移动宽带）网络简化的示意图见图 1。

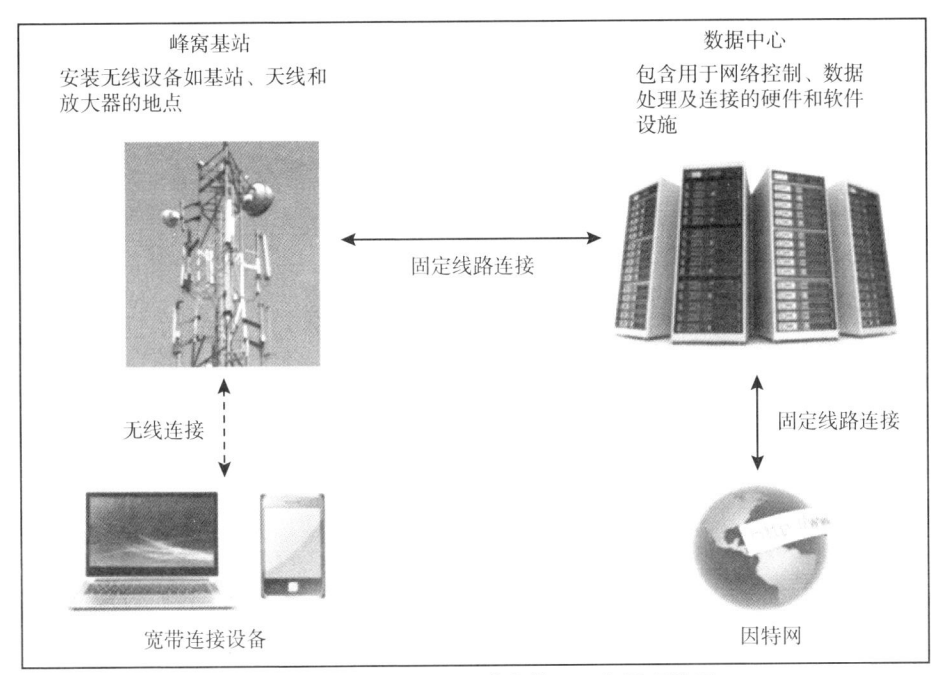

图 1　4G LTE（以及移动宽带）工作原理简图

资料来源：Dwarka Chakravarty.

4G LTE 网络的峰值速度为 300 Mbps（兆字节每秒），比 3G 网络快约 5 倍（见表 1 的 1G、2G、3G 以及 4G LTE 移动网络比较）。每一个 LTE 小区信号塔可能支持的并发网络用户（64~128 人）是 3G 塔的 2 倍（32~64 人）。

表 1　　　　　　　　　　　移动网络演化及比较

	1G	2G	3G	4G LTE
问世时间	20 世纪 80 年代	20 世纪 90 年代	21 世纪最初 10 年	21 世纪第二个 10 年
峰值速度	2 KBps	0.5 MBps	63 MBps	300 MBps
服务	语音	语音、文字	语音、视频、数据	语音、视频、数据
信号	模拟信号	数字	数字	数字
网络	PSTN	PSTN	PSTN 和因特网	因特网

注：KBps/MBps = 每秒千/兆字节；PSTN = 公共交换电话网（Public Switched Telephone Network）。
资料来源：Qualcomm,"The Evolution of Mobile Technologies," www.qualcomm.com/media/documents/files/the-evolution-ofmobile-technologies-1g-to-2g-to-3g-to-4g-lte.pdf, accessed June 16, 2015.

Nora 公司很想从 TMB 手中获得价值 10 亿林吉特的合同的一部分，更重要的是希望可以从作为其合作伙伴的跨国电信公司中学到关于 LTE 技术的知识。在初始阶段，Nora 公司为中标而考虑可能的合作伙伴时，三星、NEC 似乎是合适的候选人。Nora 公司同日本企业也有长期合作经验，包括与 NEC 建立的光纤合资企业，以及与三星签订了为期五年的制造移动电话的技术援助协议。Nora 公司没有考虑与阿尔卡特朗讯和爱立信合作，因为它们已同当地的竞争者合作。

齐纳尔与马特森会面之后，决定把 Sakari 公司作为重要的潜在合作伙伴来考虑。他已经得到了 Sakari 公司 SK4LTE 的简要资料，这是一个 4G LTE 平台，该平台基于开放互联网协议（IP）中心和技术中立的架构，可以使用标准的元件、标准的软件开发工具及标准软件语言。该平台的核心——SK10 基站在大小、频谱弹性、数据容量、能耗方面均为行业的基准。该系统是模块化的，软件可升级以提供新的服务和应用，并可很容易地与新网络设备连接，从而提供了"不会过时"（future proofing）的保证。这是 SK4LTE 颇具吸引力的一点，因为这会促进先进无线系统的开发和实施。

马特森也使齐纳尔和 Nora 公司的其他管理者确信，虽然 Sakari 公司相对侧重移动宽带网络，但它的网络适应性很强，能满足人口稠密的城市地区以及地理分散的农村地区的需求。Nora 公司担心 Sakari 公司或许不大愿意提供定制的产品，而更愿意提供标准化的产品，这些产品在某些方面可能无法满足客户的需求。显然，与其他大型跨国电信公司相比，尽管 Sakari 公司规模较大且其 4G LTE 设备遍布全球，但 Sakari 公司还是愿意根据 TMB 和 Nora 公司的需求制造个性化的产品。马特森指出，Sakari 公司在巴西设立移动网络设备合资生产厂以满足当地市场及其他拉美国家的需求，这也是在马来西亚将要完成的事。

在 2013 年 3 月的会谈之前，双方在吉隆坡和赫尔辛基进行了至少 20 次会谈，以建立两家公司的合作关系。为了促进双方关系的发展，估计双方至少各投资了 400 万林吉特。马特森和 Sakari 公司在吉隆坡的代表云蒂拉（Ilkka Junttila）是促使两家公司合作的关键人物。

Nora 控股公司

公司概况

在马来西亚，Nora 控股公司是电信业的领导者之一。它是在 1975 年以 200 万林吉特的实收资本创建的。上一年度，公司的营业额达到了 6.4 亿林吉特。Nora 控股公司由 35 个子公司组成，包括两家公开上市的公司，即 Multiphone 有限公司和 Nora 电信有限公司。Nora 公司有 5545 名员工，其中 923 人为管理人员（包括 440 位工程师），还有 4622 名非管理员工（包括 484 名工程和技术人员）。

自成立以来，Nora 控股公司成功地获得了两个铺设电缆的项目。为了 1983 年的价值 5 亿林吉特的项目，Nora 控股公司与住友电工（Sumitomo Electric Industries Ltd.）（持 10% 股权）和丸红株式会社（Marubeni Corporation）（持 5% 股权）两家日本公司一起成立了合资企业。Nora 控股公司还拥有当地 Selangor 电缆有限公司 63% 的股权。

Nora 控股公司作为电话机制造商在马来西亚家喻户晓。这项业务开始于 1980 年，当时公司接到一份向电信局 TMB 供应电话机的合同。合同估价为 1.3 亿林吉特，合同期为 15 年。1985 年，Nora 控股公司获得许可生产西门子（Siemens）和北电公司（Nortel）的电话，随后开始生产自己的电话机型号，如 N300S（单线）、N300M（微机控制）、N300V（免提、语音）。

Nora 控股公司与 TMB 为期 15 年的合同到期后，就失去了供应 60 万台 N300S 单线电话的合同，该合同价值约为 3200 万林吉特，Nora 公司因此遭到重创。这份合同最终给了一家中国台湾地区制造商。随后 Nora 公司开始向国内高端功能型电话市场发展。公司每月售出约6000台功能型电话，占领了马来西亚高端电话市场。Nora公司还开始开拓功能型电话出口市场。外国市场竞争非常激烈，并且许多制造商已经拥有了成熟的品牌。随着移动电话使用的增加，固定电话的销售逐渐停滞，Nora公司预期业务在未来几年将缓慢下降。

Nora公司还有一个为期15年的合同，获准在马来西亚的大城市和主要城镇安装、管理、维护投币电话。1997年，它们在英国GEC Plessey电信公司（GPT）的授权下开始生产磁卡电话。协议同时还允许Nora公司把产品卖到东南亚几个邻国。投币电话的年收入高达1.2亿林吉特，但由于高额的投资和维护成本，毛利润率只有10%。随着东南亚地区电话拥有率不断增长，尤其是移动电话，投币电话业务增长率自2008年开始持续下降。需求及新固定电话的安装主要集中在贫困地区或农村地区。投币电话公司在发达国家正在退出市场，Nora也在考虑其长期生存能力。

2011年，Nora公司斥资8000万林吉特收购了S&B电信的业务，以确保在快速增长和高利润的移动网络服务行业有一个立足点。S&B电信的业务涉及安装、调试和维护移动手机信号塔设备，以及铺设用以连接手机信号塔和固定网络的光纤电缆。Nora公司认为这一业务是拿下TMB的4G LTE合约的关键，对于与跨国网络设备供应商成功建立合资企业也至关重要。

管理

Nora公司成立时，由其创始人奥斯曼·加法尔（Osman Jaafar）和他的妻子诺拉·A. 尤索夫（Nora Asyikin Yusof）以及另外7名员工进行管理。奥斯曼被认为是一位保守的商人，他不喜欢通过兼并和收购来迅速地获取资本收益。他原来是一个在英国受过训练的电子工程师并且曾在马来西亚的电信部门担任高级职务。

随后奥斯曼聘用齐纳尔·哈希姆（Zinal Hashim）担任Nora公司的副总经理。齐纳尔在英国一所大学取得了微波通信的硕士学位，随后又在Pernas–NEC有限公司（一家传输设备生产商）担任了几年的产品工程师。齐纳尔后来被提升为Nora公司的常务董事，六年后成为副董事长。

行业分析家认为Nora公司的成功是由于奥斯曼和齐纳尔之间角色的互补、信任以及相互理解。当"奥斯曼为了新的商机而奋斗"时，齐纳尔则采取低姿态，致力于管理Nora公司的运作。行业观察家还猜测，奥斯曼作为一名前公务员和企业家，与马来西亚的政治家特别是首相的关系密切，而齐纳尔与现任财政部部长的关系也很密切。外界传言 Nora 公司的成功得益于他与马来西亚政治家的密切关系。齐纳尔不同意这种说法，但他认为业界的这种看法对 Nora 公司来说是有利的。

奥斯曼和齐纳尔对高科技产品情有独钟，他们把培养研发（R&D）技能与资源作为公司的发展重点。大约 2% 的公司收益会被重新投入到研发中，尽管这个比例按照国际标准来看还很低，但 Nora 公司计划在随后的两三年内把这一比例逐渐提高至 5%~6%。齐纳尔说：

与日本的改善（kaizen）精神相似，我们坚信逐步取得进步的原则。经过一段时间，每一个小的进步都将促成较大的创新。为了取得进步，我们必须向他人学习。因此我们可能会从他人处借鉴技术，但是最终我们还是必须开发自己的技术以保持我们在行业中的竞争力。

为了进一步加强研发，Nora 公司成立了一家全资子公司 Nora 研发有限公司（NRSB），拥有 60 名技术专家和工程师。NRSB 作为一个独立的研发公司，为 Nora 公司从事研究开发工作，也在相关领域内为私人客户提供这方面的服务。公司与其他公司以及政府组织、研究机构、大学一起推动研发活动。

Sakari 公司

Sakari 公司于 1865 年成立，当时还是一个位于芬兰首都赫尔辛基西北部生产纸浆和纸的小工厂。20 世纪 60 年代，Sakari 公司与芬兰橡胶厂和芬兰电缆厂合并后，业务扩展到橡胶业和电缆业。1975 年，奥尔科拉（Aatos Ollkkola）接任总裁，通过一系列的收购、合并与联合，他领导公司进入了一些具有竞争性的行业，如计算机、消费类电子产品和移动电话。

1979 年，Sakari 公司与 Vantala 公司合资成立了生产移动电话的 Sakari – Vantala 公司。Sakari – Vantala 公司的移动电话占据了当时世界 14% 的市场份额，占据了欧洲移动电话市场 20% 的份额。在欧洲以外，Sakari 公司与 Tandy 公司成立了一家各占 50% 股权的合资企业，到目前为止已在美国、马来西亚和泰国销售了很多产品。

Sakari 公司首先通过销售法国阿尔卡特公司许可的交换机进入电信市场，并通过开发软件及系统来满足芬兰小电话公司的需要。Sakari 公司不进入大型电话网络市场以避免与西门子、爱立信进行直接竞争。相反，Sakari 公司的精力主要集中于开发大型独立用户（如公共事业公司和铁路公司）的专用通信网络。在芬兰，Sakari公司占数字交换机市场40%的份额，而其竞争者爱立信占34%的市场份额、西门子占25%的市场份额、阿尔卡特占1%的市场份额。

1989年，科斯基宁（Mikko Koskinen）开始担任Sakari公司总裁，他宣布，电信、计算机以及消费类电子产品仍然是Sakari公司的核心业务，并且会继续努力向海外扩展。为此，他计划建立一些联盟，每个联盟实现不同的目标。他说："对于志在研发、生产和营销领域寻求平等协作伙伴的公司而言，Sakari公司已经成为一个让人感兴趣的对象。"

由于1990年芬兰经济衰退，Sakari公司开始放弃那些在基础行业（金属、橡胶和纸业）中低利润的公司，并通过出售它的计算机子公司Sakari Macro公司，撤离了混乱的欧洲计算机市场。公司的新战略主要集中于两个领域：全球范围内的电信系统和移动电话，以及在欧洲经营的消费类电子产品。公司的剥离战略导致Sakari公司的员工从1989年的41000人减至1991年的29000人。

芬兰经济在1993年实现了迅速复苏，随后是快速增长的新阶段。由于全球性电信市场的爆发式增长，电信设备制造业的强劲增长一直支撑着20世纪90年代中期以来芬兰的经济增长。Sakari公司抓住了这个机会，并在芬兰电信设备制造业中发挥了重要作用。

1998年，尽管Sakari公司的电信设备销售将近150亿美元，并在移动电话领域世界领先，但以国际标准衡量它仍然是一家小公司。它有6个强大的竞争对手，分别位于美国（2个）、瑞典、法国、加拿大和德国。Sakari公司缺乏强大的营销能力，只能依靠合资企业进入世界市场，尤其是美国市场。为了迅速建立自己的市场地位，Sakari公司不得不接受更低的利润，而且很多时候公司的名字也不出现在产品上。

2001年，Sakari公司成为芬兰最大的上市工业企业，且其主要的销售收入来自出口和海外业务。公司致力于全球化、多元化经营，最大限度地发挥其高科技的作用并取得了成功。Sakari公司以自己的名义进行营销。结果，Sakari公司在国际市场上成为更具影响力的角色，其品牌也得到了国际认可。

2007年，Sakari公司将其电信基础设施业务与Magma公司结合，成立了名为Sakari－Magma（SM）公司的合资企业。成立这家公司是为了降低成本、确定产品和服务的互补性，并为市场提供除爱立信的高端产品和华为的低成本方案之外的选择。SM公司为世界各地的电信运营商提供无线和固定电话基础设施设备，成为全球领先的供应商。然而，该合资企业很吃力地维持着Magma公司的现有客户，并且与服务合作伙伴的合作也缺乏效率。2011年，SM公司宣布在未来两年陆续裁员 1.7 万人，并对业务进行重组，将重心放在移动宽带解决方案上。

2013 年 1 月，SM 公司已在全球获得 75 份 LTE 网络基础设施合同，占全部 LTE 合同份额的 18%，位于爱立信（38%）和华为（32%）之后。其 SK4LTE 平台在发达国家（如加拿大、德国和韩国）和发展中国家（如中国、巴西和印度）均取得了不错的销售业绩。2013 年第一季度，Sakari 公司收购了 Magma 公司在合资企业中价值 20 亿美元的股份，并宣布将设备业务以 70 亿美元的价格出售给 Oscorp 公司。

Sakari 公司将其在电信行业的成就归功于研发。强大的内部研发核心竞争力使得公司有能力开发技术平台，如 SK4LTE 系统，该系统可靠、灵活、兼容性强、经济实用。公司将约 20% 的年销售收入投入研发和产品开发部门，这些部门分布在芬兰、美国、德国、中国和印度。Sakari 公司当前的战略侧重生产和研发的全球运作。公司计划在主要市场以及未涉足的东南亚市场建立更多的研发中心。

Nora 公司与 Sakari 公司的谈判

两年以来，Nora 公司和 Sakari 公司一直在讨论成立合资企业的可能性。Nora 公司的工程师被派往赫尔辛基评估 SK4LTE 技术与马来西亚要求的兼容性，而 Sakari 公司的管理人员也被派往吉隆坡，主要负责评估 Nora 公司生产、安装 4G LTE 设备的能力和 Sakari 公司进入马来西亚市场的可行性。

2012 年 10 月，Nora 公司寄出标书，希望获得马来西亚电信公司 TMB 价值 10 亿林吉特、为 1200 个小区基站提供和安装 4G LTE 的合同。Nora 公司报价的假定基础是 Nora 公司与 Sakari 公司之间的合资能够实现，并使用 Sakari 公司的 4G LTE 技术。TMB 列出了 5 家与 Nora 公司竞争的企业（阿尔卡特—朗讯、爱立信、华为、NEC 和三星），它们都向合作伙伴提供技术。2013 年 1 月中旬，TMB 宣布了在竞标中胜出的 3 家公司，它们分别是阿尔卡特—朗讯、爱立信和 Sakari 公司。每家公司各得到价值 10 亿林吉特合同的 1/3，并在两年的时间内负责 400 个小区基站的建设。行业观察家对马来西亚电信公司选择 Sakari 公司和爱立信的决定提出了批评，尽管两家公司在 4G LTE 产品与服务方面都是市场领导者。Sakari 公司的 SK4LTE 平台被认为在美国市场——全球最大、最重要的移动通信市场——没有任何影响力。爱立信则因无法及时调整其解决方案和及时配合客户需求而受到指责。

2月4日的会议

在竞标成功之后，Nora 公司和 Sakari 公司无视外界的批评，于 2 月 4 日在赫尔辛基举行了一次重要会议，目的在于就形成合资企业达成最终协议。齐纳尔率领 Nora 公司 5 人谈判代表团参加会议，代表团由公司计划部经理、一名会计、两位工程师和律师穆罕默德（Marina Mohamed）组成。其中一名工程师名叫林德斯特罗姆（Salleh Lindstrom），他是瑞典人，已经在 Nora 公司工作了近 10 年的时间。

Sakari 公司的谈判代表团由其副总裁库西斯托（Kuusisto）率领，他的团队中有云蒂拉、加齐（Hussein Ghazi）、马吉德（Aziz Majid）和三名工程师以及律师罗拉（Julia Ruola）。加齐是 Sakari 公司的高级经理，他原本是埃及人，已经为 Sakari 公司工作了 20 多年；马吉德则是一位马来西亚人，已经在 Sakari 公司担任了 12 年的经理。

会议持续了好几天，主要议题集中在 Nora 公司在东南亚市场的渗透能力上。其他的议题包括 Sakari 公司对合资之后马来西亚工人在制造、维护产品质量和保证迅速交付效率上的担心。

齐纳尔说这是他所经历的最艰难的谈判。齐纳尔是 Nora 公司最有经验的谈判者，他在过去的 10 年里单枪匹马代表 Nora 公司进行过多次重要谈判。在与 Sakari 公司的谈判中，齐纳尔承认自己通常在与北美或英国公司谈判时所使用的那套方法是错误的。他说：

来自美国的谈判者通常都十分开放并且都提早明确地公开自己的立场。他们的口才相当好并且通常为谈判做了充分的准备，在谈判结尾也经常与我们进行小范围的交流或"开玩笑"。相比之下，Sakari 公司的谈判代表团则十分严肃、保守并且"冷酷"。相比之下他们的口才也差了很多，并且从面部表情上也不能看出他们内心的想法。因此，我们很难确定他们到底对这项交易是否真的感兴趣。

齐纳尔说，当 Sakari 公司对竞标英国一份金额很大的电信合同感兴趣时，2 月 4 日的这次谈判变得尤其艰难。在 Sakari 公司内部就是否与 Nora 公司成立合资公司这一问题形成了两个相互对立的"阵营"。

一个"阵营"坚信，亚太地区的发展空间很大，马来西亚的合资公司被认为是进入这一市场的枢纽。虽然马来西亚政府已经开放股权限制并且允许建立全资子公司，但对于一个想要进入马来西亚市场但是缺乏当地背景的公司来说，成立合资公司仍是一种有效的方式。这一阵营的代表主要是 Sakari 公司亚洲部的经理们和到过几次马来西亚包括参观过 Nora 公司生产设施的工程师们。他们还得到了 Sakari 公司副总裁库西斯托的支持,库西斯托几乎参加了所有与 Nora 公司的会谈,尤其是有齐纳尔出席的会议。他还出席了在吉隆坡举行的会谈。这一"阵营"还认为,Nora 公司已经在马来西亚得到了合同,然而考虑到英国市场竞争激烈,Sakari 公司得到英国合同的可能性相当低。

反对成立 Nora-Sakari 合资公司的"阵营"认为,Sakari 公司应该集中资源进入英国市场,将其作为渗透欧盟市场的中心。这些人还相信欧洲离本土要近一些,这使得管理更加容易一些,而且可以最小化因文化差异造成的问题。这一方尤其担心 Nora 公司有可能窃取 Sakari 公司的技术,并最终会在该地区成为自己强劲的竞争对手。而且,由于 Sakari 公司更熟悉英国市场,也有本地信息,因此可以建立一个全资子公司而不是合资公司,从而避免诸如公司控制权、利润分配和技术泄露等与合资企业有关的问题。

齐纳尔觉得当对 Nora 公司履行其协议的能力出现怀疑时,没有 Sakari 公司管理层的充分支持会导致谈判非常艰难。很明显,赞成 Nora 公司与 Sakari 公司合资的人不仅必须证明其建议的合理性,还要提供驳斥英国计划的相关论据。Sakari 公司的一位经理解释道:"这两个项目对我们都很有诱惑力,因为它们有各自的优势,但我们现在的资源有限,我们必须尽快做出选择。"

3月4日的会议

另一次合资协议的会谈定在 3 月 4 日。Sakari 公司的八人谈判代表团于 3 月 3 日(星期天)下午到达吉隆坡,在机场受到了 Nora 公司参与谈判的主要管理人员的迎接。这一次,库西斯托并没有参加 Sakari 公司的谈判代表团。

这次谈判在 Nora 公司的总部举行,谈判开始于星期一早晨,持续了 5 天,每天的会议都到深夜才结束。除齐纳尔没有参加外,Nora 公司的谈判代表团成员仍为 2 月 4 日赴芬兰谈判的原班人马。Sakari 公司的谈判团成员也几乎与前次会谈相同,只是新增了一名成员——佩卡里宁(Solail Pekkarinen),他是 Sakari 公司的高级会计师。由于佩卡里宁为人极度狂妄自大,无视当地谦逊有礼的文化价值观,在谈判的第 3 天,Nora 公司的谈判代表团请求 Sakari 公司代表团取消其参会资格。佩卡里宁于次日早晨便启程返回赫尔辛基。

虽然齐纳尔决定不再积极地参与这次谈判,但他还是密切关注着谈判过程,并经常从谈判人员那里获得必要的信息。谈判人员抱怨说,有些难以解决的问题常常会导致谈判双方的激烈争论。这些问题如下:

1. 股权

在以前的会谈中,双方都同意用 800 万林吉特的资本建立一个合资公司。然而,他们对各方所占的股权份额却不能达成一致。Sakari 公司建议股权按照 Sakari 公司 49%、Nora 公司 51% 来分配,而 Nora 公司却建议 Sakari 公司 30%、Nora 公司 70% 的比例。Nora 公司的方案基于马来西亚政府关于外国股权法规的惯例——除非该公司的产品有一定比例的出口,否则外国股权不得超过总股权的 30%。尽管马来西亚政府于 1998 年 7 月放宽了这一限制并以新法规替代了旧法规,但外国公司与马来西亚公司 30:70 的股权分配方式仍然十分普遍。

股权问题是一个十分重要的问题,因为它与谁将对这个公司起控制作用紧密相关。Sakari 公司关心的是对 Nora 公司获取其技术的控制能力和对合资公司整体活动的决策能力。Sakari 公司认为缺乏对合资公司的控制将不利于保护其自身利益。Nora 公司同样关注自己对合资公司的控制能力,这是因为合资公司是 Nora 公司发展移动宽带设备和相关高科技产品的长期战略的一部分。

2. 技术转让

Sakari 公司提出为合资公司提供 SK10 基站的基本设施。基站在合资工厂里组装,随后在 TMB 所指定的地方安装。Sakari 公司通过只给 Nora 公司提供 SK10 的基本设施来有效地保护自己的 4G LTE 技术。

Nora 公司提出由合资公司开发 SK10 基站的基本设施。基于 Sakari 公司的提议,Nora 公司感到自己只能获得组装 SK10 的技术。这被认为是另一种"螺丝刀"(screw-driver)式的技术转移,Nora 公司还是难以获得生产基站的核心技术。

3. 专利使用费的支付

与制造基站所使用的技术紧密相关的是技术专利使用费的支付。Sakari 公司提出支付额为合资公司总销售额的 5%,而 Nora 公司则建议为净销售额的 2%(净销售额是总销售收入减去因退货、破损、丢失、折扣等减少的收益)。

Nora 公司认为 5% 的专利使用费率太高,因为这将会影响 Nora 公司的整体财务状况。Nora 公司的管理人员所准备的财务模拟情况显示,如果专利费率超过了净销售收入的 3%,公司的投资回报率将低于所期望的 10%。这是因为 Nora 公司已经同意对合资公司进行额外的投资作为支持。Nora 公司还同意建一幢建筑物租给该合资公司作为办公用房和基站生产厂房,同时还将另建一厂房,为基站工厂提供天线和放大器。

Nora 公司谈判代表团支持 2% 专利费率的另一个依据是 Sakari 公司将会因合资公司可以使用制造天线和放大器的日本技术而获益。很明显,日本的技术比

Sakari 公司的技术更先进。

4. 派遣人员的工资及津贴

为减轻 Sakari 公司对 Nora 公司效率水平的担忧，Nora 公司建议 Sakari 公司对合资公司的技术员工提供必要的培训。因此，Sakari 公司已经同意将向合资公司提供 8 位工程专家。这些工程专家的合同分为两类，一类是长期的，另一类是短期的。短期受雇的专家每天工资为 1640 美元，并且提供飞机票和食宿；而长期受雇的专家每月的工资为 26000 美元。合资公司在成立之初将有 3 位长期专家，随后，专家的人数将逐渐减少，两年后减至 1 人。5 位专家可以每年为公司提供不超过 3 个月的特别培训。

Nora 公司的谈判代表团被 Sakari 公司所提出的数目惊得目瞪口呆。他们感到惊讶的是 Sakari 公司谈判代表团竟然没有像日本和其他西方谈判者那样对这个行业的工资水平进行调查。对 Sakari 公司谈判代表团提出的要求，Nora 公司代表团采取了一种"答应就接受，不答应就免谈"的态度。根据以往 Nora 公司与其他外国公司合资的方案，他们认为以下条款是合理的：

合资公司付给长期专家的月工资范围如下：

（1）高级专家（有 7~10 年经验）………… 32800~37700 林吉特
（2）专家（有 4~6 年经验）………………… 30300~34100 林吉特
（3）资历浅的专家（有 2~3 年经验）……… 27900~31600 林吉特
（4）工资包含马来西亚所有应缴所得税。
（5）一辆私人用轿车。
（6）每年带薪休假时间为 5 个星期。
（7）根据 Sakari 公司的惯例，为已婚人士提供一年一次全家回国探亲的往返机票，单身人士为每年两次。
（8）出差旅行期间所产生的一切费用。

临时专家是由那些合资公司邀请来以提供各种技术援助但是没有居留身份的人员，其薪水如下：

（1）高级专家…………………………… 1800 林吉特/工作日
（2）专家………………………………… 1600 林吉特/工作日
（3）合资公司不对以下费用进行补偿：

- 芬兰（或其他国家）与马来西亚之间的机票。
- 宾馆或任何其他形式的住宿费用。
- 当地的交通费用。

为维持自己提出的工资率，Sakari 公司指出 Nora 公司提出的费率太低。Sakari 公司提醒 Nora 公司代表考虑 Sakari 公司将为专家现有工资与合资企业将支付工资之间的差异额提供补贴这一事实。差异太大就需要给受影响的雇员提供大量的补贴。

5. 仲裁

在谈判中存在争论的另一个重要问题就是有关仲裁的问题。尽管双方都同意在未来的争端中使用仲裁程序，但对仲裁的地点不能达成一致意见。由于 Nora 公司是合资公司的主要股东，所以它坚持任何仲裁都必须在吉隆坡进行，而 Sakari 公司则坚持在赫尔辛基进行，这是 Sakari 公司的惯例。在为期 5 天的谈判接近尾声时，许多问题仍没能得到解决。尽管 Nora 公司谈判代表团在征求齐纳尔的意见之后可能会在某些问题上与 Sakari 公司达成一致，但是对于有争议的议题，Sakari 公司谈判代表团无法擅作主张，需要将意见提交给董事会决定。

决策

齐纳尔坐在桌前，将整个谈判的会议记录完整地看了一遍，对仍未达成协议感到失望。他很担心 Nora 公司在赢得 TMB 的合同时所做出的承诺。TMB 期望 Nora 公司马上履行该合约条款，但目前 Nora 公司尚未找到一个能提供技术的合作伙伴。那些在本次竞标中失败的公司（如 NEC 和三星）仍然是潜在的合作伙伴。然而，齐纳尔也不排除同 Sakari 公司达成一致的可能性。他可以首先尝试在赫尔辛基与库西斯托进行接洽，但他应该这么做吗？

9. 海信日立合资公司：开拓东南亚市场*

2015年4月28日，星期六，海信日立合资公司的第一家海信商用中央空调展示店在印度尼西亚正式开业。合资公司随后又在马来西亚和泰国开展了一系列攻势迅猛的营销活动。2014年6月合资公司第二次被授权允许在东南亚市场上自主销售自己的产品，这三个国家是合资公司在东南亚选定的目标市场。

重新进入东南亚市场之前，海信日立合资公司在海外市场销售的产品主要使用的是世界知名的日立品牌。合资公司在积累了足够的能力来实施产品差异化战略之后，决定在东南亚市场将海信作为主推品牌，并采用了一系列新的分销策略，与以往在其他海外市场销售日立产品时所选用的分销策略有明显不同。为什么合资公司会把印度尼西亚、马来西亚和泰国作为目标市场？针对这三个比邻的国家是否应该采用相同的分销模式？合资公司以往的国际运作经验是否可以复制到东南亚市场上？

合资公司拥有开拓东南亚市场的自主权

早在2011年，海信就开始追踪和考察东南亚的商用中央空调市场，2013年正式派遣员工去那里工作。他们之所以花了大量的时间为进入这个市场做准备，是因为海信品牌在这里的顾客认可度不高，而且海信其他产品在东南亚的销售远没有达到公司预期的目标。

海信以及其他的中国品牌长期以来在东南亚市场并不受欢迎。20世纪90年代，从摩托车到鞋子等很多价格便宜、质量不太高的中国产品大量且迅速地涌入东南亚市场。由于产品质量缺陷以及缺乏售后服务，当地客户对这些产品的抱怨不断增加，最终中国产品给东南亚消费者留下一个负面印象。虽然2005~2015年海信和别的中国企业在这个市场上努力提高自己的品牌形象，但是依然难以改变东南亚消费者对中国产品的负面印象。尽管日本和韩国企业的产品定价高，但

---

* 本案例由刘素在包铭心（Paul W. Beamish）的指导下编写，案例编号：9B16M220。©2016, Richard Ivey School of Business Foundation，版本：2017-01-23。

是其产品质量好，消费者也因此更加信赖它们生产的产品。

2012~2014年，海信国际营销公司（HIMC）负责合资公司商用中央空调产品的海外销售，然而HIMC销售合资公司商用空调的业绩并没有达到海信总部的预期。为了解决这个问题，2014年6月，海信决定由合资公司自己负责在东南亚市场销售自己的产品。海信做出这一决定主要基于三个方面的考虑：第一，和HIMC相比，合资公司更加了解自己的产品，并有能力提供一套更为完善的产品周期服务系统，这是影响顾客购买决策的关键因素。第二，海信的全球产品销售平台HIMC不可能只重视销售合资公司的商用中央空调，因此，它在销售合资公司产品时是否能够选择一个行之有效的销售策略还是个问题。第三，中国和东南亚国家属于同源文化，顾客的消费习惯和偏好相似，因此海信也想知道合资公司是否能把它在中国市场上成功的营销策略应用到东南亚市场上。

合资公司的产品差异化战略

在商用中央空调市场上，生产厂商一般分为两大战略群组，它们同时在国内外市场上竞争。第一组主要包括日本、韩国、欧洲和北美的生产厂商，它们以优质高价的品牌形象著称，像大金、日立、三星、三菱、东芝、LG、伊莱克斯和约克都在此组。它们大约占有70%的市场份额。第二组主要是来自中国的空调厂商，如美的、格力、海尔和志高。它们主要生产物美价廉的空调产品，这种定价策略帮助它们赢得了越来越多的订单，近年来它们的市场份额也在快速增长。

如果合资公司只有日立品牌，受限于日立高端的品牌定位，它就只能与第一组里的厂商竞争高端商用空调的细分市场，却缺乏合适的中档品牌去与第二群组里的厂商竞争中端商用空调的细分市场。在营销日立品牌的商用空调取得成功之后，合资公司开始考虑推出海信品牌的产品，这样它就能与第二组里中国厂商生产的空调产品竞争。日立和海信品牌聚焦于不同的细分市场，并能够形成互补的关系。

实施双品牌战略并非一蹴而就，需要经历几个发展阶段。最初合资公司只是更换商标、包装以及一些产品参数来简单区分日立和海信品牌的产品。到2013年，合资公司已经能从性能和零部件上[①]（如整机设计、压缩机、表层材料、电

---

① 海信公司网站，访问时间2016年11月24日，www.hisense.com/sycp/syzykt。

机）显著地区分两个品牌的产品。这就步入了产品差异化的高级阶段。合资公司差异化的产品可以更好地迎合不同顾客的需求。

选择在东南亚的主推品牌和目标市场

"海信"作为主推品牌

在开拓东南亚市场之前，合资公司在海外市场上销售的大多数产品贴的都是日立的商标。然而，最初合资公司生产的日立产品允许出口的区域非常有限。如果合资公司使用海信品牌，则可以进入更多的海外市场。在独立研发了全新的海信商用中央空调系列后，合资公司把它们作为后续东南亚市场扩张时的主推产品。

马来西亚、印度尼西亚和泰国作为目标市场

东南亚有11个国家。在资源有限的情况下，合资公司需要有选择性地明确它在东南亚的目标市场。它首先考虑了日立的海外市场进入限制，然后把菲律宾和新加坡排除在外。它又考察了其他东南亚国家的市场容量、语言、政治环境、人口基数以及文化等因素，认为有些国家，如越南、柬埔寨、缅甸和文莱也不太适合进入。最终，合资公司决定将马来西亚、印度尼西亚和泰国作为其目标市场。

合资公司之所以选择马来西亚主要是因为它的语言。在马来西亚，60.4%的人口是佛教徒。人们主要说马来西亚语、英语和汉语（中国的移民数占总人口的25%）[1]（见表1）。如果合资公司进入这个市场，其外派人员会面临较低的语言障碍，能高效地与当地客户用中文或英语交流。在合资公司开拓这个市场之前，海信国际营销公司（HIMC）已经在这里设立了一个办事处。然而，由于当地居民对中国产品存有很深的负面印象，海信其他产品在马来西亚的销售业绩并不理想。尽管有这些不利因素，合资公司仍然想涉足这个市场。

---

[1] 数据来自中华人民共和国商务部业务数据中心，访问时间2016年11月24日，www.mofcom.gov.cn/article/tongjiziliao。

表1　　　　　　　　合资公司进入市场前考虑的因素

因素	马来西亚	泰国	印度尼西亚
人口总数（百万）	30	67	255
中国移民的比率（%）	25	14	2
主要语种	马来西亚语、英语、中文	泰语、英语	印度尼西亚语
种族多样性	高	低	高
地理多样性	高	中等	高
GDP增长率（%）	4.5	3.5	4.5
产业成熟度	不成熟	成熟	相对成熟
政治风险	低	低	高

注：GDP是指国内生产总值。
资料来源：中华人民共和国商务部，访问时间2016年11月24日，www.mofcom.gov.cn。

印度尼西亚拥有2.55亿人口，市场容量大，因此它对合资公司而言是最有潜力的市场。然而，由于印度尼西亚和中国在某些方面存在分歧，这可能使其成为合资公司最难进入的市场。此外，巨大的语言障碍（只说印度尼西亚语）、高文化距离和地理多样化也让合资公司面临巨大的挑战。[①] 尽管障碍很多，印度尼西亚的市场潜力最终促使合资公司决定进入这个市场。

泰国是东南亚最大的商用空调制造基地。这个国家由五个地区构成，90%以上的人口是佛教徒。因此，与印度尼西亚和马来西亚相比，泰国的种族多元化程度要更低一些。作为一个后来者，虽然市场竞争激烈，但是泰国稳定的经济增长让合资公司做出判断，认为在这个市场上仍然还有拓展业务的机会。此外，在这里招聘有商用空调行业专业背景和从业经验的销售代表或技术工程师都要容易得多。

开拓马来西亚、印度尼西亚和泰国市场

公司可以通过独家代理或非独家代理（多个代理商）来分销其产品。独家代理是指一个代理商或经销商在一个区域内负责厂家所有产品的销售。非独家代理

---

① 数据来自中华人民共和国商务部业务数据中心，访问时间2016年11月24日，www.mofcom.gov.cn/article/tongjiziliao。

是指厂商在同一区域允许多个代理商销售其产品。

马来西亚

合资公司本来计划在马来西亚采用非独家代理的分销模式。然而，许多当地的小代理并不喜欢这种模式。依他们之见，如果厂商在当地市场没有办事处或工厂，就不能提供相应的产品售后服务。当地的独家代理都是在这个行业中经营了几十年，有着良好的信用。他们不但能负责厂商所有产品系列的销售，还能提供售后服务。即使独家代理的产品销售价格要比厂商的销售价格高一些，小代理商也更愿意从独家代理那里拿货。合资公司负责东南亚市场的刘总说：

第一次我们拜访客户时，一个大代理商问我申请的是哪种签证。我告诉他是一年的工作签证。他说："这意味着一年以后我可能就再也见不到你了吧。"为什么他问这样一个问题？因为他对外国厂商的外派人员并不信任。

商用中央空调产品的销售周期相对较长。举个例子，从跟踪这个空调项目到拿下订单通常需要6~12个月的时间，安装又需要另外几个月的时间。如果外派的销售人员不能在当地工作足够长的时间，项目完成以后，他当初给客户的承诺可能就无法兑现了。一个顾客说："今天你在这里，但是当工作签证到期的时候，你就回国了，并有可能再也不负责这个业务了。因此，和你做生意太不可靠。"也正是这个原因，我们不认为在这个市场上选择非独家代理模式是一个明智的想法。

除了考虑合资公司外派人员因素之外，在马来西亚和中国的产品销售程序也不相同。例如，在中国市场上，如果合资公司想将产品卖给上海的客户，它只需要一辆卡车。然而，如果它想将产品卖给马来西亚客户，这就变成了出口，整个程序会在三个方面变得更加复杂：首先，代理商需要有能力进口和兑换外国货币。其次，代理商需要参与整个报关清关过程以及办理马来西亚政府要求的其他手续。最后，代理商还需要负责产品仓储。大多数代理商认为处理这些程序或负责产品仓储很麻烦。他们只想用自己本国的货币支付，拿到需要的产品，剩余复杂的程序则交由独家代理或厂商来完成。作为一个市场的新进入者，合资公司也没有经验，担心即使投入大量资源精力承担这些职责，最后的效果也不理想。

尽管外派的经理考察了很多独家代理，但选择一家并不容易。最终，他选择了一个从事商用中央空调行业超过30年、信用良好、且在业界很有影响力的独家代理。因为这个代理是一位华侨，他对中国文化和马来西亚文化都很了解，并能用中文与合资公司外派人员交流。在这个代理与合资公司合作之前，他多年来一直销售其他品牌的商用空调。为了避免冲突，合资公司要求这个代理新成立一家公司专门销售海信品牌的商用空调产品。此外，合资公司要求他开一个海信的空调展厅，召开一场超过 500 人的新闻发布会，参会人员主要包括当地的代理商、空调顾问、商用空调的专家等业内人士。后来新闻发布会的成功召开被认为成效显著。在 2 个月内，合资公司就收到了第一笔订单。

商用空调需要高技能和专业的维修人员。然而在当地市场上，独家代理很难招聘到维修人员。为了解决这个问题，合资公司为这个独家代理商提供了一个由销售人员、技术支持工程师和安装工程师组成的三人外派团队。这三位外派员工已经在合资公司工作超过了 3 年，并熟悉合资公司的整个业务流程。特别是那位销售人员在前往马来西亚之前一直负责合资公司的海外营销业务，并在合资公司的每一个部门都进行过工作轮换。由于以往的工作经验，这位销售人员在合资公司和独家代理协调沟通时发挥了重要的作用。这些外派人员申请的是两年的工作签证，独家代理人对他们的工作非常满意。

合资公司在马来西亚采用的独家代理模式与它之前在俄罗斯采用的分销模式类似。但实际上，两种运作模式在实践中差异很大。在俄罗斯，合资公司并没有外派团队，但是马来西亚却有。这些外派人员与独家代理的员工天天一起工作，好像他们就是普通的同事。事实上，他们分属不同的两家公司。有一个外派团队在独家代理的公司里工作可以帮助合资公司及时了解当地的销售情况。如果独家代理或当地市场有什么新变化，合资公司可以快速地调整其策略。

印度尼西亚

在进入印度尼西亚市场的时候，合资公司为当地一些不了解海信品牌的代理商提供了到合资公司位于中国青岛的工厂参观的机会。在经过仔细分析之后，合资公司把这些印度尼西亚客户（代理商）分为三组。第一组客户很愿意来中国参观工厂。他们早有与合资公司合作的意向，合资公司不用担心他们的诚意。第二组客户是那些还没决定是否要来参观工厂的代理商。这些人是合资公司的关键客户，需要下大力气创造或抓住与他们合作的机会。第三组是那些没有意愿来参观工厂的潜在客户。即使合资公司邀请他们，他们也不愿意来或根本没有合作意向。如果合资公司不能通过其他方式引起他们对合资公司产品的兴趣，未来想跟他们做生意就基本不可能了。

随着越来越多的客户前来参观工厂，合资公司意识到这些参观的成本很高，并且客户往返一趟至少要花费四到五天的时间。为了提高海信的品牌知名度和发展更多的客户，特别是发展那些属于第二组和第三组的潜在客户，合资公司决定开设一家综合性的展馆，集展示、体验、设计和维修部件于一体。在展馆中，顾客可以自己体验海信商用中央空调的性能，了解生产过程以及售后服务等。2015年4月28日星期六，合资公司位于印度尼西亚的第一家商用中央空调展示厅正式开业。

在印度尼西亚市场上，合资公司遭遇了高文化距离和高语言障碍的挑战。在这种情况下，合资公司选择了一个独家代理。他是一位华侨，精通印度尼西亚语和中文。这位代理过去是一家商用中央空调代理公司的股东。为了避免同业竞争，他撤回了持有代理公司的股份，成立了一家新公司只销售海信品牌的商用空调。

在承接代理业务之外，这位印度尼西亚的独家代理也同时经营着一家小型家用空调制造厂。因此，他有能力提供售后服务，但是在技术支持和营销方面，他很难在当地招到合适的员工。考虑到他的实际需求，合资公司为他提供了一个由两人组成的外派团队：一位销售经理加一位技术支持工程师。

在印度尼西亚，大多数人只讲印度尼西亚语，很少人能讲英语或中文。尽管合资公司的外派人员可以与独家代理用中文交流，在联络客户的时候，他们却很难克服这么高的语言障碍。合资公司的外派人员不会讲印度尼西亚语，而大多数客户又不会讲中文。基于此，合资公司招聘了一位印度尼西亚籍的华人销售员，他刚刚硕士毕业，既精通印度尼西亚语，又会讲中文，可以协助合资公司的销售经理在独家代理的销售渠道之外寻找更多的客户。

当代理商销售合资公司的产品时，他对这些产品并没有情感上的归属，因为他既不了解合资公司的历史又不了解合资公司的文化。因此，如果一个合资公司的销售代表只能给客户提供一个印刷宣传册的话，他们是不太可能同意去分销合资公司产品的。为了解决这个问题，合资公司要求新招聘的这位销售员在正式接触客户之前先到工厂参加为期三个月的密集培训。在培训期间，他在合资公司提供的宿舍里与同事同吃同住，相互交流。这些同事帮助他更好地了解合资公司的文化，快速提升他的专业技能。当他回去拜访客户的时候，他可以回忆并向客户介绍他在合资公司的所见所感。只有客户对合资公司的文化和产品有深入的了解，他们将来才有可能与销售员做生意。

泰国

泰国是整个东南亚市场的商用中央空调生产基地。许多厂商如大金、三菱、

LG和松下都在这里设有工厂。商用空调市场的竞争非常激烈。按照日立的分析，尽管其产品质量很好，但既没有价格优势也没有当地制造的优势。得出在泰国市场没有竞争优势的结论之后，日立公司退出了这个市场。

合资公司却并不赞同日立的观点。在对泰国商用空调市场做了一次调查后，公司领导人认为这个市场是值得进入的。合资公司首先注册了一个办事处，然后采用非独家代理模式来开拓这个市场。在选择分销模式上，合资公司主要基于两点考虑：第一，这里有很多商用空调生产厂家。相比其他东南亚国家，合资公司在这更容易招聘到非常专业的员工。第二，一个独家代理商的能力不可能辐射到这么大的一个市场，而且这里的代理商都习惯直接从厂家拿货。

合资公司向位于五星级写字楼里的办事处派遣了一些员工来负责技术支持、服务和培训工作。为了克服语言障碍，合资公司还招聘了一位在泰国生活了十几年的中国人，他精通泰语、中文和英语。

在人员准备就绪后，泰国办事处的负责人开始每周为代理商提供培训，并探讨代理商各自空调项目销售的最新进展。负责人不仅帮助代理商解决他们遇到的实际问题，还能够从这些代理商处获取最新的市场信息。

大金在泰国、马来西亚和印度尼西亚都拥有超过50%的市场份额，对代理商有很强的议价能力。除了大金之外，在泰国市场还有三家主要的商用空调生产厂商——三菱、松下和东芝。这三个厂商又各自占有大约10%的市场份额。

面对这样的市场结构，合资公司制定了自己的策略。第一，合资公司将工作重点放在那些对大金有意见的代理商上。谚语云，"敌人的敌人就是朋友"。第二，合资公司致力于与大金或其他大厂商有弱合作关系且规模相对小一些的代理商建立联系。第三，积极寻找与其他厂商的主要代理商合作的新机会。

虽然马来西亚、泰国和印度尼西亚是邻国并且文化有一定的相似性，但是合资公司在每个国家的市场拓展思路差异很大。公司因此选择逐个国家制定分销策略。这个决策对吗？

第5章 国际并购

10. Apex科技股份有限公司：融资收购*

2016年4月20日，打印机和墨水制造商利盟国际有限公司（Lexmark）宣布，它正被一家由中国计算机硬件公司Apex科技股份有限公司、私募股权公司PAG亚洲资本和君联资本（Legend Capital）组成的财团收购并私有化。[①] 2016年4月21日，Apex正式宣布收购利盟。这一消息引起了极大的轰动，因为与利盟相比，Apex是一家小公司；利盟2015年收入为36亿美元，约为Apex收入的10倍。[②] 为了筹集足够的资金支付收购费用，Apex与PAG和君联资本建立了财团，并从其控股股东和银行那里借了一大笔钱。尽管Apex公司最终筹集了足够的资金来完成此次收购，但成功收购带来的愉快很快被融资带来的压力所替代。

Apex及其聘请的中介机构为此次收购制定了详细而严谨的计划，但市场上存在一些疑惑。有些人认为融资计划给这两家私募股权基金带来的风险太大，而且Apex的融资可能需要在股权交割之前进行一些艰难的变革。2016年5月4日，深圳证券交易所（Apex上市地）发布了"Apex科技股份有限公司重大资产收购

---

* 此案例由马向阳（Xiangyang Ma）、赵宏川（Hongchuan Zhao）和李铁山（Tieshan Li）编写，案例编号：9B18N016。©2018，Ivey Business School Foundation，版本：2018－09－18。

① Jonathan Vanian, "Printer Giant Lexmark Just Got Bought out for Billions," Fortune, April 20, 2016, accessed on April 23, 2016, http://fortune.com/2016/04/19/kentucky-printing-lexmark-private/.

② "Lexmark Acquired by Apex Technology—Research and Markets," Business Wire, June 2, 2016, accessed on June 28, 2016, www.businesswire.com/news/home/20160602006141/en/Lexmark-Acquired-Apex-Technology---Research-Markets.

询价函",要求 Apex 补充披露,详细说明两家私募股权基金的退出机制。[①] 由于监管机构已经注意到利盟收购的异常融资,Apex 必须仔细考虑融资计划。为了消除监管机构和市场的疑虑,Apex 需要决定是否应该调整收购的融资计划,如果是,该如何调整?

收购方:Apex 科技股份有限公司

Apex 是中国领先的打印机供应商和芯片制造商。该公司的主要业务包括生产和销售集成电路芯片、通用打印用品、再生打印用品和配件。[②]

由于技术限制和一般消费品在全球市场上的份额较低,Apex 的销售主要集中在欧洲和亚太地区的低端市场。[③] 根据公司公告,该公司在芯片和打印用品市场排名第一,在中国国内制造商中占有 37% 的市场份额。[④]

Apex 在 2014 年初上市时设定了两个重要目标:旨在通过技术优势加强其横向发展,并成为国际知名的集成电路设计企业。[⑤] 2015 年,Apex 将国际化定为其战略目标,并表示将继续利用资本市场成为国际集团企业。[⑥]

Apex 是一家在中国上市的公司,其控股股东为珠海塞纳(Seine)科技有限公司。截至 2016 年第一季度,塞纳共持有 Apex 公司 391256047 股股票,占公司总股本的 69%。[⑦] 塞纳是中国唯一拥有自主知识产权的激光打印机制造商,其全资子公司奔图(Pantum)在中国打印机市场份额中排名第十(见表1)。奔图和联想集团有限公司是中国打印机市场前十家公司中仅有的中国国产品牌,2014 年它们的市场份额分别为 0.7% 和 6.3%。[⑧]

表1　　　　　　　　2014 年中国激光打印机市场份额排名　　　　　　单位:%

排名	公司	份额	累计份额
1	惠普	38.20	38.20

---

① Apex Technology Co., Ltd., "Reply Announcement of < Inquiry Letter of Major Asset Purchase of Apex Technology Co., Ltd. >," Wind, accessed on July 12, 2016.

②③⑧ Research Center of Industrial Securities, "Risk Relief, Megamerger, Build a World – Class Printing Giant," Wind, accessed on November 15, 2016.

④ Apex Technology Co., Ltd., "Major Asset Purchase Report of Apex Technology Co., Ltd. (Draft)," Wind, accessed on March 7, 2017.

⑤ Apex Technology Co., Ltd., "Apex 2014 Annual Report," Wind, accessed on July 5, 2016.

⑥ Apex Technology Co., Ltd., "Apex 2015 Annual Report," Wind, accessed on July 5, 2016.

⑦ Apex Technology Co., Ltd., "Apex 2016 First Quarter Report," Wind, accessed on July 5, 2016.

续表

排名	公司	份额	累计份额
2	三星	17.90	56.10
3	富士施乐	11.30	67.40
4	佳能	10.90	78.30
5	兄弟	9.20	87.50
6	联想	6.30	93.80
10	奔图	0.70	—
11	利盟	0.70	—

资料来源：Apex Technology Co., Ltd., "Major Asset Purchase Report of Apex Technology Co., Ltd. (Draft)," Wind, accessed on March 7, 2017.

收购目标：利盟国际有限公司

利盟是打印机行业的全球领导者，它于1991年从IBM公司分拆成立，并于1995年在纽约证券交易所上市。它为170多个国家、地区提供打印产品。利盟的主要业务包括以激光打印机和彩色打印机为主的成像方案和服务业务，以及以企业内容管理（ECM）为主的企业软件业务。[①] 在市场份额方面，利盟在全球打印机和多功能打印机市场上排名第八，其ECM业务也在世界范围内排名第八（见表2和表3）。[②] 2013年，利盟将其喷墨打印技术和资产出售给其他公司，并停止生产喷墨打印设备，专注于激光打印机。

表2　　　　　　　　2014年全球十大打印机制造商的出货量

公司	2014年出货量（千台）	排名
惠普	43296	1
佳能	22579	2
爱普生	14817	3
兄弟	7194	4

[①②] Apex Technology Co., Ltd., "Major Asset Purchase Report of Apex Technology Co., Ltd. (Draft)," Wind, accessed on March 7, 2017.

续表

公司	2014年出货量（千台）	排名
三星电子	5616	5
理光	1884	6
京瓷办公信息系统	1523	7
利盟	1315	8
富士施乐	1289	9
联想	1217	10

资料来源：Apex Technology Co., Ltd., "Major Asset Purchase Report of Apex Technology Co., Ltd. (Draft)," Wind, accessed on March 7, 2017.

表3　　　　　　　　2013~2014全球企业内容管理业务市场份额　　　　　　单位：%

公司	2014年市场份额	2013年市场份额
IBM	17.7	19.9
OpenText	15.3	15.6
EMC	7.6	8.2
微软	6.6	6.5
惠普	5.1	5.1
甲骨文	5.1	5.3
Hyland	4.9	4.4
利盟	4.3	3.6
SDL	2.4	2.3
Alfresco	1.3	1.1
Saperion	—	0.4
其他	29.7	27.6
合计	100.0	100.0

资料来源：Apex Technology Co., Ltd., "Major Asset Purchase Report of Apex Technology Co., Ltd. (Draft)," Wind, accessed on March 7, 2017.

利盟的商业模式是通过不断的研究和开发投入来开发和销售与印刷、成像、内容管理及流程管理相关的产品。① 该公司拥有2000多项专利,并掌握了印刷行业的核心技术,如印刷图像处理、彩色印刷和引擎控制。② 其成像方案和服务业务在全球拥有众多销售和营销团队,其目标是满足大中小型企业的印刷需求。由于这种国际影响力,利盟在高端办公领域拥有强大的市场地位。除了在美国和墨西哥的生产基地外,该公司还在中国、比利时、阿根廷和其他地方设有物流中心,并在美国、印度、俄罗斯等地设有研发中心。③

截至2015年12月31日,利盟总资产达39.12亿美元,其中10.29亿美元为流动资产,13.55亿美元为商誉。公司的负债总额达到27.94亿美元,其中9.14亿美元为净计息债务(见表4至表7)。④

表4　　　　　　　　2014~2015年利盟产品的毛利率水平

项目	2015年		2014年	
	毛利润(百万美元)	毛利率(%)	毛利润(百万美元)	毛利率(%)
成像方案和服务	1374.10	45.54	1621.50	47.48
包括:耗材和零件	1450.30	72.32	1694.20	72.59
硬件	-115.90	-16.65	-97.50	-12.61
软件和服务	39.70	12.57	24.80	8.06
企业软件	376.50	70.53	201.10	68.01
包括:服务	186.80	58.08	107.30	56.03
软件	189.70	89.40	93.80	90.02
合计	1396.80	39.33	1409.80	37.99

资料来源:案例作者根据Wind利盟国际公司2015年年报计算。访问时间:2017年3月7日。

---

① Apex Technology Co., Ltd., "Major Asset Purchase Report of Apex Technology Co., Ltd. (Draft)," Wind, accessed on March 7, 2017.
② Apex Technology Co., Ltd., "The Legal Opinions of Beijing King & Wood Mallesons Law Firm for Major Asset Purchase of Apex Technology Co., Ltd.," Wind, accessed on November 15, 2016.
③ Research Center of Industrial Securities, "The Acquisition of Lexmark, Domestic Crocodiles Flying Effluent," Wind, accessed on November 18, 2016.
④ Apex Technology Co., Ltd., "Apex 2015 Annual Report," Wind, accessed on July 5, 2016.

表 5　　　　　　　　　　2013~2015 年利盟的合并报表

	2015 年	2014 年	2013 年
收入			
产品	$2890.20	$3203.90	$3242.30
服务	661.00	506.60	425.30
总收入	3551.20	3710.50	3667.60
成本			
产品	1743.90	1931.30	1880.30
服务	408.90	360.10	321.90
重组相关成本	1.60	9.30	21.50
总成本	2154.40	2300.70	2223.70
毛利润	1396.80	1409.80	1443.90
研发	332.20	354.50	287.20
销售费用与管理费用	1014.10	888.20	810.10
出售喷墨相关的技术和资产的收益	—	—	-73.50
重组及相关费用	75.00	17.90	10.90
运营费用	1421.30	1260.60	1034.70
运营收入（费用）	-24.50	149.20	409.20
净利息支出（收入）	39.40	31.60	33.00
其他净费用（收入）	3.80	4.20	4.50
偿清负债	—	—	3.30
税前收益（亏损）	-67.70	113.40	368.40
所得税准备金	-27.30	33.50	109.30
净收益（亏损）	($40.40)	$79.90	$259.10
每股净收益（亏损）*			
基本*	($0.66)	$1.29	$4.11
稀释*	($0.66)	$1.26	$4.04
计算每股收益所使用的股份数*			
基本*	$61.60	$62.00	$63.00
稀释*	$61.60	$63.20	$64.10
每股现金股利*	$1.44	$1.38	$1.20

注：表中带 * 号项目的数字单位为美元，其余为百万美元。
资料来源：Lexmark International, Inc., "Lexmark Annual Report of 2015," Wind, accessed on March 7, 2017.

表6　　　　　　　利盟国际公司和分公司折旧的详细数据

	使用年数	2015年折旧（百万美元）	2014年折旧（百万美元）
土地	20	33.1	35.4
建筑	10~35	528.7	552.3
机械和工具	2~10	529.6	610.2
信息系统	3	95.4	129.2
内部软件使用	3~5	518.0	484.8
租赁产品	2~7	150.8	147.3
家具和其他	7	46.6	62.5
		1902.2	2021.7
累计折旧		-1162.0	-1235.6
物业、厂房和设备净额		740.2	786.1
	2015年	2014年	2013年
折旧费用（百万美元）	170.5	184.5	189.3

资料来源：Lexmark International, Inc., "Lexmark Annual Report of 2015," Wind, accessed on March 7, 2017.

表7　　　　　　　利盟估计无形资产的未来摊销费用　　　　　　　单位：百万美元

财年	费用
2016	118.9
2017	103.1
2018	90.1
2019	75.8
2020	41.4
之后	102.7
合计	532.0

资料来源：Lexmark International, Inc., "Lexmark Annual Report of 2015," Wind, accessed on March 7, 2017.

行业概况

打印机市场

1. 全球打印机市场

随着移动设备和无纸化办公环境的日益普及，对传统打印的需求稳步下降。2015年，全球打印设备行业的市场规模为440亿美元，比2014年下降了5.7%。同样，与2014年相比，2015年全球打印设备的出货量为1.04亿台。美国研究和咨询公司Gartner公司预计，从2015年到2019年，全球打印设备市场将继续以平均每年1.58%的速度下降，而打印设备的出货量将下降0.25%。在拥有量方面，全球打印机市场近年来略有下降，2015年市场持有量下降至约4亿台。[①]

尽管打印机市场整体下滑，但激光多功能打印机的市场规模仍在增加。2015年，全球共出货2000万台激光多功能打印机。市场情报显示，这些产品在未来四年内将保持4.9%的复合年增长率。[②]

2. 中国打印机市场

虽然全球打印机市场略有减小，但中国国内打印机市场仍然强劲。2012年中国打印机市场价值462亿元，[③] 2014年价值505亿元，在此期间年复合增长率约为4.5%。[④]

随着国内生产总值的快速增长、中国城市经济的快速发展、中国企业数量和规模的迅速增长，中国消费者的购买力也在增强。打印机和相关物品被视为公共和私人办公室必不可少的日常办公用品，并在全国各地广泛使用。因此，中国的打印机和耗材市场具有巨大的发展潜力，并且比这些产品的国际市场更健康、更强大。中国这些产品的全球市场份额从2013年的11%上升到2014年的12%。[⑤]根据智研咨询集团的预测，中国打印机占国际市场的出货量份额将在2020年达

[①②] Research Center of GF Securities, "Heavy Global Layout, the Full Benefit of Information Security," Wind, accessed on August 11, 2016.

[③] 2016年4月20日的汇率为1美元兑换6.46元人民币。

[④⑤] Research Center of Industrial Securities, "Risk Relief, Megamerger, Build a World – Class Printing Giant," Wind, accessed on November 15, 2016.

到 20%。①

总体而言，中国打印机的出货量和拥有量持续增长。然而，就类别而言，中国喷墨打印机和其他传统设备出货量呈下降趋势，而激光打印机则呈现稳定增长态势，2014 年出货量增加到约 3000 万件（高于 2010 年的 1250 万件）。2014 年全球打印机市场的激光打印机设备份额为 37%，而中国的这一比例达到 56%。②

打印机行业在国家信息安全中发挥了重要作用。考虑到这一安全因素，中国政府积极推动印刷业本土化，并实施了两项举措。③ 它通过支持国内制造商的跨境并购活动和设立产业基金增加了购买自主知识产权的民族品牌比例，为中国制造商的发展提供了强有力的支持。

打印机耗材市场

打印机耗材市场的增长完全取决于可用的打印机数量。因此，一年打印机销售的信息可用于预测消耗品随后三到五年的增长。④ 由于全球打印机拥有者减少，从全球市场来看消耗品市场面临一些压力。相比之下，中国的打印耗材市场状况较好，出货量增长率保持在 1% ~ 5%。⑤

企业内容管理市场

经济发展要求企业信息化水平不断提高。因此，由于发展中国家和地区的新需求，企业软件——特别是房地产软件和开源软件——正在迎来企业内容管理市场快速增长的时期。根据 Gartner 公司的调查，企业内容管理市场的软件总收入将从 2015 年的约 60 亿美元增加到 2019 年的近 90 亿美元，⑥ 复合平均增长率为 10.3%（见图 1）。

---

① Zhiyan Consulting Group, Survey and Future Forecast Report of China Printer Market in 2015 – 2020 (Shenzhen: Zhiyan Consulting Group, 2015), 235.

② Qianzhan Industrial Research Institute, "2014 – 2019 China Laser Printer Industry Market Outlook and Investment Strategy Planning Analysis Report," Wind, accessed on February 31, 2017.

③④ Research Center of Industrial Securities, "Risk Relief, Megamerger, Build a World – Class Printing Giant," Wind, accessed on November 15, 2016.

⑤ Research Center of Industrial Securities, "The Acquisition of Lexmark, Domestic Crocodiles Flying Effluent," Wind, accessed on November 18, 2016.

⑥ Apex Technology Co., Ltd., "Major Asset Purchase Report of Apex Technology Co., Ltd. (Draft)," Wind, accessed on March 7, 2017.

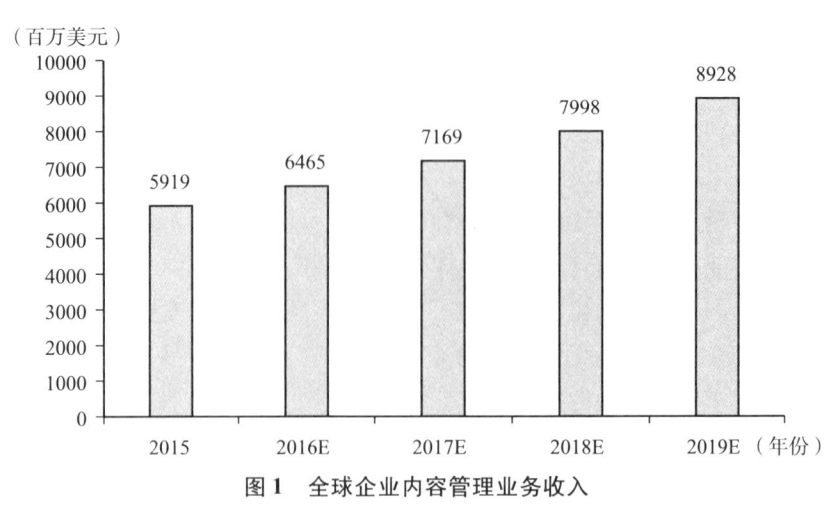

```
（百万
美元）
10000                                          8928
 9000                                   7998
 8000                           7169
 7000             6465
 6000    5919
 5000
 4000
 3000
 2000
 1000
    0
       2015    2016E    2017E    2018E    2019E  （年份）
```

图1　全球企业内容管理业务收入

注：图中 E 表示预计数字。
资料来源：Apex Technology Co., Ltd., "Major Asset Purchase Report of Apex Technology Co., Ltd. (Draft)," Wind, accessed on March 7, 2017.

交易结构

2016 年 2 月 19 日，Apex 报道称它正计划举办一场重大活动。为确保公平披露信息并维护投资者利益，公司股票已准备好停牌。[①] 2016 年 4 月 21 日，Apex 宣布以每股 40.5 美元的价格收购利盟。截至 2016 年 4 月 13 日，利盟已发行 62639833 股普通股。在考虑到限制性股票和期权对股票稀释的影响后，利盟的完全稀释股份达 66661904 股。此外，根据利盟现有的债务协议，所有计息负债必须在利盟控股股东变更当天结束时再融资。[②]

为了实施此次收购，Apex 与 PAG 和君联资本一起在开曼群岛成立了九星控股有限公司。之后，九星控股有限公司成立了九星集团有限公司，后者在美国特拉华州与利盟合并成立了一家子公司（九星利盟有限公司）。根据这些安排，2016 年 4 月 19 日，Apex、九星控股有限公司、九星集团有限公司和九星利盟有限公司与利盟签订了合并协议。合并完成后，九星利盟有限公司将不复存在，利盟将成为合并后的实体（见图 2）。[③] 根据合并协议，一旦合并成功完成，将有几个"类似债务"需要清算（见表 8）。

---

① Apex Technology Co., Ltd., "Apex Announcement on 2016.02.19," Wind, accessed on July 5, 2016.
②③ Apex Technology Co., Ltd., "Major Asset Purchase Report of Apex Technology Co., Ltd. (Draft)," Wind, accessed on March 7, 2017.

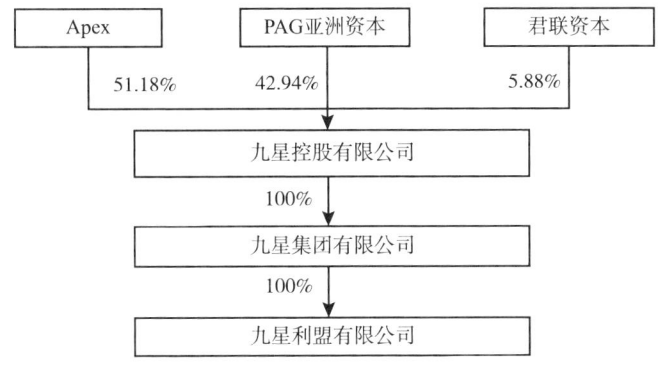

```
         Apex          PAG亚洲资本        君联资本
         51.18%          42.94%           5.88%
                    ↓
              九星控股有限公司
                    100%
              九星集团有限公司
                    100%
              九星利盟有限公司
```

图2　交易结构

资料来源：Apex Technology Co., Ltd., "Major Asset Purchase Report of Apex Technology Co., Ltd. (Draft)," Wind, accessed on March 7, 2017.

表8　收购利盟时要清算的类似债务

项目	数额（百万美元）
养老金和其他退休福利	180
重组费用	81
2016年收购完成之前的预期股息	66
控制权变更引起的员工激励费用——现金部分	32
卖方交易费用	50
其他	21
类似债务合计	430

注："退休金和其他退休福利"即为利盟的固定收入计划、固定支付计划和其他福利计划；"重组费用"即为作为利盟重组行动而产生的费用；"2016年收购完成之前的预期股息"即为利盟在2016年完成收购前需要支付的股息；"控制权变更引起的员工激励费用——现金部分"即为由于控制权的变化，预计将支付给高级管理人员的现金奖励、激励和挽留计划；"卖方交易费用"即为Apex需要为交易支付的相关中介机构费用。

资料来源：Apex Technology Co., Ltd., "Major Asset Purchase Report of Apex Technology Co., Ltd. (Draft)," Wind, accessed on March 7, 2017.

融资计划

融资结构与资金来源

从九星控股有限公司的层面来说，Apex、PAG和君联资本都以现金支付，其总价值为 23.2 亿美元,其中,Apex 计划投资 11.9 亿美元现金,PAG 打算投资 9.3 亿美元,君联资本打算投资 2 亿美元现金。①

Apex 现金出资的来源是其自有现金流和控股股东塞纳公司提供的贷款。2016 年第一季度,Apex 的货币资金的账面金额约为 15.07 亿元人民币,其中,只有 7 亿元人民币(约 1.08 亿美元)可用于收购,因为其他部分是必要的营运资金和募集资金,不能以其他方式使用。

Apex 控股股东提供的贷款再融资为 10.82 亿美元。股东贷款的资金主要来自塞纳的内部资金和通过塞纳在 Apex 持有的股份筹集的资金。2016 年第一季度,塞纳的货币资金账面金额约为 19.45 亿元人民币,其中 19 亿元人民币(约 2.94 亿美元)可以借给 Apex。此外,作为控股股东,塞纳可以通过发行可交换债券融资和其他形式的融资来筹集资金。根据计划并购时中国资本市场的总体水平,塞纳可以筹集 52 亿元人民币(实际融资额为 60 亿元人民币)。考虑到内部资金,塞纳可以提供 71 亿元人民币(约合 10.97 亿美元),能够满足 10.82 亿美元的必要投资。②

九星控股有限公司拟向九星集团有限公司投资 23.3 亿美元以上,然后九星集团有限公司将向九星利盟有限公司投入相同金额。

交易的剩余资金将由九星集团有限公司和九星利盟有限公司的银行贷款筹集。两家公司已获得中国银行和中信银行国际部的并购贷款承诺函,总金额为 15.83 亿美元。这些贷款将由这两家大型中国国有银行联合提供。Apex 宣布贷款可以在本次交易实施前到位,并且不会对公司的重组过程产生重大影响。③ Apex 还制定了详细的贷款偿还计划(见表 9)。

表 9　　　　　　　　Apex 的 15.83 亿美元贷款偿还计划

项目	2016 年第四季度	2017 年	2018 年	2019 年	2020 年	2021 年前三个季度
本金还款比率(%)	1.25	6.25	10.00	11.25	26.25	45.00
本金还款额(百万美元)	19.79	98.94	158.3	178.09	415.54	712.35

资料来源:Apex Technology Co., Ltd., "Major Asset Purchase Report of Apex Technology Co., Ltd. (Draft)," Wind, accessed on March 7, 2017.

①②③ Apex Technology Co., Ltd., "Major Asset Purchase Report of Apex Technology Co., Ltd. (Draft)," Wind, accessed on March 7, 2017.

两家私募股权资本的退出机制

Apex、PAG 和君联资本于 2016 年 4 月 19 日签署的联合投资协议中概述了某些规则。交易完成后的三个财政年度，受适用法律和监管要求的约束，PAG 和君联资本可以强制 Apex 购买它们所持有的九星控股有限公司或九星利盟有限公司的所有股份。收购将以现金或等值的 Apex 股份支付。此外，PAG 和君联资本可以在三年后申请权利，但仅限于每年年度审计报告完成后的前两个月。[①]

随着融资推进

通过交易方案的设计和融资方式的灵活运用，Apex 应该能够成功完成对利盟的收购，利盟以 27 亿美元的价格出售，其自有资金不超过 2 亿美元。然而，对融资计划的批评者指出，由于依赖两家私募股权基金，其涉及的风险太大；因此，融资计划已经调整，以防止这两个基金违约。甚至深圳证券交易所也已经注意到了此次收购融资的问题。Apex 想知道是否应该进一步调整其收购融资计划，以向监管机构和批评者保证该计划的实施。如果是这样，该计划将如何调整？

---

① Apex Technology Co., Ltd., "Joint Investment Agreement, Apex Company Contract, Signed on 2016.04.19," Wind, accessed on August 18, 2015.

11. 华意压缩机巴塞罗那公司：并购后的挑战*

在 21 世纪前 10 年中期前，中国企业加速向发达经济体扩张的战略遭遇了众多的风险和挑战。尽管众所周知，这些项目回报价值高，但这些公司的扩张、并购或收购过程却鲜为人知。在此背景下，2012 年 5 月，由中国大型国有工业企业长虹集团控股的华意集团开始在西班牙巴塞罗那成立子公司。华意的目标是收购一个跨国企业——Cubigel 压缩机公司（简称 Cubigel），这家公司是世界第四大压缩机制造商。尽管在收购过程中出现了劳工方面的问题和其他困难，但华意最终仍在 2013 年 5 月成功完成了这个项目。

尽管迈出了第一步，但公司在恢复生产、市场开拓以及实现盈利等方面仍困难重重。2014 年 1 月，负责并购事宜的华意压缩机巴塞罗那有限公司的总经理黄先生 [Darwin（Dawen）Huang] 接到了要求返回中国四川华意总部的指示。在巴塞罗那办公室里，黄先生越来越担心几个挑战：谁将成为他的继任者？华意在推进其国际化进程中，应加强哪个方面的战略？他返回长虹集团总部之后需要为未来的国际化战略做哪些提升？

华意压缩机集团：正在成长为一个国际玩家

华意成立于 1990 年，位于中国江西省景德镇，并于 1996 年在深圳股票交易所上市。在 2001 年，华意在以合资企业形式进行重组后的一年，成为中国压缩机行业的领导者。为了进一步进行商业扩张，2002 年，该公司收购了加西贝拉（Jiaxipera）压缩机生产有限责任公司 53.78% 的股份。五年后，华意被中国最大的电子产品消费生产商之一四川长虹电子有限公司收购。

经过一系列并购后，华意转型成为工业集团——华意集团。华意控制着景德镇宏华电器部件有限公司（该公司生产压缩机组件）、华意压缩机巴塞罗那

---

* 本案例由张莹莹（Yingying Zhang）和阿多拉西翁 • 阿尔瓦罗—莫亚（Adoración Alvaro - Moya）编写，案例编号：9B17C014。作者感谢华意压缩机巴塞罗那公司和欧盟委员会资助项目 ENTICE（PIRSES - GA - 2013 - 610350）对本案例写作的支持。©2017，Richard Ivey School of Business Foundation，版本：2017 - 04 - 03。

有限公司、华意压缩机（荆州）有限公司、加西贝拉压缩机有限公司等，以上公司都属于压缩机行业（见图1）。同时，该公司在景德镇城市信用合作社（银行）、广东省凯隆模具有限公司（模具生产公司）、熔盛塑胶佛山有限公司（塑料生产公司）等公司都持有战略股份。一个大型公司收购小公司，像四川长虹集团收购华意，是为了建立长期发展规划，成为跨国公司。在此愿景的指引下，到2010年，华意已经成为最大的压缩机生产商之一，跻身全球压缩机生产行业前三名。

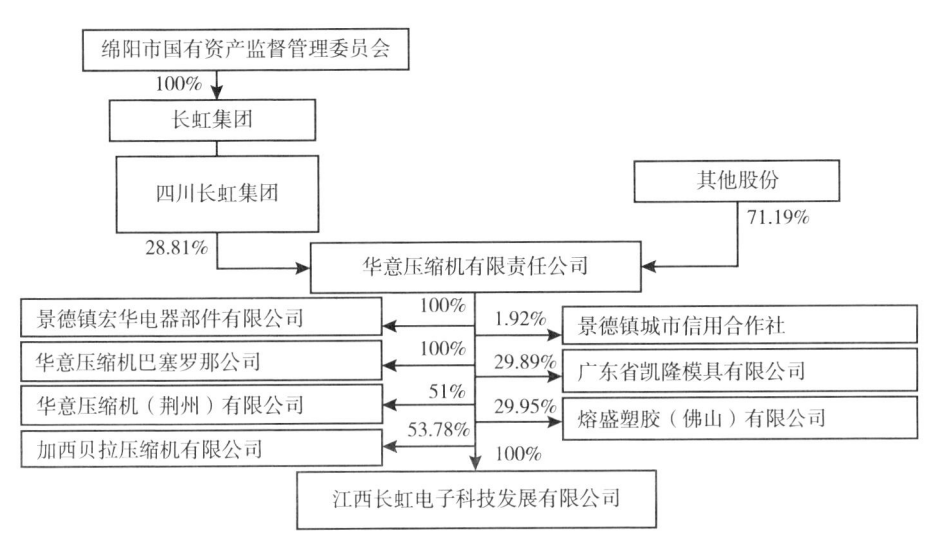

图1 华意压缩机股份有限公司的所有权和子公司结构

资料来源："关于我们：所有权"，长虹：华谊压缩机巴塞罗那，2014年2月15日访问，http://en.hua-yi.cn/about_1003.asp。

华意主要专注于研发，为制冷设备生产不同的压缩机。公司有6500名雇员，拥有接近16%的国际市场份额，总资产达9亿美元。与华意经常合作的客户有博世、西门子、伊莱克斯、盈得喜、利勃海尔、三星、东芝、海尔、海信、美的、美菱等知名国内国际制冷设备企业。

凭借成为更大的国际玩家并巩固其现有地位的战略憧憬，华意最高决策层与长虹高管一道为企业未来发展制定了"走出去"战略。为提升其在国际市场上的竞争地位，华意寻求新的国际商业机会。一种策略是有机地自我扩张。然而，这个策略进展缓慢且成本高昂，在这种业已成熟、竞争尤为激烈且一定会伴随着产能过剩的产业中，更显困难。从本质上说，建立一个全新的国际化企业是一次高风险尝试。另一种策略是通过并购无机地扩张。这种策略可以让企业利用杠杆作用经营已有资源和资本，包括中国市场。不仅如此，一个拥有互补性资源和资本的国际化品牌可以提升华意在创新能力、产品覆盖率、市场份额和销售渠道中的整体地位，从而在竞争越来越激烈的国际市场立于不败之地。

作为世界上最大的压缩机制造商之一，华意致力于收购业绩不佳的国际压缩机厂商来达到国际市场的战略增长。而 Cubigel 公司的破产正好提供了这个机会。需要注意的是，Cubigel 公司的主业是生产工厂用压缩机，但华意主要是为家用设备提供压缩机。2012~2013 年，华意收购了 Cubigel 并且将其更名为华意压缩机巴塞罗那有限责任公司。

从 Unidad Hermética 到 Cubigel：一家破产了但极具象征意味的西班牙工业企业

1962 年，Unidad Hermética, S. A.（UH）成立于萨瓦德尔南部的巴塞罗那，致力于制造制冷设备压缩机，成为萨瓦德尔工业资本进化的缩影。这家企业由著名工业工程师、企业家安东尼奥·费雷拉·索拉（Antonio Forrellad Solà，1912~1983 年）创办，同时有西班牙和法国资本注入，在美国企业特库姆塞公司（Tecumseh）授权下生产压缩机。很快，这家企业成为行业领导者之一。十年后，西班牙创始人收购了法国人的股权，全资控股 UH 公司。这次收购的三年之后，在巴塞罗那的圣奎尔泽（Sant Quirze del Vallès），一家新公司成立了，这里也成为后来的 Cubigel 的总部所在地。1976 年，UH 开始生产，压缩机的年均生产量达到了 200 万台。在完全西班牙化的进程中，UH 创办人费雷拉热衷于加泰罗尼亚政治。和其他公司一起，UH 也卷入了当地一起严重的劳工运动中。[1]

安乐尼奥·费雷拉于 1983 年去世，他的儿子赫尔曼·费雷拉（Herman Forrellad）接管了公司。然而，1983 年，与特库姆塞公司的生产许可没有续约，UH 开始了与日本企业东芝的生产合作。20 世纪 70 年代末 80 年代初的工业危机，以及西班牙 1986 年加入欧盟，给公司带来了巨大损失。西班牙市场不再享受国家的保护政策。实际上，UH 作为现代化的出口导向企业，从一开始就在国外投资者中很受欢迎。因为一直和商用制冷压缩机进行合作，1988 年，接连的损失让

---

[1] Antonio Santamaria, "L'estat de la ciutat（XXI）': Crisis y transferencias de poder [The Ciutat L'estat (XXI): Crisis and Power Transfer]," iSabadell, July 22, 2012, accessed June 1, 2015, www. isabadell. cat/portada/lestat – de – la – ciutat – crisis – ytransferencias – de – poder/.

瑞典伊莱克斯控股公司接手了业务并成为 UH 的主要股东。不再是家族产业之后，UH 加入了伊莱克斯集团，开拓了家用制冷设备市场。Cubigel 公司于 1989 年创立，致力于在新市场中抢占有利地位。这次改变需要内部重组，需要聚焦于商业制冷器，也需要伊莱克斯所有全球活动业务单元的发展。

由于其在商业制冷市场的地位，Cubigel 公司在集团中很受重视。凭借其已有的完善的生产能力，它推出了电器设备的新产品。尽管如此，2003 年，伊莱克斯还是将 Cubigel 公司出售给了一家新成立的意大利公司——家用电器零件公司（Appliances Components Companies，ACC）。很快，塞尔维拉工厂开工，压缩机和新产品的年均生产量达到了 110 万部。

在研发活动上的努力很快就无法维持竞争力。2009 年，临时就业监管第一法案（裁员）波及接近 500 位员工，塞尔维拉工厂关停。几个月后，美国产业并购公司（AIAC）收购了 ACC 的商业制冷部门。也因此，ACC 被重新命名为 Cubigel 压缩机公司。AIAC 股份公司的主要目标是收购表现不佳的企业来帮助它们渡过难关，从而可以以更高的价格出售这些公司。尽管如此，商业发展并未能得偿所愿。2011 年 7 月，Cubigel 公司的 AIAC 管理团队呈交了 29 天的裁员计划，影响到 550 名员工。2011 年 9 月，虽然仍不断接到商业订单，但由于缺乏流动资金，生产还是停止了。这年年末，Cubigel 公司的管理团队以及董事会接受了加泰罗尼亚自治区的调解政府的调停，开始对 UH 的经济状况和这一传统的西班牙工厂继续运行的可能性进行客观评估。① 这标志着 Cubigel 公司开始进入破产状态。

当它宣布破产时，Cubigel 仍是世界上第四大商业压缩机制造商，产品销售至超过 80 个国家并和多家跨国公司合作，如可口可乐、联合利华、乐事。2011 年，它的总资产达到 3750 万欧元② （2010 年为 4700 万欧元），净资产为 640 万欧元（2010 年为 1880 万欧元）。萨瓦德尔地区一度辉煌的、最大的企业之一的 Cubigel 拥有 2000 名员工，每年生产 600 种型号的 500 万台压缩机。

---

① Europa Press, "Cubigel acepta una auditoría para evaluar su viabilidad y problemas de financiación [Cubigel Accepts an Audit to Assess Its Feasibility and Financing Problems]," *EcoDiario. es*：*España*，November 26, 2011, accessed on May 28, 2014, http: //ecodiario. eleconomista. es/interstitial/volver/256320622/espana/noticias/3562142/11/11/Cubigel - acepta - unaauditoria - para - evaluar - su - viabilidad - y - problemas - de - financiacion. html#. Kku81AMA8MlpaZv.

② 2011 年 12 月 31 日的汇率为 1 欧元兑换 1.2959 美元。

Cubigel 合并案：华意集团的挑战

虽然 Cubigel 的财务状况不佳，但是公司在市场中仍占有绝对的优势。通过专门研究封闭压缩机和冷凝装置，它成为轻型商业制冷市场中的第四名，其品牌因高质量产品而闻名。除此之外，Cubigel 超过 50 年的商业制冷产业经历有利于维系国际化的企业联系以及业务运作知识。Cubigel 在轻型商业压缩机生产领域有大概 10% 的全球市场份额以及超过 20% 的欧洲市场份额。因此，当 Cubigel 的竞拍消息公开以后，华意抓住了这个绝佳的机会。华意将此视为企业战略性国际扩张的好机会，因为 Cubigel 的知识、资源、资本与华意现有的市场定位有着巨大的互补性。

然而这次兼并对于这家中国企业来说是一个挑战。华意是第一次参与这样一起国际并购。它之前的国际经验仅限于进出口及某种程度的联盟。虽然 Cubigel 的破产为这些限制打开了一扇门，但 Cubigel 自身未解决的劳工关系问题和其他社会压力对华意来说都不是容易解决的。

当 Cubigel 的财务状况在 2011 年下半年开始恶化时，美国的 AIAC 管理董事会提出了新的涉及 551 名员工的裁员方案，但他们没有得到当地政府的财务支持。2012 年 1 月 5 日，大约 400 名员工为了争取薪酬，在工厂到萨瓦德尔办公室之间进行游行抗议。[①] 但当薪酬事宜解决之后，Cubigel 又被呈递了另一份 551 名员工因为生产缩减产生的 180 天的裁员。Cubigel 的负债高达近 2700 万欧元。[②] 虽然 Cubigel 已尝试与大多数供应商协商并减少了 40% 的债务，而且还拿到五年的还款延期，但当富通银行关闭了其信用额度时，Cubigel 在继续生产方面仍面临着严重的财务问题。

讽刺的是，即使因为工业设计的特殊性导致生产停滞，Cubigel 还是收到了几笔总价值 130 万欧元的订单，并且两个客户答应提前付款，以使 Cubigel 为一份价值 230 万欧元的订单恢复生产。即使如此，在 2012 年 2 月 7 日，严重的财务困难还是迫使 Cubigel 的 AIAC 管理组宣布了破产声明并且请求债权人清偿或破

---

① Europa Press, "400 personas protestan en Sabadell para exigir el pago del paro en Cubigel [400 People Protest in Sabadell to Demand Payment of Unemployment in Cubigel]," *La Vanguardia*: Barcelona, January 5, 2012, accessed on May 28, 2014, www.lavanguardia.com/local/barcelona/20120105/54243652606/400-personas-protestan-en-sabadell-para-exigir-el-pagodel-paro-en-cubigel.html.

② 2012 年 1 月 30 日的汇率为 1 欧元兑换 1.3137 美元。

产保护，其债务约为 2700 万欧元。① 同时，加泰罗尼亚政府还以参加日后盈利分红这一方式，通过财务基金直接干预提供了 200 万欧元来维持当时的生产活动和工资支付。

Cubigel 的财务状况在 2012 年进一步恶化。不管是当时的裁员计划还是当地机构的财政支持都不足以避免企业破产的命运。2012 年 5 月 10 日，Cubigel 进入清算流程。在巴塞罗那第三商业法庭，法官塞约（José María Fernández Seijo）主持了本场审判，他拒绝了 AIAC 提出的可行方案，决定出售 Cubigel 的生产部门。那个夏天，几家企业表达了对 Cubigel 的兴趣：两家中国企业，一家德国企业，还有一家投资基金。只有两家中国企业参与了出价。

华意很快试图获取 Cubigel 以及当地政府对已有业务和新业务组织性支持的更多信息。为了了解更多信息，华意联系了一家知名西班牙律所（Cuatrecasas）和萨瓦德尔以及圣奎尔泽的当地机构，后者与 Cubigel 曾在建立区域科技培训方面有过合作。2012 年 7 月 16 日，华意董事会召集第五次会议讨论"Cubigel 收购提案"，提案获得董事会的一致批准，确定了提交并参加法庭的初始和补充竞拍项目的决议。会议指定董事会成员之一黄先生领导其他三位管理者一起跟进整体进程。7 月 17 日，法官正式确认并宣布华意竞拍成功，而另一位同样来自中国的投标人 Donper 只出价 108 欧元。② 法官强调了公司管理层、加泰罗尼亚政府、Cubigel 工人们付出的努力和牺牲，也强调了破产委员会在这几个月的工作，正是他们使得投标人与 Cubigel 达成一致，保障了 Cubigel 未来的稳定发展。③

对于工厂未来的核心，华意为生产单元付出的收购价为 60 万欧元，以此为交换，解决了罢工和一些员工的薪酬减少问题。10% 的收购款用于补偿工人工资，而为了确保工厂的正常运转，到 2013 年将再投入 350 万欧元。即便如此，原有的 551 名员工中也只有 386 名愿意继续留在被收购的公司，这其中包括 280 名直接就业者、52 名非直接就业者以及 54 名管理者。公司产量将达到每年 180 万台，工资总额将缩减 15%。此外，华意将不会承担原有估值近 3000 万欧元的

---

① Rosa Salvador, "Cubigel presenta concurso de acreedores con 27 millones de pasivo [Cubigel Presents Bankruptcy with 27 Million Liabilities]," *La Vanguardia*: Economy, February 7, 2012, accessed on May 28, 2014, www. lavanguardia. com/economia/20120207/54249552984/cubigel – presenta – concurso – acreedores – 27 – millones – pasivo. html.

② Antonio Santamaria, "L'estat de la ciutat (XXI)': Crisis y transferencias de poder [The Ciutat L'estat (XXI): Crisis and Power Transfer]," iSabadell, July 22, 2012, accessed on June 1, 2015, www. isabadell. cat/portada/lestat – de – la – ciutat – crisis – ytransferencias – de – poder/.

③ EFE, "La empresa Cubigel, de compresores, pasará a manos chinas [The Company Cubigel, of Compressors, Will Go to Chinese Hands]," Inversión & Finanzas. com, July 17, 2012, accessed on May 28, 2014, www. finanzas. com/noticias/empresas/20120717/empresa – cubigel – compresores – pasara – 1462551. html.

债务。作为协议的一部分,除了准备在欧洲开设新的产品线外,如果企业为了生产需要招收更多工人,应该首先考虑之前的工人。①

虽然华意在 Cubigel 的竞标中获胜,但是接管这家历史悠久的西班牙工业企业并非易事。在华意中标后几个月,一个意外事件在 Cubigel 工厂所在城市发生了。2012 年 9 月 13 日,吉卜赛社群和华人社群爆发冲突,一名吉卜赛人死亡。② 2012 年 10 月,媒体揭露了另一起与西班牙华人社群有关的丑闻:"皇帝行动"(Operation Emperor)。这件事的影响持续了很多年,最初,大概 100 人在警方调查中被逮捕,主要是涉嫌洗钱,除此之外还涉嫌文件造假、税务犯罪等。③

正是在这种不利的情况下,华意于 2012 年下半年接手了 Cubigel。工厂周边和西班牙社会整体上都对中国人及中国企业产生了负面印象。作为第一家在加泰罗尼亚的工业企业中有投资的中国企业,华意必须处理好这些问题才能顺利完成交接工作,并尽快恢复生产。到 2012 年 10 月 15 日,作为投标和交接协议的一部分,Cubigel 解雇了 162 名员工,将工人数量降低了 40%。在那一年间和在华意进入之前,Cubigel 的工会已经针对薪酬和公司存亡问题进行了几次游行。被解雇的员工聚集在工厂门口,声称他们的遣散补偿加上 Cubigel 的其他拖欠款项和债务共达到 170 万欧元。

这种情况在 11 月下旬加剧,连续好几天昼夜不停,被解雇的员工封锁了工厂入口,阻止运输产品和物资的卡车进出,每日损失估值达到 5 万欧元。那几天,由于缺乏原材料,生产陷入瘫痪。为了恢复工厂正常的生产活动,法官禁止这些前员工进入工厂 1 公里范围内的区域,并且命令当地警察配备辅助装备为卡车进入工厂开道。到 2013 年 1 月底,Cubigel 最终同意部分提供相应的解雇费。④

---

① Antonio Santamaria, "L'estat de la ciutat (XXI)': Crisis y transferencias de poder [The Ciutat L'estat (XXI): Crisis and Power Transfer]," iSabadell, July 22, 2012, accessed on June 1, 2015, www.isabadell.cat/portada/lestat-de-la-ciutat-crisis-ytransferencias-de-poder/.

② Rebeca Carranco, "Los Mossos tratan de contener en Sabadell la tensión entre chinos y gitanos [The Mossos Try to Contain in Sabadell the Tension between Chinese and Gypsies]," *El País*: *Catalonia*, September 14, 2012, accessed on May 28, 2014, http://ccaa.elpais.com/ccaa/2012/09/14/catalunya/1347578232_232349.html.

③ Cruz Morcillo and Pablo Muñoz, "Casi 100 detenidos ya en el mayor golpe policial al corazón de la mafia china [Nearly 100 Arrested in the Biggest Police Blow to the Heart of the Chinese Mafia]," *ABC.es*: *España*, October 19, 2012, accessed on May 28, 2014, www.abc.es/20121016/espana/abci-macrooperacion-contra-mafias-chinas-201210152024.html.

④ Clara Blanchar, "Quince días de bloqueo en Cubigel [Fifteen Days of Blockade in Cubigel]," *El País*: Cataluña, November 23, 2012, accessed on May 28, 2014, http://ccaa.elpais.com/ccaa/2012/11/23/catalunya/1353701707_664931.html.

从 Cubigel 到华意压缩机有限公司

黄先生和他的管理团队在那几个月里非常辛苦，他们准备了提案和商业计划来说服华意和长虹的董事们去参加这次竞标。他们同负责 Cubigel 的招标管理局在每个账目上进行协商并且同审计员及招标局一起为商业可行性预估了财务需要。同时，当地的整体社会氛围也因为 2012 年 9 月的伤亡案件和"皇帝行动"事件变得非常紧张。此外，公司前员工的聚集和堵门直接影响了公司的正常运转。在他每天在住宅周围锻炼时，在与西班牙邻居聊天时，在办公室观察被解雇的员工聚集时，黄先生都在想：应该怎么做？情况非常微妙。虽然各方都提供了很大帮助，如法官会见了前雇员，竞标管理人员签署了正式文件，承诺补偿款在 12 月 21 日前到账，但黄先生仍然十分担心劳工冲突。他特别关注事态将会如何发展。

考虑到收购 Cubigel 这一决定的战略本质，更明智的做法是直面并解决冲突而不是逃避。解决劳工问题的一种方法是一开始就承担额外成本并支付拖欠前员工的债务。这种方法能够展示华意进驻当地社区的决心并保障企业更有效地开展其后续商业计划。如果采用这种方法，华意预计要增加在 Cubigel 收购案中的投资，大概要投入 760 万欧元于社会资本来完成交易并改换这家标志性的加泰罗尼亚企业的股东。另一个选择就是取消收购，这会使华意在投标过程中的所有支出付诸东流，但将会避免因劳工冲突、全球经济增速放缓和组织整合失败而造成更多损失。

黄先生想知道如何解决这个问题：华意应该继续还是收手？如果继续并购，整合 Cubigel 和华意的核心管理问题是什么？收购 Cubigel，华意可以为不同的区域提供多样化产品并且获得这个专业领域的技术和人才。鉴于华意有意增强其在欧洲、非洲、拉丁美洲市场的影响力，这次合并对华意有利，因为西班牙企业本来就在这些地区占有很大份额。同时，这次合并也有利于进入商业压缩机市场、加强技术优势、为长虹在世界范围内的扩张打开潜在的西欧市场。从技术上来讲，Cubigel 也可以提供很多优势，比如其重要的产品系列——全球最完整的气缸和制冷器生产体系、在引擎中对铝的广泛运用、能够使用成本更低性能更高的半加工钢等其他在商业压缩机生产中使用的技术。

战略方向非常明确。决定一旦做出并且解决了劳工纠纷后，将前 Cubigel 公司整合为华意的一部分将成为黄先生在 2013 年初面临的最大的管理挑战。即使合并成功，劳工冲突成功得到解决，Cubigel 的情况也不甚乐观。长达一年的停工使 Cubigel 的市场份额受到严重影响。企业应如何让之前的客户回来并说服他们企业将继续运营且相信现有的股东？确实，被中国国有企业收购并不会对其在西方自由市场上的发展有任何帮助。在过去的十年间，Cubigel 经历了频繁的国外股权更迭，尤其是近年来，创新投资已经大幅缩减。其结果就是在研发领域和生产线设备更新方面出现了问题。

最重要的是，在经历了超过一年的生产和劳工问题之后，员工们毫无斗志。虽然新的中国雇主看起来对公司未来很有信心，但薪水比之前减少了 15%。因为西班牙华人社区的负面新闻以及不知道中国的跨国公司如何对待当地员工，一切都是未知的，前途未卜。人们更愿意观望。如果并购继续，刚刚成立的子公司——华意巴塞罗那压缩机有限公司，就将接手 Cubigel 的业务。考虑到所有的情况，黄先生将 Cubigel 与华意的整合作为 2013 年的战略重点，其目标是短期内扭亏为赢，提高员工士气，增强员工信念，提高研发和生产效率。

未来的挑战

合并和管理交接于 2013 年 5 月完成，生产和客户关系得到重建。所有的绩效指标都表明公司在生产能力和国际地位方面有明显提升。到 2013 年底，华意集团在全球制冷压缩机的销售和生产方面登顶，产量超过 3400 万台产品，净利润 3000 万美元。经济和财务结果都表明在 2012 年到 2013 年间有 65% 的净利润增长。华意实现了它最初想要成为制冷设备压缩机世界领导者的目标。除此之外，它的整体竞争力也得到了提升，尤其是改善了创新能力，建立了欧盟及美国认证的新技术和产品实验室。

华意压缩机巴塞罗那公司拥有社会资本 7599792 欧元，[①] 销售额超过 3000 万欧元，经济效益达到 2.38%，财务效益达到 6.39%。企业的财务结构对其财务盈利能力产生了积极影响。在西班牙非家用通风设备和制冷设备类别中，它在全国经济活动分类中排名第三，在巴塞罗那企业中排名 710 位，在西班牙全国企业中排名 3547 位。2013 年，从前的 Cubigel 公司 20 年来第一次缴纳了企业所得税。从结构上来讲，华意压缩机巴塞罗那公司将 Cubigel 公司和 UH 公司作为子公司和商业品牌。

---

① 2013 年 12 月 31 日的汇率为 1 欧元兑换 1.3776 美元。

前 Cubigel 公司已经部分恢复了原有市场份额，但是经历了华意到来后的重建，还需要对提升生产效率做出更大投入。在产量方面，2013 年公司生产率提高了 51.5%，从 1 月份每天生产 3603 台到 9 月份每天生产 5460 台。在市场方面，订单也逐渐稳定，反映出了市场的饱和与生产能力的缺失。质量控制方面，关于质量的投诉也大幅减少，在消费者和供应商中的排名也有所上升。报废率也在 2013 年降低了近 50%，从 2011 年的 1430 台降低到 2013 年的 722 台。除此之外，环境管理也得到加强，并且更加关注整体的生产管理。华意巴塞罗那压缩机公司因强调社会责任以及成功整合管理、业务、文化而获得认可。企业于 2014 年 2 月 19 日在城市大厅获得了萨瓦德尔市长加西亚（Juan Carlos García）颁发的证书。萨瓦德尔当地一家报纸也强调了公司的积极改变，该报道的标题为"欢迎你！黄先生！"

展望未来

虽然华意在收购 Cubigel 之后很快就做出了亮眼的成绩，但是前景并不乐观。压缩机市场的整体饱和以及国际经济危机持续减缓国际市场的增长。华意压缩机巴塞罗那公司总经理黄先生成功完成了华意对 Cubigel 的战略收购，并实现了转化，但是，未来他还要面临很多挑战。2014 年初，他收到了一个让他回到华意董事会并加入长虹集团董事会的电话。谁能接替黄先生在华意压缩机巴塞罗那公司的职位？什么样的人选最合适？华意是否应该继续国际化？这些经验能否为长虹集团所用？黄先生在一个阳光明媚的冬天离开了他在巴塞罗那的办公室，但他不禁想到了那些已经解决的问题以及他和他的继任者将要面临的新挑战。

12. 三一重工的跨国并购、整合和战略重塑*

2012年1月31日,对三一重工而言是一个值得纪念的日子。收购普茨迈斯特公司(Putzmeister,简称PM)的新闻发布会在三一重工的总部——中国长沙举行。PM公司80岁的创始人卡尔·施勒赫特(Karl Schlecht)和他的夫人受到隆重欢迎。

三一重工的总裁向文波说:

三一重工和PM公司谈了18年的恋爱了。当我们进入这一行业时,PM是业界第一,是我们的行业标杆。经过多年的追赶后,我们终于在一起了。虽然三一重工是世界上最大的混凝土机械制造商,但我们的技术仍需要提高。我们的市场主要在中国,而PM已在全球如美国、法国、西班牙、葡萄牙、巴西等地建立了工厂和销售系统。

2015年初,在并购三年之后,整合仍然没有完成。三一重工的管理层和三一重工在PM的首席联络官蒋向阳在跨境并购和整合方面并没有经验,他们觉察到完成这一过程有很大的压力。对三一重工的管理层而言,一个主要的问题是并购整合应该只聚焦于PM,还是应与三一重工的战略重构紧密结合。三一重工和PM在特定的市场上已经开始了"双品牌战略",这是合适的战略吗?

工程机械行业

工程机械行业是一个资本和技术密集型的行业,它涵盖的领域如铁路、公路、农田灌溉、城乡基础设施和居民住宅,与一个国家经济发展的阶段和基础设施投资密切相关。随着缓慢的增长,全球的工程机械行业已达到成熟阶段(见图1)。卡特彼勒(Caterpillar)是世界上最大的推土和施工设备制造商,其次是小松(Komatsu)、日立(Hitachi)和沃尔沃(Volvo)。三一重工和中联重科是中国工程机械行业的领导者,发展迅猛,目前处于世界前十的行列(见表1)。

---

* 本案例由范黎波、耿惠芳(Huifan Geng)和包铭心(Paul W. Beamish)编写,案例编号:9B16M191。©2016, Richard Ivey School of Business Foundation,版本:2016-11-23。

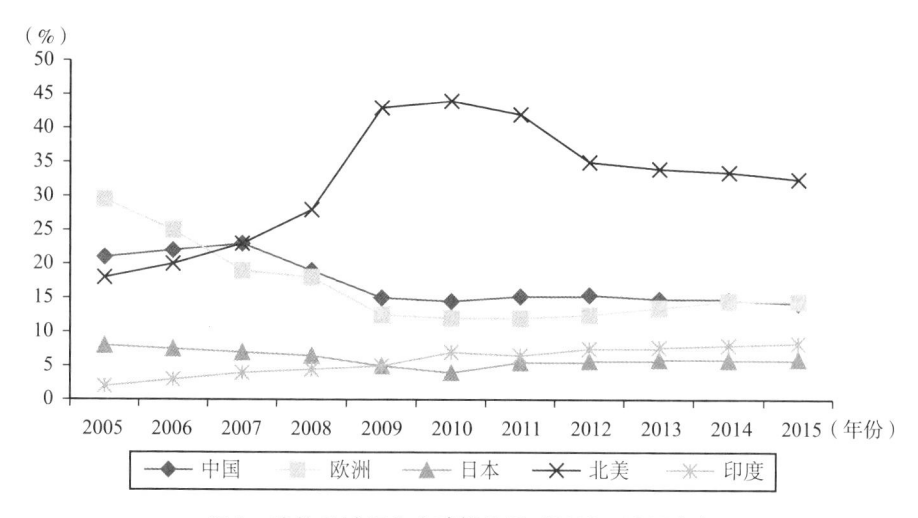

图1 建筑机械行业全球销售量（2005~2015年）

资料来源：作者基于 Off–Highway 的研究报告整理。

表1　　　　　　　　　全球工程机械行业前10名（2011~2015年）

排名	2011年	2012年	2013年	2014年	2015年
1	卡特彼勒	卡特彼勒	卡特彼勒	卡特彼勒	卡特彼勒
2	小松	小松	小松	小松	小松
3	沃尔沃	日立	沃尔沃	沃尔沃	日立
4	日立	沃尔沃	日立	利勃海尔	沃尔沃
5	三一重工	三一重工	利勃海尔	徐工集团	特雷克斯
6	利勃海尔	中联重科	特雷克斯	日立	利勃海尔
7	中联重科	利勃海尔	中联重科	特雷克斯	约翰迪尔
8	特雷克斯	特雷克斯	三一重工	阿特拉斯·科普柯	徐工集团
9	斗山集团	约翰迪尔	约翰迪尔	中联重科	三一重工
10	约翰迪尔	斗山	斗山	三一重工	斗山

资料来源：案例作者根据《国际建造》（*International Construction*）制作。

在20世纪，北美、欧洲和日本是工程机械行业的主要传统市场。然而到了21世纪，第三世界国家尤其是金砖国家（巴西、俄罗斯、印度、中国和南非）的经济发展推动了这一行业向前发展。2008年的金融危机和欧债危机打击了全球工程机械行业，尤其是在发达国家。全球航运下降了15%，销售收入下降

11%。从2009年至2015年，全球工程机械行业一直处于衰退之中。

中国已经成为全球工程机械行业最大的市场之一，但这一成就伴随着一系列的问题：产能过剩、产品同质化和过度竞争。2015年，中国经济处于产业转型的时期。工程机械行业接近"进口替代"的末期和"出口扩张"的开端。然而，工程机械的出口环境变得越来越差，资源和劳动力成本迅速增长挤压了中国企业的利润空间。对中国工程机械制造商而言，疲弱的市场需求是主要的困难。

三一重工

三一集团于1989年由梁稳根、唐修国、毛中吾和袁金华成立，最初是一家小型焊接材料厂。2015年，它已成长为在中国有5家产业园，在美国、德国、印度和巴西有4家研发和制造基地的全球化公司。它的业务单元包括混凝土机械、挖掘机、起重机、桩工机械、筑路机械、港口机械和风力涡轮机（见图2）。

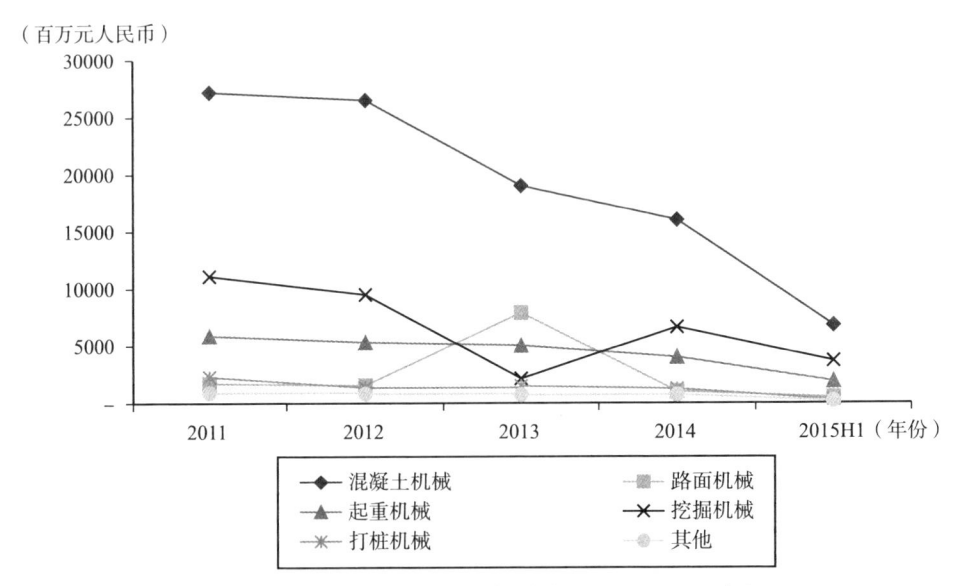

图2 三一重工主要产品的财务数据（2011～2015年）

注：H1指第一季度。
资料来源：案例作者根据三一重工年报整理。

2003年7月，三一重工在上海证券交易所上市，随后在2006年6月完成了股东结构改革。到2011年，三一重工位列《金融时报》(Financial Times) 全球500强，市值达到215.6亿美元。2013年4月，建造业的主流杂志《国际建设》(International Construction) 报道三一重工已升至行业第五。2014年1月至6月，三一重工的混凝土设备销售收入为101.2亿元人民币，[①] 位列全球第一；挖掘机销售收入为48.8亿元人民币，位列中国第一；起重机销售收入为25亿元人民币；其他产品也占据稳定的市场份额（见表2和图3）。

表2　　　　　三一重工的主要财务数据（2006～2015年）　　单位：10亿美元

年份	收入	净利润	总资产	总债务	权益
2006	0.65	0.09	0.79	0.41	0.38
2007	1.20	0.25	1.47	0.81	0.66
2008	1.98	0.21	2.01	1.12	0.89
2009	2.78	0.44	3.23	1.82	1.41
2010	5.02	0.91	4.63	2.87	1.76
2011	7.86	1.45	7.94	4.73	3.21
2012	7.42	0.95	10.21	6.31	3.90
2013	6.03	0.50	10.31	6.27	4.04
2014	4.65	0.12	9.66	5.86	3.79
2015	4.53	0.35	9.23	5.15	4.08

资料来源：案例作者根据三一重工年报整理。

"创新驱动发展"是三一重工的战略。三一重工每年将销售收入的5%～7%投入研发，有国家级企业技术中心和国家级博士后科学研究中心。截至2013年10月31日，三一重工已申请了7116项中国专利、341项国际专利合作条约专利和189项海外专利，[②] 其中4769项中国专利和18项海外专利审批通过，引领了该行业的发展。

---

① 2015年初的汇率为1美元兑换6.209人民币。
② 国际专利意味着品牌和产品在当地和海外市场一致，而海外专利意味着对于同一产品，专利在当地和海外市场不同。

(10亿美元)

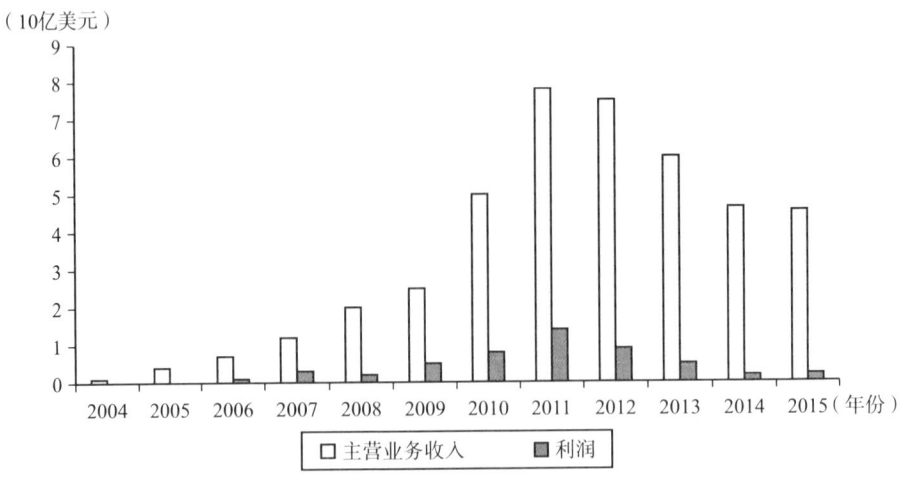

图3 三一重工的主要业务收入和利润（2004~2015年）

资料来源：案例作者根据三一重工年报整理。

三一重工的国际化

三一重工在2000年专门设立了国际部来负责其出口业务。2002年，三一重工出口四台推土机到印度和摩洛哥，这是公司的第一次国际交易。2004年，其出口收入仅为1400万美元。2013年，海外销售收入增至18.7亿美元（见表3）。

表3　三一重工国内外市场的主要财务数据（2009~2015年）　　单位：百万元人民币

年份	国内		国外		总计	
	收入	成本	收入	成本	收入	成本
2009	16887	10657	1359	917	18246	11574
2010	30832	19214	2131	1435	32963	20649
2011	45641	28390	3425	2400	49066	30790
2012	36277	23409	8740	6868	45017	30277
2013	25466	18119	10874	8525	36340	26644
2014	19883	14195	9822	7810	29705	22005
2015（第一季度）	7979	—	5438	—	13417	—

资料来源：案例作者根据三一重工年报整理。

三一重工的国际化是国内市场的扩张表现。三一重工通过出口赚得丰厚的利润并且积累了丰富的国际化经验。然而，工程机械出口面临着许多压力，如关税、运输成本，尤其是国家和地区间的技术和环境标准差异。对三一重工来说，满足当地用户特定需求和要求是十分艰难的。于是，三一重工直接开始海外投资，2006年设立了三一重工印度公司，2007年设立了三一重工美国公司，2009年设立了三一重工德国公司，2010年设立了三一重工巴西公司，全面覆盖了从低端到高端的市场。三一重工的机械被用于世界上许多著名建筑物的建造。因此，从某种程度上说，三一重工已经开始在工程机械行业建立自己的国际化品牌。

随着对外直接投资的扩张，三一重工希望在香港上市以开展其国际化业务。2011年8月，中国证监会批准三一重工发行H股。9月，公司在香港地区进行了路演。然而，9月22日，三一重工宣布推迟上市。

在10年的国际化进程中，三一重工面临着两大主要问题。

第一个问题与市场差异有关，尤其是在产品价格和多重技术标准层面。在新兴市场，产品价格甚至是某些核心部件的价格低于中国。然而，在发达市场如德国，三一重工花了两年多时间开发新产品来满足市场的技术要求。印度的技术标准低于中国，而德国的技术标准却比三一重工预想得高得多。

另一问题则是品牌。在国际化之初，三一重工坚持保持自有品牌而非给别的品牌做代工。这是一个耗时的过程，也是一个长期受益的过程。2009年，三一重工在德国投资，它花了约三年的时间建立研发部、产品部、销售渠道和销售团队。超过90%的员工是当地居民。三一重工的产品在市场上发布前，就收到了德国顾客的10多个订单。

普茨迈斯特公司

"Putzmeister"的字面含义为"砂浆专家。"PM公司是德国中小型制造商成长为隐形冠军并占据利基市场的例子，这是PM公司感到十分骄傲的一个身份。公司1958年由施勒赫特（Schlecht）成立，总部位于一个名为艾希塔尔（Aichtal）的小镇上。卡尔·施勒赫特基金（Karl Schlecht Fund）拥有1%的股份和90%的投票权，卡尔·施勒赫特慈善基金会（Karl Schlecht Charitable Foundation）持有99%的股份和10%的投票权。

PM公司是全球混凝土机械行业的领先品牌和行业领导者。它因水泵专利技术——C型方向控制阀——看起来像大象鼻子而被称为"大象"。这些混凝土泵在 20 世纪 70 年代开始进入世界市场，公司因此在全球混凝土机械行业中成为领导者。PM 公司自成立起就专注于混凝土机械行业，并在产品可靠性、安全和效率上成为行业第一。为了进一步发展业务，PM 公司在 1989 年收购了德国混凝土搅拌器制造商 Wibau 公司，在 2003 年前后收购了 5 家产业链内的制造商。

PM 公司有四个业务单元，均与水泵技术相关。其中混凝土泵的收入超过了总收入的 80%。其他收入来自砂浆机器、高压清洁设备和其他产品。

PM 公司的发展不仅源于其本身的高品质，也来自其全球化视野和欧美市场的需求。金融危机前，PM 公司在德国、法国、西班牙、土耳其、美国、印度和中国设立了工厂。PM 公司的市场份额远高于其他品牌，欧洲市场的繁荣驱动了收益的快速增长。2007 年，77% 的收益来自欧洲和北美市场。

自 2003 年起，PM 公司的全球市场一直稳定增长，销售收入达到 10 亿欧元。[①] 2006~2007 年，对外投资支出大幅增长，总投资达到 1.28 亿欧元，主要用于欧洲。然而，2008 年的全球金融危机打击了欧洲和美国的住房业，导致混凝土设备的市场需求大幅萎缩。由于在新产能和欧债危机带来的需求大降之间存在巨大的差距，PM 公司经历了第一次亏损，2008 年销售收入仅为 4.5 亿欧元。接下来几年收入持续低迷。2010 年和 2011 年的收入分别为 5.5 亿欧元和 5.6 亿欧元，净利润分别为 150 万欧元和 600 万欧元。

1995 年 12 月，普茨迈斯特上海公司在上海松江工业园成立。这是 PM 公司的第三家全球制造工厂，负责中国和亚太地区的生产、销售与服务。PM 公司发展迅速，在上海、北京、西安、广州、成都和沈阳均设立了办公室。虽然 PM 公司在中国的销售保持增长，但中国的本土制造商发展迅速。结果，它在中国市场上越来越不具有竞争力，2004 年 PM 公司在中国混凝土设备行业的市场份额仅为 6%~8%。

2011 年，施勒赫特将兴趣转移到慈善、伦理和文化组织上。然而，他仍然十分关注 PM 公司的运营和未来。他的孩子有自己的工作，无意管理家族事业。因此，施勒赫特请求 JP 摩根在全球寻求买家。他希望找到一个可靠的伙伴，引领 PM 公司走向更好的未来。

---

① 2015 年初的汇率为 1 美元兑换 0.899 欧元。

并购 PM 的理由

除了海外绿地投资，三一重工也开始参与海外并购。2007 年，位列全球混凝土设备行业前三的意大利公司 CIFA 决定通过公开招标出售其股份。中联重科和三一重工参与了竞标。中联重科与弘毅资本、高盛、曼德林基金一起，溢价 5.11 亿欧元收购了 CIFA。业内一些人士说中联重科成功的原因是它的国有背景，有来自政府支持的优势。三一重工在第一次海外并购尝试中铩羽而归。此外，中国企业的一系列海外并购对三一重工的高管产生了更大的压力。2010 年，上海电气收购了高斯国际（Goss International），柳工收购了波兰的 HSW 公司，山东重工集团收购了意大利公司法拉帝集团（Ferretti Group）（见表 4）。

表 4　　中国机械制造业的跨境并购（2005～2014 年）

时间	收购者	标的	标的所在国和地区	收购股权（%）	交易金额（百万美元）
2005	金风科技	Vensys 能源	德国	70	61
2008	中联重科	CIFA	意大利	100	325
2010	上海电气	高斯国际	美国	100	140
2010	金晟	EMAG	德国	51	129
2011	太原重工	Valley Long Wall	澳大利亚	100	135
2011	中国高科	Fong's Industries Group	中国香港	37.7	134
2011	卧龙电气	ATB	澳大利亚	100	130
2012	三一重工	PM	德国	100	698
2012	潍柴动力	凯傲集团	德国	25	584
2012	潍柴动力	法拉帝	意大利	75	484
2012	太重煤机	REI	美国	60	13
2013	中集集团	Ziegler	德国	100	76
2014	中联重科	M-Tec	德国	100	57

资料来源：作者根据多年《财富》的材料编写。

三一重工在国内市场面临着复杂的情形。尽管生产率为正，但本地竞争十分激烈，价格战导致了更低的资产回报率、投资回报率（见表5）。

表5　　　　　中国机械制造业指标（2011~2015年）　　　　单位：%

指标	2015年	2014年	2013年	2012年	2011年
投资收益率	3.2	2.6	5	4.8	5
资产收益率	2.5	2.1	2.9	2.7	3.4
销售利润率	11.5	10.7	10.5	10.2	10.3
总资产周转率	0.4	0.4	0.3	0.3	0.3
应收账款周转率	3.4	3.1	3.7	2.4	3.1
存货周转率	4.2	4.2	4.2	4.2	4.5
全部资产现金覆盖率	1	1	1	3	3.3
资产负债率	60	60	65.1	65	69.5

资料来源：作者根据多年《财富》的材料编写。

2005~2011年，出口收入的复合增长率从一个较低的基础上升了79%。受金融危机影响，2009年三一重工的出口增长为负，直到2011年才恢复到2008年的水平，出口额为34.25亿元人民币，占公司运营总收入的6.75%。

收购过程

2009年，负责创办三一重工德国公司的贺东东秘密联系了PM公司的CEO诺伯特·朔伊希（Norbert Scheuch），阐述了想收购PM的意图。这一建议被否决了。朔伊希提出如果三一重工放弃德国市场，PM公司将放弃中国市场。这一想法也被三一重工否决了。最终，三一重工选择在德国进行绿地投资，聘用了一些来自道依茨（Deutz）、施维英（Schwing）和PM公司的当地技术和管理人员。

在产品设计上，三一德国公司完全采纳德国标准，并聘用当地技术人员。三一重工德国公司花了两年的时间开发了6种适合欧洲市场的新产品，能满足德国市场要求的74项标准。德国制造业协会（German Manufacturing Association）最终接纳了三一重工德国公司。三一德国继续在欧洲市场上与PM竞争，给PM施加了很大的压力。PM的高管意识到，欧洲市场中三一重工的出现将不可避免地导致PM的利润下降。

2011年12月20日，朔伊希来到长沙拜访了三一重工的主席兼创始人梁稳根，讨论PM将出售公司的意图。听到这一消息，梁稳根及其团队十分高兴。第二天，朔伊希也拜访了中联重科，并发出同样的邀约。12月22日，中联重科向湖南发改委提交了正式申请，并于12月30日获得竞标许可。12月23日，PM的咨询部门对目标竞标公司发出了正式邀约，包括三一重工和中联重科。

梁稳根接着写了一封长信给施勒赫特，并于2012年1月会面。1月31日，三一重工与中信联合以3.6亿欧元获得PM公司100%股权。三一重工以3.24亿欧元获得90%股权，中信以3600万欧元获得剩余10%股权。2011年，PM公司的总资产4.7亿欧元，总债务1.65亿欧元，净资产3.05亿欧元，也就意味着三一重工以5500万欧元溢价收购了PM公司。整个收购过程未进行尽职调查，仅用了33天，市净率达到2.02倍。[①] 三一重工的副总裁贺东东说："机会成本是三一国际化的重要战略选择……媒体通常用'闪婚'来报道三一收购PM，但这并不准确……三一从未改变收购一家德国公司的战略意图。"

2010年第三季度，三一重工的现金和现金等价物约81亿元人民币（12亿美元），其中46.8亿元为现金。收购的常用方式是联合产业资本和机构投资者，三一重工与中信始终保持着密切的联系，中信和中信国际金融控股是三一重工H股的承销商和持有者。2013年7月1日，三一香港国际发展公司收购了中信持有的PM公司10%的股权。

三一重工收购PM公司这一标的的市盈率是PM公司2011年利润的60倍，远高于港交所正常标准的15～20倍。然而，2011年毫无疑问是一个非典型年份。受经济危机的严重影响，2011年PM公司的利润仅为600万欧元，而2002～2007年年均净利润为3568万欧元，这表示收购价仅为10倍PE（市盈率）。事实上，收购支付的每一分溢价都与三一重工对PM的信心有关。收购后，观察者好奇这一收购价是否合适，它们能否成功整合。在联想收购IBM个人电脑业务、吉利收购沃尔沃汽车业务后也存在同样的问题。

三一重工和PM公司的整合

虽然三一重工和PM公司早已涉足混凝土机械领域，但它们是不同水平市场上的领导者。它们在各自产品价格、质量、稳定性、技术、品牌影响力、营销能

---

① 账面价值＝总资产－无形资产－债务－优先股权益。

力和服务水平上存在着很多不同。尽管风格不同,但二者均是行业的巨头。PM公司是已赢得客户忠诚度的成熟、稳定的公司。相反,三一重工更加激进和开放。虽然三一重工在中国和海外市场的表现都很突出,但它激进的扩张也使一些人失望。梁稳根认为"增长是最重要的"。基于三一重工的发展战略,企业拥有多样化的产品线和深度产业链及适当的规模是必须的。然而,PM公司的重点是专业化和高端市场,它很少聚焦在低端和中端市场。例如,2011年PM公司的收入是5.7亿欧元,仅为三一重工收入的6%~7%,PM公司全球员工3000人,而三一重工有40000名员工。

整合战略

三一重工承诺维持PM公司的管理团队和品牌,不干涉PM公司的业务经营管理。三一重工的管理层在不同场合强调了这一理念。收购后,蒋向阳和他的团队加入PM公司,他作为三一重工在PM公司的首席联络官负责支持PM公司的CEO和管理团队的工作,包括三一重工和PM公司董事会之间的沟通、战略合作、业务协调、项目设计和开发、信息沟通等。2000~2009年,蒋向阳在美国卡特彼勒工作,2009年加入三一重工。2012年,三一重工和PM公司之间的整合开始。蒋向阳说:"德中管理者的关系是平等互动,包括共同协商。"

根据三一重工的战略,PM公司作为混凝土机械总部,负责除中国市场外的国际业务,它的战略目标是到2017年销售收入增长至20亿欧元。然而,市场知识的传递并未像收购时预测的那样。PM公司的混凝土机械产品被排除在中国市场之外。PM公司有自己的生产基地和覆盖154个国家及地区的销售网络。它的大象品牌在发达国家有巨大的影响力。然而,三一重工渴望通过PM公司的全球网络延伸并提升三一品牌、产品和服务网络的国际化水平。这对中国企业实现国际化来说是有难度的,尤其是在发达国家,部分原因是它们缺乏国际化经验。同时,它们在全球化竞争中处于不利地位。2012年,三一重工就它在佛罗里达州的直接投资受到政府干预而起诉美国政府。虽然最终赢得了这场诉讼,但三一重工在美国的直接投资失败了,这对三一重工的国际化进程是一个沉重的打击。

基于PM公司的战略功能,2013年,三一重工逐渐从国际混凝土机械市场中撤回。三一重工对市场进行了划分。三一重工自有的混凝土机械产品和品牌远离国际市场。最初,三一重工和PM公司实施了双品牌战略。然后,因为三一重工的产品在中国有良好的声誉，所以 PM 公司从中国撤回了输送泵。PM 公司利用三一重工的分销网络销售三一重工没有的混凝土喷射机。

同时，在国际市场上，PM 公司的单一大象形混凝土搅拌机未能充分覆盖三一重工的整个市场，结果被竞争者挤压，三一重工失去了市场份额。三一重工和 PM 公司的管理层存在分歧和争论。何东东坚持平行（双）品牌战略，而朔伊希坚持单一品牌战略，即在国际市场上只有一个品牌（除了中国市场）。最终，2013 年三一重工开始推行差异化战略，在不同市场使用不同的品牌。然而，为了防止内部自相竞争和资源浪费，大象品牌是混凝土机械市场的唯一品牌。

同时，在三一重工的支持下，PM 公司的专业化战略开始改变。2012 年 7 月，PM 公司宣布收购德国混凝土搅拌机生产商 Intermix 公司；2013 年 4 月，PM 公司宣布收购意大利的搅拌站设备生产商 SIMEN 公司。两次并购完成后，PM 公司混凝土机械领域业务更加全面，覆盖了搅拌站、搅拌车、泵等。2012 年，PM 公司的竞争对手利勃海尔（Liebherr）公司收购了德国混凝土泵车制造商威欣（Waitzinger）公司，这也反映了全球混凝土机械行业垂直整合的新趋势。

融入三一重工的管理体系后，PM 公司管理层感到了战略转型的压力。改变并不容易。一位高管抱怨道，三一重工把重点转向提升产品质量是一个巨大的挑战，因为三一重工已经习惯了低价策略。作为一家年轻的、新兴的跨国公司，三一重工缺乏战略经验。然而，三一重工有强大的学习能力。"他们希望开发全球市场，在发达国家获得一席之地，即使需要花十年的时间。"贝塔斯曼基金会的容恺桦说。

即使三一重工承诺并愿意给 PM 公司高管很大的自主权，但它们之间在战略和文化整合上仍有许多挑战。2013 年 9 月 10 日，三一重工宣布朔伊希因个人原因辞职，高级副总裁卡希（Gerald Karch）博士接任。朔伊希的辞职引发了各方对三一重工整合深度、速度的怀疑。但三一重工一再澄清，辞职不会影响三一重工的国际化进程。事实上，卡希与梁稳根在相互信任方面有坚实的基础，与三一重工的董事也有更多畅快的交流，双方意见更容易达成一致。PM 公司实现了更好的业绩，雇员也受到充分认可，PM 公司在社交圈中提升了形象。不可避免地，卡希像他的前任一样，也面临着与中国管理者工作和沟通时的认知和文化差异。

运营和商业模式差异

PM公司一直专注于稳定性和定制化，根据客户的要求和需求提供解决方案。例如，所有产品可提前订购，甚至产品的颜色也可根据客户的要求而改变。由于中国市场和欧洲市场的差异，若三一重工偏好稳步发展而非激进，它将失去许多机会。在PM工厂，技术流程包含高水平的信息化、智能化和可视化，一位工人就可以监管许多站点。许多工人根据德国的技术目标培训系统进行培训。然而，三一重工工厂的大部分工人是在工作中培训，他们的专业素质和能力远低于德国工人。PM公司的优势是技术流程，三一重工的优势是低成本。由于劳动力和原材料的高成本，PM公司的毛利率约为10%。相反，三一重工在混凝土行业的毛利率约为40%。

技术合作

自并购以来，PM公司维持了其采购策略和供应链。"为了打消客户对质量下降的担忧，PM公司对客户启动了一系列公关活动。"容布卢特（Cora Jungbluth）说。三一重工期待PM公司能对技术和质量提升做出贡献。为实现这一目标，三一重工和PM公司建立了合作项目并互换工程师，以推动技术交流。PM公司也帮助三一重工购买某些部件。此外，为降低成本，他们一起工作，提升三一重工向PM公司供应某些部件的潜力。

2012年末，三一重工和PM公司开始了技术合作项目。技术人员和员工在合作项目和R&D（研究开发）论坛上深入交流。PM公司有约100名研究人员，他们关注质量；三一重工有将近1000名研究人员，而他们更关注效率。如果他们能结合起来，R&D系统将会更优化。蒋向阳说："一些业务技能无法在教室里教授，他们必须通过实践学习。"

2013年3月19日，三一重工和PM公司联合开发的第一个产品上市。这是合作的里程碑。同时，三一重工开展了一项部件质量提升计划，第一个目标是达到德国技术和产品标准。在PM公司的帮助下，三一重工引入了喷臂悬架技术，它能用于80多米长的混凝土泵。除了混凝土机械，三一重工和PM公司都期待着再次合作。

价值观和文化整合

在整合的过程中，相比价值观和文化，产品和技术的整合更容易取得进展。梁稳根和施勒赫特曾在晚餐上讨论业务问题。最后，梁稳根对施勒赫特说："你说怎么定就怎么定。"然而，几天后，当施勒赫特把写好的计划书拿到梁稳根的面前时，梁稳根很惊讶并表示不同意，这让施勒赫特很不愉快。

梁稳根从未想到，德国人如此认真对待在用餐时对业务随意的谈论。在中国商业文化里，聚餐场合中对业务的谈论通常不重要。一个误会就这样产生了，仅仅因为施勒赫特非常严肃对待这一业务，并相信了梁稳根在酒席上说的话，而这也印证了德国文化的严谨。还有许多类似的故事。三一重工和PM公司的价值观差异可以进一步从各自企业文化的表述中体现出来。

自整合以来，让PM公司核心团队成员和员工认可三一重工的核心价值观成为一个关键问题。例如，三一重工鼓励"推动本国产业，奉献于工作"的精神，这与德国文化的精神有很大不同。然而，双方也有一些共同的价值观，如"品质改变世界"——专注于产品质量、顾客需求和创新能力。

PM公司的目标是"服务、进步和价值创造"，主要聚焦于混凝土机械的创新和卓越质量。对于增长目标，PM公司似乎更关注它所领导的细分市场，而非业务规模。例如，2004年施勒赫特在新年晚会上说："我们PM全球家庭的成长再次超过了全球平均水平。"2005年，72岁的施勒赫特在接受《中国建筑时报》记者采访时谈到他的企业成功的标准："PM的业务规模不是世界第一，但它财务稳健，是行业内产品质量和技术层面的领导者。"

三一重工同样是一家追求产品质量、精益求精的企业。三一重工的口号便是"品质改变世界"。事实上，三一重工以其更优的质量和技术，在国内混凝土机械行业中脱颖而出。随着三一重工规模和影响力的扩张，公司感到更加骄傲的是对本国产业和社会的贡献——不仅是先进的技术、稳定的质量和在单一产品领域的客户价值。三一重工有句广为流传的话——"嫉慢如仇"，表达了其对成长的渴望。三一重工专注于成为世界一流企业，所以它不会困在无法快速增长、仅为20亿美元的混凝土机械利基市场中。

2014年10月，贺东东在清华大学的一场演讲上说，中国企业收购德国企业，就像灰姑娘嫁给王子，害怕做任何事情。他认为，中国企业应该充满战略自信，应学着相互平等看待。他指出，收购财务绩效不佳的外国公司，如果不对原来的战略和团队做出调整，糟糕的情形是不会改变的。

整合的未来

PM 公司被誉为"隐形冠军"，[1] 在原则上从不让步。但三一重工会给 PM 公司更多的选择和足够的尊重吗？三一重工为 PM 公司设定的目标是 2012 年的销售收入增长 30%。PM 公司的管理层抱怨这一要求，因为公司习惯了增长 5%~10%，认为 30% 是不合理的（许多欧洲和美国的公司以 GDP 为参照，德国 2012 年的 GDP 增长率为 0.7%）。2012 年，PM 公司的收入是 6.84 亿欧元，比 2011 年增加了 1.19 亿欧元，增长 21%。增长主要来自北美、土耳其和俄罗斯。

回想到并购、整合和自身的工作经历，蒋向阳重申，并购 PM 公司是三一重工的第一起跨境并购，所以三一重工在整合的速度和程度上要有耐心且谨慎。他认为整合的第一个目标已实现。PM 公司已稳定并走上健康发展之路。但要实现预期的整合目标和双方潜力的全面开发，还有很长的路要走。

2012 年当 PM 公司被三一重工收购时，因害怕失去饭碗，PM 公司的员工在工厂外抗议。然而，四年后，PM 公司在德国保留了稳定的组织架构和人事安排。2015 年，三一重工再次承诺将维持现有的雇佣关系至少到 2020 年。四年前反对并购的同一批员工说，相比被其他国家的公司收购，被三一重工收购很幸运。"对员工来说，PM 公司被美国公司收购，可能更糟糕，"PM 公司工会主席约尔格·吕弗勒（Joerg Loeffler）说。

机会和挑战

三一重工通过绿地投资和跨国并购，走上了发展快车道。绿地国际化是一个逐渐发展的过程。快速发展只能通过更多的并购实现。三一重工已进入了主要的发达或新兴市场。传统上，发达国家是西方跨国公司的大本营，而三一重工是一个外来者。然而，三一重工通过融入当地文化和市场，正在发生着变革。目前三一重工正走在实现全球运营、打造全球研发系统和品牌营销系统的路上。

---

[1] Hermann Simon, *Hidden Champions of the Twenty–First Century: The Success Strategies of Unknown World Market Leaders* (New York: Springer, 2009).

三一重工的利润从2011年的86亿元人民币，下降到2013年的29亿元人民币。三一重工的国际化会慢下来吗？没有中国国内市场的支持，三一重工的全球化战略能坚持多久？未来是否会发生战略转型？根据三一重工2013年的年报，它的海外销售收入超过100亿元人民币。PM公司在三一重工的国际化过程中会扮演更重要的角色吗？

中国机械制造业的产业和市场国际化已进入新的阶段。面对行业的新现状，三一重工会通过并购来提升其核心竞争力和市场竞争力吗？三一重工面临的一个重大挑战是工业4.0。[①] 并购并不是目标，而是要实现整合后的协同效应和战略重组。2014年末，蒋向阳总结了并购过程并提到，研发和供应链的整合处于稳定的阶段，互补产品的研发取得了巨大的进步。

三一中国和德国公司在国际市场上取得了亮眼的成绩。当中国制造商处于扩张之时，对核心技术和德国生产的部件的需求迅速增长。然而，一个新问题出现了。它们能达成更深层次的战略合作吗？2014年4月，习近平主席和默克尔总理就共同实现"工业4.0"签署了合作协议，期待在10个工业制造领域取得突破，标志着"中国制造"和"德国制造"决心联手开拓国际市场。

---

① 工业4.0意味着先进的技术，如互联网、物联网和云计算，可以运用于工业制造领域，通过智能制造和分布式制造来实现。

第 6 章 对外直接投资

13. 桑顿公司在柬埔寨：退出还是坚持？*

2017 年 1 月，中国江苏省无锡市桑顿制造公司（Sunton Manufacturing）创始人兼总裁托尼·吴（Tony Wu）登上了飞往柬埔寨的航班。他需要解决该公司在柬埔寨的服装制造合资企业的业绩问题——在运营两年后，公司花光了所有的现金。在与合伙人会面后不久，吴先生得出结论，位于西哈努克城现有的合资企业已经无可救药。他现在需要决定是离开柬埔寨还是留在那里，但要在另一个城市寻找新的合作伙伴。新工厂需要更多的投资。如果他离开柬埔寨，他的公司将来如何生存和发展？近十年来，随着劳动力成本的不断增加和人员招聘的困难，中国服装出口企业正面临着越来越多的挑战。

桑顿公司的历史

初创阶段：创业期（2000 年 3 月至 2006 年 7 月）

吴先生于 2000 年在无锡新区①创办了桑顿公司。在创办这家公司之前，他曾在江西省省会南昌市的一家国有外贸公司担任出口销售代表，那里的工作环境稳

---

* 本案例由费章凤（Zhangfeng Fei）教授和包铭心（Paul W. Beamish）教授编写，案例编号：9B18M196。©2018，Ivey Business School Foundation and Donghua University，版本：2020-02-04。

① 1992 年，国务院批准设立无锡国家高新技术产业开发区。经江苏省人民政府批准，无锡新加坡工业园于 1993 年成立。无锡新区以无锡国家高新技术产业开发区和无锡新加坡工业园为依托，于 1995 年成立，包括无锡国家高新技术产业开发区、无锡出口加工区等专业科技园。

定且舒适。1999年，吴先生偶然得知一个朋友在无锡新区开了一家外贸公司。在朋友的启发下，吴先生搬到了无锡，在无锡新区租了一间办公室，并创立了桑顿公司。吴先生说："2000年桑顿的创立，归功于我不怕失败的勇气，也得益于中国外贸体制改革的趋势。"事实上，无锡新区的存在为吴先生带来了一个创业的好机会。

除了无锡新区提供的便利和优惠待遇外，中国加入世界贸易组织（WTO）和实行进出口登记制度也为桑顿公司的诞生和发展创造了良好的条件。2001年12月11日，中国正式加入WTO。2004年7月以后，中国取消了设立外贸公司的所有审批程序，从此以后，这些公司与其他所有外国经营实体使用相同的登记制度。

2005年1月1日，全球纺织品配额制度的取消和WTO《纺织品与服装协定》（Agreementon Textiles and Clothing，ATC）的终止，为中国中小企业如桑顿公司创造了良好的机遇，但是新的汇率制度给公司带来了新的挑战。自2005年7月21日起，中国开始实施有管理的浮动汇率制度（见图1），这给公司经营带来了更高的财务风险。

图1 人民币兑美元汇率（2000年1月至2017年1月）

资料来源：案例作者根据中国人民银行调查统计司2000~2010年的统计数据绘制，www.pbc.gov.cn/diaochatongjisi/116219/index.html。

这些事件可以被视为桑顿公司第一个发展阶段的"贡献者"。经过六年的运营，桑顿以稳定的客户和产品站稳了脚跟。除了T恤衫，公司还开发了其他产品。第一个发展阶段为桑顿公司进一步国际化奠定了坚实的基础。

在经历了创业的艰难后，吴先生问自己："在我的余生里每一天都要与工厂和客户打交道，这是我想要的吗？"答案是"不"。他想要一些不同的东西，这使他萌生了出国留学的想法。2004年7月至2006年7月，吴先生在澳大利亚一所大学攻读工商管理硕士学位（MBA），同时仍积极参与公司的运营和管理。

第二个发展阶段：规范管理，发展新业务（2006年8月至2012年8月）

完成MBA学业后，吴先生决定探索新业务，而不是继续现有的业务。当时，电子商务在中国刚刚兴起。中国网购网站淘宝网成立于2003年5月，到2006年已成为亚洲最大的电子商务平台。同时，网民人数也明显增加。

吴先生对新业务的考虑和发展也受到全球环境的影响。2008年全球金融危机爆发后，国际销售额大幅下滑。国内的外贸企业面临着前所未有的困难：订单数量暴跌，资本供应枯竭，许多中小企业倒闭。桑顿公司也是金融危机的受害者。在欧洲和其他地区的许多客户未能在此次危机中幸存下来，其中包括几家有着数十年历史的知名公司。桑顿因此失去了很多客户。

最终，桑顿公司选择了创建自己的品牌。公司建立了国内销售团队，并聘请设计师为国内市场打造品牌。在接下来的四年里，吴先生在国内市场先后将产品策略扩展到三个不同的方向，但都失败了。他得出三个结论：第一，外贸公司对国内市场缺乏了解；第二，桑顿并没有总体成本优势；第三，建立品牌难度极大。

吴先生说：

出口企业开始转向在国内市场销售产品。它们不仅面对不同的市场，而且很难将企业的销售策略从国际贸易转变为以品牌为基础的国内市场销售。从面向企业的营销到面向消费者的品牌化的这种根本性转变也会带来不可预测和重大的风险。在国内市场，我们自己的产品要想走品牌发展之路，需要经历一个漫长的过程，且需要持续地在人力和资金方面进行巨额投入。对于中小型企业来说，这绝不是件容易的事。

第三个发展阶段：深化国际化（2012年9月至今）

吴先生认为，国际化可能是他的公司唯一的出路。国际化将鼓励中国企业从只销售产品转向在整个产业链中寻找机会，因为在产业链中可能存在利润更高的环节。

2012 年，吴先生决定在意大利设立销售办事处。他这样做有两个原因：首先，欧洲是桑顿公司最大的市场；其次，意大利是欧盟最大的服装生产国，拥有高度发达和便利的运输系统。

随着 2010 年桑顿公司在中国的工厂关闭，吴先生面临一个抉择。同时，中国纺织业出现了将工厂迁往国外的趋势。中国纺织工业的工厂变得越来越小。预见到未来国内发展的局限性，吴先生决定跟上潮流，走出国门，维持公司的发展。

吴先生不确定他的工厂应该搬到哪个国家，因为很多地方对他来说都不熟悉。吴先生的一位朋友向他推荐了柬埔寨西哈努克港经济特区。在朋友提出这个建议之前，因为担心该地区的贪污腐败现象和落后的基础设施，吴先生没有去过任何东南亚国家考察那里的商业机会。他听说越南存在着一些腐败现象，但他对柬埔寨的印象并没有那么糟糕。

2013 年 10 月，吴先生访问了西哈努克港经济特区。西哈努克港经济特区不是由政府管理，而是由一家名为红豆集团的中国大型企业管理。经济特区不仅对中国公司开放，而且对所有公司开放。由于它由一家中国企业经营，区内大多数公司也都来自中国。虽然有关在该区经营的公司的信息有限，但吴先生还是决定在西哈努克港建立一家工厂。

桑顿公司的运营状态

自 2000 年在无锡成立以来，桑顿公司一直将自己定位为专卖店和大型商场的休闲服装和运动服装品牌的供应商。桑顿公司致力于成为"尽可能有用的公司"。在过去的十年中，桑顿公司始终专注于其原始定位，通过与多家针织厂合作，获得了许多竞争优势，尤其是在针织行业。桑顿公司在服装供应链的四个领域提供了良好的服务，即订单管理、面料招标和采购、制造和质量控制以及仓储和运输。桑顿公司通过巩固其在这四个细分市场的优势以满足其世界各地客户的不同需求从而实现了差异化。桑顿的目标客户是零售商、进口商和批发商以及服装卖场。

2017 年，桑顿公司在无锡的大约 30 名员工被分入三个部门：国际业务部、国内业务部和生产部（见图 2）。意大利的销售办事处由 4 名当地工作人员组成，他们负责市场开拓和客户服务。桑顿公司的柬埔寨工厂大约有 350 名当地工人。桑顿计划将来在美国设立办事处，以创建更广泛的价值链。

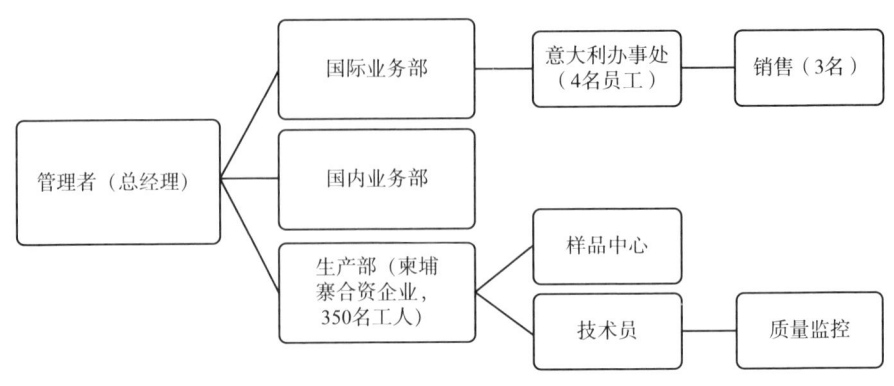

```
                                        ┌──────────────┐    ┌──────────┐
                          ┌─国际业务部──┤意大利办事处  ├────┤销售(3名)│
                          │              │(4名员工)    │    └──────────┘
┌──────────────┐          │              └──────────────┘
│管理者(总经理)├──────────┼─国内业务部
└──────────────┘          │              ┌──────────┐
                          │              │样品中心  │
                          └─生产部(柬埔──┤          │
                            寨合资企业,  └──────────┘
                            350名工人)   ┌──────────┐    ┌──────────┐
                                         │技术员    ├────┤质量监控  │
                                         └──────────┘    └──────────┘
```

图 2　桑顿公司的组织结构

资料来源：由案例作者创建。

在桑顿公司销售的产品中，以件数计算，T恤衫所占比例最大，其最大的供应商位于江苏省南通市。对于时尚产品，桑顿公司认为其自身设计是一种优势，设计师来自意大利和其他国家。桑顿在中国拥有一家工厂，该工厂自2010年以来一直没有投产。桑顿制造在中国有15~20家合作工厂，但从未控制或向其中任何一家工厂投资。桑顿公司的合作伙伴工厂都离无锡不远，主要位于江苏、江西和安徽。这些合作伙伴的生产率和产品差异很大。许多（但不是全部）合作伙伴工厂生产的T恤衫和其他针织产品都是专供桑顿公司。

许多服装出口领域的中国中小企业平均销售额在1500万美元左右，盈利能力各不相同，一般来说，毛利率为10%~30%。

吴先生认为，国际化将非常有利于公司的发展：首先，它可以使公司更灵活地销售在中国或柬埔寨生产的产品；其次，可以优化供应链流程，因为公司更有可能遇到并抓住机遇；最后，在供应链中占据更多环节，提高公司竞争力。

中国服装行业的对外投资

20世纪50年代以来，世界纺织和服装行业经历了几次生产迁移。第一次是20世纪50年代和60年代初从北美和西欧迁移到日本，当时西方的纺织品和服装生产因从日本进口的急剧上升而被取代。第二次是从日本到韩国和中国香港、台湾地区。20世纪80年代末和90年代发生了第三次迁移。从20世纪80年代开始，生产主要转移到中国大陆、几个东南亚国家和斯里兰卡。20世纪90年代，新的供应商包括南亚和拉丁美洲服装出口商。①

近年来,服装出口的主要地区是中国、欧盟、美国和其他亚洲国家。2015年服装业前10大出口国家和地区是中国、欧盟、孟加拉国、越南、中国香港、印度、土耳其、印度尼西亚、柬埔寨和美国,其中7个国家和地区在亚洲。根据世界贸易组织公布的统计数字,2014~2016年,大多数国家和地区的产出都出现了下降。相比之下,越南、孟加拉国和柬埔寨等东南亚国家持续增长,反映出东南亚地区在出口竞争力方面有巨大的优势(见表1)。

表1　　　　　2015年和2016年世界十大服装出口国(地区)

国家/地区	2015年		2016年		
	出口(10亿美元)	增长率*(%)	国家/地区	出口(10亿美元)	增长率*(%)
中国	175	-6	中国	161.4	-7
欧盟	112	-11	欧盟	117	4
孟加拉国	26	6	孟加拉国	28.2	6
越南	22	10	越南	24.6	5
中国香港	18	-10	中国香港	17.9	-2
印度	18	2	印度	15.7	-15
土耳其	15	-9	土耳其	15.1	0
印度尼西亚	7	-10	印度尼西亚	7.4	-2
柬埔寨	6	8	柬埔寨	6.3	6
美国	6	0	美国	5.7	-6

注:*增长率为与上年同期相比的增长率。
资料来源:"Merchandise Trade and Trade in Commercial Services," World Trade Organization, accessed January 8, 2018, https://www.wto.org/english/res_e/statis_e/wts2016_e/wts16_chap4_e.htm; "World Trade Statistical Review 2017," World Trade Organization, accessed on January 8, 2018, https://www.wto.org/english/res_e/statis_e/wts2017_e/wts17_toc_e.htm.

由于中国与其他亚洲国家和地区在生产方面能力突出,亚洲被广泛认为是全球服装供应的中心。中国与东南亚国家和地区的伙伴关系体现在两个方面。一方

---

① Raphael Kaplinsky, "Export Processing Zones in the Dominican Republic: Transforming Manufactures into Commodities," *World Development* 21, no. 11 (1993): 1855-1856; Gary Gereffi, "Commodity Chains and Regional Divisions of Labor in EastAsia," in Eun Mee Kim (ed.), *The Four Asian Tigers: Economic Development and the Global Political Economy* (San Diego, CA: Academic Press, 1998): 93-124.

面，双边贸易额一直在上升。另一方面，中国与东南亚国家和地区在发达国家做生意时是相互竞争的强大对手。为了利用东南亚国家和地区在成本、关税和原材料（如棉花）价格方面的优势，许多中国企业成功实施了产能转移战略，从而将与东南亚国家的竞争关系转变为合作双赢关系。①

桑顿公司在柬埔寨的投资：从 2013 年 10 月开始

柬埔寨首家合资企业（2013 年 10 月至 2017 年 1 月）

桑顿公司在柬埔寨的合资企业位于西哈努克港经济特区。虽然吴先生认为在开发区办厂很方便，但由于该国发展水平较低，进展并不顺利。东南亚地区的投资环境指标见表2。

表2　　　　　　　　部分东南亚国家投资环境分析

	柬埔寨	越南	老挝人民民主共和国	泰国	缅甸	马来西亚	印度尼西亚	菲律宾
人口（百万）	15.8	92.7	6.8	68.9	52.9	31.2	261.1	103.3
城镇化率（占总人口的百分比）	21	34	40	52	35	75	54	44
营商便利度（排名）(a)	131	82	139	46	170	23	91	99
GDP（10 亿美元）	20.0	205.3	15.9	407.0	63.2	296.5	932.3	304.9
人均 GDP（美元）	1270	2214	2353	5911	1196	9508	3570	2951
市场开放度（%）(b)	48.85	47.42	41.87	51.33	43.73	51.83	50.26	44.31
产业结构（占 GDP 的百分比）(c)	27/32/41	18/36/46	20/32/49	8/36/56	25/35/40	9/38/53	14/41/45	10/31/60
腐败控制 (d)	8	42	15	41	31	62	43	34

---

① China Chamber of Commerce for Import and Export of Textile and Apparel, 2016 *Annual Report on China's International Trade Development in Apparel and Home Textiles*, 2017, 8 – 13.

续表

	柬埔寨	越南	老挝人民民主共和国	泰国	缅甸	马来西亚	印度尼西亚	菲律宾
政府效能（e）	25	53	39	66	16	76	53	52
政策稳定性（f）	52	51	62	16	23	50	33	10
立法（g）	13	57	24	55	17	71	39	37
识字率（%）(h)	74	93	73	94	92	93	93	95

注：数据（e）、（f）和（g）为2014年数字；（h）为2007～2011年数字；其他数字来自2016年。
（a）营商便利度排名：从1到190。第一名是最好的。高排名（低数字排名）意味着监管环境有利于业务运营。该指数平均衡量了各国在世界银行营商环境报告中涉及的10个主题的百分位排名。
（b）特定国家的市场开放度是按出口量除以外贸额计算的。
（c）产业结构是农业、工业和服务业产值在各国GDP中的比重。
（d）腐败控制体现了人们对利用公共权力谋取私利程度（包括轻微和重大形式的腐败）的看法，以及精英和私人利益团体对国家的"攫取"程度。百分位排名表示根据国家/地区的总体指标计算的在所有国家/地区中的排名，0表示排名最低（即低腐败控制），100表示排名最高。
（e）政府效能反映公共服务质量、行政部门的素质及其独立于政治压力的程度、政策制定及执行的质量，以及政府对这些政府承诺的可信度。百分位排名表示根据国家/地区的总体指标计算的在所有国家/地区中的排名，0表示排名最低，100表示排名最高。
（f）政治稳定性衡量人们对政治不稳定和（或）政治引发暴力（包括恐怖主义）可能性的感知。百分位排名表示根据国家/地区的总体指标计算的在所有国家/地区中的排名，0表示排名最低，100表示排名最高。
（g）立法体现了代理人在多大程度上信任和遵守社会规则，特别是合同执行、财产权、警察和法院的质量，以及犯罪和暴力的可能性。百分位排名表示根据国家/地区的总体指标计算的在所有国家/地区中的排名，0表示排名最低，100表示排名最高。
（h）识字率主要对2007～2011年15岁及以上的个人进行了统计。
资料来源："World Bank Open Data," The World Bank, accessed on January 9, 2018, https://data.worldbank.org; "Trade Profiles: Cambodia," World Trade Organization, accessed on January 9, 2018, http://stat.wto.org/CountryProfile/WSDBCountryPFView.aspx? Language = E&Country = KH%2cCN%2cID%2cLA%2cMY%2cMM%2cPH%2cVN%2cTH; and "Adult Literacy Rate," UN Data, accessed on February 14, 2018, http://data.un.org/Data.aspx? d = SOWC&f = inID%3A74.

建厂的时间比吴先生预想的要长得多，仅注册就花了将近一年时间。2015年1月，桑顿公司终于获得柬埔寨政府的许可。在西哈努克港经济特区注册新公司后，吴先生萌生了在柬埔寨寻找合作伙伴的想法。起初，他尝试了各种办法，但最终未能从他的供应商名单中找到合作伙伴。通过朋友的推荐，吴先生找到了合伙人——马先生及其密友平宇（Ping Yu）。

马先生是一家中国工厂的老板，也有意在柬埔寨建厂。马先生的朋友平宇已经在柬埔寨进行了投资，是柬埔寨一家服装袋（garment bag）制造厂的股东，他几乎没有管理经验，但至少已经在柬埔寨生活了几年。与桑顿公司产品种类繁多形成鲜明对比的是，马先生的工厂只生产一种产品：男子网球衫。桑顿公司经营各种产品，旨在将其在柬埔寨的生产基地打造成多种产品的制造基地。

与合作伙伴的谈判历时数月，工厂的筹备和建设历时半年。吴先生逐渐意识到他对柬埔寨及其运营环境不够熟悉，因此将工厂运营的日常管理委托给他的合资企业合作伙伴。马先生和平宇负责工厂的经营管理。

从一开始，马先生就声明他需要 6 个月的时间来修建工厂和招聘工人，此外还需要 6 个月来培训工人。他还要求吴先生将钱汇到他的账户上，以便他的下属可以采购所需的机器。培训结束后，马先生告诉吴先生，事情进展得并不顺利，因为工人们学习太慢了，还要再花 6 个月的时间才能完成培训。2016 年 1 月，工厂正式竣工并开始运营。

经营一年后，马先生突然召集会议，告诉吴先生，所有的投资都用光了，如果想继续经营，桑顿公司需要投入更多资金。马先生的话让吴先生大吃一惊。吴先生知道他不再想和马先生合作了，他必须解散合资企业。

谈到与马先生的合作，吴先生认为，马先生从未计划在柬埔寨经营一家多产品工厂。他真正想要的似乎是利用桑顿公司的营业执照和资金完成自己的试验，因为即使是一名有经验的工厂老板，也不能保证在柬埔寨的新工厂会成功。此外，由于马先生强烈要求获得对合资企业的全面控制和日常管理权，吴先生没有坚持每月对银行账户和账簿进行审计。因此，他没有适当跟进，也没有有效地控制工厂的财务状况。结果，吴先生认识到，虽然他是该公司的合法所有者，但他从未完全控制过该公司。

在柬埔寨进行第二次投资？（2017 年 1 月）

在吴先生从他的合资企业合伙人那里得到这个令人失望的消息后，他意识到在未来几个月里自己可能需要多次前往柬埔寨与律师、会计师和当地政府部门会面以解散合资企业。虽然吴先生越来越熟悉柬埔寨的商业背景，但他对这个国家的感情却变得相当复杂。尽管吴先生仍然认为在柬埔寨经营具有巨大的优势，包括向发达国家出口的免税政策和更低的劳动力成本，但他对其投资环境感到不安。

吴先生最关心的是柬埔寨工人的效率。吴先生认为，虽然有可能进一步提高，但柬埔寨劳动生产率的上限似乎约为中国劳动生产率水平的 80%。对此，吴先生列举了一些理由：首先，柬埔寨工人似乎没有那么渴望赚钱，所以他们不愿意加班，而且他们似乎也没有尽自己最大的努力来工作。其次，柬埔寨劳动法对工厂施加了严格限制，以控制工人的工作时间。最后，在中国服装行业，工人的工资通常是按他们的绩效计算的,即以计件制为基础,这是柬埔寨大多数工人不喜欢的制度。相反,他们宁愿根据工作时间领取工资。一位在柬埔寨的中国经理表示:"你付给高棉(柬埔寨)工人的工资相当于中国工人的30%,但他们的生产率还不到中国工人生产率的20%。而且他们还会生产很多次品。"

吴先生希望利用柬埔寨劳动力价格低廉的优势,但同时也看到当地的最低工资从2013年的每月83美元提高到2017年的每月156美元[①]。吴先生认为,对于劳动密集型且对成本敏感的企业,与其他地区相比,柬埔寨的工厂将有5~8年的发展期。另外,在柬埔寨建立第一家合资企业所浪费的两年时间让他感到极度沮丧。

桑顿公司的意大利销售部工作人员称,随着柬埔寨工厂的建立,中柬文化的混合使一些欧洲客户相信,桑顿是一家有吸引力的跨国公司。而且,当受邀参加服装供应行业最大的展会时,桑顿公司被要求使用其柬埔寨商标和当地语言,因为它是唯一一家在柬埔寨当地设厂的公司。

在吴先生看来,像桑顿这样的公司需要较长的时间才能在陌生的市场中建立生产体系并盈利。尽管第一家合资企业失败了,吴先生还是考虑在柬埔寨再建一家新工厂。为了能够完全控制公司,吴先生拒绝与现有公司合作,尽管与现有公司合作可能会使运营更加容易。他要求合作伙伴都必须熟悉柬埔寨的情况、拥有强大的关系网,并拥有丰富的制造业知识。

吴先生遇到的一位新的潜在合作伙伴也是中国人,他已经在金边生活了至少14年。他曾到柬埔寨帮助其新加坡老板经营一家公司,该公司最终破产了。他渴望自己开一家工厂。

除了找到一个新的合作伙伴外,吴先生认为,如果桑顿要留在柬埔寨,他将不得不搬迁工厂。西哈努克港经济特区不适合建厂,因为几乎所有的基础设施都太贵,工人也没有足够的技能。所有的潜在合作伙伴都建议他在金边设立工厂。他应该留在柬埔寨吗?如果撤出,是否有更合适的地方?

---

① 美元在柬埔寨很常见。柬埔寨里尔(柬埔寨货币)仅用于小商品交易过程中。

14. IMAX 公司：在金砖四国的扩张*（修订版）**

2013年9月，IMAX公司的首席执行官理查德·格尔丰德（Richard Gelfond）宣称，成为一家十亿美元级企业的机会存在于北美之外的增长型市场中。① 这并不是一个天马行空的构想，而是基于事实的务实观点。这些事实包括提供"IMAX般体验"的美国电影放映商的竞争，以及北美近五年来票房总收入趋势平稳，而亚太地区和拉丁美洲市场呈现两位数增长。2013年，IMAX来自美国及加拿大之外的56个国家的总收益（1.51亿美元，比2012年增长10%）40年来首次超过北美地区的收益（1.37亿美元，比2012年降低6.5%）。

自2000年以来，以巴西、俄罗斯、印度和中国（即"金砖四国"）为主的新兴市场推动了全球国内生产总值（GDP）的增长。中国是IMAX最关注的市场，其银幕数量从2001年的1块增加到2014年的221块，成为IMAX第二大市场，仅次于美国（见表1）。IMAX在其他金砖国家中的银幕数量就少了许多，其中巴西有11块，俄罗斯有36块，印度有8块。IMAX公司应该如何在金砖四国中分配未来的扩张目标呢？

表1 世界范围的IMAX：银幕数、票房、人口统计特征和城市化

序号	国家和地区	现有银幕数（块）	2013年票房收入（百万美元）	好莱坞票房份额（%）	中产阶级和中上层阶级人口增长比例（2013~2020年）（%）	城镇人口增长比例（2013~2020年）（%）
1	阿根廷	1	400	76	32.1	0.4
2	澳大利亚	5	1100	95	3.5	1.6
3	奥地利	5	160	90	3.5	4.1
4	阿塞拜疆	2			53.1	6.7

---

* 本案例基于公开信息撰写。案例中陈述的观点并不一定是IMAX公司或其任何员工的观点。

** 本案例由德瓦尔卡·查克拉瓦蒂（Dwarka Chakravarty）在包铭心（Paul W. Beamish）的指导下编写，案例编号为：9B15M028。©2015, Richard Ivey School of Business Foundation, 版本：2016-08-26。

① Eric Lam, "IMAX CEO Sees MYM 1 Billion Box Office on China," accessed on December 20, 2014, www.bloomberg.com/news/2013-09-12/imax-ceo-sees-1-billion-box-office-on-china.html.

续表

序号	国家和地区	现有银幕数（块）	2013年票房收入（百万美元）	好莱坞票房份额（%）	中产阶级和中上层阶级人口增长比例（2013~2020年）（%）	城镇人口增长比例（2013~2020年）（%）
5	巴西	11	900	83	56.4	2.7
6	保加利亚	2	25	85	8.3	4.3
7	加拿大	46	1000	98	3.5	2.4
8	智利	1	130	95	57.2	1.9
9	中国	221	3600	50	65.8	17.1
10	哥伦比亚	2	230	65	80.0	3.5
11	哥斯达黎加	1			51.7	7.4
12	克罗地亚	1	20	98	9.0	7.5
13	捷克	1	70	65	3.5	3.1
14	丹麦	1	190	60	3.5	1.1
15	多米尼加	1			96.8	6.7
16	厄瓜多尔	2	65	95	71.4	5.5
17	埃及	1	120	20	115.3	13.0
18	爱沙尼亚	1	15	95	3.5	3.1
19	法国	13	1600	54	3.5	3.3
20	德国	5	1300	64	3.5	4.2
21	危地马拉	2			65.7	11.2
22	中国香港	5	210	78	3.5	0
23	匈牙利	1	60	91	12.8	5.7
24	印度	8	1500	10	105.6	17.6
25	印度尼西亚	4	195	80	56.5	14.1
26	以色列	1	115	50	3.5	0.7
27	意大利	2	800	53	3.5	4.5
28	日本	23	2400	39	3.5	5.2
29	约旦	1			24.3	6.4
30	哈萨克斯坦	2	65	45	10.5	7.2
31	肯尼亚	1				24.3
32	科威特	2				0.2
33	马来西亚	4	200	82	29.9	6.7
34	墨西哥	20	900	90	33.5	3.2

续表

序号	国家和地区	现有银幕数（块）	2013年票房收入（百万美元）	好莱坞票房份额（%）	中产阶级和中上层阶级人口增长比例（2013~2020年）（%）	城镇人口增长比例（2013~2020年）（%）
35	摩洛哥	1		44		14.1
36	荷兰	6	300	80	3.5	3.4
37	新西兰	1	175	97	3.5	1.6
38	菲律宾	8	175	80	55.9	7.8
39	波兰	5	200	66	9.3	7.2
40	葡萄牙	2	85	47	3.5	8.8
41	卡塔尔	2			42.1	0.6
42	罗马尼亚	1	45	90	8.3	7.8
43	俄罗斯	36	1400	83	16.9	2.0
44	圣地亚哥	1				1.6
45	新加坡	3	170	90	3.5	0.0
46	南非	3	90	68	41.3	7.8
47	韩国	15	1400	46	4.6	2.7
48	西班牙	3	700	65	3.5	2.9
49	瑞典	1	200	60	3.5	-0.9
50	瑞士	2	200	60	3.5	6.5
51	中国台湾	9	300	75	3.5	3.5
52	泰国	5	150	60	26.0	17.4
53	特立尼达和多巴哥	1				
54	土耳其	4	300	42	17.0	5.8
55	乌克兰	5				5.2
56	阿联酋	1				1.6
57	英国	35	1700	60	3.5	1.2
58	美国	385	9900	100	3.5	2.9

注：所有数据均为2014年12月26日获得。灰色表示数据缺失。对于这13个国家，2013年的票房根据两年平均增长率估算。对于22个发达国家，使用估计的欧洲减贫率（3.5%）代替中高阶层增长率。

资料来源：现有银幕数来自 IMAX 公司网站（www.imax.com/theatres）；2013年的标记票房数据来自美国电影协会（Motion Picture Association of America Inc.）、欧洲视听观察组织（European Audiovisual Observatory）、联合国教科文组织统计研究所（UNESCO Institute of Statistics）；好莱坞票房份额来自《好莱坞记者》报的网站（www.hollywoodreporter.com/movies）；中高阶层人口增长的数据来自亚洲开发银行（Asian Development Bank）、世界银行（World Bank）、经济合作与发展组织（OECD）、安永会计师事务所（Ernst and Young）；城市人口增长数据来自 City Mayors Statistics, "Urban population growth between 1950and 2030," www.citymayors.com/statistics/urban-population-intro.html。

IMAX 简史

总部位于加拿大多伦多密西沙加市（Missisauga）的 IMAX（Image Maximum 的缩写）已成为大屏幕、高质量观影体验的代名词。IMAX 诞生于 1967 年加拿大蒙特利尔世界博览会，当时一小组加拿大电影制作人开发了一种用单个大功率放映机将电影投射到多个屏幕的方法。由此产生的 IMAX 系统通过将电影投影到曲面大银幕上，创造出一种沉浸式观影体验，从而引发了电影院的一场革命。最初放映的电影是自然纪录片，如由美国国家科学基金会和加拿大国家电影委员会联合资助制作的《科罗拉多大峡谷》（Grand Canyon）。这部影片由 IMAX 摄像机拍摄，其胶片比传统 35 毫米胶片大 10 倍，并由特殊的高清晰度放映机将影片投射到 20 多米高、30 多米宽的屏幕上。该技术独家专营、拥有专利，需要的资金较多，并且难以大面积推广。20 世纪 90 年代，IMAX 开始授权其技术。商业影院要花费 200 万美元购置设备，并花费 300 万美元建造银幕。拍摄 IMAX 电影的资金成本和难度是剧院和好莱坞采用这一技术的巨大障碍。背负着 2 亿美元的债务，IMAX 正在为生存而战。①

突破

2001 年，IMAX 公司的一位科学家开发了一种将现有的 35 毫米电影转换为 IMAX 格式的程序，这是一种被称为"数字母版重新制作"（Digital Re-mastering, DMR）的专利技术。第一部采用这种技术的电影是 2002 年的《阿波罗 13 号》，花了 16 个星期的时间进行转化。具备了一定经验后，转化时间缩短为两到三个星期，费用仅为 2 万~5 万美元。数字化电影格式进一步降低了成本。早在 DMR 技术出现之前，在好莱坞，只有迪士尼的动画片使用 IMAX 技术制作，如《幻想曲》和《美女与野兽》。DMR 技术的发展至关重要，因为直接将一部 35 毫米胶片规格的电影投射到 IMAX 屏幕上会产生颗粒感十分严重的图像。DMR 技术消除了这些颗粒，同时保证了图像质量。现在，IMAX 可以将电影转换成它的格式，而不是要求电影制片厂用 IMAX 摄像机拍摄电影。

---

① Richard Gelfond, "The CEO of IMAX on How It Became a Hollywood Powerhouse," *Harvard Business Review*, July-August 2013, pp. 36-39.

商业模式

到2006年,IMAX能够在现有影院(新IMAX数字剧院)里营造近似IMAX的观影体验,成本仅约15万美元。将70毫米胶片规格的放映机替换为两部更小的放映机同时在一块银幕上放映,与标准数字电影放映机相比,它提供了更高的分辨率。IMAX还改进了常规电影院的音响系统。重要的是,屏幕并没有改变,而只是向观众坐席移动了大约10米,给观众营造出一种增加了宽度和高度的感觉。

大部分与电影院线运营商的合约都是收益共享协议。IMAX将免费安装数字影院,并获得在该银幕上放映的IMAX电影约1/3的票房收入。电影院线运营商和电影制片方通常会分别支付票价的20%和12.5%(不含税)。作为合约的一部分,IMAX公司提供有关影院设计的建议,监督指导影院系统的安装,培训影院员工并负责后续的维修。收益共享合同通常在签约后最初的10~13年是不可取消的,此后它们可以续约5~10年,并可多次续约。除了收益共享之外,IMAX还通过租赁和销售进行影院技术授权。

好莱坞浪潮

如果早期利用IMAX DMR技术转化的电影(如《阿波罗13号》和《黑客帝国》系列)能被称为成功的话,那么2004年采用IMAX 3D技术、用电脑制作的动画电影《极地特快》(*The Polar Express*)便可被称为"变革者"(game changer)。作为世界上首部全面采用IMAX 3D技术的好莱坞影片,它创造了电影界的历史,打破了全球票房纪录,并成为票房收入最高的DMR电影,放映银幕达100块,票房达到6000万美元。大量的好莱坞电影采用DMR技术进行重制,并成功地在IMAX银幕上放映,包括哈利·波特系列电影、《超人归来》(*Superman Returns*)、《蝙蝠侠:侠影之谜》(*Batman Begins*)和《博物馆奇妙夜》(*Night at the Museum*)。

2002年以来,已有200多部好莱坞影片被数字重制为IMAX电影,其中约190部电影是在2006年后(即IMAX改造现有屏幕之后)重制的。著名的《黑暗骑士》(*The Dark Knight*)(2011年)和《碟中谍4:幽灵协议》(*Mission: Impossible: Ghost Protocol*)(2011年)这两部电影是个例外,它们使用IMAX摄影机进行了部分拍摄。好莱坞的拉动帮助IMAX减少了负债,自2010年以来,IMAX保持了零债务、正现金流和盈利(见表2和表3)。詹姆斯·卡梅隆

(James Cameron) 于 2009 年上映的电影《阿凡达》，总共赚得 2.5 亿美元的 IMAX 票房收入，这标志着 IMAX 公司的财务转折点。2008 年至 2010 年，公司的股票价格增长幅度超过了 500%（见图 1）。

表 2　　　　　　　IMAX 公司的资产负债表（2010~2013 年）　　　　　单位：千美元

	2013-12-31	2012-12-31	2011-12-31	2010-12-31
流动资产				
现金和现金等价物	29546	21336	18138	30390
应收账款净额	180184	136200	133373	113171
存货	9825	15794	19747	15275
其他流动资产	10678	7570	5514	5281
流动资产合计	230233	180900	176772	164117
长期资产				
固定资产	132847	113610	101253	74035
商誉	39027	39027	39027	39027
无形资产	27745	27911	24913	2437
其他资产	27034	23963	14238	12350
递延资产的费用	24259	36461	51046	57122
资产总计	481145	421872	407249	349088
流动负债				
应付账款	84628	83839	87840	99378
短期负债/长期负债中本期或一年内到期部分	0	11000	55083	17500
其他流动负债	76932	73954	74458	73752
流动负债合计	161560	168793	217381	190630
负债合计	161560	168793	217381	190630
股东权益				
普通股本	327313	313744	303395	292977
留存收益	43051	87166	128503	141209

续表

	2013-12-31	2012-12-31	2011-12-31	2010-12-31
股东权益				
其他股票	35323	26501	14976	6690
权益总额	319585	253079	189868	158458
负债和权益合计	481145	421872	407249	349088

资料来源：NASDAQ, "IMAX Company Financial," accessed December 21, 2014, www.nasdaq.com/symbol/imax/financials? query = balance – sheet.

表3　　　　　　　　IMAX公司损益表（2010~2013年）　　　　　　单位：千美元

	2013-12-31	2012-12-31	2011-12-31	2010-12-31
总收入	287937	282755	235098	248614
营业成本	123334	129510	121033	110962
总利润	164603	153245	114065	137652
营业费用				
研发	14771	11411	7829	6249
销售、一般和管理费用	82669	81560	75212	78757
非经常性项目	445	674	1590	1488
其他运营项目	1618	706	465	513
营业收入	65100	58894	28969	50645
额外的收入/支出项目	55	85	57	399
息税前利润	65155	58979	29026	51044
利息费用	1345	689	1827	1885
税前收益	63810	58290	27199	49159
个人所得税	16629	15079	9293	(52574)*
少数股东权益	0	0	0	0
股本收益/未合并附属企业损失	2757	1362	1791	493
净收入行动	44424	41849	16115	101240
净收入	44115	41337	15260	101240
归属普通股股东的净利润	44115	41337	15260	101240

注：*这一数值包括由递延税收财产和其他税收调整所带来的股价备抵减少相关的5500万美元的净税项收益（来自IMAX公司2010年度的财务报表）。

资料来源：NASDAQ, "IMAX Company Financial," accessed on December 21, 2014, www.nasdaq.com/symbol/imax/financials? query = balance – sheet.

（美元） 100美元投资的累计价值

```
700.00
600.00
500.00
400.00
300.00
200.00
100.00
  0.00
       2008  2009  2010  2011  2012  2013（年份）
```

——◆—— IMAX公司　　　　　　——■—— 纽约证券交易所综合指数
⋯⋯△⋯⋯ 加拿大S&P/TSX综合指数　彭博好莱坞记者报指数

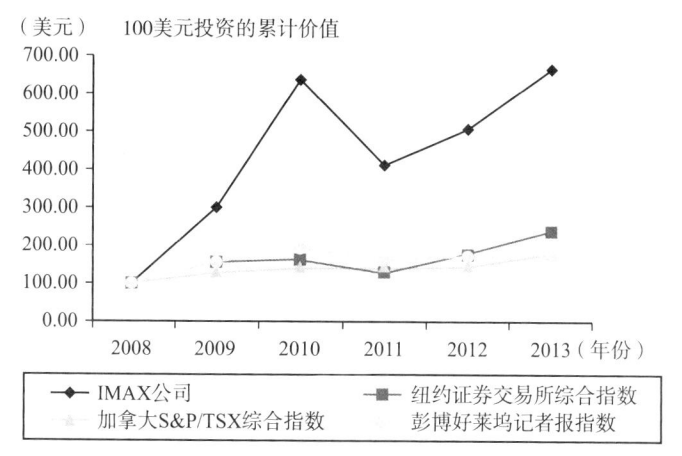

图1　IMAX公司股价表现（2008~2013年）

注：该图比较了在2008年12月31日至2013年12月31日将100美元投资于IMAX公司普通股（假设所有分红都进行再投资）和投资于纽约证交所综合指数（NYSE Composite）、加拿大S&P/TSX综合指数以及彭博好莱坞记者报指数（Bloomberg Hollywood Reporter）的累计股东回报。

资料来源：IMAX Corporation Annual Report, 2013.

然而，尽管好莱坞对IMAX的技术趋之若鹜，但是该公司在选择转化为IMAX格式或者使用IMAX摄影机拍摄的电影时十分挑剔。平均每拍摄一部IMAX电影就会有大约五部电影被拒绝。在选择电影进行重制时，IMAX十分精心地挑选非常成功的动作冒险电影，以便这些电影在其银幕上放映时能够提供真正震撼的视觉体验。为了进一步保持其品质、品牌特色，并确保每块银幕有充足的盈利能力，IMAX限制了银幕的数量和集中度，确保IMAX影院之间合理的距离。电影制片人希望他们的电影能搬上IMAX银幕，并不仅仅是为了强化视觉效果，还是为了质量控制。在多伦多总部，IMAX持续地监测着它在58个国家的影院，以确保音量设置在合理的水平、放映机灯泡不至于烧坏、影像处于完美状态。[1]

创新[2]

尽管IMAX在放映、声音和成像技术方面有明显的技术优势，但它并没有满足现状。截至2013年12月31日，IMAX在美国拥有99项专利，是6年前的两

---

[1] Brent Lang, "With 'Interstellar,' IMAX Takes Aim at the Bigger Picture," accessed on December 24, 2014, http://variety.com/2014/film/features/with-interstellar-imax-hits-hollywoods-bigtime-1201341443/.
[2] IMAX Corporation, Annual Reports, 2013 and 2007.

倍多。在其他许多国家，IMAX 也拥有或正在申请同样的专利，另有 35 项专利正在等待批准。2012 年和 2013 年期间，IMAX 显著提升了研发（R&D）水平，并将重心放在下一代激光放映系统的开发上。2013 年，IMAX 在研发方面的投入占收入的比例超过 5%，有 1/6 的员工（90/541）从事研发工作。研究活动的其他关键领域包括提高放映机的可靠性、提高 2D 和 3D 影像的质量、制造数码摄影机以及设计高端家庭影院系统。

电影行业[①]

2013 年，全球发行了 7000 多部电影，其中印度以 1274 部电影排名第一。超过 65% 的电影爱好者年龄在 18 岁至 59 岁之间。2013 年全球票房收入增长到近 360 亿美元，比 2012 年增长了 4%。北美电影创造了 110 亿美元的票房收入，在世界票房榜上居首位，比前一年增长了 1%，中国紧随其后，票房收入为 36 亿美元，比前一年增长了 27%。金砖四国中的其他国家也跻身全球十大电影市场之列，印度的票房收入是 15 亿美元，俄罗斯是 14 亿美元，巴西是 9 亿美元。美国电影制造商华纳兄弟娱乐有限公司是票房最高的电影制片商，收入为 18 亿美元。美国公司帝王娱乐集团（Regal Entertainment Group）在全世界拥有 7000 多家影厅，是世界上最大的电影院线运营商。

与电影制片商和电影院线运营商的合作关系

IMAX 与多家电影制片商合作开发 IMAX 版本电影。这些合约可能是针对特定电影的一次性交易，也可能是系列电影的宽泛协议。例如，2008 年 11 月，IMAX 和迪士尼达成了五部电影的合约，首先是迪士尼 2009 年上映的《乔纳斯兄弟》（*The Jonas Brothers*），接着是 2009 年秋天上映的迪士尼 3D 电影《圣诞颂歌》（*A Christmas Carol*）以及 2010 年春上线的《爱丽丝梦游仙境》（*Alice in Wonderland*）。与之合作的电影制片商也不再局限于好莱坞。2009 年 6 月，IMAX 和中国最大的民营传媒集团华谊兄弟传媒有限公司达成合作伙伴关系，发行了多达三部主流中国产电影，以充分利用 IMAX 在中国不断扩大的规模和范围。同样，2013 年 3 月，IMAX 宣布与印度的雅什拉吉影片公司（Yash Raj Films Pvt. Ltd.）合作，面向全球 IMAX 电影院发行了三部电影。

---

① Motion Picture Association of America Inc., Theatrical Market Statistics, 2013.

IMAX 推出了大量与电影院线运营商的技术授权与合资协议，试图建立新 IMAX 电影院或翻新现有电影院。例如，2007 年 12 月，美国电影娱乐公司和 IMAX 签署了一份合资协议，在美国电影娱乐公司各个所在地安装 100 个配备 IMAX 数字化放映技术的银幕。2011 年 3 月，IMAX 公布了一个最大的国际性合约——与亚洲最大的影院运营商万达电影公司签署的涉及中国 75 家影院的协议。

来自电影院线运营商的竞争

2014 年，尽管有 72 个全新优质巨幕（premium large format，PLF）品牌与 IMAX 竞争，但是真正对其构成威胁的并不多。[①] 自 2009 年以来，北美五大电影院线运营商要么翻新其放映厅，要么建立了配备超大屏幕的新观影厅，将票价提高了几美元。这样一来，IMAX 面临着来自其业务所依赖的电影产业链的竞争。电影院线运营商的 PLF 银幕扩张的速度很快，至 2014 年 12 月，在北美，每两块 IMAX 银幕就对应着三块这样的银幕。这些竞争性的银幕通常从地板延伸到天花板，音响效果极佳，并配有舒适的座椅，为电影爱好者提供好莱坞影片的最佳观影体验。电影运营商对 PLF 战略的积极性并不相同。有些运营商已经不再签署新的 IMAX 合约。其他运营商将其银幕安置在现有的 IMAX 影院旁边。有些运营商建了新影院，同时提供 IMAX 银幕和自有大银幕。

2013 年 11 月，《饥饿游戏：星火燎原》（The Hunger Games：Catching Fire）首映周末的票房收入为 1.611 亿美元，其中约 960 万美元的收入来自影院运营的 PLF 屏幕，仅比 IMAX 美国地区的收入少了 300 万美元。通过关掉 IMAX 银幕，制片商和影院运营商可以多赚数百万美元的利润。21 世纪福克斯电影制片公司的美国分销总裁克里斯·阿隆森（Chris Aronson）表示："当只有两方利益牵涉其中的时候，分销和运营方式就简单多了。"[②]

这种竞争根植于电影行业向数字化发行的过程中。当电影制作商开始以数字方式而不是笨重的胶片盒发行电影时，为播放巨幕电影而建立具有优秀影音效果的观影厅变得更加简单。喜满客（Cinemark）的首席执行官蒂莫西·华纳（Timothy Warner）说："有足够的现成技术，如果你知道如何将它们组合到一起，你

[①] Patrick von Sychowski, "IHS: 72 PLF Brands Compete with IMAX," accessed on December 26, 2014, http://celluloidjunkie.com/2014/10/31/ihs-72-plf-brands-compete-imax-two-threat/.
[②] Erich Schwartzel, "Movie-Theater Chains Take on IMAX," accessed on October 17, 2014, www.wsj.com/articles/SB10001424052702304202204579254453051597642.

就能创造自己的全新优质巨幕观影体验。"① IMAX 公司反驳说,电影院企图在不提供硬件的情况下复制其标志性的观影体验。格尔丰德说:"这就像是将奔驰的标志安放到福特汽车上,并声称自己有一辆奔驰汽车。"IMAX 最大的担忧是这些电影院线运营商是否会在 2017 年续签与 IMAX 的合约。

电影院线运营商的竞争并不仅仅局限于北美地区(见表 4)。2013 年 10 月,俄罗斯的卡罗电影院(Karo Cinema)宣布与 RealD 公司合作,设立 10 块 PLF 银幕。一年以后,中国电影有限公司(China Film Co. Ltd.)的子公司中国巨幕公司(China Film Giant Screen,CFGS)与豪华数字影院(Deluxe Digital Cinema)合作,将给好莱坞电影加字幕并将其转化为 PLF 格式。

表 4　　　　　电影院线运营商自有品牌优质巨幕(按区域划分)

区域	数量	占比(%)
北美地区	686	49
亚太地区	378	27
中美和南美地区	224	16
西欧	70	5
东欧	28	2
非洲和中东地区	14	1

资料来源:Patrick von Sychowski,"IHS:72 PLF Brands Compete with IMAX," accessed on December 26, 2014, http://celluloidjunkie.com/2014/10/31/ihs-72-plf-brands-compete-imax-two-threat/.

海外市场

2013 年,北美之外的增长型市场对于 IMAX 持续获得成功至关重要。在过去的几年中,由于越来越多的消费者选择在家庭娱乐系统和移动设备上观看电影,美国国内票房平淡甚至有所下降。然而在国际市场上,IMAX 电影的销量正在激增,尤其是在新兴市场。在美国,电影的平均票价为 8~10 美元,但是 IMAX 电影的票价为 13~15 美元。IMAX 电影在任何一个地方都不如在新兴市场那样受到热捧,且价格十分坚挺。按照格尔丰德的说法,② 在印度,IMAX 电影的票价能

---

① Erich Schwartzel,"Movie-Theater Chains Take on IMAX," accessed on October 17, 2014, www.wsj.com/articles/SB10001424052702304202204579254453051597642.

② Eric Lam,"IMAX CEO Sees MYM1 Billion Box Office on China," accessed on December 20, 2014, www.bloomberg.com/news/2013-09-12/imax-ceo-sees-1-billion-box-office-on-china.html.

够达到普通电影票价的 4 倍，在俄罗斯至少有一家影院票价为 80 美元，并且"很受欢迎"。他预计未来几年国际票房收入将能够占到公司总收入的 60%，并表示"全世界电影院网络的扩张将是 IMAX 业绩增长的主要驱动力"。

利用 DMR 技术重制和翻新现有影院设施的低成本相结合，也有助于 IMAX 在全球的扩张。零负债和正现金流的财务现状给 IMAX 提供了在海外市场投资和授权的选择。在大多数国家，IMAX 偏好于收益分享合同，在这种协议下它将支付部分建造影院的成本，并获得一定比例的票房收入作为回报。2013 年，IMAX 签订了 126 块银幕的合资收益分享合同，以及 5 块银幕的授权合同。

金砖四国

2001 年，高盛首席经济学家吉姆·奥尼尔（Jim O'Neill）提出了"金砖四国"（BRIC）的概念，指代巴西、俄罗斯、中国和印度。他指出，金砖四国标志着经济力量从七国集团（加拿大、法国、德国、意大利、日本、英国和美国）的转移。2003～2013 年，金砖四国的国内生产总值增长总和超过七国集团的国内生产总值增长总和的 4 倍还多。奥尼尔估计，到 2030 年，金砖四国的国内生产总值将超过七国集团。金砖四国经济增长的核心驱动力是大量的城镇人口、年轻人口占比高以及快速崛起的中上阶层的消费增长（见表 1、图 2 和图 3）。金砖四国中产阶级的成长以及他们的消费意愿和消费能力改变了消费市场。① 在 2013 年的一次电视采访中，格尔丰德讨论了新兴中产阶级对 IMAX 国际市场扩张的推动。② 金砖四国的快速消费增长普遍存在于一线特大城市以及一些中等规模的城市（见图 4）。

巴西

2013 年，巴西是南美洲人口最多并且也是最具影响力的国家，人口超过两亿，其中 87% 的人口居住在城市。巴西在过去的 30 年稳定增长，成为世界第七大经济体。巴西在降低社会和经济不平等方面取得了重大的进展。2013 年，将近 80% 的巴西家庭被划分为中产阶级（年收入在 1.5 万美元到 3 万美元之间）或者中上阶层（年收入在 3 万美元到 4.5 万美元之间）。然而，巴西的贫富差距仍

---

① Sarah Boumphrey and Eileen Bevis, "Reaching the Emerging Middle Classes beyond BRIC," Euromonitor International, November 12, 2013, accessed on December 26, 2015, http://blog.euromonitor.com/2013/11/white-paper-reaching-theemerging-middle-classes-beyond-bric.html.

② Etan Vlessing, "IMAX's International Expansion at Tipping Point," accessed on December 21, 2014, www.hollywoodreporter.com/news/imaxs-international-expansion-at-tipping-414859.

然较大。到 2020 年，中上阶层和富裕家庭在总人口中所占的比重有望超过 35%。①

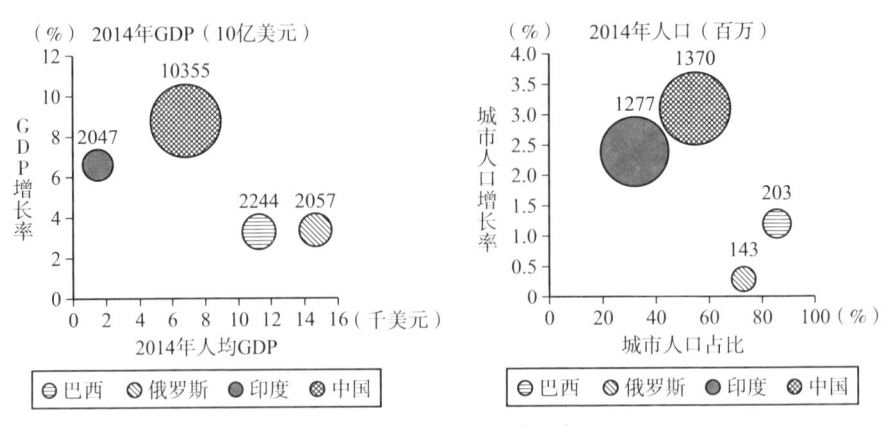

图 2　金砖四国的经济比较

资料来源：摘自 Gillaume Corpart，"Assessing The Relative Merits Of The Brics and Mist Economies As Investment Destinations," Americas Market Intelligence, accessed on December 21, 2014, http://americas-mi.com/en_us/expertise/articles – trends/page/assessing – the – relative – merits – of – the – brics – and – mist – economies – as – investment – destinations.

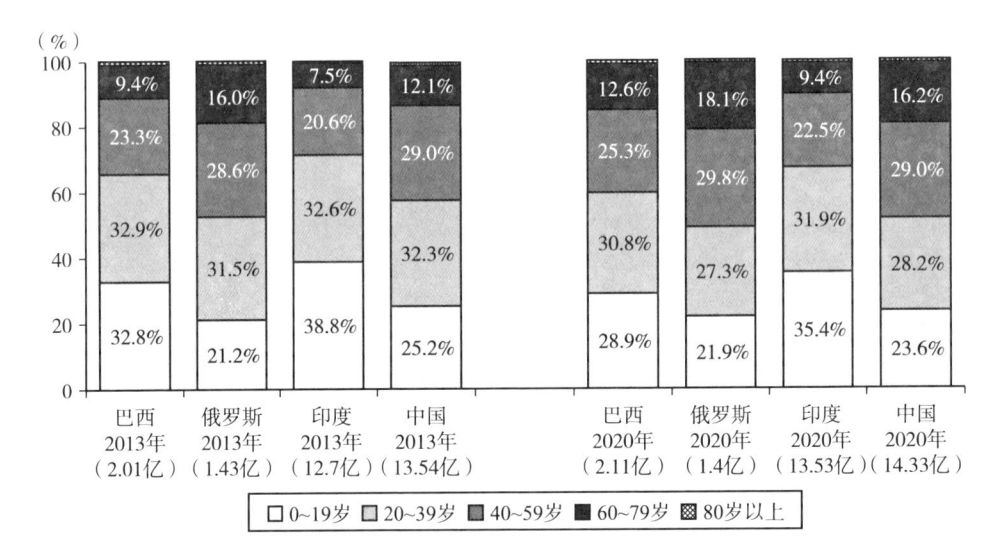

图 3　2013 年和 2020 年（预计）金砖四国人口年龄分布

资料来源：Martin De Wulf，"Population Pyramids of the World from 1950 to 2100," accessed on December 20, 2014, http://populationpyramid.net/.

---

① Boston Consulting Group Perspectives，"Redefining Brazil's Emerging Middle Class," accessed on December 21, 2014. www.bcgperspectives.com/content/articles/center_consumer_customer_insight_globalization_redefining_brazils_emerging_middle_class/?chapter=5.

第 6 章 | 对外直接投资

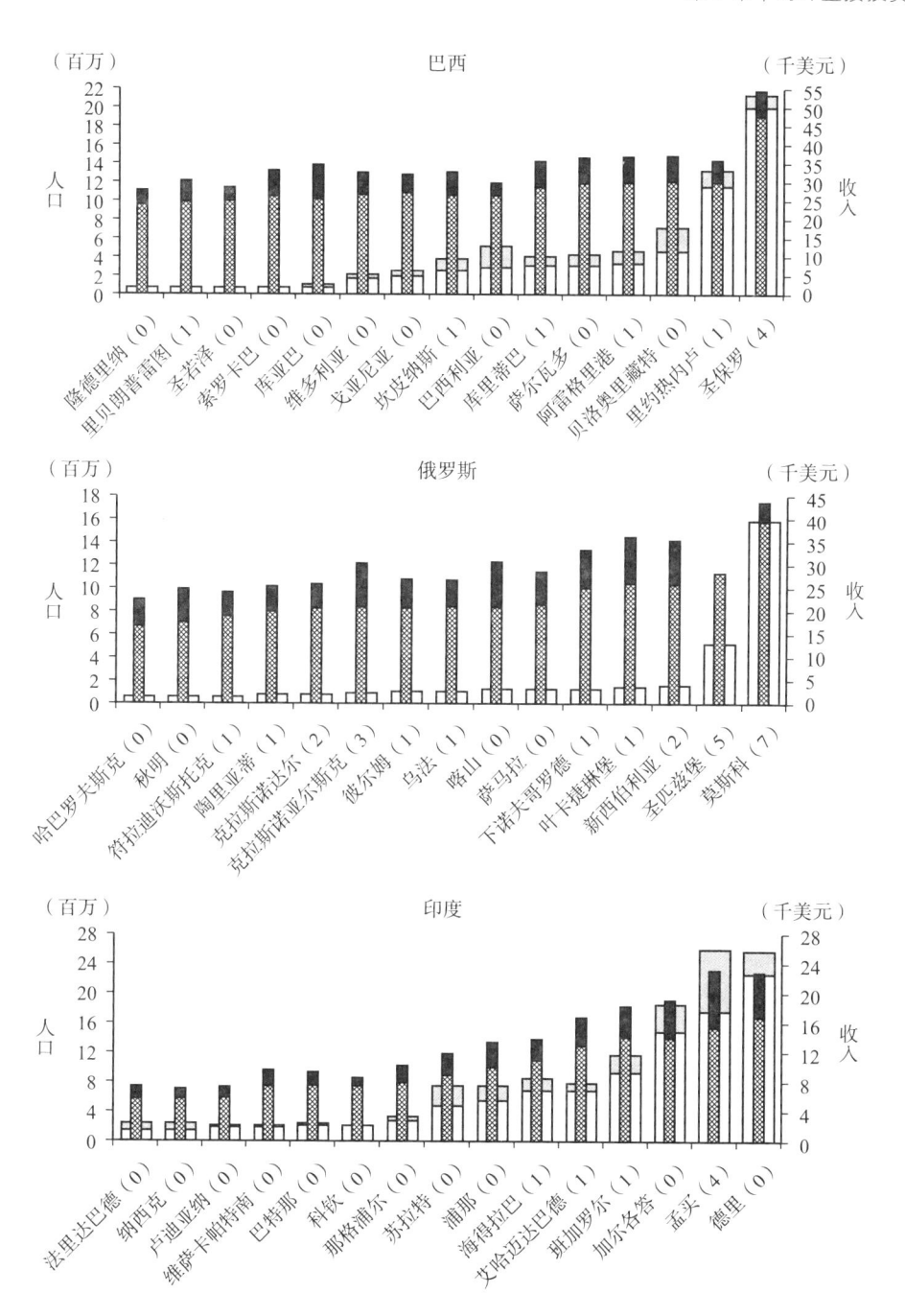

（百万）　　　　　　　巴西　　　　　　（千美元）

人口　　　　　　　　　　　　　　　　　　收入

隆德里纳(0)　里贝朗普雷图(1)　圣若泽索罗卡巴(0)　库亚巴(0)　维多利亚(0)　戈亚尼亚(0)　坎皮纳斯(1)　巴西利亚(0)　库里蒂巴(1)　萨尔瓦多(0)　阿雷格里港(1)　贝洛奥里藏特(0)　里约热内卢(1)　圣保罗(4)

（百万）　　　　　　　俄罗斯　　　　　　（千美元）

人口　　　　　　　　　　　　　　　　　　收入

哈巴罗夫斯克(0)　秋明(0)　符拉迪沃斯托克(1)　陶里亚蒂(1)　克拉斯诺达尔(2)　克拉斯诺亚尔斯克(3)　彼尔姆(1)　乌法(0)　喀山(1)　萨马拉(0)　下诺夫哥罗德(1)　叶卡捷琳堡(1)　新西伯利亚(2)　圣匹兹堡(5)　莫斯科(7)

（百万）　　　　　　　印度　　　　　　（千美元）

人口　　　　　　　　　　　　　　　　　　收入

法里达巴德(0)　纳西克(0)　卢迪亚纳(0)　维萨卡帕特南(0)　巴特那(0)　科钦(0)　那格浦尔(0)　苏拉特(0)　浦那(0)　海得拉巴(1)　艾哈迈达巴德(1)　班加罗尔(0)　加尔各答(0)　孟买(4)　德里(0)

— 157 —

中国

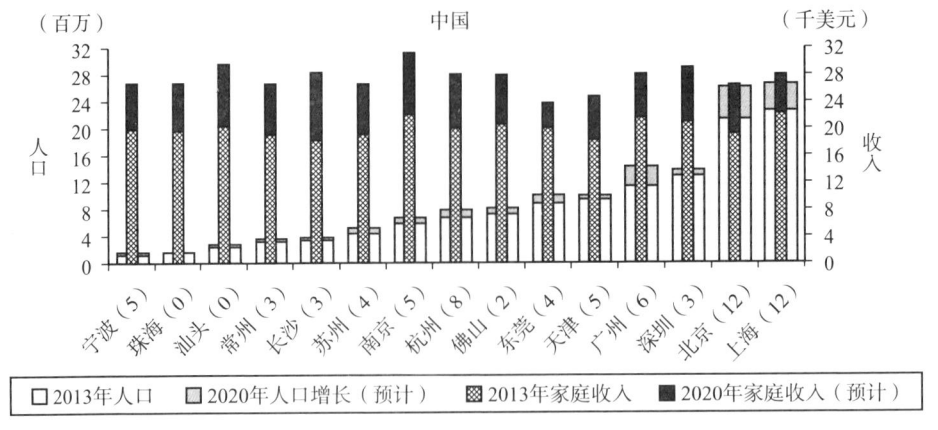

(百万)   (千美元)

[柱状图：宁波(5)、珠海(0)、汕头(0)、常州(3)、长沙(3)、苏州(4)、南京(5)、杭州(8)、佛山(2)、东莞(4)、天津(5)、广州(6)、深圳(3)、北京(12)、上海(12)]

图例：□ 2013年人口　▨ 2020年人口增长（预计）　▦ 2013年家庭收入　■ 2020年家庭收入（预计）

图4　金砖四国15个最富裕城市的人口和平均家庭收入

注：括号里的数字为截至2014年12月21日的IMAX银幕数。
资料来源：Ugne Saltenyte，"Do Business Opportunities Exist Outside the Largest Cities in BRIC Countries？" accessed on December 21, 2014, http://blog.euromonitor.com/2014/04/do-business-opportunities-exist-outside-the-largest-cities-in-bric-countries.html.

巴西是美洲地区唯一一个说葡萄牙语的国家，这使之具有一种与其他西班牙语国家迥然不同的文化。葡萄牙语作为当地的官方语言，是所有商务和行政管理使用的唯一语言。在受过良好教育的巴西人中，英语是主要的第二语言。

2013年，巴西上映的电影创造了大约10亿美元的票房收入，比2012年增长了14%，巴西也因此成为世界上第11大电影市场。好莱坞电影占据了近83%的票房。巴西本国电影市场也迅速增长，2013年的票房收入比2012年增长超过80%。2013年新增了100个放映厅，银幕总数超过2650块。IMAX与巴西最大的电影院UCI（环球影业和派拉蒙影业的合资公司）建立了合作关系，2013年双方合作运营了5个IMAX影院。

俄罗斯

2013年，拥有超过1.43亿人口的俄罗斯是一个高收入的发达国家，城市人口占72%。丰富的石油和天然气资源帮助俄罗斯克服了20世纪末的经济震荡，使其成为世界第九大经济体，并重新确立了在世界格局中的地位。自2000年以来，俄罗斯主要政治人物弗拉基米尔·普京（Vladimir Putin）凭借经济实力和公众的大力支持，加强了对政治机构和媒体的国家控制。俄罗斯有大约35%的家庭是中产阶级，40%的家庭构成了中上阶层和富裕阶层。尽管俄罗斯的人口预计将会在2020年减少到1.4亿，但是中产阶级、中上阶层和富裕阶层有望继续增加,达到总人口的86%。①

俄罗斯是一个多元文化和多民族的社会,人们讲数十种语言。俄语作为官方语言,最为广泛地使用于商务和行政中。英语是最常用的第二语言,但只有不到10%的人能流利使用。

2013年,俄罗斯上映的电影创造了14亿美元的票房收入,比2012年增长了13%,俄罗斯也由此成为世界第七大电影市场。好莱坞电影票房收入占当地票房收入的83%左右。俄罗斯本地电影市场增长速度缓慢,仅比2012年增长5%。2014年6月,俄罗斯的文化部部长弗拉基米尔·梅狄恩斯基(Vladimir Medinsky)主张保护主义,暗示本地电影市场应实行配额制度。② 2014年9月,两位顶尖的俄罗斯导演也直言不讳地表达了对限制好莱坞电影的支持③。曾任普京竞选活动负责人的斯塔尼斯拉夫·戈沃鲁欣(Stanislav Govorukhin)说:"我认为在俄罗斯银幕上限制放映好莱坞电影是一件好事。"

2013年10月,第二次世界大战史诗片,俄语电影《斯大林格勒》(*Stalingrad*)被重制为IMAX电影,并在俄罗斯、中国和其他几个中欧和东欧国家发行上映。这部电影获得了巨大的商业成功,并成为俄罗斯票房最高的本土电影。2013年上半年,俄罗斯新增了177块银幕,总数达到了3200多块。IMAX与俄罗斯两个最大的电影院线运营商电影公园(Cinema Park)和卡罗电影院(Karo Film)以及其他几家本地的电影院线运营商(如Mori Cinema、Kronverk Cinema、Formula Kino)建立了合作关系。2010年7月,理查德·格尔丰德这样评价俄罗斯IMAX电影市场:"中产阶级和富裕阶级正在不断壮大,他们正在寻求顶级娱乐体验。"④ 2012年7月,IMAX欧洲和中亚地区总裁安德鲁·克利普斯(Andrew Cripps)在接受采访时说:"俄罗斯是一个巨大的市场,人们愿意接纳新科技,票房也会非常高。"⑤

印度

2013年,印度人口居世界第二位(12.6亿)。自20世纪80年代末以来,印

---

① Nielsen Newswire, "A Rising Middle Class Will Fuel Growth in Russia," accessed on December 21, 2014, www.nielsen.com/us/en/insights/news/2013/a-rising-middle-class-will-fuel-growth-in-russia.html.

②③ Hollie McKay, "Russian Film Industry and Hollywood Uneasy with One Another," accessed on November 7, 2014, www.foxnews.com/entertainment/2014/10/14/russian-film-industry-and-hollywood-uneasy-with-one-another/.

④ "IMAX to Open 10 More Theaters in Russia", *The Moscow Times*, accessed on December 21, 2014, www.themoscowtimes.com/business/article/imax-to-open-10-more-theaters-in-russia/411257.html.

⑤ Wendy Mitchell, "Andrew Cripps and Richard Gelfond, IMAX," accessed on December 21, 2014, www.screendaily.com/andrew-cripps-and-richard-gelfond-imax/5043387.article.

度实行改革,实行经济对外开放并鼓励外商直接投资。之后,印度成为快速发展且强大的经济体,经济总量排在世界第十位。然而,印度面临着巨大的社会经济问题。近一半的印度人口仍处于贫穷状态,识字率也不高。印地语是最广泛使用的语言,多种语言、文化和宗教使印度成为极其多元化的国家。2013年,17%的印度家庭属于中产阶级、中上阶层和富裕阶层。这些阶层将有望于2020年增长到总家庭数的33%。[1] 同年,预计40%的印度人将会定居在城市地区。尽管1947年从英国的统治中独立出来,但是英语仍然是大多数城市学校的教学语言以及商务和行政语言。因此印度拥有快速增长的城市劳动力,他们都接受过英语教育,这些因素使印度成为具有吸引力的国际业务外包目的地。

2013年,印度的票房收入为15亿美元,是全世界第五大电影市场,并以11%的年增长率持续增长。然而,好莱坞电影在印度的票房收入中仅占10%。尽管每年制作1000多部电影,但印度只有1200多家影院——平均每百万人口还不到一家影院。相比而言,美国每百万人口有120多家多放映厅影院。印度2013年新增了150多家多放映厅影院,而单放映厅电影院在过去五年内从13000家减少到10000家,但仍然遍布全国各地。印地语和多种区域语言的本地电影(统称为宝莱坞电影)在市场上占主导地位,通常在小型单放映厅影院放映,票价为2~3美元。根据格尔丰德的说法,这让IMAX电影的销售更加困难,因为IMAX电影是一种完全不同的娱乐主张,票价要高出4倍甚至更多。2013年2月,格尔丰德这样评价印度IMAX电影的低渗透度:"改变人们的习惯更加困难。"[2]

2013年12月,《幻影车神3》(Dhoom 3)上映,这是第一部与IMAX合作进行数字重制的宝莱坞电影。继《幻影车神3》大卖后,另一部宝莱坞动作惊悚片《惊情谍变》(Bang Bang)也被重制为IMAX格式并于2014年10月上映。在印度,IMAX与世界第四大电影院线运营商Cinepolis及本地的电影院线运营商PVR Films和Sathyam Films建立了合作关系。

中国

2013年,中国是世界人口最多的国家(人口数为13.5亿),也是经济增长速度最快的国家。在20世纪70年代末期,中国开始了经济改革进程。2011年,

---

[1] Asian Development Bank, Key Indicators for Asia and the Pacific 2010: The Rise of Asia's Middle Class, 2010, accessed on December 26, 2014, http://digitalcommons.ilr.cornell.edu/cgi/viewcontent.cgi?article=1095&context=intl.

[2] Jorn Madslien, "IMAX Sets Its Sight on Bollywood and India's Audiences," accessed on December 20, 2014, www.bbc.com/news/business-21322164.

在制造业增长和国内消费的推动下,中国成为世界第二大经济体。在最近几十年,许多寻求就业机会的农村人口迁移到东部城市。2011年,城镇居民首次超过了农村人口。预计到2020年,约60%的中国人口将成为城市人口。中产阶级和更富裕的阶层预计会超过7亿人口。①

2013年,中国的票房收入提高到36亿美元,比2012年大幅增长了27%。好莱坞电影占据了1/3的市场份额,而且好莱坞电影在中国的票房收入增长了近60%。2013年2月,格尔丰德说:"中国IMAX市场的开发得益于中国消费者对于可承受奢侈品的巨大需求。"② 他补充说道:"中国人爱上了好莱坞电影。"中国有超过12000家多放映厅影院,每天新增10块银幕。中国200块IMAX银幕中的大多数是由连锁电影院万达影院运营,在中国市场占据了超过15%的市场份额。

中国电影《唐山大地震》(*Aftershock*)是第一部非好莱坞IMAX商业电影。《唐山大地震》于2010年上映,大获成功,在中国的票房收入超过1亿美元。成功之后,其他中国IMAX电影也相继上映。2014年,经数字重制的电影《西游记之大闹天宫》(*Monkey King*)成为当时中国历史上最为卖座的电影,全球票房收入超过了1.67亿美元。然而,中国电影行业的增长受到政府的调节。2014年6月,国家新闻出版广电总局电影局局长张宏森称,③ 国产电影与好莱坞电影的大战正在拉开,外国电影进口配额(当时为每年34部)在过去4年中逐年增长,中国电影行业需要付出极大的努力才能生存。强有力的政府管制使得影院所有者不得不减少好莱坞电影的放映时间。

相对市场重点

在2013年9月多伦多电影节上,格尔丰德说:"我们已经决定将IMAX影院推向全球1700个目标市场,其中大约500座影院位于北美地区。"④ 在接下来的

---

① Asian Development Bank, Key Indicators for Asia and the Pacific 2010: The Rise of Asia's Middle Class, 2010, accessed on December 26, 2014, http://digitalcommons.ilr.cornell.edu/cgi/viewcontent.cgi?article=1095&context=intl.

② Jorn Madslien, "IMAX Sets Its Sight on Bollywood and India's Audiences," accessed on December 20, 2014, www.bbc.com/news/business-21322164.

③ Clifford Coonan, "China Film Bureau Boss Urges Local Industry to Prepare for War With Hollywood," accessed on October 19, 2014, www.hollywoodreporter.com/news/china-film-bureau-boss-urges-715332.

④ Eric Lam, "IMAX CEO Sees MYM 1 Billion Box Office on China," accessed on December 20, 2014, www.bloomberg.com/news/2013-09-12/imax-ceo-sees-1-billion-box-office-on-china.html.

国际商务迷局

14个月里，IMAX公司在全球增加了150块新银幕，只有25块在北美地区。截至2014年12月，离格尔丰德的计划目标还差1550块银幕。每块银幕预计需要投资35万美元，① 因此每块屏幕都意味巨大的投入。按国家分配投入能够体现出IMAX公司及其利益相关者眼中的优先顺序，并能够有目的地实施。对于剩下的银幕，将475块放在北美是否合适？如果在金砖四国新增400块银幕，每个国家应该分配多少块呢？金砖四国提供了充足的商业机会，但同时也呈现出不容忽视的经济、政治和文化挑战（见图5、表5）。对于IMAX来说，这些国家特有的风险是什么？怎样才能降低这些风险呢？

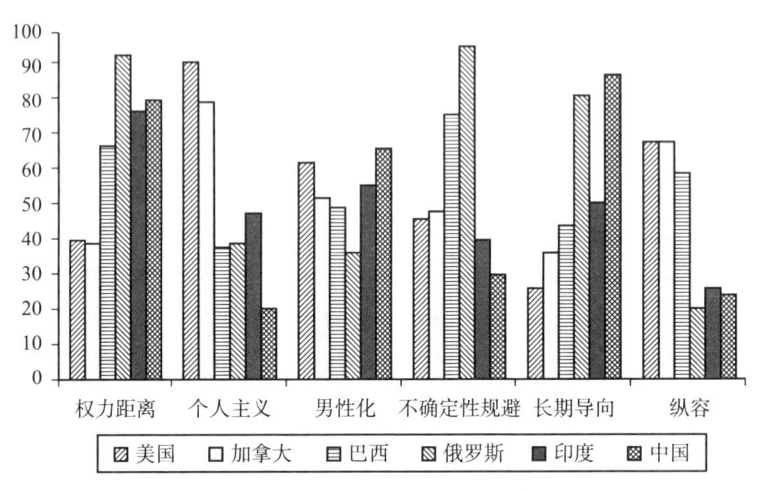

图5 部分国家的国家文化比较

注：权力距离（power distance）反映了等级制度和权力的不平等分布被接受的程度。高权力距离得分表示接受上级和下属之间巨大的地位差异。管理者倾向于专制独裁和家长作风，而雇员倾向于唯命是从。

个人主义（individualism）反映了个人独立比群体身份更受重视的程度。个人主义得分高的社会更重视个人目标、主动性、自主权和隐私权。相比较而言，个人主义得分较低的社会将群体目标置于个人偏好之上，并重视决策的调和与达成一致。

男性化（masculinity）反映了坚毅、果断的行为被鼓励的程度。相反，女性化（feminity）则鼓励温柔和扶持行为。

不确定性规避（uncertainty avoidance）反映了安于接受不明确状况的程度和努力避免这些情况的程度。处于高不确定性规避文化中的管理者倾向于广泛依赖系统性的规章制度，会对未来的规划付出大量努力。

长期导向（long term orientation）反映了愿意以短期痛苦换取长期回报的程度。长期导向的社会不大可能寻求及时行乐，而更可能为未来制定规划并对未来进行投资。

资料来源：Geert Hofstede, Gert Jan Hofstede, Michael Minkov, Cultures and Organizations: Software of the Mind. Revisedand Expanded 3rd Edition. New York: McGraw-Hill USA, 2010.

---

① 这一估计的投资额是基于2013年在联合收益分享合同下开发65家电影院的2300万美元投资额（来自IMAX公司2013年的财务报表）。

表 5　　　　　　　　　　　　　金砖四国的风险

巴西	俄罗斯	印度	中国
高度依赖商品进口	高度依赖石油和天然气出口	经常账户赤字（外国投资）	负债程度高影响金融稳定
经常账户赤字（外国投资）	人口减少，人口老龄化	人口红利或将成为负担	人口老龄化，劳动力减少
社会压力阻碍结构性变革	社会各阶层存在腐败现象	民主制度混乱延缓结构性变革	国有企业根基深厚
高税收，官僚作风严重，基础设施落后	基础设施薄弱影响竞争力	基础设施薄弱影响制造业	劳动力工资水平上升加重经济负担

资料来源：改编自 Al Fin，"BRICs：Can the Tail Wag the Dog?" accessed on December 21，2014，http：//alfin2100. blogspot. ca/2012/06/brics－can－tail－wag－dog. html；Michael Schuman，"The BRICs have hit a wall" accessed on February 16，2014，http：//business. time. com/2014/01/10/brics－in－trouble/；Erich Follath and Martin Hesse "Troubled Times：Developing Economies hit a BRICS Wall"，accessed on February 16，2014，www. spiegel. de/international/world/economy－slowsin－brics－countries－as－worries－mount－a－951453. html.

第7章 国际人力资源管理

15. 上海欧几里德印刷机器有限公司：在裁员和倒闭间徘徊*

2012年底，合资企业上海欧几里德印刷机器有限公司（简称"上海欧几里德"）总经理杰克·王（Jack Wang）正在考虑合资公司的未来走向。该合资企业是由中国国有企业（SOE）与美国跨国企业合资成立的。

经过近20年的经营以及多轮裁员，该合资公司濒临倒闭。它将由一家名为上海古腾堡印刷机器有限公司（简称"上海古腾堡"）的国有企业接管，而王先生对这种情况引发的诸多问题感到焦虑。上海欧几里德的领导层必须解决的第一个问题，是在合资企业结束后该以何种形式维持该国有企业运营，因为近年来中国许多国有企业都已经关闭了。如果该合资企业的国有企业部分作为独立企业继续运营，第二个问题就产生了，即如何确定适当的运营规模。公司应雇用多少员工？如果要缩小规模，领导者凭什么让员工继续留在组织中？从历史上看，管理和重组的压力给员工带来了相当多的忧虑；员工担心被解雇，并且对上班感到焦虑。为了获得员工的认同并防止在这段过渡时期出现混乱，王先生不得不做出一些艰难的决定。他必须特别考虑到中国裁员方式的细微差别。除了裁员，还有别的选择吗？这是王先生在他30年的印刷机械行业生涯中面临的最大挑战。

---

* 本案例由蔡惠伟（Huiwei Cai）、陈万思（Wansi Chen）、瓦内萨·哈塞（Vanessa C. Hasse）和包立卓（Alex Beamish）编写，案例编号：9B19M051。©2019，Ivey Business School Foundation，版本：2019-06-14。

第一阶段：1958~1993 年（合资前）

这一合资企业中方的前身是 1958 年 8 月 1 日成立的人民印刷机械厂（People's Printing Machine Factory）。当时，它有 600 多名员工。作为一家地方国营企业，它是由 7 家工厂合并而成的。当时，中国实行计划经济，大多数私营工厂通过公私合营转变为国营企业。

1958 年 12 月，人民印刷机械厂为南方日报社生产了国内第一台 LB403 高速轮转印刷机。这台机器每小时可以印刷 8 万多份 4 页的报纸。在接下来的 35 年里，该工厂推出了 20 多种产品，荣获多项地方和国家科学奖项，赢得了不少赞誉，其在中国的市场份额达到 75% 左右。当时，生产任务由政府部门下达。在计划经济体制下，工厂及其员工没有任何压力或竞争，那个时代的国营企业就像一个小社会。每家国营企业都有自己的食堂、宿舍、车队、诊所、幼儿园和职工学校，甚至连员工结婚的婚房都是由工厂分配的。给公司做出贡献的人可以优先分配住房，员工每月向工厂支付少量的租金。

1992 年，人民印刷机械厂有 1800 多名员工。同年，邓小平发表南方谈话，肯定了中国改革的成就，并提出要继续推动市场经济的发展。中国正在发生变革，并对外国投资和商业模式开放。

为了提高经营效率，许多国有企业开始实施与三种类型的外商投资企业有关的企业改革，这三类企业是外商独资企业、中外合资企业和中外合作经营企业。1992 年 4 月，人民印刷机械厂开始了转制试点，实行了经营自由化和向市场导向的转变。与生产经营无关的部门（如幼儿园、诊所、餐馆和招待所等）被分离出去，利润最大化超越社会服务成为人们最关注的问题。

随着中国经济改革开放的不断深入，吸收国外先进技术、改进产品的动力不断增强。公司从 20 世纪 80 年代中后期开始为德国和美国的企业生产和加工零部件与产品，随着企业发展和国内用户需求的变化，中国企业的雄心越来越大。人民印刷机械厂希望与一家拥有悠久印刷机械制造历史、拥有世界领先的产品技术、适当的产品线和成熟的全球营销与服务网络的公司合作。它希望利用中国的制造业优势，实现在亚太市场的扩张。因此，它开始为建立合资企业寻找机会，这标志着公司发展进入了第二个阶段。

第二阶段：1993～2008年：合资企业的建立和发展

1993年12月，人民印刷机械厂与美国欧几里德印刷机械公司联合成立了上海欧几里德印刷机械有限公司，其中美国公司持有60%的股份，人民工业集团（People's Industrial Group，人民印刷机械厂的控股公司）持有40%的股份。当时合资公司的注册资本为1550万美元。这家美国公司是世界上三大印刷机械制造商之一，拥有超过一个半世纪的经验。

与合资双方一样，合资公司也从事印刷机械行业，包括设计、制造、销售和维护印刷机械及相关部件（见表1和表2）。这家公司本身并不负责印刷诸如报纸或书籍等产品。最常见的印刷机使用胶版印刷技术、数字印刷技术、柔性版印刷技术和屏幕技术。

表1　　　　2009～2013年（预估）上海欧几里德经营指标

指标	2009年	2010年	2011年	2012年	2013年预估
销售额（千元人民币）	510795	523047	601645	466097	366192
净利润（千元人民币）	50404	59563	62228	44891	-50863
人数（人）	676	671	691	651	579
人均销售额（千元人民币）	756	780	897	694	636
人均纯利润（千元人民币）	75	89	93	67	-88

资料来源：公司信息。

表2　　　　2009年～2013年（预估）上海欧几里德各个车间效率

车间	指标	2009年（241个工作日）	2010年（242个工作日）	2011年（247个工作日）	2012年（250个工作日）	2013年预估（244个工作日）
金属加工	平均工人人数（人）	151	141	136	130	117
	完成任务所需工时数（小时）	311955	364517	383300	277930	172830

续表

车间	指标	2009年(241个工作日)	2010年(242个工作日)	2011年(247个工作日)	2012年(250个工作日)	2013年预估(244个工作日)
金属加工	实际工时数（小时）	173805	193429	213919	219116	170269
	每人要求工时数（小时）	8.57	10.68	11.41	8.55	6.05
	每人每天工作时间（小时）	4.78	5.67	6.37	6.74	5.96
	每日生产效率（%）	56	53	56	79	99
装配	平均工人人数（人）	101	106	113	110	113
	完成任务所需工时数（小时）	369482	265932	301181	200087	199838
	实际工时数（小时）	187573	174727	186631	190933	195306
	每人要求工时数（小时）	15.18	10.37	10.79	7.28	7.25
	每人每天工作时间（小时）	7.71	6.81	6.69	6.94	7.08
	每日生产效率（%）	51	66	62	95	98
总计	平均工人人数（人）	252	247	249	240	230
	完成任务所需工时数（小时）	681437	630449	684481	478017	372668
	实际工时数（小时）	361378	368156	400550	410049	365575
	每人要求工时数（小时）	11.22	10.55	11.13	7.97	6.64
	每人每天工作时间（小时）	5.95	6.16	6.51	6.83	6.51
	每日生产效率（%）	53	58	58	86	98

资料来源：公司信息。

胶印技术是指在图像被印刷到纸张等介质上之前，将图像从金属版转移到橡胶或胶辊上。这种技术不需要纸张和金属版之间的接触。胶印技术十分可靠、成本较低，且印刷质量较高，因此在各种批量的印刷中都具有较高的效率。大规模的批量印刷出版物使用两种主要的印刷技术：第一种是单页供纸胶印技术，即将纸张一张一张地放在机器中，然后在印刷之前对纸张进行裁切。第二种是轮转胶印技术，即先在滚筒纸上印刷，然后再进行裁剪和装订。由于其具有成本效益，轮转胶印技术经常被用于各种各样的大批量印刷，如报纸的印刷。胶印机是最常见的印刷机。

数字印刷技术使用电子或数字文件作为原始文件；不再需要印版，也不需要特殊的纸张。① 与传统（胶印）技术相比，数字印刷的质量更高，但它的单页成本也更高。

其他印刷工艺包括柔性版印刷（也称为轮转印刷）和当代凸版印刷，这是大批量印刷的主要选择之一。多年来，传统印刷向数字印刷的转变对上海欧几里德的经营产生了重大影响。

作为为合资企业建立初期提高效率的一部分，1993年底，上海欧几里德最初的1800多名员工中有600多名被分流——也就是说，他们在其他地方得到了新的工作或在得到补偿后退休。为促进组织调整的顺利进行，该公司成立了再就业工程办公室。特别是在合资企业成立初期，中美双方在几个问题上存在分歧，其中第一个问题就是解雇或分流员工的正确方法。中方坚持以循序渐进和稳妥的方式推进人员结构和效率的优化，而美方则习惯于采取更加激烈的行动。

合资公司成立后，引进了先进的管理理念，建立了公司的组织架构：中方人员担任董事长，美方人员担任总经理，同时还设立了人事、财务、销售、制造、质量、开发和工程等部门。管理层级减少，这使得信息流动更快、决策效率更高。然而，这种扁平的组织结构带来了挑战，因为它背离了中国管理者和员工熟悉的运营方法。中国员工在适应来自国外的先进管理方法时感到特别困难。在国有企业的经营模式下，他们习惯了工作并获得报酬，而不管公司是否健康和利润如何，工资水平不受业绩或努力的影响，他们保留了"吃大锅饭"的想法——这是一种对平均主义的隐喻。

此外，在中国的外国公司有时难以理解中国向员工提供的某些福利。例如，20世纪80年代，计划生育作为一项由政府控制的国家政策被提出时，也制定了鼓励独生子女的措施。一个独生子女家庭每月可能会从雇主那里获得5~10元人民币②的奖励。当外国公司在中国市场经营时，它们并不总是完全理解或考虑到诸如儿童福利等补贴。

然而，尽管面临种种挑战，上海欧几里德还是取得了成功。2000年，合资企业的人均收入在全国印刷业中名列前茅。后来，2006年，上海欧几里德创下两项纪录。从南方日报社获得了22台塔式轮转胶印机的订单，总价值超过7000万元人民币。该公司还创下了国内市场高合同价值的纪录，因其订单总额超过了4亿元。

---

① "Digital Printing," Techopedia, accessed January 4, 2018, www.techopedia.com/definition/14338/digital-printing.

② 2012年12月31日汇率：1美元=6.23元人民币。

第三阶段：2008～2012年：合资公司的衰落和关闭

然而，到2008年初，变革的必要性开始变得显而易见。2008年2月18日，公司按照政府要求成立了再就业工作组。2009年，第28次董事会会议考虑关闭铸造厂，11月25日，公司决定重组铸造厂。

2010年，控股公司人民工业集团收购了欧几里得国际（合资公司中的美国合作伙伴）100%的股权。人民工业集团收购欧几里德国际后，其战略是整合欧几里德国际在美国、法国、荷兰和日本等地的资源，这会使上海欧几里得成为世界上最大的印刷机生产基地以及欧几里得国际的亚太中心。然而，随着全球金融危机的爆发、纸媒广告的大幅下滑，以及互联网多媒体的冲击，纸媒的印刷量也随之下降，市场对印刷机的需求锐减。印刷机械制造商首先受到冲击。它们的业绩下降，许多公司亏损。拥有600多名员工的印刷机公司往往会一次性解雇100多名员工。

由于全球金融危机的影响，2010年上海欧几里德的利润只有2006年的一半。2011年之后，由于互联网、手机和新的多媒体形式的发展，国际印刷机市场进一步下滑。尽管如此，上海欧几里德的销售收入已从合资前的8700万元增长到2011年末的6亿元。就市场份额而言，它是中国的主导企业，有两个国内竞争对手：一家国有企业和一家私营企业。竞争也来自德国、美国、意大利、日本和韩国等国家。

2012年10月，人民印刷机械厂收购了欧几里德国际持有的上海欧几里德60%的股权。上海欧几里德成为一家100%国有控股公司，并更名为上海古腾堡，从而有效终止了合资公司。外国雇员随后离开了中国。虽然合资企业的合作或多或少取得了成功，但有观点认为美方已经放弃了。人民工业集团也不再把印刷和包装作为重要的战略部门。印刷机行业的未来指向了更精简、技术更先进的公司，而不是无序扩张的产业运营。

大约在同一时间，上海古腾堡与闵行区规划局签订了土地协议，标志着上海古腾堡新工厂搬迁正式动工。这符合有关城市环境改造的要求，即国有企业必须服从政府命令，将工厂搬迁到30公里外。新工厂位于闵行区浦东漕河泾开发区浦江镇，占地面积9.4公顷（141亩）。新工厂距离市中心15公里，距浦东机场37公里，距虹桥机场27公里。现有员工的居住地离现在的工厂很近，骑车或开车半小时内就能到达。工厂搬迁意味着单程上班将需要两个多小时。员工必须在早上6点离家去上班，这会导致员工抱怨和管理难题。与此同时，年轻一代的一些雇员也提出了挑战，因为他们更喜欢那些更加令人兴奋的工作，如在社交媒体工作，并对工厂工作的纪律感到纠结。

当时，合资企业还有668名员工，如何为他们重新分配工作而不是直接解雇他们是一个重大挑战。这项工作需要根据中国的劳动法规和标准进行（见附录1）。人民工业集团有一个人力资源部门，负责管理数千名下岗工人，其中包括许多老年人。这些工人经常面临疾病或残疾，以及没有子女照顾或社会支持。因为许多人把一生都献给了企业，所以他们希望企业而不是邻里和社区来关心他们。因此，这个人力资源部门经常帮助这些工人购买保险、获得医疗服务、购买日常必需品，并处理他们的后事。该部门设立了12个区域办事处，为老年人提供诸如生活援助和医疗护理等服务。

公司人力资源部分析了公司各岗位的情况。由于公司计划在未来搬迁，并希望给一些老员工选择是否在新地点工作的机会，公司还制定了员工解雇特别计划。管理层想知道，被调动或重新分配的工作人员是否能够选择他们新的目的地。无论如何，有必要制定一个评估雇员的体系。上海欧几里德的员工了解到这一进展，所以整个公司的气氛都很紧张。几乎每个人都担心自己会被解雇。

公司制定了名为《上海欧几里德印刷机械有限公司人力资源优化配置方案中职工劳动关系的操作办法》的指导意见（见附录2），全文约5000字。管理层面临的问题是员工必须在职工代表大会上支持这些规定，但大量员工将不得不被解雇。管理层认为，这些改革可能会导致几十名对公司运营不太重要的员工离职。结果，有接近200人想离职，并且有很多是关键岗位上的技术工人，这一人数对公司而言实在是太多了。

2012年：决策点

王先生早在合资企业成立之前就在人民印刷机械厂工作，最初是作为技工，后来又在上海欧几里德工作，前后近30年。由于他的创造力和领导才能，他先后被提升为总经理助理、副总经理，最后被提升为总经理。他对公司的方方面面都很熟悉，了解公司的整个历史。因为上海欧几里德近几年业绩良好，员工收入有所提高，员工无论什么时候见到王先生都会热情地打招呼。该公司的业务已经遍及北美、欧洲和东亚。王先生钦佩美国通用电气公司的杰克·韦尔奇，他想象有一天他能成为中国的杰克·韦尔奇。

现在，如果取消合资后的企业选择裁员，那么王先生面临的挑战就是以一种可接受的方式开展这一工作。他必须让员工参与进来，并选择谁将搬迁到新工厂。这家国有企业适当的规模是多大？凭什么请员工留在公司？王先生如何能在实施这些变革的同时，又不会令员工感到过度惊恐，也不失去他希望留住的那些优秀人才？除了裁员之外，是否还有其他战略可供选择？如何缓解员工压力？他知道他必须很快做出一些艰难的决定。

附录1：中国裁员与西方裁员之比较

中国人民是国家的主人，企业是国有的。因此，有工作是他们天生的权利。在计划经济体制下，几乎没有人可以在传统意义上被解雇；相反，人们会被派往新的工作岗位或提前退休。中国文化追求社会和谐，而西方则追求法律和契约。尽管中国雇员终止他们的劳动合同是相对容易的（提前30天发出书面通知或在试用期内提前3天发出书面通知），但雇主通常不能在没有强有力的理由和遣散费的情况下终止雇员的合同。

西方企业和中国国有企业裁员对比

西方企业	中国国有企业
雇员是生产要素之一，一旦发生金融危机，他们随时可能被解雇	员工是国家的主人，国企不能任意解雇他们。在金融危机期间，应该避免减薪和裁员
裁员是企业经营的正常举措。公司和被解雇的职工都认为这是可以接受的	裁员会带来社会问题，企业也不能轻易解雇员工。同时，员工会拒绝解雇，并且认为工作是一种权利
被解雇职工在离开公司后有基本的社会保障	计划经济时代，中国几乎没有人会失业。实行市场经济后，职工有可能下岗失业。工人下岗后，他们的社会保障不完善，生活水平急剧下降
被解雇后，员工自己寻找新工作	国有企业对下岗期间不同的职工进行必要的安排，将他们分配到不同的部门或岗位，给予他们足够的补贴，或者买断工龄，使他们能够提前退休
解雇是完全可能的	解雇通常需要一个好的理由和一笔遣散费
西方人追求守法和契约	中国人追求社会和谐
相互解约并不经常需要	中国雇员（以签订和解协议的方式）同意相互终止合同，大大降低了雇主的风险

续表

西方企业	中国国有企业
	中国的就业通常需要一个试用期，例如一个月。在此期间，员工通常可以在几天内被解雇；否则，他们会提前30天被通知解雇。只有在特殊情况下才能立即终止合同而不给予赔偿

资料来源：案例作者根据以下资料整理：Dan Harris, "Terminating Your China Employee. It Ain't Easy...," China Law forBusiness Blog, January 9, 2010, accessed May 1, 2019, www.chinalawblog.com/2010/01/terminating_your_china_employe.html.

附录2："上海欧几里德印刷机械有限公司人力资源优化规划中的职工劳动关系操作办法"摘录

符合下列三种情况之一的员工，可直接到上级集团公司的退休中心提前退休，由该中心负责每月生活费的管理和发放，具体数额由上海市人力资源和社会保障局规定。支付基数为"三险一金"*。这三种情况为：

（1）距法定退休年龄五年以内（含五年）的职工。

（2）42~45岁的女职工；52~55岁的男职工。

（3）因工致残或患职业病的劳动者。

员工可以通过以下三种方式与企业协商解除劳动合同：

（1）如果离法定退休年龄超过五年，可以领取经济补偿金和一次性自谋职业奖励费。

（2）因工致残、患职业病或者因病丧失劳动能力的劳动者，可以申请经济补偿、奖励、一次性补助和其他补助。

（3）职工距法定退休年龄五年（含五年）以内的，企业原则上不能解除劳动合同。如果与企业协商解除劳动合同，则应当提交书面申请，企业可以考虑给予一次性补贴。

劳动合同终止的经济补偿、报酬、一次性补贴和其他补贴需要经过协商，具体细节包括：

（1）快速奖励费用。

签字完成劳动关系解除手续的时间：

10个工作日内：10000元+2个月工资

---

* "三险"为养老保险、失业保险、医疗保险；"一金"为住房公积金（用于购买房产）。

15 个工作日内：7000 元 + 1.5 个月工资

20 个工作日内：4000 元 + 1 个月工资

20 个工作日以上：0 元

（2）再就业补助：一次性就业补助 6000 元。

（3）针对有特殊困难的职工，由企业提出申请后，企业工会将核定职工一次性困难补助。

补贴内容（每人 5000 元）：

①还在上学的儿童（学前、小学、大学）。

②配偶失业。

③丧偶或单亲抚养未成年子女。

④雇员、配偶和未成年子女中有患重病或正在接受治疗的。

⑤配偶曾是公司雇员并从工作岗位被调离的。

⑥残疾。

⑦退役军人保障。

⑧其他帮助（除上面提及的补贴和情况外）。

在这些措施中所称职工法定退休年龄：男 60 岁；女 50 岁。在合同解除手续办理完毕后的 15 个工作日内，企业将一次性结清薪酬和激励费用，并且汇到员工工资卡或员工提供的银行卡中。

资料来源：公司记录。

国际商务迷局

16. 海思堡公司的招聘困境*

    2013年2月15日，农历春节刚刚过去，当人们还沉浸在节日的欢乐祥和中时，山东海思堡（Aspop）服装服饰集团股份有限公司（以下简称"海思堡"）的董事长马学强已经开始考虑工厂节后开工的事情了。

    近年来，随着周边服务业的发展和人民收入水平的提高，企业在春节后总是会陷入"招工难"和"用工荒"的窘境，着实困扰着国内许多民营企业和外资企业的高管。果然，网上一则被热炒的消息引起了马学强的注意：山东烟台众腾人力资源开发有限公司为了招到足够的工人，打出了"初五至初七期间，凡是介绍员工进入烟台LG公司的，每个人都将得到200元路费报销和300元现金奖励"[①] 的"悬赏告示"。2月18日，春节假期已经结束，正值员工返厂之际，青岛一家皮鞋厂的领导一早就站在厂门口，依次向返厂的员工微笑、鞠躬，并送上新年祝福，着实令所有员工感到意外。福建厦门一家酒店的老板在当地的报纸上刊登了"老板喊你回来上班"的广告。山东豪盛集团是一家竹纤维家居用品制造商，该企业在春节后收到了来自七家企业的订单，面对激增的工作量，他们急需一大批工人加班生产，来保证订单能够按时交付。尽管人力资源部门付出了巨大努力，但是他们只顺利招来25名工人，离招满500名工人的要求相差甚远。不只是在山东，广东、浙江、湖北、山西等省份的企业也都出现了"招工难"现象。

    海思堡也不例外。春节后纷至沓来的订单尚未让马学强欢欣鼓舞几日，人力资源部门招工进展不佳的消息就使他眉头紧锁。他决定马上召开紧急会议来商讨如何解决当前的困局。

公司背景

    马学强在19岁大学毕业以后便进入一家外贸公司工作，凭借扎实的国际贸

---

* 本案例由赵晓康和包铭心（Paul W. Beamish）教授编写，由刘镜完成初稿，薛芳、陆晚亭在赵晓康的指导下完成了由英文到中文的翻译，案例编号为：9B17C043。©2017, Ivey Business School Foundation and Donghua University，版本：2020-02-04。

① 2013年1月的汇率为1美元兑换6.22元人民币。

易专业功底和敏捷的才思，他很快成为负责公司国际贸易业务的中层管理人员。然而，意气风发的他并不满足现状，马学强与几个朋友共同出资250万元，在山东省淄博市开发区创办了一家外贸公司。由于恰逢纺织服装业蓬勃发展的时期，短短几年，公司的营业额便达到了千万元。虽然他们初次创业的成果得到了市场的肯定，但由于几个合伙人存在着经营理念分歧，公司最终还是解散了。

2004年，淄博信泉服装有限公司由于管理不善濒临倒闭，马学强看准了这个机会，接管了这家岌岌可危的企业，开始了他人生中的第二次创业。马学强认为，产品质量是企业的命脉，每一个订单都值得珍惜。在他的带领下，公司通过高品质的产品和周到的服务来获取客户的信任，在短短一年后便扭亏为盈。

2005年11月，马学强将淄博信泉服装有限公司更名为山东江辰时装有限公司，采用中韩合资的方式，注册资本1274万元。公司以加工贸易为主，主要承接韩国、美国、欧盟、澳大利亚、日本等地的牛仔裤、牛仔裙和牛仔夹克的生产、喷砂和水洗等业务，也生产销售印染布、棉布、化纤布、牛仔布、色织布、毛巾等纺织品和面料，是典型的劳动密集型企业，用工量大，进入门槛低。因此在公司创立之初，马学强就认定，在纺织服装外贸出口行业，只有进行差异化的生产，才能做好别人做不了的订单。该公司既能完成90万件的大订单，也能承接只有280件的大牌限量版时装订单，其出口订单中90%为所在进口国的中高档产品（见表1）。2006年，公司年出口销售收入达到2亿元人民币，实现利润8000万元。

表1　　　　　　　　海思堡全年订单数、品种数和订购量

年份	订单数（个）	品种数（个）	订购量（件）
2010	270	820	3820000
2011	320	1130	4510000
2012	410	1410	5120000
2013	530	2116	5880000

资料来源：公司内部文件。

由于将公司定位于大企业和小公司之间的市场空间，将代工产品定位于外贸加工的高附加值领域，所以马学强愿意承接其他企业不愿意接的小批量订单。在2008年经济危机期间，同行业多数企业的订单不断减少，整体呈萧条之势，而江辰公司依然有大批订单涌入，保持着繁荣。

同年，马学强将公司更名为海思堡服装服饰有限公司，并陆续向 Etam、Gap、Next、美鹰傲飞、E·LAND、Esprit、优衣库、Calvin Klein、ONLY、Banana Republic 等海内外知名品牌供货，以满足其小批量、多品种和短交货期的订货需求。2008 年，海思堡成为世界服装业排名第十的法国 Kiabi 品牌的供货商，2009 年，海思堡被韩国依恋株式会社评为"中国最佳供应商和免检供应商"。同年，海思堡也通过了排名世界服装业第一的 Gap 公司的质量管理体系认证，成为该公司在中国长江以北唯一的牛仔服装供应商。

在东华大学科研队伍的帮助下，海思堡开始了自己的品牌规划和推广。海思堡在上海设立了品牌设计中心，聘请中国年轻演员作为形象代言人来推广企业形象，并在大型百货商店设立专柜进行品牌推广。通过不懈努力，海思堡于 2008 年被授予山东省著名品牌，于 2010 年被国家工商行政管理总局认证为"中国驰名商标"。2012 年，一件海思堡品牌的时装售价可高达 5000 元人民币，兼顾加工贸易①和品牌建设的"两条腿走路"的发展思路使得海思堡成功地从价值链的低端跻身高端。海思堡公司 2012~2014 年的财务状况见表 2、表 3 和表 4。

表 2　　　　　　　　　　海思堡的主要财务指标

项目	2014-12-31	2013-12-31	2012-12-31
基本每股收益（元）	0.013	0.001	0.017
净利润（千元）	6651.6	470.8	1702.3
净利润同比增长率（%）	1312.81	-72.34	0
营业收入（千元）	185649.5	90938.3	48409.9
营业收入同比增长率（%）	104.15	87.85	0
每股净资产（元）	0.13	0.128	0.246
净资产收益率（%）	12.16	1.02	10.85
稀释净资产收益（%）	8.56	0.93	7.08

---

① "Processing trade refers to the business activity of importing all or part of the raw and auxiliary materials, parts andcomponents, accessories, and packaging materials from abroad in bond, and re-exporting the finished products afterprocessing or assembly by enterprises within [mainland China];" "Processing Trade," HKTDC Research—China Trade, March18, 2015, accessed on October 2, 2017, http://china-trade-research.hktdc.com/business-news/article/Guide-to-Doing-Businessin-China/Processing-Trade/bgcn/en/1/1X000000/1X002LEV.htm.

续表

项目	2014 – 12 – 31	2013 – 12 – 31	2012 – 12 – 31
资产负债率（%）	60.91	67.82	76.57
每股经营现金流（元）	0	-0.035	-0.159
销售毛利率（%）	15.44	18.04	22.77
存货周转率（%）	5.56	3.06	1.95

资料来源：海思堡2014年年度报告，http://www.neeq.com.cn/disclosure/2015/2015 – 04 – 21/1429613465_847768.pdf；海思堡公开转让说明书（2014），http://www.neeq.com.cn/disclosure/2014/1231/64673931.pdf。

表3　　　　　　　　　　海思堡2012~2014年现金流量表　　　　　　　　单位：千元

项目	2014 – 12 – 31	2013 – 12 – 31	2012 – 12 – 31
销售商品、提供劳务收到的现金	166550.1	67696.9	55905.7
收到的税费返还	2670.2	1595.7	2812.8
支付的各项税费	7754.5	3926.8	4234.9
支付给职工以及为职工支付的现金	28253.9	12134.4	14055.9
经营性现金流入	193998.6	71035.4	58891
经营性现金流出	191959.4	84956.3	74440.6
经营性净现金流	2039.2	-13920.9	-15549.6
购建固定资产、无形资产和其他长期资产支付的现金	22016.1	2134.1	425.2
投资支付的现金	0	0	8000
支付其他与投资活动有关的现金	0	11000	0
投资活动现金流入	400	23.3	0
投资活动现金流出	22016.1	13134.1	8425.2
净投资现金流	-21616.1	-13110.7	-8425.2
吸收投资收到的现金	22539.5	27700	10020
取得借款收到的现金	98901.2	73000	25400
收到其他与筹资活动有关的现金	686.4	0	0
偿还债务支付的现金	83700	34500	5400
分配股利、利润或偿付利息支付的现金	6373.5	5398.1	898.7
筹资活动现金流入	122127.1	100700	35420

续表

项目	2014-12-31	2013-12-31	2012-12-31
筹资活动现金流出	90073.5	39898.1	6298.7
筹资性净现金流	32053.6	60801.9	29121.3
汇率变动对现金及现金等价物的影响	0.3	-2.8	-0.7
现金及现金等价物净增加额	12476.9	33767.4	5145.7

资料来源：海思堡2014年年度报告，http://www.neeq.com.cn/disclosure/2015/2015-04-21/1429613465_847768.pdf；海思堡公开转让说明书（2014），http://www.neeq.com.cn/disclosure/2014/1231/64673931.pdf。

表4　　　　　　　　　　海思堡2012～2014年损益表　　　　　　　　单位：千元

项目	2014-12-31	2013-12-31	2012-12-31
营业收入	185649.5	90938.3	48409.9
营业成本	156990.6	74534.4	37384.9
营业税金及附加	499	320.3	343.1
管理费用	6762.8	4836.4	2271.1
销售费用	7834.7	5814.1	4785.7
财务费用	4427.9	3680.6	962.7
资产减值损失	545.9	1505.7	780
投资收益	399.7	13.8	-17.2
营业利润	8988.3	260.6	1865.1
营业外收入	184.3	1159.2	110.7
营业外支出	177.5	111.3	2.3
利润总额	8995.2	1308.5	1973.5
所得税费用	2343.5	837.7	271.3
净利润	6651.6	470.8	1702.3

资料来源：海思堡2014年年度报告，http://www.neeq.com.cn/disclosure/2015/2015-04-21/1429613465_847768.pdf；海思堡公开转让说明书（2014），http://www.neeq.com.cn/disclosure/2014/1231/64673931.pdf。

中国纺织行业的背景

海思堡遭遇的招工难问题在中国服装加工行业中相当普遍。到 2013 年，中国已成为世界上最大的纺织品和服装生产国与出口国，这个行业也已成为中国参与全球经济并促进本国经济快速发展的重要动力。改革开放促进了中国纺织业的飞速发展，1978 年，中国纺织业纤维加工总量为 276 万吨，仅占世界总量的 10%，到 2007 年加工量增至 3530 万吨，占世界总量的 40%。纺织从业人员也从 1978 年的 337 万人增加到 2000 多万人，其中 80% 来自农村劳动力。

中国纺织业呈现出高度集中的地理分布特征，主要集中在浙江、江苏、山东、广东、福建等东部沿海地区，并且发展呈现高度集群化特征，竞争优势明显，产业链完备，有巨大的生产加工和出口能力。

但是，中国纺织行业多年来走粗放型发展路线：出口的产品技术含量低，大部分是依靠价格优势而参与市场竞争的低端产品；缺乏自有品牌，以代工贴牌业务为主；企业规模普遍较小，应对风险能力较低。

近年来，随着国际市场需求的变化、资源环境条件约束，以及要素成本的上升，纺织行业原有生产模式面临极大挑战，行业增长速度放缓，纺织企业发展压力增大，国际竞争力走弱，国际市场份额逐步下滑。

业内将中国纺织企业面临的难点概括为"两价三率"，即原材料价格和劳动力价格，加上利率、出口退税率和汇率。人民币升值对于出口企业来说无疑是一次重大打击，这将使企业价格优势丧失，出口量进一步下滑。出口退税率和利率的变动对纺织企业的生存环境也有较大影响。同时，不断上升的成本也是一个不容忽视的问题，原材料价格和电力价格的上涨直接增加了企业成本。

其中，劳动力价格的上升正在成为阻碍纺织业进一步发展的关键因素。中国的纺织业是传统的劳动密集型产业，正处于产业发展的初级阶段，即生产要素导向阶段，所以，一旦生产要素的比较优势降低，那么行业发展前景就会遭受无法弥补的损失。

近年来，中国劳动力成本增长加快，自 2003 年东南沿海爆发了第一轮"用工荒"以来，劳动力问题就成了低端制造型企业不得不面对的难题。随着沿海地区纷纷出现"招工难"，用工成本占据制造成本 80%~90% 的劳动密集型行业受到越来越大的冲击。与越南、老挝、柬埔寨、印度等国家相比，中国已经失去了低成本劳动力的优势，这将大大降低中国纺织业在国际市场上的竞争力。

计划生育政策和海思堡的人力资源状况

自 20 世纪 70 年代末改革开放以来，中国经济快速发展，许多专家指出"人口红利"是中国能够创造经济增长奇迹的一个重要原因。联合国人口基金会（UNFPA）将人口红利定义为"人口年龄结构变动可能带来的经济增长潜力，主要是劳动适龄人口（15～64 岁）的占比高于非劳动年龄的人口（14 岁及以下，65 岁及以上）"。① 显然，中国就是人口红利的主要受益者。

随着时间的推移，越来越多的劳动适龄人口达到退休年龄，而年轻人的比例正在下降。1949～1978 年间，中国的出生率下降，② 而婴儿的存活率则进一步上升，中国人口的预期寿命从 1948 年的 35 岁大幅增加到 1976 年的 66 岁，③ 中国人口数量从 1949 年的 5.42 亿增加到 1978 年的 9.63 亿。④ 中国政府预计可能会发生人口过剩的问题，于是开始逐步实行独生子女政策，使得人口增长速度开始放缓。到了 21 世纪初，中国开始面临"四二一"问题，即一个独生子女成年后必须要赡养他（她）的父母和四个祖父母。作为家庭中唯一的孩子，他们是整个家族的焦点，享受着所有的关怀和资源。实际上，这意味着整个家庭将竭尽可能地付出，以确保独生子女能享受最好的食物、接受最好的教育、得到最妥善的医疗保健等，这可比他们的父母或祖父母当年能享受到的资源多得多。由于这些物质上和精神上的投入，独生子女无疑成为每个家庭的希望。中国人所说的"望子成龙"，即希望自己的孩子有一个美好的未来，就是这一现象的真实写照。学习能力出色的孩子往往令父母感到骄傲，因为他们认为，成绩好的孩子是重振家族荣耀的希望。

截至 2013 年 1 月，海思堡共有 537 名员工，大部分（415 人）是一线工人，占总人数的 77.28%，而且大部分（89.01%）员工没有大学文凭，几乎所有人（96.65%）都在 50 岁以下（见表 5）。全部工人中，有 283 人是当地农民，他们在农忙期间（每年的 2 月到 5 月、9 月到 10 月）要做农活，如果往返工厂比较方便的话，他们也可以在农闲季节回工厂工作。

---

① "Demographic Dividend," United Nations Population Fund, accessed on September 18, 2017, www.unfpa.org/demographicdividend.
②④ National Bureau of Statistics of China website ［in Chinese］, accessed on September 18, 2017, http://data.stats.gov.cn/easyquery.htm?cn=C01.
③ Google Public Data Explorer, "World Development Indicators," World Bank, accessed on July 1, 2009.

表5　　　　　　　　　　海思堡员工的基本情况统计

类别		人数	占比（%）
人员	管理人员	67	12.48
	生产人员	415	77.28
	技术人员	9	1.68
	销售人员	46	8.57
	合计	537	100.00
学历	本科及以上	27	5.03
	大专	32	5.96
	大专以下	478	89.01
	合计	537	100.00
年龄	30岁以下	246	45.81
	30–50岁	273	45.81
	50岁以上	18	3.35
	合计	537	100.00

资料来源：海思堡公开转让说明书（2014），http://www.neeq.com.cn/disclosure/2014/1231/64673931.pdf.

海思堡努力走出用人困境

海思堡的高管们显然也意识到员工短缺和企业发展之间的矛盾。公司创立之初，周边地区的许多农村居民尚愿意到企业里从事服装加工的工作，但随着经济发展，当地居民富裕程度日渐提高，接受过高等教育的年轻人的比例越来越高，劳动者观念也发生了变化。更多青壮年劳动力宁愿选择在当地的超市等服务性行业工作，拿较低的工资以换取充裕的闲暇时间，也不愿意在纺织服装企业中从事机械化、重复性的枯燥劳动。

海思堡附近新开业的大型购物广场中，60%的新招收员工以前是当地工厂的一线工人。一方面，经验丰富的员工的短缺影响了企业的正常生产，甚至影响了其产品的质量和交货期；另一方面，持续增加的本地劳动力成本也在一定程度上削弱了海思堡产品的竞争力。

筑巢引凤

为了解决由过高的员工流失率导致的交货延期和生产效率低下的问题，海思堡的高管们绞尽脑汁，尝试了许多方法。他们在若邻网、齐鲁人才网、58同城、赶集网和应届毕业生求职网等网站上发布信息，招聘缝纫工、熨烫工、裁剪工等一线生产工人，并在北京服装学院、山东艺术学院等高校进行校园招聘。

考虑到在公司附近招聘大量一线生产工人的难度越来越大，海思堡决定以公司10公里为辐射半径，以班车接送的方式来吸引更多的周边农村居民进入企业工作。这些农村工人大多年龄在35岁以上，具备山东人忠厚老实的性格。平时因为三班制轮岗，他们有时间兼顾家里的农活，所以相对比较稳定，流动率很低，但是工作效率比年轻一代的工人来说要低一些。

公司的一线员工中本地人已经占到70%以上，所谓的"外地人"中绝大多数也是来自山东省内。800名工人中有200多人住在公司提供的宿舍里。海思堡为双职工家庭配备了130平方米三室两厅一卫的家庭式公寓，并将电视、沙发、空调、24小时热水等设施配置齐全。海思堡还为员工提供了一个1000平方米的健身房，里面配备有动感单车、跑步机、太空漫步机、乒乓球桌、台球等室内健身器材，此外，他们还建造了篮球场、足球场等户外运动场地。到2013年，公司的员工流失率从2010年的22%下降到了12%。

为了提高员工的生产积极性，海思堡在其效益最好的水洗车间进行了小股份制改革，职工集资入股502万元，当年利润就达310万元，远高于改革前年均100万~200万元的利润水平。改革后，员工连续三年的分红率达33%，三年左右即可收回投资本金。

技术更新，提高效率

欧美许多纺织服装企业在发展过程中也遇到了类似的招工难题。为了降低用工成本，提高生产效率，减少工作环境污染对员工身心造成的损害，各企业普遍采取更新升级技术的对策。海思堡的高管也同样考虑到了这一点。

2013年初，公司投资3亿元引进了国内领先的计算机集成控制服装吊挂流水线系统，大大改善了工人的操作环境，使车间更加清洁。在计算机的控制下，只需按下控制按钮，就能够将挂在支架上的衣服裁片按照系统事先预设的工时工段，自动发送给下一道工序的操作员，这使得搬运、捆扎和折叠所需的时间大大缩短（见图1）。该系统还可以自动平衡相同工序中不同员工之间的效率差异，在提高生产效率30%、减少在制品数量70%的情况下，使得流水线工人的平均工资由原来的2600元增加到了3600元。三条吊挂系统流水线取代了18名生产管理人员，每年可以直接为公司节约100万元的管理费用。

剪裁车间

吊装流水线

整装车间

图1 牛仔裤的生产过程

资料来源：海思堡公司网站，http://aspop.com.cn/，访问时间：2017年9月18日。

海思堡投资400万元购置了牛仔服激光印花技术设备，虽然加工单价比传统技术增加了50%，但是单位利润也提高了50%，而且丰富了技术实现手段，符合环保节能的要求。使用这种技术，一条牛仔裤的后整理加工在几秒钟内就能完成，而且比传统工艺平均节省了50升水和60%的能源消耗，另外由于不需要使用强氧化剂等化学产品，环境和工人的身心健康都得到了保障。

海外生产

2013年以来，由于全球纺织服装行业的需求下降，以及普遍优惠制（GSP）等区域性政策的颁布，来自欧盟、日本、韩国等地的订单开始向柬埔寨、越南等东南亚国家转移。

2011年，一家与海思堡合作密切的山东企业在柬埔寨投资设厂，并且取得了可观的盈利，各种反馈回来的信息令人振奋。首先，当地企业招工容易，因为柬埔寨不但青壮年劳动力人口充裕，而且当地政府对服装加工企业还有免征原材料进口税、免征成衣出口税等政策。一家当地公司可以在一个月内雇到600~700名工人，每人每月的最低工资只需要60~80美元，[1] 尽管这些国外劳工的生产效率只有国内工人的1/3，并且产品质量也难以保证，但如此低的工资水平还是十分具有吸引力的。其次，欧洲、加拿大、日本的订货商如果从东南亚那些被联合国确定的最不发达国家（如柬埔寨）进口纺织品的话，还可以减免当地12%的进口关税，所以利益驱动也使海外客商喜欢去柬埔寨等国采购订货。另外，柬埔寨的地价相对较低，工业用地约为18~30元/平方米，而且是永久产权。

然而，2013年初，一些来自东南亚国家的消息也引起了海思堡高层的关注。首先是泰国宣布，自2013年1月1日起，泰国全国施行日最低工资300泰铢（9.79美元）[2]；随后印度尼西亚也宣布，同日起，首都雅加达的月最低工资将从153万卢比上调至220万卢比（约合228美元）[3]；同一天，越南将四个地区的月最低工资提高至165万~235万越南盾（约合79~113美元）[4]；马来西亚也从2013年1月起开始引入最低工资制度，首都吉隆坡的月最低工资将为300美元左右。[5] 这意味着，这些国家的企业一旦支付给员工的工资低于最低工资标准，那

---

[1] 2013年1月的汇率为1柬埔寨瑞尔（riel）兑换0.0017元人民币，1美元兑换6.22元人民币。
[2] 2013年1月的汇率为1美元兑换30.6435泰铢，1泰铢兑换0.1933元人民币。
[3] 2013年1月的汇率为1印度尼西亚卢比兑换0.0005元人民币。
[4] 2013年1月的汇率为1越南盾兑换0.0003元人民币。
[5] 2013年1月的汇率为1马来西亚林吉特兑换1.6665元人民币。

么就要受到政府严厉的法律惩罚。

此外,东南亚国家的基础设施匮乏,港口、铁路、公路设施相对落后,并且效率低下,整个地区超过1/5的人口还享受不到电力供应,工厂企业停电待工已成家常便饭。与中国纺织服装企业普遍采取的计件工资制不同,柬埔寨和其他一些东南亚国家的纺织企业全都采用计时工资制。换言之,8小时之内无论工人的工作效率如何,企业都必须支付给员工最低工资。另外,8小时之外的工时需要额外支付工资,周六加班企业需支付2倍工资,平时工作日加班企业需支付1.5倍工资。员工在罢工期间虽然不工作,但是企业仍然需要支付员工工资。

想到这些,马学强立刻拨通了助理小龚的电话,要求他搜集好相关资料,制定几个应对方案,并通知公司的部门负责人准备开会。放下电话后,马学强不禁陷入沉思:究竟应该如何应对目前的招工难困局呢?

17. Larson 公司在尼日利亚*

Larson 公司国际业务副总裁戴维·拉森（David Larson）需要就公司在尼日利亚的运营问题做出决策，他辗转反侧，难以抉择。2015年的1月4日，尼日利亚分公司的首席执行官（CEO）乔治·里德利（George Ridley）在提交给他的报告中表达了一种消极的论调，这给拉森造成了困扰（参见附录）。拉森相信公司在尼日利亚的发展前景一片光明，并考虑下一步该采取什么行动。

公司简介

Larson 公司是一家总部位于纽约的经营电线和光缆的跨国公司，在加拿大和美国设有全资子公司，在墨西哥、委内瑞拉、澳大利亚和尼日利亚设有合资公司，并通过母公司或者子公司将其产品出口到其他国家。

母公司是由拉森的祖父于1925年创立的，公司的所有权和经营权一直都掌握在拉森家族的手中，并且权力高度集中。2014年，公司的全球年销售额将近9.36亿美元，收益主要来自电力、通信、建筑和控制电缆的销售。

技术服务是公司产品一揽子交易中的重要组成部分，因此，公司拥有一支强大的工程师队伍负责为客户提供咨询服务，有时也提供安装指导。有鉴于此，许可证方式实际上不是一种拓展国外市场的可行方法。

尼日利亚简介

尼日利亚位于非洲大陆的西海岸，2014年的人口是1.78亿，是非洲人口最多的国家，在世界上排名第七位，年人口增长约为2.8%。总人口中，有44%的人年龄在15岁以下，大部分劳动力都在从事农业生产，但是劳动力向中心城市转移已是一种发展趋势。

---

* 本案例原作者为利特瓦克（I. A. Litvak）教授，由包铭心（Paul W. Beamish）教授修订，案例编号：9B15M047。©2015, Richard Ivey School of Business Foundation，版本：2015-04-09。

2014年，尼日利亚的国内生产总值（GDP）约5100亿美元，这使它成为非洲第一大经济体，人均GDP为3000美元左右，按照购买力平价计算则高达5676美元。2005~2014年，该国GDP以每年6%的速度增长。这一增长部分来自服务业的增长以及石油的出口。

2005~2014年，尼日利亚的年均通货膨胀率为10.3%，这一高通胀率已经促使奈拉（naira）兑美元的汇率从2005年的132增长到2014年的165。

Larson公司在尼日利亚的业务

2005年，Larson公司在尼日利亚成立了一家合资公司，当地的合资伙伴持有合资公司25%的股份。2014年，尼日利亚分公司的总销售收入达到4500万美元，其中3940万美元来自尼日利亚境内销售，560万美元来自出口。尼日利亚国内销售中的40%（1600万美元）销往各种企业和政府部门。公司的利润率是10%，虽然这一利润率已经相当理想了，但是如果运气再好一点儿，效率再提高一点儿，公司的利润率有望达到20%。

近几个月来，尼日利亚的业务对Larson公司来说已经变得不那么具有吸引力。尽管大家普遍认为，尼日利亚将在近几年内成为非洲主要的经济大国之一并且对Larson公司产品的需求仍然会很旺盛，但是在尼日利亚开展业务的成本将越来越高。而且Larson公司对其在尼日利亚的合作伙伴，一位律师，也越来越不满意，因为这位律师一心只想获得短期收益而不惜牺牲再投资和长期发展前景。

拉森意识到找到一个正确的合作伙伴将是重中之重。公司希望合作伙伴能积极地投入经营，"而不是只对资金投入感兴趣的生意人"。公司也期望合作者能持有公司大量的股份，在合资的前几年，通常需要追加投资，所以需要外国的合作者能有较强的资金实力。

上任初期，尼日利亚分公司的首席执行官里德利的期望就开始逐渐破灭了，他是一位来自英国的外派人员。因为曾担任过军官，他坚信命令和控制式的管理方法。尼日利亚混乱的局面对他来说可谓是一个极大的挑战，再加上他没有办法吸引当地优秀的员工，而最优秀的外派人员到任没多长时间就都要求被调往纽约或者Larson公司在其他国家的分公司，这使问题变得更加复杂。所以里德利多次向总部提出重新考虑公司在尼日利亚的任职问题。

决策

拉森考虑了当前的情况，他仍然认为公司应该在尼日利亚继续经营，而且他还要考虑应该怎样安置里德利。一方面，里德利已经在公司工作多年，深知公司的业务，另一方面，拉森感觉到里德利的态度正在打击着尼日利亚公司的士气，他在想里德利是否已经失去了他的适应能力。拉森知道必须找人取代里德利，但是他不知道什么时间用什么方法来取代他，因为里德利还有两年就要退休了。

拉森必须很快做出决定，因为公司要求他在一个月内做出关于尼日利亚经营的行动计划供董事会参考。他认为首先得确认关键问题，知道应该和谁联系，同时想出处理里德利的办法。

附录：里德利的报告

公司总部需要一份关于尼日利亚情况以及该情况对 Larson 公司影响的详细调查材料，为此里德利于 2014 年 12 月准备了下面的报告。他试图通过此报告逐条说明导致尼日利亚的合资公司出现经营问题的环境因素。

资本的汇回

1. 虽然尼日利亚投资促进委员会（NIPC）已经取消了关于投资汇回时间和最高额的限制，但是正在被剥离的公司仍然需要提交估值的证据。在大多数情况下，估值低得不切实际，这体现了实际资本在相关海外公司的重大损失。

汇款

2. 尼日利亚 2003 年第 67 号保险法令（Nigerian Insurance Decree No. 67）的出台导致了汇款问题的出现，这一法令规定向尼日利亚出口的货物必须在尼日利亚国内注册的保险公司保险。对于那些没有保兑信用证的货物，货物的损失和损坏赔偿必须在尼日利亚境内支付，但是支付海外供应商汇款所用的外汇只有在货物达到的时候才能具体确定下来。

影响流动性和现金流的问题

3. 近两年来，由于当地的费用只能通过增加银行借款来支付，这一方法既增加成本，而且银行贷款也越来越难借到，所以严重地影响了公司的资金流动性和现金流量。

（1）联邦政府和州政府总是拖延很长时间才支付公司为政府提供的商品和服务的欠款，甚至是在付款时间被清清楚楚地写在相关合同上面的情况下。州政府尤其会这样，他们的许多应付款可能拖欠 12 个月甚至更久。即使支付了，汇往国外的那部分外汇也会出现继续拖延和汇率损失的情况，政府客户现金流的恶性循环又会在私营客户中继续蔓延。

（2）所有支付信用证的外汇存款都需要提交押金。

（3）为了尽快出货和避免在码头上的损失，一般情况下进口商在船到达之前就支付关税。

（4）大部分公司利润的所得税率一律是 30%，在尼日利亚经营的公司必须要同任意征缴税费进行抗争。这些税费主要是州政府征收的，用于增加他们非常紧缺的收入。联邦政府试图阻止这种行为，规定三级政府（联邦政府、州政府和当地政府）各自应该征什么税，但是在具体实施上不是很成功。税务当局经常在监察或审计上以诠释税法的名义给公司设置重重障碍。结果，税后净利无法满足营运资本增加的要求。

收入和价格上的方针政策

4. 产能、价格和收入局（Productivity, Prices and Incomes Board）出台的许多指导方针都具有明显的消极作用，因为它们使得在尼日利亚经营和在其他地区经营相比越来越没有吸引力。尽管这些指导方针被取消了，但是政府最终的政策还是导致了工资、薪水以及专业服务和审计费用的增加。

境外技术和管理服务

5. 母公司向境外提供管理和技术服务的成本很高，所以我们必须关注对费用的支付款汇回进行限制的政策。

专业服务费用

6. 为海外提供专业服务支付的费用的整体情况非常令人不满意，不仅联邦政府的出价比大部分国家要低得多，而且尼日利亚采用的项目成本基础也和普遍接受的国际惯例不符。同时对资金汇回比例的任意限制更妨碍了专业服务的输入，而且，因为长期的拖欠以及汇回审批缓慢，专业费用支付本身也会导致现金流问题。

特许使用费和商标

7. 技术购进与推广国家办公室（The National Office of Technology Acquisition and Promotion，NOTAP）将商标使用费的支付期限制在十年，这与普遍接受的国际惯例不符。只有在特殊情况下可以延长这一期限。特许经营和技术服务费用只能占净销售额的1%～5%，管理费用只能占公司税前利润的2%～5%（在前几年盈利无望的情况下，占公司净销售额的1%～2%）。国外的咨询费最高份额是5%，可是这些规定只针对高科技项目，本土技术不在可申请范围内。这类项目的服务合同必须包括培训尼日利亚员工以最后接管该项目，而且尼日利亚的专业人员需要从一开始就参与这一项目。

配额、工作许可证和入境签证

8. 人们必须意识到外派专家对于合资企业来说是非常重要的，但是外派人员的成本很高。不幸的是，目前外派存在着很多困难和障碍，如外派人员配额的任意削减，以及配额更新审批的延期，在有些情况下，需要在尼日利亚工作的个人还会遇到入境签证拒签和拒发工作许可证的情况。通常外派配额两到三年就要更新一次。

外派人员

9. 总的来说，与需要同类专家的其他国家相比，尼日利亚的就业和生活环境没有吸引力。差距主要是由以下因素造成的：法律环境和社会秩序的普遍恶化，对工资增长和工资汇回的限制；购买机票的困难；卫生保健标准很低；公共设施如水、电和通信设施很差；警察、机场当局和其他政府官员的刁难以及上面提到的涉及签证和工作许可证的种种困难。现在的情况已经恶化到不仅雇用合格的、经验丰富的专家变得越来越困难，而且即使是在此工作多年的员工也会提出辞职和要求更新合同。此外，现有员工的可雇用期限也非常不确定（因为我们不知道公司是否能够继续得到需要的外派配额）。这些不确定性再加上仅仅两年的合同限制是妨碍越来越多的高素质人员考虑来尼日利亚工作的重要原因。这些因素导致公司可能雇用的外派人员质量正在下降。

当地员工

10. 尼日利亚拥有非洲最强大的全国性工会组织——尼日利亚劳工大会（Nigeria Labour Congress，NLC）。想要惩罚一个员工而不引起工会的干预几乎是不可能的。在特定情况下，有些工会人员非常好斗。同时工会也不停地抗议公司雇用外派人员并且试图用尼日利亚员工取而代之。

11. 当地员工的技术培训不足导致了工人素质很低，他们倾向于偷懒而且缺乏质量意识。

12. 想要保持劳动力的种族平衡限制了人员雇用，使得公司不能雇用最好的员工。

13. 尼日利亚公司盗窃情况很严重，一般占销售额的2%。

公共设施

14. 公共设施服务经常出现问题，这一情况不仅影响了所有员工的士气，而且严重地影响了公司的日常经营，除非水、电、石油产品和通信能够正常持续供应，高速公路能够得到充分维护，否则公司的开业和营运费用将会增加。

经营环境的持续性

15. 对于经营环境将持续存在不确定性的这种普遍感觉正在加强，这一情况应该引起更多的重视。好像这些不确定性是由很多因素造成的，包括：立法和规章制度在短期内经常发生变化（有时甚至溯及既往）；立法和规章制度的定义不明，导致长期的争论和不确定性；措施的公开宣布和实施细则的颁布之间的时间间隔太长；有时候甚至会出现尼日利亚政府官员对于立法和规章制度解释前后不一致的情况。

政府官员

16. 合资公司中的外方必须依赖尼日利亚的合资伙伴去应付政府官员，但是在这些活动中他们的业绩无法衡量，费用也很难控制，而且精心经营的与政府官员之间的关系很可能一下子就没有用了，因为官员的轮换非常频繁。

行贿

17. 上述众多问题之所以出现，多是因为行贿之风盛行，当地人把它叫作dash。没有这类支出，要想和尼日利亚人做成生意或者与政府交易是非常难的。

极端主义

18. 自2009年以来，博科圣地的极端行动对公司运营、员工安全尤其是外派人员的安全造成了极大威胁。恐怖组织的武装力量越来越强大，外国公司和外国人一直以来都是其首要袭击目标。

第 8 章 跨文化沟通

18. 为在亚洲取得成功而谈判：适应多极世界[*]

2018年3月，在东南亚经营业务的软件专家和企业家阿迪·维贾贾（Adi Widjaja）接到老朋友、前商业伙伴乔治·莫里斯（George Maurice）的电话。莫里斯和维贾贾曾在2006年和2012年在该地区的信息技术（IT）项目上进行了合作，工作中相处得非常愉快。莫里斯最近接受了一家北美软件公司SuperSoft有限公司的新职位，他打电话给维贾贾询问是否有可能合作收购印度尼西亚的一家或多家成熟的软件公司。

维贾贾在亚太地区从事IT工作已经超过14年，并在该地区的软件项目中取得了显著的成功。莫里斯的电话引起了维贾贾的注意，并引起了他的兴趣。维贾贾曾经接触过印度尼西亚的软件行业，知道有一些公司可能正在等待出售。作为一名经验丰富的专业人士，他知道印度尼西亚是世界上规模较大、增长较快的经济体之一，并且已经注意到来自西方国家和中国的IT公司对于在印度尼西亚建立并巩固自己的地位有很大的兴趣；人们对"一带一路"倡议表现出的兴趣清楚地表明了这一点。他还知道，在这个市场上成功运营需要耐心、灵活性、文化敏感性，以及投入时间来发展业务关系。

莫里斯拥有20多年的IT项目经验，并在不同国家工作过。他对西方国家IT行业了如指掌，并被SuperSoft公司挖来负责在亚洲地区进行新的收购。他喜欢

---

[*] 本案例由斯蒂芬·格兰杰（Stephen Grainger）和佩尔·海因策（Per Hintze）编写，案例编号：9B19M015。©2019, Ivey Business School Foundation，版本：2019-03-07。

和维贾贾一起工作并且知道他知识渊博。他的雇主 SuperSoft 公司专门收购和运营专注于该行业特定领域的成熟软件公司。莫里斯将 SuperSoft 描述为一家专注于进行 IT 纵向管理和事务的公司。其软件组合包括玻璃制造商使用的软件、高等教育财务援助处理软件、公用事业软件和医院计费软件。

莫里斯已经有两年多没有和维贾贾联系了，在重新取得联系后，他们在 2 月 28 日到 4 月 3 日之间互相发送了以下五封电子邮件，试图创造一个商业机会。

电子邮件 1：莫里斯发给维贾贾

2018 年 1 月 8 日，莫里斯写道：

亲爱的阿迪：

希望你一切安好，在几乎两年后能再次和你取得联系真是太好了。我最近加入了一个名为 SuperSoft 的软件集团。它是在纽约证券交易所上市的软件公司，主要由 400 家纵向集中的软件公司组成。该公司在亚洲的业务仍然有限，我们正在努力探索通过收购扩大业务的方式。由于我们在过去的合作中取得了一些成功，我想联系你，讨论 SuperSoft 的战略方向，希望我们能够再次互相帮助。我们的收购目标如下：

1. 纵向管理的软件公司

我们的主要目标是收购专注于高度纵向软件业务的亚洲公司。我们从不需要横向软件公司。目前我们的软件涵盖玻璃制造商的软件、高等教育财务援助处理软件、建筑软件、公用事业软件以及医院计费软件等。在某些情况下，专注于当地市场（如印度尼西亚的 ERP 系统①）的软件公司对我们也有用。

2. 关键任务软件

关键任务软件是指对运营业务至关重要的软件。如航空公司的预订系统、银行的会计系统，以及为客户生成发票的软件（如计费、支付处理和会计软件）。从广义上讲，在这些货币交易的情况下，如果软件出现故障，业务就会陷入

---

① ERP 是指企业资源规划软件，它通常以永久许可的方式销售，存储在用户的服务器上。如果是标准软件［如 ERP 软件或客户关系管理（CRM）软件］，那么竞争通常很激烈，因此软件的销售价格很低。为了避免价格竞争，SuperSoft 公司专注于特定的细分市场。除了支付许可证的费用外，客户还可以选择为软件升级和技术支持支付年费。软件发挥功能的领域越关键，客户选择使用公司技术支持服务的可能性就越高。SuperSoft 公司专注于狭窄垂直市场的策略，使其能够主导这一细分市场，并在许可证价格和技术支持费用方面成为价格领导者。软件越细分，就越容易销售并获得溢价。如果该软件同时也是关键任务软件，则用户必须使用 SuperSoft 公司的技术支持服务。

停顿。

3. 超过1500万美元

对于像东南亚这样的新市场，我们会寻找规模合理的公司，即最低收入达到1500万美元的公司，但最好规模更大一些。收入在5000万美元以内的公司也可以。

SuperSoft更愿意收购成熟的软件公司。这意味着它们拥有稳固的市场地位，无须在营销或研发（R&D）上花钱。我们的战略是瞄准成熟的软件公司，这些公司能够产生可观的自由现金流，可以被用于额外的收购。

如果你想通过电话进一步讨论，请与我联系。希望一切顺利！

乔治

电子邮件2：维贾贾发给莫里斯

2018年1月17日，维贾贾写了以下电子邮件：

你好乔治：

你代表加拿大的SuperSoft公司收购印度尼西亚软件公司的邮件已经收到，你的方向听起来很有趣，我也许可以提供帮助。我对此很感兴趣，并且已经确定了几家可能符合你的收购标准的IT公司。

首先，我认为我必须提供一些背景资料来帮你理解具体情况。你可能知道，当你在印度尼西亚进行投资时，遵守所有当地法律非常重要。除了国家法律之外，我们可能还必须咨询区域班加尔（Banjar），他们通常是一些在地方上受到尊重和经过选举的人。我们需要他们的认可，才能在这种人际关系很重要的环境中取得成功。因此，我们需要对如何与各企业的所有者及其高级职员打交道保持谨慎。由于这是一项跨境投资，也需要得到相关政府机构的批准。

为了在进入这个市场时为SuperSoft提供优质的端到端服务，我建议我们寻求与印度尼西亚一家经验丰富且声誉良好的律师事务所合作，以使这一过程更加顺利。我们根据多年来的经验得出了这一结论，我们之前曾成功合作过的一家拥有这些技能的公司是苏加诺伙伴公司（Sukarno and Partners）。在之前的项目中，他们成功地为我们提供了广泛的服务，包括撮合、代理，并帮助我们联系公司的决策者和我们需要打交道的内部人士。

我们认为最有效的方法是与苏加诺伙伴公司的网络合作，在这里我们可以全面地搜索潜在的收购候选人。他们可以就投资的最佳结构提供建议，并起草符合当前印度尼西亚法律的文件和合同。

在向你介绍任何潜在公司之前，我们需要考虑整个流程的各个步骤。一旦我们决定与哪些目标公司进行接触，那么最好是请苏加诺伙伴公司通过其商业网络帮助我们联系目标公司各自的所有者，并告知他们，我们得到了 SuperSoft 的指示和授权，可以与他们进行接触。

因此，我们认为这个项目的最佳起点是我们和你们在 SuperSoft 起草一份协议，任命苏加诺伙伴公司为我们的独家顾问，帮助我们进入印尼市场。当然，如果我们选择沿着这条道路前进，我们还需要确定协议的条款和条件以及相关的赔偿。

如果你对上述提案有兴趣，请与我联系。如果你同意这一方案，我们可以与苏加诺伙伴公司合作，向你提交一份提案，该提案可以作为 SuperSoft 与苏加诺伙伴公司之间协议的基础。

谨致问候！

阿迪

电子邮件 3：莫里斯发给维贾贾

2018 年 1 月 21 日，莫里斯写了以下电子邮件：

你好阿迪：

谢谢你的提议。通常情况下，我们会进一步深入了解法律程序。我们首先需要看看我们与之洽谈的公司是否符合我们的标准，明确各种机会，并看看我们是否能够与潜在的目标公司的业务达成一致的估值基础。先与一家律师事务所达成协议有些本末倒置。

我们已经在一些非常偏远的新兴市场完成了大量收购。在某些情况下，我们聘请了当地的律师，而在另一些情况下，我们没有这样做，但一旦我们知道我们将进行什么样的谈判，我们就会确定这样做的必要性。

请让我知道你的想法。

谢谢。

乔治

电子邮件4：维贾贾发给莫里斯

2018年1月27日，维贾贾写了以下电子邮件：

你好乔治：

在我们开始收购程序之前，我认为你需要了解在印度尼西亚开展业务与在美国开展业务的不同之处。

作为印度尼西亚的本地人，我发现这里的政府机构通常在研究数据方面非常薄弱，通常很少有关于公司或市场的高质量统计数据或信息。此外，任何此类报告中可用的信息的有效性都可能存在问题，或者在相当长的一段时间内没有更新。

在这种环境中，为了获得高质量和真实的研究数据及所需信息，我们不能局限于桌面研究。为了能够分析公司和市场，我们需要通过实地调查来验证信息。

这里成功的国内IT公司的战略是保持低调。例如，大多数印度尼西亚私营公司不会公布它们的位置、没有网站，也不会发布有关所有者、营业额或客户的信息。这使得外界难以获得关于它们的高质量数据。

获取此类信息的唯一方法是通过企业的所有者。此外，与企业所有者联系可能会非常困难，如果你是局外人，那就会更加困难。要想接触到任何一位所有者，我们都需要他的关系网络中内部人士的介绍，通常是他的"权力圈"中的人或他信赖的顾问。

一旦最初的目标公司选择完成，且我们有一些可靠的高质量信息，那么我们将能够进行估值。在这里获取高质量信息和真实研究数据是困难的。我们还需要在市场上检查一下，看看企业所有者告诉我们的是不是真的。

我们需要听取当地值得信赖的专家的意见，这些专家可以获得高质量的信息，否则我们将会面临投资失败的风险。可能存在虚假或歪曲数据的潜在雷区。[①]

苏加诺伙伴公司试图采取一种广泛的方法来收集研究资料，就像大型会计师事务所一样，他们不把自己的服务局限于审计。我们相信他们也专注于发现优质数据和进行定性研究。

我相信苏加诺伙伴公司可以帮助我们联系所有者，因为他们拥有我们需要的

---

① 有关腐败的其他例子，请参阅 Simon Butt, "'Unlawfulness' and Corruption under Indonesian Law," *Bulletin of Indonesian Economic Studies*, 45, no. 2 (2009): 179-198.

经验、资源、关系、声誉和联系方式。如果你查看他们的网站，你会发现他们不仅是律师，还是并购顾问。我们与他们建立了良好的合作关系，并简要地讨论了他们在这个项目上提供帮助的可能性。虽然我们还处于早期阶段，但他们已经非正式地同意让我和其他几位专家加入他们的研究团队，以确保诚信。

总之，我们相信我们了解一些符合你的标准的公司。但是，在我们开始收集数据并确认其有效性之前，我们需要与你就项目的条款和条件起草一份协议。

如果你认为这是展现你在印度尼西亚投资雄心的合理方式，我们可以向你发送一份提案，说明我们将如何处理该项目以及我们的服务范围。

祝好！

阿迪

电子邮件5：莫里斯发给维贾贾

2018年2月3日，莫里斯写道：

你好阿迪：

如果我们能找到一个合格的潜在客户，以及如果协商进展到我们需要法律顾问的程度，那时我们应该会请苏加诺伙伴公司加入。但是我在现阶段不会这样做。我们认为这将为一个十分模糊的机会带来太多的正式手续。

我知道这可能会引起你的担忧，且印度尼西亚的环境可能需要采用你提议的方法；但是，还有很多其他选择，意味着这次我们不能采用你的建议。原因在于我们在其他市场的经验，在这些市场中，我们与全球卖方并购代理和顾问合作，不需要预付费用或提供担保。就事而论，如果你愿意，如果你发现了任何你认为合适的公司，我们很乐意与你合作。

希望一切顺利。

乔治

案例更多的背景

在收购方面，SuperSoft公司的目标是成熟的且拥有稳固客户群的IT公司。目标公司是成熟的，并且不需要在营销或产品开发方面进行大量投资。在这个市场中，新竞争者的进入壁垒很高，这使得成熟公司能够为支持和维护设定较高的价格。它们的策略是产生良好的现金流，这些现金流随后可用于收购更多公司。

为了促进这一收购战略，Supersoft 公司被组织成四个部门，评估和收购潜在的新公司。莫里斯是其中一个部门的主管，他希望与维贾贾合作，通过收购的方式寻求在亚洲的扩张。

当维贾贾收到初步问询后，他将其转交给他在印度尼西亚的合作伙伴和朋友网络。他收到了苏加诺伙伴公司的积极回复，这是一家活跃在雅加达的商业律师事务所。苏加诺伙伴公司了解爪哇中部的一些在交通系统（即在公共交通中用于控制公交车的全球定位跟踪系统）中占主导地位的软件公司。他还找到了另一家法律咨询服务提供商，并起草了符合印度尼西亚法律的协议。

维贾贾知道，在像印度尼西亚这样的发展中国家，面临的挑战是缺乏关于公司营业额、成本、价格和供应商等关键绩效指标的高质量公共数据。此外，他知道，成熟的印度尼西亚 IT 公司知道自己的客户是谁，因此它们不需要做广告或推销自己，这使它们更难被找到。

维贾贾知道印度尼西亚的法律制度有些靠不住，法律制度的实施有时也是灵活的。举例来说，如果投资者拥有适当的关系并能够提供适当水平的财务支持，那么几乎任何事情都可以办成。在这种环境中，最重要的通货是人际关系以及与之相关联的信任。这是一个与莫里斯所习惯的北美经营环境完全不同的商业环境。

维贾贾意识到，成功的关键在于采取长期方法，并与政府成员、公司负责人以及任何可能涉及的所有者家族里的其他成员建立一致和信任的关系。这些公司的管理层和所有权往往涉及不止一代人。他知道，在印度尼西亚甚至连找到这些公司办公室的位置都很难，更不用说找到决策者了；有时，获取可靠公司数据的唯一方法是直接联系公司所有者。为了接近公司所有者，他知道他需要当事人的授权或委任书，在这种情况下，这个当事人就是 SuperSoft 公司。

维贾贾知道，SuperSoft 公司的标准操作程序（SOP）是通过搜索互联网来找到潜在的收购对象。然后，在列出一个简短的公司名单后，SuperSoft 公司将直接联系所有者，并协商确定这两家公司是否适合他们的商业文化和定位。由于 SuperSoft 公司定期进行这类搜索，公司知道它寻找的标准。

维贾贾和苏加诺以及他们的伙伴公司知道，对于一家跨国公司来说，直接与决策者联系在印度尼西亚的商业环境中是行不通的。公司所有者不会与任何潜在的收购买家直接对话，因为双方首先需要建立信任。

在这种环境下，维贾贾认为一个有效的方法是首先联系企业主的一个儿子或好朋友，他是企业主"权力圈"的一份子，也就是企业主早已了解和信任的人。

该联系人有能力为双方牵线搭桥，并作为苏加诺伙伴公司和企业主之间的纽带。

两种商业文化之间的根本区别在于，在西方文化中，双方之间的法律协议决定了交易条款，而在印度尼西亚，个人关系和信任程度至关重要。当双方之间不存在信任时，法律协议几乎没有价值。

挑战在于如何最好地建立双方之间的关系。第一步通常是由买方签署一份书面委托书，向企业主表明询价是真实的。如果没有这样的授权，这个过程就无法开始。

维贾贾向莫里斯发送了几封电子邮件，并要求他提供一份可以作为敲门砖的任命书。不幸的是，莫里斯拒绝改变 SuperSoft 公司的标准操作程序，不提供任命书。莫里斯和维贾贾之间似乎存在着文化隔阂。为什么这个计划失败了？这是一个被错过的机会吗？还能挽救这一计划吗？如果可以挽救，要怎么做？

大约 3 个月后，维贾贾收到了第六封电子邮件，邮件如下：

电子邮件 6：莫里斯发给维贾贾

2018 年 4 月 17 日，莫里斯写了如下电子邮件：

你好阿迪：

在最近与我们的领导团队会面时，我们决定要仔细地研究印度尼西亚。

我可以下周给你打电话讨论一下你认为最好的策略是什么吗？

祝好！

乔治

维贾贾回复确认了下周二的电话沟通。在这次会议以及他的第二次达成交易的尝试上，莫里斯应该如何改变他的做事方式？

19. 舆论危机中的戴姆勒（中国）*

戴姆勒卡客车（中国）有限公司（Daimler Trucks and Buses China Ltd.，DTBC）承担了跨国汽车制造商戴姆勒股份公司（Daimler AG）在中国非常重要的一块业务。2016 年 11 月 20 日，DTBC 公司的首席执行官高海纳（Rainer Gärtner）因为一起停车场地纠纷被中国警方带往北京的一个派出所进行问询。① 高海纳与一名中国车主都在同一时刻想将车子停入同一个停车位，高海纳情绪失控导致两人发生了争执。高海纳使用了胡椒粉喷雾剂，围观者想要制止但未果，其中一名旁观者眼部受伤，被送往医院进行治疗。②

这次争执是怎么发生的呢？为什么两人之间的小摩擦会闹到场面失控，演变成这样一桩丑闻？高海纳究竟遇到了什么事情？中国的社交媒体迅速将这件事与戴姆勒的企业文化联系起来，并号召人们抵制戴姆勒旗下的轿车。这件事情像病毒一样迅速传播，并被一些全球的主流媒体报道。在全市场的抵制氛围下，戴姆勒的股价迅速下跌。面对这个情况，戴姆勒公司应该如何应对呢？

高海纳的背景资料

在 2016 年 11 月的那个星期日早晨之前，高海纳过得一帆风顺，事业处于平稳上升期，生活也成就斐然。他在慕尼黑大学（Ludwig Maximilian University）获得了工商管理硕士学位，主攻出口、销售和市场营销，随后于 1997 年在该大学获得了经济学博士学位。除了他的母语德语外，他还掌握了英语、西班牙语和土

---

* 本案例由沃尔夫冈·梅斯纳（Wolfgang Messner）和尹孝镇（HyoJin Yoon）编写，案例编号：9B18C012。©2018, Ivey Business School Foundation，版本：2019-04-26。
本案例基于公开信息撰写。因此，案例中陈述的观点并不一定是戴姆勒公司或其任何员工的观点。
① Joshua Rett Miller, "Daimler Exec Booted over Alleged Racist Rant: 'All You Chinese Are B-----ds!'" New York Post, November 22, 2016, accessed January 21, 2018, https://nypost.com/2016/11/22/daimler-exec-booted-over-alleged-racistrant-all-you-chinese-are-b-----ds/amp/.
② Wang Yijing, "Auto Boss 'Called Chinese Bastards,'" ShanghaiDaily.com, November 22, 2016, accessed on January 21, 2018, https://www.shine.cn/archive/nation/Auto-boss-called-Chinese-bastards/shdaily.shtml.

耳其语等语言。①

高海纳供职的戴姆勒公司隶属于德国的梅赛德斯—奔驰汽车公司（Mercedes - Benz Cars），该公司一直以来对他委以重任。从2004年到2010年，他都是梅赛德斯—奔驰汽车防弹车部门的高级经理，在德国总部斯图加特（Stuttgart）负责防弹车的产品管理、全球销售、市场营销和服务运营。

2010年，戴姆勒公司对于快速发展的韩国汽车市场高度重视，高海纳被派往韩国并委以重任。当时，韩国进口汽车市场的增长率非常高，相比上一年增长了25.5%。而且，韩国71%的进口汽车来自德国。高海纳刚去韩国的时候，职位是戴姆勒卡客车（韩国）有限公司（Daimler Trucks Korea Ltd.）的销售和营销总监，随后被迅速提拔为商用车辆销售副总裁。

2013年，他在瑞士洛桑国际发展管理学院（International Institute for Management Development，IMD）进修了领导力与自我发展课程，参与了一个具有高潜力的培训项目。2013年12月，高海纳再次获得了晋升，成为戴姆勒卡客车（韩国）有限公司的首席执行官，全权负责新车辆（客车、公交车和货车）的销售和售后服务（也包括一些零件和配件的业务）。他还负责当地和区域性的产品供应链管理。

转战中国市场

2015年7月，当时的高海纳49岁，从戴姆勒的韩国公司调任至中国公司，并在中国公司实现了事业上的再次进步，接替了罗伯特·维特（Robert Veit），成为戴姆勒卡客车（中国）有限公司的首席执行官。而47岁的罗伯特·维特则回到公司在德国斯图加特的总部，成为梅赛德斯—奔驰卡车（Mercedes - Benz Trucks）海外的业务部主管。②

最近的这次职务提升的确是戴姆勒公司对高海纳能力的肯定。中国是世界上最大的汽车市场，对于梅赛德斯—奔驰卡车业务而言，2012年，中国已经是其

---

① "Mercedes - Benz Executive Rainer Gärtner Insults China" [in Chinese], November 22, 2016, accessed on January 20, 2018, https://weibo.com/3761868337/.EiDXAAqcP?from = page _ 1005053761868337 _ profile&wvr = 6&mod = weibotime&type = repost#_rnd1511662721825.

② Florian Martens, Susanne Lenz, and Senol Bayrak, "Leadership Changes in Daimler Trucks Unit in China," Daimler Global Media Site, June 30, 2015, accessed on October 18, 2017, http://media.daimler.com/marsMediaSite/en/instance/ko/LeadershipChanges - in - Daimler - Trucks - Unit - in - China.xhtml? oid = 9918579.

全球第五大市场,在豪华车型销售中占据了50%的市场份额。① 在重型卡车市场中,戴姆勒已经是市场的领导者。到2013年,DTBC的卡车和客车分部开始实施双管齐下的战略。梅赛德斯—奔驰卡车的高端车型是由DTBC作为一家独立的法人负责进口和销售。而为了这个分部的大众车型的生产和分销,戴姆勒和一家中国的汽车制造商——北汽福田汽车股份有限公司(Beiqi-Foton Motor Co., Ltd.)分别投资50%成立了北京福田戴姆勒汽车股份有限公司(Beijing Foton Daimler Automotive Co., Ltd.)。从2012年7月起,它们已经开始合作研发生产、分销中型和大型的欧曼(Auman)品牌卡车,最开始只面向中国市场。② 这次投资合作起初是为了整合戴姆勒在汽车制造行业的领导优势和福田在国内市场的经验。

高海纳对于DTBC公司盈亏负主要责任,包括新的汽车销售(卡车、特种卡车、公交汽车)、动力传动部件、售后服务(正品配件、润滑油、配件等)、客车实时定位管理信息系统。③

争端

高海纳在中国的生活还算不错,他住在北京东北部顺义区的一个高端住宅小区,这个小区还住了其他的海外高级人才。高海纳住的房子很漂亮,还有一个带小花园的院子,配有一辆黑色的梅赛德斯汽车。

然而,2016年11月20日,在这个周日的早晨发生了一件令人费解的事情,高海纳本想将车停在小区旁边的一个停车位,而另外一名中国司机也恰好在同一时间看到了这个停车位。因此,两人为了争这个停车位而发生了冲突,争吵状态一度变得白热化。高海纳吼道:"我在中国待了一年,我一来就知道了中国人都是混蛋。"④ 高海纳还用上了胡椒粉喷雾剂,导致一名旁观者眼部受伤被送往医

---

① Daimler AG, "Milestone for Daimler in China: Integrated Sales Company for Cars," Daimler investor relations release, December 17, 2012, accessed on November 25, 2017, www.daimler.com/documents/investors/nachrichten/Capitalmarktmeldungen/daimler-ir-release-en-20121217.pdf.
② Florian Martens, Susanne Lenz, and Senol Bayrak, "Leadership Changes in Daimler Trucks Unit in China," Daimler Global Media Site, June 30, 2015, accessed on October 18, 2017, http://media.daimler.com/marsMediaSite/en/instance/ko/LeadershipChanges-in-Daimler-Trucks-Unit-in-China.xhtml?oid=9918579.
③ "Mercedes-Benz Executive Rainer Gärtner Insults China" [in Chinese], November 22, 2016, accessed on January 20, 2018, https://weibo.com/3761868337/.EiDXAAqcP?from=page_1005053761868337_profile&wvr=6&mod=weibotime&type=repost#_rnd1511662721825.
④ Stephan Scheuer, "Daimler Removes Executive for China Insult," Handelsblatt Global, November 23, 2016, accessed on October 18, 2017, https://global.handelsblatt.com/companies-markets/daimler-removes-executive-for-china-insult-648960.

院治疗，这次事件使得高海纳被带进了中国的派出所。①

最后，高海纳与中国司机就此次争端达成和解，并且中国警方的调查也迅速结案。② 然而，这位司机的一名朋友目睹了事情的全过程，将高海纳对中国人的种族攻击言论以及喷辣椒粉的经过写在了社交媒体上。③ 这件事在中国的媒体上迅速传播，《南华早报》这样评论："像高海纳这样的外国人，一方面依靠中国人赚钱，一方面又侮辱中国人，他们是从心底里讨厌中国。"④

中国的热门社交媒体——微博上有一些博主，⑤ 在戴姆勒的官方页面留言刷屏，声称要抵制该公司，并采取行动。一名博主这样说道："我本来是打算买梅赛德斯—奔驰S级轿车，并准备给我的妻子买一辆梅赛德斯—奔驰GLC轿车，但是这次事件让我对于你们的品牌深感失望。梅赛德斯—奔驰滚出中国市场！"⑥

那名在医院治疗的旁观者的朋友在一篇博文中义愤填膺地指责高海纳："像这类外国人赚中国人的钱，却又粗鲁地对待中国人，他们一定是从心底里讨厌中国人。"⑦

针对这次停车事件争端，大量评论潮水般涌现："滚出中国，中国不欢迎你"，"高海纳应该被驱逐出境，永远不许踏入中国"，"即使我买得起，也不会买奔驰车，奔驰公司的企业文化真是糟糕"。⑧

《环球时报》是中国非常有名的报刊，它客观地评论了此次争端事件："虽然高海纳说出的话较为粗鲁肮脏，但是他的内心应该不是肮脏的……而高海纳也

---

① Joshua Rett Miller, "Daimler Exec Booted over Alleged Racist Rant: 'All You Chinese Are B－－－－－ds!'" *New York Post*, November 22, 2016, accessed on January 21, 2018, https://nypost.com/2016/11/22/daimler-exec-booted-over-alleged-racistrant-all-you-chinese-are-b－－－－－ds/amp/.

② Rhodri Phillips, "Park and Riled: Daimler's Boss's 'Racist Meltdown' in Chinese Car Row Causes Outrage after German Exec Is NOT Sacked," *Sun*, November 23, 2016, accessed on January 22, 2018, https://www.thesun.co.uk/news/2243594/daimler-bosss-racistmeltdown-in-chinese-car-row-causes-outrage-after-german-exec-is-not-sacked/.

③ 《网曝奔驰中国高管辱华向路人喷辣椒水北京警方回应》，搜狐新闻，访问时间：2017年10月19日，http://news.sohu.com/20161120/n473679966.shtml.

④ Nectar Gan, "Senior Daimler Executive Removed from Post after Racist Tirade against Chinese People in Beijing Parking Row," *South China Morning Post*, November 22, 2016, accessed on November 26, 2017, www.scmp.com/news/china/society/article/2048191/german-executive-sacked-over-racist-tirade-china.

⑤ Kenneth Rapoza, "China's Weibo vs US's Twitter: And the Winner Is?" May 17, 2011, *Forbes*, accessed on November 25, 2017, https://www.forbes.com/sites/kenrapoza/2011/05/17/chinas-weibos-vs-uss-twitter-and-the-winner-is/#196533e29h53.

⑥⑧ "A Benz Top Manager Called All Chinese Bastards. Online Users Heatedly Discussed about This" [in Chinese], *Sohu News*, November 21, 2016, accessed on October 18, 2017, http://mt.sohu.com/d20161121/119540215_351301.shtml.

⑦ Yuan Yang, "Daimler Executive Removed after 'Racist Rant' in China," *Financial Times*, November 21, 2016, accessed on October 18, 2017, https://www.ft.com/content/c506cab0-afbc-11e6-a37c-f4a01f1b0fa1.

没有理由在争吵时一直使用'你们中国人'这种略带针对性的词语。"①

《南方日报》是中国的一家官方报纸,是少数几家以温和的社论为特点的报刊之一。《南方日报》评论此次事件为"有部分人认为这次事件是小题大做",但它还指出,一些在中国的老外常常对中国人非常傲慢,他们常常对于中国的顾客甚至是中国的员工使用一些带有种族偏见的言论和行为。②

这些关于高海纳事件的新闻在中国持续发酵后,很快就被一些国外的媒体加以报道,例如英国路透社就注意到了这次事件所带来的高度紧张形势,并密切关注戴姆勒的下一步行动:"媒体的报道进一步增加了这件事情在互联网的热度,到周一早晨,这件事情已经是新浪微博的十大热门话题之一。许多用户在网上发表评论,声称他们将会抵制戴姆勒汽车。"③

其他媒体如《纽约时报》(*New York Times*)对于这件事情的评论采用的是申斥的口吻:"中国的新闻媒体和许多网民将高海纳当成偏执傲慢的西方人的典型,并强烈要求他以及戴姆勒公司道歉,这件事也成为展现中国网民舆论压力和民族荣誉感的最新案例。"④

偏偏祸不单行。随着另外一件辱华事件的发生,关于高海纳事件的争论更加激烈。63岁的德国籍欧盟数字化经济与社会委员会委员金特·厄廷格(Günther H. Oettinger)在德国汉堡的一次面向商业领袖的演讲中指责中国人是势利眼,常常做偷鸡摸狗的事情。有人将这次演讲的视频传到YouTube视频网站上,在这次演讲中,金特·厄廷格发表了富有争议的言论,并讽刺了曾经见过的一个中国代表团。在网上刚开始出现针对金特·厄廷格的批评言论的那几天,金特·厄廷格本人拒绝对此进行道歉,导致中国外交部的发言人谴责其有一种西方人惯有的"莫名其妙的优越感"。一位中国外交部的女发言人指出:"希望这些人能学会理性客观看待自己和他人,懂得相互尊重和平等相待。"⑤

随着争论日渐激烈,金特·厄廷格最终决定通过欧盟发表道歉声明,他承认

---

①②④ Chris Buckley, "Daimler Executive Is Removed after Accusations of Insulting Chinese," *New York Times*, November 22, 2016, accessed on October 20, 2017, https://www.nytimes.com/2016/11/22/world/asia/china-daimler-rainer-gartner.html.

③ "Daimler Expresses Regret over Chinese Parking Row Involving Senior Manager," Reuters, November 21, 2016, accessed on October 19, 2017, https://www.reuters.com/article/us-daimler-china/daimler-expresses-regret-over-chinese-parking-rowinvolving-senior-manager-idUSKBN13G19O; Reuters, "Daimler Executive 'Relieved of Position' after Parking Lot Fight," *Fortune*, November 21, 2016, accessed on Oct 18, 2017, http://fortune.com/2016/11/21/senior-daimler-executive-china-parking-lot/.

⑤ Geoffrey Smith, "How a Racial Slur Has Made the Nasty Spat between China and Europe Even Worse," *Fortune*, November 2, 2016, accessed on October 19, 2017, http://fortune.com/2016/11/02/gunther-oettinger-china-germany-eu-racial-slur/.

了自己上周在德国商业论坛上的言论可能"伤害"到了一些人。① 此时，德国撤回对一家中国投资集团收购 Aixtron 公司（一家德国半导体设备制造商）的批复，声称这会影响国家安全。中国和德国的关系进一步受到影响，而这次收购批复被撤回加剧了两国外交的紧张形势。②

后续进展

高海纳的停车位事件不仅在中国社交媒体上广泛传播，还导致戴姆勒公司的股价从事件发生当天的 65.69 欧元下跌到了 10 天后的 61.90 欧元。③ 同时，德国 DAX 股票指数保持稳定，而道琼斯指数稳步上涨（见图 1）。④ 针对此次事件，戴姆勒公司应该如何重振品牌声誉？

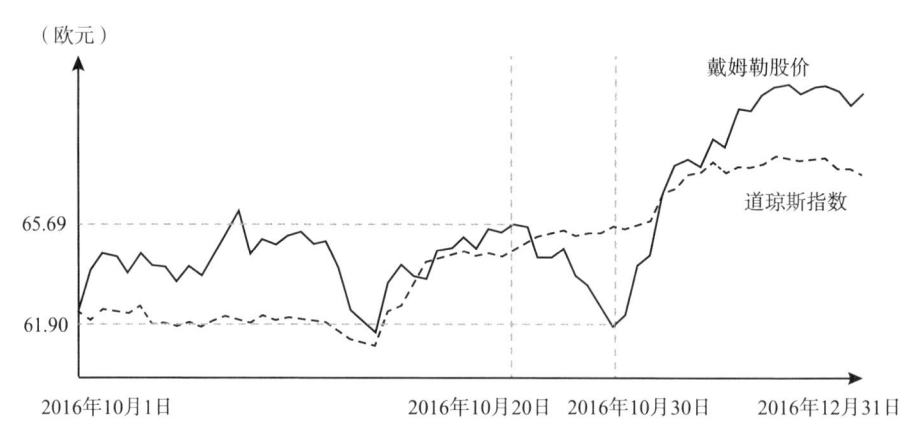

图 1 戴姆勒股价与道琼斯工业平均指数的对比

注：2016 年 11 月 20 日的汇率为 1 欧元兑换 1.05 美元。
资料来源：股价数据来自 "Daimler/WKN：710000/ISIN：DE0007100000," *ING DiBa Wertpapiere*, December 31, 2016, accessed October 16, 2017, https：//wertpapiere.ing-diba.de/DE/Showpage.aspx? pageID = 28&ISIN = DE0007100000&.

---

① Alastair Macdonald, "EU Commissioner Apologizes for Remarks on China, Gays," Reuters, November 3, 2016, accessed on October 20, 2017, www.reuters.com/article/us-eu-china-oettinger/eu-commissioner-apologizes-for-remarks-on-china-gaysidUSKBN12Y10D.
② Guy Chazan, "Germany Withdraws Approval for Chinese Takeover of Tech Group," *Financial Times*, October 24, 2016, accessed on November 26, 2017, https：//www.ft.com/content/f1b3e52e-99b0-11e6-8f9b-70e3cabccfae.
③ 截至 2016 年 11 月 20 日的汇率为 1 欧元兑换 1.05 美元。
④ DAX 是德国蓝筹股市场指数；它由 30 家在法兰克福证券交易所交易的德国公司组成，包括戴姆勒（DAI）。道琼斯工业平均指数是美国 30 家上市公司构成的指数。

第9章 国际政府关系

20. 飞鹤乳业：在加拿大投资*

这是2016年12月里寒冷的一天。坐在多伦多皮尔逊国际机场的休息室里，飞鹤国际有限公司的董事长、首席执行官兼集团总裁冷友斌正在阅读加拿大政府和中华人民共和国政府的联合声明，该声明针对直接投资传达了一种开放的态度。

冷友斌对加拿大政府吸引外资的愿景感到兴奋。他和飞鹤的执行团队正在考虑不久后进入加拿大市场。冷友斌相信国际化将使飞鹤成为最知名的婴幼儿配方奶粉品牌之一；然而，当他考虑到中国和加拿大之间的文化与体制差异，以及中加商业关系中的不确定性时，他想知道进入加拿大市场的最佳方式是什么。飞鹤应该采用绿地投资、收购还是成立合资企业的方式？

飞鹤国际

在中文里，飞鹤的意思是"飞起的仙鹤"，象征吉祥、忠诚和长寿。飞鹤始创于1962年，总部位于中国黑龙江省齐齐哈尔市，该地以丹顶鹤的栖息地而闻名。这家公司最初是一家生产奶粉的国有企业。20世纪90年代，冷友斌加入公司，并且发现公司在计划经济时代发展缓慢。1996年8月，在中国国有企业资产

---

* 本案例由威廉·魏（William Wei）、维基·聂（Vicky Nie）、张荣荣（Rongrong Zhang）和刘学威（Xuewei Liu）编写，案例编号：9B19M032。© 2019，Ivey Business School Foundation，版本2020-04-17。

重组期间，公司注册成为飞鹤乳业。冷友斌于 1998 年收购了该公司的大部分股权，并且于 2001 年将飞鹤转型成为一家私营公司。

15 年后，飞鹤总部设在了中国北京。它已经成为最大的中国国内婴幼儿配方奶粉公司和中国第三大乳品公司（包括国内外品牌）。2016 年，飞鹤在国内婴幼儿配方奶粉市场的零售额中占比 16.9%，在整个婴幼儿配方奶粉市场（包括国内和国外品牌）的零售额中占比 7.7%。该公司的营业收入超过 37 亿元人民币，① 利润超过 4 亿元人民币（见表 1）。它主要生产婴幼儿配方奶粉，也生产成人奶粉、液态奶和豆奶粉。它为婴儿和 6 岁以下的儿童提供由新鲜牛奶制成的奶粉。除了生产牛奶制成的婴幼儿配方奶粉外，飞鹤还在探索山羊奶制成的婴幼儿配方奶粉市场。飞鹤的主要产品是高端和常规婴幼儿配方奶粉。其高端产品包括屡获殊荣的 Astrobaby 优质婴儿配方奶粉。2017 年，Astrobaby 连续三年获得比利时蒙德精选（Monde Selection）的国际优质奖杯，这是对飞鹤产品安全和优质品质的认可。② 更重要的是，飞鹤的高端产品利润是非常可观的。2014 年、2015 年和 2016 年，飞鹤的总毛利率分别为 47.8%、55.3% 和 54.6%，而高端产品的毛利率分别为 60.2%、68.5% 和 68.9%。

表 1　　　　　　　　飞鹤财务数据（截至各年 12 月 31 日）　　　　单位：千元人民币

	2014 年	2015 年	2016 年
收入			
婴幼儿配方奶粉产品			
高端婴幼儿配方奶粉系列产品			
星非帆（Astrobaby）	294413	438107	711464
超级飞帆（Super Feifan）	693206	861708	874552
高端婴幼儿配方奶粉产品系列小计	987619	1299815	1586016
常规婴幼儿配方产品系列			
中端—高端	1864997	1601032	1469128
其他	231478	296653	125784
常规婴幼儿配方奶粉产品系列小计	2096475	1897685	1594912
小计	3084094	3197500	3180928

① 2016 年 12 月 30 日的汇率为 1 美元兑换 6.94 元人民币。
② Monde 精选是最著名的产品质量评估之一，每年在比利时举行。

第9章 | 国际政府关系

续表

	2014 年	2015 年	2016 年
收入			
其他产品	499173	417891	543453
总收入	3583267	3615391	3724381
销售成本			
原料			
鲜牛奶	629098	567188	569915
包装原料	189076	189864	237558
乳清蛋白粉	173295	150083	111576
混合植物油	52157	43415	57728
脱脂奶粉	59308	40086	43945
乳清蛋白	36678	29334	27902
其他	565803	395071	393244
小计	1705415	1415041	1441868
生产管理费用	91349	115932	146638
劳动力成本	40457	38217	56005
其他	34586	46334	45910
销售总成本	(1871807)	(1615524)	(1690421)
总利润	1711460	1999867	2033960
其他净收入及收益	216789	300187	359235
销售和渠道费用	(756244)	(1173936)	(1369520)
行政管理费用	(251114)	(256435)	(230858)
其他费用	(53331)	(194005)	(171097)
财务成本	(31602)	(30818)	(26773)
税前利润	835958	644860	594947
所得税费用	(335991)	(263226)	(188795)
全年利润	499967	381634	406152
可归属：			
归属于母公司所有者的净利润	485461	411880	416988
少数股东损益	14506	(30246)	(10836)
全年利润	499967	381634	406152

注：2016 年 12 月 30 日的汇率为 1 美元兑换 6.94 元人民币。
资料来源：公司文件。

国际商务迷局

飞鹤在中国的成功有赖于其在市场上明确的定位。飞鹤聘请君智咨询公司将其战略明确为"生产更适合中国宝宝的奶粉"。① 更具体地说，它的目标是"站在行业前列以避免价格战，以品牌实力的提升赢得消费者的信任，并且通过聚焦于资源收购和企业优势发展以建立竞争力"。②

结合战略定位，飞鹤成功管理了其供应链。婴幼儿配方食品产业价值链较长，而原料的价格和质量是影响乳制品企业运营的两个主要因素。飞鹤的供应链使其能够控制整个生产过程，包括选择原材料、实施其独特的加工技术、执行其严格的质检流程以及接触多样化的供应商。

在原材料的选择上，区别于国内大多数品牌，飞鹤在其所有的婴幼儿配方产品中都使用鲜奶作为主要原料。而国内的大多数品牌根据各自的策略，奶粉和鲜奶都可以作为其原料生产婴儿配方奶粉；然而，许多中国客户认为，使用鲜奶可以使婴儿配方奶粉保持牛奶中的大部分营养。

与新鲜牛奶的使用相互补，飞鹤专门使用了湿式混合喷雾干燥工艺来生产其婴幼儿配方奶粉产品，与干混工艺相比，所得产品更具水溶性，营养成分在每批产品中分布得更均匀，并且粉末的颗粒大小和颜色更一致。在2016年，飞鹤的鲜奶采购成本达到5.699亿元人民币，占销售收入的33.7%。为了保证新鲜和及时供货，飞鹤花了10年时间构建了包括养牛饲料耕种、大型奶牛养殖、生产和加工、物流仓储、渠道控制以及售后服务在内的垂直供应链。飞鹤供应链中的主要农场位于北纬47度，由于其优越的气候条件和自然环境，这一地带被乳品业视为"世界黄金乳源"。③

从进料检验到成品交付，飞鹤在整个生产过程中建立了由25个综合程序和300多个检查点组成全面质量控制体系，确保了产品的质量。该公司设计了高度自动化的生产线，并采购了先进的设备和机械，以降低污染和人为错误的风险，同时增加产量。

这个公司的主要供应商是靠近飞鹤生产厂的奶牛牧场，这符合中国政府支持当地小规模牛奶供应商的政策。其专门供应商包括国际认可的位于甘南和克东的

---

① "How Feihe Diary Became a Multi-Billion Business," [in Chinese], Kmind Strategic Consulting, accessed on March 16, 2019, www.kmind.com.cn/media/289.html.
② "Feihe Infant Formula: A Domestic Chinese Brand Beats the Foreign Brands," [in Chinese], Kmind Strategic Consulting, accessed on May 18, 2018, www.kmind.com.cn/cases/2.html.
③ Xiaojing Yang, "Feihe Has Established Its International Status as a National Brand," [in Chinese], Zhongguo Shipinbao, July 14, 2017, accessed on March 16, 2019, http://old.cnfood.cn/n/2017/0714/111064.html.

牧场，该牧场拥有大约45900头澳大利亚荷斯坦奶牛。最大的供应商是黑龙江省的原生态（YST）牧业有限公司。2016年，从YST采购新鲜牛奶的成本占公司总采购成本的80.1%，金额为4.564亿元人民币。尽管飞鹤还有其他的25家原材料供应商，但其业务和运营还是高度依赖YST的新鲜牛奶。除了新鲜牛奶外，飞鹤还要为其婴幼儿配方奶粉的生产采购多种其他的原料，如乳清蛋白粉和脱脂奶粉等，这些原料一般都是从国内贸易公司和国际供应商处采购的，包括澳大利亚和新西兰的奶粉生产商。飞鹤还拥有自己的牛奶收集站、生产厂房和遍布中国的广泛的分销网络。因此，绝大部分的飞鹤生产厂房离牛奶供应商都只有30分钟的车程，这使得公司能够快速地处理牛奶，以确保新鲜度和更好的质量。

飞鹤多元化的供应商确保了原材料采购的稳定性。然而，由于土地、水和劳动力资源的成本不断增加，中国喂养奶牛和种植饲料的总成本也在不断上升。[①]因此，上游加工企业如飞鹤等都受到了原材料高成本和价格波动的影响。

中国乳制品行业

2008年，奶品丑闻严重损害了中国婴幼儿配方奶粉行业。在这次食品安全事件中，奶制品，包括婴幼儿配方奶粉和其他来自中国的食品，被掺入了三聚氰胺，导致多名婴儿死亡，很多人患病。尽管飞鹤不是涉案品牌之一，但这一丑闻因为损害了消费者对中国国内乳品品牌的信任，从而损害了整个国内乳品行业。[②]

2008年以后，中国乳制品行业步入了改革阶段，越来越多的国内外品牌不断涌现。国内的乳品公司不断优化其管理体系，提高食品质量，并且参与国际竞争。尽管国内乳制品的安全问题已被消除，但消费者的安全顾虑和信任仍然是这个行业复苏面临的最大挑战。由于消费者对国内乳制品失去信任，中国成为乳制品的净进口国，并且该行业贸易逆差逐年增加。中国进口乳制品的市场份额从2008年的5.2%上升到2010年的13.3%，一直到2014年的27.0%。2016年，中国进口的主要乳品是奶粉产品，主要来自新西兰，也包括澳大利亚、美国、法国、德国和加拿大（见表2）。2008~2017年，中国乳制品和婴幼儿配方奶粉进

---

① Shefali Sharma and Zhang Rou, *China's Dairy Dilemma*: *The Evolution and Future Trends of China's Dairy Industry*, Institute for Agriculture and Trade Policy, February 2014, accessed on Dec. 16, 2018, www. iatp. org/sites/default/files/2017 – 05/2017_05_03_DairyReport_f_web. pdf.
② Qingbo Yan, Bo Ju, Chengbiao Liang, Guangcan Zhou, "Food Safety Control: A Macro View from Sanlu Scandal" [In Chinese], *Food Mate*, Oct. 6, 2010, accessed on Apr. 29, 2019, http://m. foodmate. net/index. php? moduleid = 37&itemid = 279.

口分别增长了3.62倍和3.80倍。①

表2　　　　　　　　2016年中国奶粉进口（按原产国划分）

来源地	进口量（吨）	占比（%）
新西兰	503562	83.34
澳大利亚	26687	4.42
美国	16195	2.68
法国	13441	2.22
德国	11735	1.94
加拿大	2	0.00
其他	32587	5.39

资料来源：中国奶业年鉴编辑委员会编：《中国奶业年鉴（2017）》，中国农业出版社2017年版，第436~437页。

中国乳制品行业未能从丑闻中迅速恢复，不仅是由于安全顾虑，还有其他三个原因。第一，由于中国对农业用地、清洁水和畜牧资源的限制，国内奶粉的生产成本高于进口奶粉的生产成本。同时，完税的进口乳制品的价格明显低于国内乳制品的价格。② 第二，中国消费者的购物习惯正在被中国电子商务的热潮重新塑造，导致更多的线上销售和跨境购买，使得国外的婴幼儿配方奶粉可以涌入国内市场。③ 第三，为了满足消费者的需求并获得高利润，一些制造商选择在海外注册其品牌但在国内生产，或将它们的产品贴上"原装进口"或"100%进口奶源"的标签，这导致了市场环境的混乱和竞争。④

然而，国内生产商也还有机会。

---

①② "The Total Sales of China's Dairy Industry Reached 375.3 Billion Yuan Last Year, Accounting for 37% of the Total Imports of New Zealand's Dairy Products," [in Chinese] *Chinese Times*, accessed on April 5, 2019, www.xuedunruye.com/htm/201811/25_3594.htm; "China Imported 296,000 Tons of Infant Formula Milk Powder in 2017," [in Chinese] Sansheng Industry Research Center, accessed on April 5, 2019, www.china1baogao.com/data/20180420/2325487.html.

③ Mei Shen, "The Competition Is So Fierce That the Cross - Border E - commerce Threatens the Traditional Marketing Channelsin the Infant Formula Industry," [in Chinese] *Xinhua News Agency*, January 7, 2016, accessed on September 26, 2018, www.xinhuanet.com/food/2016-01/07/c_128605036.htm.

④ Hui Chen, " 'Why Is the OEM Infant Formula So Popular?," [in Chinese] *People's Daily*, May 24, 2013, accessed on September 26, 2018, finance.people.com.cn/n/2013/0524/c1004-21600868.html.

第一，随着独生子女政策的放松，对婴幼儿配方奶粉的需求也在增加。根据 AskCI 咨询有限公司的数据，婴幼儿配方奶粉市场的零售额从 2012 年的 637 亿元人民币增长到了 2016 年的 844 亿元人民币，其销售量从 2012 年的 37.50 万吨增长到了 2016 年的 46.58 万吨。① 观察人士估计，随着政府对乳制品行业的支持力度增加、行业集中度提高以及"二孩政策"的实行，市场将继续增长。②

第二，中国对羊奶婴幼儿配方奶粉的需求在不断增加。其中一个原因是，一些中国婴幼儿患有乳糖不耐症或对其他牛乳蛋白过敏，因此父母更愿意为他们的婴儿采购山羊奶粉。这些父母也愿意为羊奶婴幼儿配方奶粉支付更高的价格。③ 许多国内的婴幼儿配方奶粉生产商，包括飞鹤乳业，都试图在 2013 年后开发羊奶生产线，一些行业专家估计，羊奶婴幼儿配方奶粉在中国婴幼儿配方奶粉行业中将是下一个高端明星产品。④

第三，2016 年，中国宣布了一项新的法规，即要求所有婴幼儿配方奶粉制造商在中国进行销售之前对其品牌中的成分进行注册。⑤ 该法规旨在提高婴幼儿配方奶粉市场的市场集中度，并可能将一些小品牌驱逐出市场，而国内主要的乳品公司将从这一新政策中获益。

第四，2008 年后，在中国政府的支持下，乳品行业进入了快速变革的时期，出现了大规模的并购和国际化。国内领先的乳品企业开始投资牧场和工厂，并与海外战略合作伙伴进行合作。通过这种国际化的方式，国内企业将优质的国外奶制品引入中国，以满足国内消费者的需求并且提高自己的品牌声誉和竞争力。国际化战略成为中国乳业市场扩张的一个重要组成部分。

---

① "The Forecast of the Chinese Infant Formula Industry Market of 2017," [in Chinese] AskCi, May 18, 2017, accessed on September 26, 2018, www.askci.com/news/dxf/20170518/15513098382.shtml.

② Xin Ma, "A New Challenge for the Domestic Infant Formula with the Benefits Brought by the New Registration Policy," [in Chinese] *Beijing Business Today*, February 19, 2018, accessed on September 26, 2018, finance.ce.cn/rolling/201802/09/t20180209_28129363.shtml.

③ Fang Xi, "The Infant Formula Producers Have No Other Choices but to Change, and the Goat Milk Powder Might Be the Next Star Product," [in Chinese] *Securities Daily*, December 27, 2016, accessed on September 26, 2018, www.xinhuanet.com/food/2016-12/27/c_1120192668.htm.

④ Qiong Chen, "The Goat Milk Powder Might Become One of the Most Promising Sectors," [in Chinese] *Beijing Chenbao*, April 10, 2017, accessed on September 26, 2018, www.xinhuanet.com/food/2017-04/10/c_1120777503.htm.

⑤ Kelu Hu, "The Infant Formula Registration Policy Has Been Announced, and It Is Expected That Eighty Percent of the Formulas Will Be Driven Out from the Market," [in Chinese] *Xinhua News Agency*, August 14, 2016, accessed on December 17, 2018, www.xinhuanet.com/food/2016-08/14/c_129227860.htm.

中国婴幼儿配方奶粉企业的国际化

2016年，中国总计有103家婴幼儿配方奶粉企业，生产婴幼儿配方奶粉大约72.57万吨。① 主要的国产婴幼儿配方奶粉品牌在中国婴幼儿配方奶粉市场的份额从2012年的41%增至2016年的45.5%，预计到2021年将达到48%。该行业由10家大型企业主导，它们的集中度总计接近80%。其中，8家企业——伊利股份有限公司、蒙牛乳业有限公司、光明乳业食品有限公司、新希望中国控股有限公司、石家庄君乐宝乳业有限公司、雀巢中国、飞鹤奶制品以及北京三元食品有限公司——占据了中国婴幼儿配方奶粉市场总产量的51%和销售额的54%（见表3）。

表3　　　　　　　　中国15大乳制品企业

企业名	2016年销售收入（10亿元人民币）
伊利集团	606.1
蒙牛乳品有限公司	517.8
光明乳业股份有限公司	200.2
中国旺旺控股有限公司	197.0
石家庄君乐宝乳业集团	79.6
雀巢中国	65.2
飞鹤乳业	59.3
北京三元食品有限公司	56.0
中国辉山乳业控股有限公司	55.9
美赞臣中国有限公司	53.2
完达山乳业股份有限公司	52.1
西安银桥乳业集团	39.4
新希望乳业有限公司	39.0
圣元国际集团	35.1
贝因美婴童食品股份有限公司	27.6

注：2016年12月30日汇率为1美元兑换6.94元人民币。
资料来源：宋昆冈："奶制品行业2016年回顾及2017年重点，"中国乳品工业通讯，2017年9月，摘录于2017年10月4日，www.cdia.org.cn/down.php?name=uploads/pdf/1510292756.pdf。

---

① Kungang Song, "The Dairy Industry Review in 2016 and Focus in 2017," [in Chinese] *China Dairy Industry Newsletter*, September, 2017, accessed on October 4, 2017, www.cdia.org.cn/down.php?name=uploads/pdf/1510292756.pdf.

所有这些主要的中国奶制品公司都开始向海外扩张。伊利实业集团股份有限公司来自内蒙古，是中国乳品企业的先行者之一，于 2007 年开始国际化，并且在 2013 年以后为实现高品质、低成本加速了这个进程。两年内，伊利已经成功地建立了覆盖欧洲、亚洲、美洲和大洋洲的全球供应链。伊利在新西兰威美特的生产工厂是该公司的旗帜性国际创新项目。该工厂是迄今为止世界上最大的综合乳品工厂，业务包括研发、生产、深加工、包装和设施制造，投资高达 6 亿美元——创下了中国新西兰经济合作的新纪录。

中国的另一家领先乳制品企业蒙牛乳业股份有限公司的行动相对缓慢。2013 年 6 月，该公司斥资 124 亿港元收购了雅士利国际控股有限公司，① 从而拥有了两个婴幼儿配方奶粉品牌雅士利和施恩。雅士利作为全资子公司，是蒙牛国际化战略海外扩张的一部分。雅士利在新西兰的工厂于 2012 年 7 月动工，投资了 2.2 亿新西兰元。② 该工厂预计年产量大约为 47174 吨婴幼儿配方奶粉。2017 年 4 月，蒙牛与新西兰数家大型牧场签署了协议，为其特仑苏牛奶生产线供货。该公司的目标是发展一项包括其供应链和乳制品加工在内的联合战略。③ 蒙牛还与数家领先的国际乳制品企业达成了战略合作协议，其中包括总部位于丹麦的 Arla 食品（Arla Foods）和总部位于法国的达能（Danone）。

中国另一家主要的婴幼儿配方奶粉生产商合生元国际控股有限公司与法国的战略合作伙伴在寻找奶源方面有着悠久的合作历史。2013 年，合生元与法国领导乳制品品牌圣美尔（Isigny Sainte‑Mère）签署了一项协议以扩大其婴幼儿配方奶粉的产能。2015 年 6 月 12 日，通过 6500 万欧元的投资，该公司在法国的婴幼儿配方奶粉工厂开始运营，合生元的投资总额达 2000 万欧元。④ 该工厂占地 4 万平方米，计划到 2018 年加工大约 45359 吨的婴幼儿配方奶粉。⑤

另一家中国领先的婴幼儿配方奶粉生产商贝因美婴幼儿食品有限公司于 2013 年投资 1.7 亿元人民币在爱尔兰设立了一家子公司，从事婴幼儿配方奶粉及相关产品的研发、生产和销售。2015 年，来自新西兰的乳业巨头恒天然（澳大利亚）有限公司收购了贝因美，从而使贝因美得以收购达润（Damum）51% 的股权，达润是恒天然集团旗下的另一家加工商。这样，该公司与恒天然成立了一家非法人合资的企业，并在澳大利亚维多利亚州建立了一家婴幼儿配

---

① 2013 年 6 月 1 日的汇率为 1 港元兑换 0.13 美元。
② 2012 年 7 月 1 日的汇率为 1 新西兰元兑换 0.8 美元。
③⑤ Li Liu and Zhiwei Zhang, "New Strategy for Investment of Dairy Enterprises: Behind the Phenomenon of Seawater and Flame" [in Chinese] *Dairy and Human*, 1, (2016): 24–29.
④ 2015 年 6 月 12 日的汇率为 1 欧元兑换 1.13 美元。

方奶粉生产厂。①

收购是中国乳制品行业广泛采用的一种策略。拥有百年历史的中国东南地区领先品牌——光明（Bright）将其国际收购和联盟战略分为三步。首先，该公司于2010年8月以8200万新西兰元收购了新西兰新莱特乳业（New Wright Dairy）51%的股份。其次，该公司于2014年4月与澳大利亚Pactum乳品集团开始了一项战略合作。最后，2015年6月光明收购了以色列最大的综合食品企业Tnuva的全部控制权。②另一个高端品牌澳优乳业股份有限公司（Ausnutria）也采用了类似的策略，在2011年以股权交换和现金的方式收购了荷兰公司海普诺凯乳业集团（Hyproca）51%的股权。此次收购使公司在欧洲获得了稳定的奶源和生产工厂，并且获得了在农场管理、资源控制、研发、技术和质量体系设计方面的经验，这提高了公司的运营水平。2013年7月，澳优乳业收购了海普诺凯乳业100%的股权，并计划在高端市场进一步开发其产能。

但国际化也可能存在风险。例如，2012年，另一家婴幼儿配方奶粉生产商圣元国际与法国最大的乳制品公司索迪亚国际集团（Sodiaal International SA）签署了一项协议，投资9000万欧元新建了一座现代化的婴幼儿配方奶粉工厂，年产能约为90718吨。③然而，2016年有报道称，圣元因为法国产品在中国不受欢迎而无法支付其账单。④

加拿大的乳制品行业

加拿大的乳制品行业是加拿大经济中一个重要且不断增长的行业（见表4）。根据加拿大乳制品委员会（CDC）的数据，乳制品行业是加拿大第三大农业部门（仅次于谷物、油籽和红肉），并且对加拿大经济做出了重要的贡献。2015年，该行业雇用了大约22.1万人，每年为加拿大国内生产总值（GDP）贡献大约199

---

① Li Liu and Zhiwei Zhang, "New Strategy for Investment of Dairy Enterprises: Behind the Phenomenon of Seawater and Flame" [in Chinese] *Dairy and Human*, 1, (2016): 24–29.

② Dongjie Wang, Xiaoxia Dong, and Yuting Wang, "An Analysis of the Influences of the Cross–Border Mergers and Acquisitions onthe Chinese Dairy Industry in the Globalization Era," [in Chinese] *Chinese Journal of Animal Science* 54, no. 4 (2018): 132–136.

③ Guo Mengyi, "Synutra's Investment in France Was Approved, but the Experts Claimed That Dairy Companies Should Be Cautious When Making Such Investments," [in Chinese] *National Business Daily*, April 10, 2014, accessed on Oct. 10, 2018, www.nbd.com.cn/articles/2013-04-10/731009.html.

④ Pierre-Henri Allain and Sybille de La Hamaide, "French Dairy Coop Sodiaal in Talks to Buy China's Synutra Plant," Thomson Reuters, August 29, 2018, accessed on October 10, 2018, www.reuters.com/article/france-sodiaal-synutra/french-dairy-coopsodiaal-in-talks-to-buy-chinas-synutra-plant-idUSL8N1VK2WP.

亿加元,并且每年缴纳联邦、省和地区税收大约 38 亿加元。[①] 2016 年,该行业净收入为 61.7 亿加元,仅在乳制品加工行业就雇用了大约 22900 名工人。[②]

表 4　　　　　　　　加拿大牛奶产量(2007~2016 年)

年份	产量(百升)	增长率(%)
2007	75891672	—
2008	75926096	0.05
2009	76627816	0.92
2010	76731527	0.14
2011	77771092	1.35
2012	79801292	2.61
2013	78197966	-2.01
2014	78259854	0.08
2015	81766876	4.48
2016	84704919	3.59

资料来源:"Milk Volumes and Components," Canadian Dairy Information Centre, Government of Canada, February, 23, 2018, accessed on Oct 10, 2018, www.dairyinfo.gc.ca/index_e.php?s1=dff-fcil&s2=msp-lpl&s3=hmp-phl&page=histprod.

加拿大已经制定了一套保证乳制品质量的体系,其严格的质量标准使加拿大乳制品享有很高的声誉。[③] 包括联邦政府各部门、管理机构和倡导团体在内的许多机构都支持这些标准的执行。例如,加拿大食品检验局(Canadian Food Inspection Agency)负责通过制定乳制品标准和等级,乳品工厂检查,包装和标签要求法规,动物健康项目和产品安全监测来确保从加拿大出口和进口到加拿大的乳制品的安全和质量。[④] 加拿大农业和农业食品局与农民和生产者合作以

[①] *Canadian Dairy Sector Overview*, Dairy Farmers of Canada, accessed on September 4, 2017, www.dairyfarmers.ca/content/download/4898/46392/version/2/file/Dairy_Sector_Overview_2017.pdf.
[②] "The Industry: Quick Facts," Canadian Dairy Commission, accessed on April 5, 2019, www.cdc-ccl.gc.ca/CDC/indexeng.php?id=3796.
[③] "Canada's Dairy Industry at a Glance," Canadian Dairy Information Centre, Government of Canada, September 13, 2017, accessed on October 9, 2017, www.dairyinfo.gc.ca/index_e.php?s1=cdi-ilc&s2=aag-ail.
[④] "Dairy Products," Canadian Food Inspection Agency, Government of Canada, June 25, 2018, accessed on September 26, 2018, www.inspection.gc.ca/food/dairy-products/eng/1299789088163/1299794504365.

制定乳制品政策，开展研究，促进市场和农村发展，并且协助进行牲畜改良。①加拿大奶农协会也制定了加拿大优质牛奶计划，为奶农提高奶牛牧场的食品安全管理提供了指导。②

虽然加拿大乳业在加拿大占有重要地位，但是与其他主要国家相比，其产量是相对较低的。2016年，加拿大的牛奶产量大约为800万吨，③远远低于新西兰（大约2100万吨）、欧盟（大约2.21亿吨）或美国（大约9600万吨）的产量。④因为其人口相对较少，加拿大能够满足国内牛奶和乳制品生产的需求，但是在国际乳业贸易中不是很活跃（见表5）。从2007年到2016年，加拿大奶制品的出口和进口都在增加，但进口量持续高于出口量，导致每年都存在贸易逆差。2016年，加拿大进口了233560吨的乳制品，价值9.694亿加元，增长率为8%，出口了98758吨，价值2.353亿加元，增长率为11%。⑤

表5　　　　　　　　2016年加拿大乳制品出口额（按地区划分）

地区	金额（加元）	占比（%）
北美	121648585	51.70
中美洲和西印度群岛	10759835	4.57
南美	10347487	4.40
欧盟	2723820	1.16
欧洲其他地区	3278	0.00
中东	15724626	6.68
非洲	28225941	12.00
亚洲	41778597	17.76

---

① "About Us," Agriculture and Agri-Food Canada, Government of Canada, March 5, 2018, accessed on September 26, 2018, www.agr.gc.ca/eng/about-us/?id=1360699683758.
② "Canadian Quality Milk," Dairy Farmers of Canada, September 9, 2015, accessed on September, 2018, www.dairyfarmers.ca/what-we-do/programs/canadian-quality-milk.
③⑤ "Canada's Dairy Industry at a Glance," Canadian Dairy Information Centre, Government of Canada, September 13, 2017, accessed on October 9, 2017, www.dairyinfo.gc.ca/index_e.php?s1=cdi-ilc&s2=aag-ail.
④ "Milk, Total + (Total)," Food and Agriculture Organization of the United Nations, accessed on September 26, 2018, www.fao.org/faostat/zh/?#search/milk.

续表

国家和地区	金额（加元）	占比（%）
大洋洲	4063657	1.73
总计	235275826	

资料来源："D033Y Canadian Imports/Exports of Dairy Products (Year)," Canadian Dairy Information Centre, Government of Canada, accessed on October 10, 2018, aimis-simia-cdic-ccil.agr.gc.ca/rp/index-eng.cfm?action=rR&pdctc=&r=166.

供应管理系统

造成加拿大乳品生产规模小和贸易逆差的一个重要原因是加拿大独特的供应管理系统，该系统是由加拿大奶农协会监控的，旨在稳定生产者的收入和消费者价格，并通过"三大支柱"（即设定生产配额、管理最低价格和控制进口）避免代价高昂的产品过剩。[①] 加拿大牛奶供应管理委员会审查每年的需求，以确定每个省的牛奶生产和供应配额，并为牛奶设定一个最低价格。这一体系导致了三个显著的结果：第一，它通过高关税和配额限制将外国产品挡在门外；[②] 第二，加拿大生产商和消费者避免了不可预测的价格波动；第三，这一行业的可持续性得到了保证，因此生产商不像其他国家的生产商那样需要政府补贴。[③]

然而，这一系统也因贸易保护主义而受到批评。由于乳制品行业并没有被《北美自由贸易协定》（NAFTA）所涵盖，它成为美国和加拿大之间重新谈判这一协定的一个目标。[④] 加拿大政府也试图将类似的保护扩大到其他牛奶产品，通过实施一个新的价格分类（Class 7），降低国内生产商支付的价格，这不仅激怒了美国的生产商，也激怒了来自澳大利亚、欧盟、墨西哥、新西兰的生产商，它们被这项政策赶出了加拿大乳制品市场。[⑤] 而正如卡尔加里大学公共政策学院的一篇评论文章所指出的，这种保护"导致加拿大乳制品行业的外国直接投资很低。在全球对乳制品行业的 210 亿美元的投资中，加拿大只吸引了很少的一部

[①②] Dairy Farmers of Canada, 2015–2016 Dairy Sector Issues, accessed on June 25, 2018, www.dairyfarmers.ca/annualreport/wpcontent/uploads/2016/01/2015–2016_Dairy_Sector_Issues.pdf.

[③] "Supply Management," Dairy Farmers of Canada, accessed on September 26, 2018, www.dairyfarmers.ca/what-we-do/supplymanagement.

[④] Katie Lobosco, "Why Canada's Dairy Market Is a Target in NAFTA Talks," CNN, September 5, 2018, accessed on September 26, 2018, www.cnn.com/2018/09/05/politics/nafta-canada-dairy-tariffs/index.html.

[⑤] Kelsey Johnson, "Dairy 101: The Canada–US Milk Spat Explained," iPOLITICS, April 22, 2017, accessed on September 26, 2018, ipolitics.ca/2017/04/22/dairy-101-the-canada-u-s-milk-spat-explained/.

分——不到1%"。①

安大略的乳品行业

加拿大多数奶牛牧场（大约82%）在安大略和魁北克，大约12%在加拿大西部，只有略多于5%在大西洋省。② 安大略省在加拿大牛奶市场的份额大约为32.0%，2016年生产了277万升牛奶。安大略省有3705个奶牛牧场和72个乳制品加工厂，③ 它们不仅供应和加工原料奶，而且还加工其他奶制品。安大略也是一个主要的羊奶生产基地，拥有52%的加拿大山羊和36%的加拿大山羊农场。据《安大略农民》（*Ontario Farmer*）杂志报道："2015年，安大略省农业、食品和农村事务部批准的羊奶生产商有240家。2014年，该事务部批准了22家新生产商，2015年批准了35家。2016年，已经有24家'不同规模的'的新生产商在'等待批准'。"④

飞鹤的国际化

自从2008年三鹿奶粉丑闻以来，中国消费者增强了产品质量和安全意识。许多中国消费者愿意购买外国产品以确保其婴儿的食品安全。中国市场目前由国际品牌主导，但包括飞鹤在内的国内品牌正试图通过增加它们在原材料采购和技术方面的投资来迎头赶上。

飞鹤的目标是同时在质量和价格上与国际品牌竞争。2008年，三鹿集团倒闭后，该公司抓住了一个在国内市场实现增长的机会。2016年，它在中国的10个省份击败了外国品牌。⑤ 此外，该公司注意到，自2012年以来，中国高端婴幼儿配方奶粉市场的销售额已经从199亿元（占整个市场的31.2%）开始增长，

---

① Ven Venkatachalam, "Today Marks the Beginning of the End for the Canadian Dairy Consumer!" The School of Public Policy (blog), University of Calgary, February 6, 2017, accessed on October 16, 2017, www. policyschool. ca/today - marksbeginning - end - Canadian - dairy - consumer/.

② "The Industry," Canadian Dairy Commission, accessed on September 3, 2017, www. cdc - ccl. gc. ca/CDC/indexeng. php? id = 3796.

③ Dairy Farmers Ontario, 2016 *Annual Report*, accessed on October 4, 2017, www. milk. org/corporate/pdf/PublicationsAnnualReport. pdf.

④ Frances Anderson, "Producers Told Their Fear of Expansion Was Unfounded; The Price Downturn That Followed Expansions inEarlier Years Was Not Likely to Repeat Itself," *Ontario Farmer*, April 19, 2016, accessed on October 9, 2017, mariposadairy. ca/wpcontent/uploads/Producers - told - their - fear - of - expansion - is - unfounded - April - 19 - 2016 - Ontario - Farmer - magazine. docx.

⑤ Xuewei Liu, "Feihe Beat Foreign Milk Powder in Ten Provinces," [in Chinese] *Business Review*, December 7, 2016, accessed on September 26, 2018, www. ebusinessreview. cn/articledetail - 287396. html.

预计到 2021 年将达到 664 亿元。尽管飞鹤早在 2005 年就开始了其国际化战略,当时该公司还在纽约证券交易所上市了,但它没有任何国外制造工厂。此外,该公司于 2013 年从纽约证券交易所退市,以腾出更多资金用于国内并购。然而,飞鹤需要更多的低成本、高质量的原材料供应商来满足中国日益增长的需求。

为了支持其国际化战略,该公司将其品牌定位为"更适合中国宝宝",并投入了 1380 万元的研发资金与国际研究机构合作,包括 2016 年哈佛医学院贝斯以色列女执事医疗中心(BIDMC)的飞鹤营养实验室。之后在 2017 年 5 月飞鹤首次在香港联交所提出上市申请,这表示该公司仍在试图获得更多的资本和保护自己在中国的市场领导地位。① 然而,因为公司尚未上市,它仍然缺乏足够的资本进行大规模投资。

2015 年 11 月,飞鹤宣布计划投资 1 亿美元,在加利福尼亚建设一个年产量大约 45359 吨奶粉的智能工厂。② 然而,它很快就发现,由于美国当地法律和政策的限制,可能不太适合在那里投资。

金斯顿的雄心壮志

2016 年是中国和加拿大关系史上具有里程碑意义的一年。加拿大总理贾斯汀·特鲁多(Justin Trucleau)出席了在杭州举办的二十国集团领导人峰会(G20 峰会);仅仅几周后,中国总理李克强访问了加拿大,为期四天——这是 13 年来中国总理首次访问加拿大。两位领导人发表了一项联合声明,以鼓励两国之间更多的合作。③

正是在两国"培育合作关系的时候"④,飞鹤瞄准了加拿大市场。加拿大三家最大的乳制品加工企业——萨普托公司(Saputo)、安格普合作社(Agropur)和帕

---

① Li Xing, "Feihe Is Applying to Be Listed in Hong Kong: It Is Another Wave of Domestic Chinese Dairy Companies to Enter the Hong Kong Stock Market," [in Chinese] *Zhitong Finance*, May 19, 2017, accessed on September 26, 2018, www.zhitongcaijing.com/content/detail/58165.html.

② Huang Chunying, "Feihe Builds Its Factory in the US with the Ligao High-Tech Company," [in Chinese] *Heilongjiang Daily*, November 18, 2015, accessed on October 10, 2018, www.xinhuanet.com/local/2015-11/18/c_128439892.htm.

③ "Joint Statement between Canada and the People's Republic of China," Office of the Prime Minister of Canada, newsrelease, September 23, 2016, accessed on October 10, 2018, pm.gc.ca/eng/news/2016/09/23/joint-statement-between-canadaand-peoples-republic-china.

④ Li Keqiang, "China-Canada Relations: A Time to Nurture Co-operation," *Globe and Mail*, September 21, 2016, accessed on October 10, 2018, www.theglobeandmail.com/opinion/china-canada-relations-a-time-to-nurture-co-operation/article31974303/.

玛拉特加拿大公司（Parmalat Canada）——加工了加拿大大约80%的原料奶，并且它们在婴幼儿配方奶粉或开拓国际市场方面没有明确的战略。为了吸引更多的资金，加拿大乳制品委员会开始在欧洲或亚洲寻找婴幼儿配方奶粉加工商。位于安大略湖东端的一个城市金斯顿（Kingston）被选为潜在的地点。2016年6月，飞鹤邀请来自金斯顿经济发展社团（KEDCO）的一个小代表团来中国以庆祝其成立50周年，这次访问为这座城市提供了一个与潜在投资者建立新关系的机会。①

金斯顿被伦敦（英国）《金融时报》2017～2018年刊评为"适合外商直接投资的北美小城市"的冠军，并且在"人力资本与生活方式的小城市"中排名第六。②尽管2016年的经济增长是金斯顿市区以外的地方更稳健，但金斯敦有167965的人口，并且受过良好教育的劳动力大约有91000人。③它还拥有一个由高速公路、铁路和航空运输组成的有效的运输系统，与美国的运输网络连在一起，使乘客和货物都能够方便地到达北美的主要城市。金斯敦还有四个组织良好的商业园区，有完备的设备和基础设施，并且紧邻主要高速公路和市中心。④

金斯顿的另一个优势是它得到了KEDCO的支持。KEDCO成立于1998年，是一家为金斯敦市提供销售和营销服务的非营利机构，其宗旨是促进投资和创造就业。在2015～2020年的战略规划中，KEDCO的目标是通过专注于食品加工、技术和可持续农业，将城市重新定位为一个农业—商业中心。⑤

为了实现这一目标，KEDCO协助企业申请资金，并确定哪些项目和服务最能满足它们的需求。⑥这些项目的资金由省级和联邦政府支持，并包含两个五年联邦计划，以提高农业、农产品以及以农业为基础的产品行业在国内和国际市场的竞争力，这两个计划将运行到2019年，其总投资为3.913亿加元。安大略省政府为食品和饮料加工提供了500万加元的资助计划，成立了针对安大

---

① Elliot Ferguson, "KEDCO Execs in China Meeting with Feihe, Other Companies," *Kingston Whig-Standard*, July 17, 2017, accessed on June 25, 2018, www.thewhig.com/2017/07/17/kedco-execs-on-business-mission-in-china.

② "Kingston Ranked Top City in North America by *Financial Times*," Kingston Economic Development, news release, April 10, 2017, accessed on October 20, 2017, business.kingstonCanada.com/en/News/index.aspx?newsId=87d1b575-9fef-4a53-9222-a2cbafb26e6b.

③ "Demographics," Kingston Economic Development, June 12, 2017, accessed on June 25, 2018, business.kingstoncanada.com/en/statistics/demographics.asp.

④ "Business Parks," Kingston Economic Development, accessed on October 10, 2018, business.kingstoncanada.com/en/whykingston/businessparks.asp.

⑤ Kingston Economic Development, *Kingston ECDEV Strategic Plan* 2015-2020, accessed on October 10, 2018, business.kingstoncanada.com/en/about-us/strategicplan.asp.

⑥ "Corporate Overview," Kingston Economic Development, accessed on October 20, 2017, business.kingstonCanada.com/en/about-us/corporateoverview.asp?_mid_=32910b.

略东部经济发展的基金,并为帮助农业部门适应全球和国内市场环境设立了创新基金。①

下一步

飞鹤的竞争对手大多在新西兰和澳大利亚投资。对于中国乳业巨头来说,加拿大并不是一个传统上受欢迎的投资目的地。此外,加拿大在过去20年里没有建设婴幼儿配方奶粉加工厂。这笔投资为金斯顿提供了动力,并为其雄心勃勃的计划做好了准备。在竞争激烈的全球市场上,任何一个主要的乳制品国家都会羡慕大量的国外直接投资。与此同时,飞鹤已经走上了国际化的道路,并且对在加拿大投资有着浓厚的兴趣。问题是:冷友斌如何为飞鹤制定一个最佳的进入战略计划。

---

① "Investment Support," Kingston Economic Development, accessed on March 16, 2019, 67.225.211.98/EDTools/communityProfilePDF. inc. php? communityProfileTabs [0] = Incentives&predcsd = 35521.

21. 衰退中的澳大利亚汽车工业*

丰田汽车的退出公告：强烈抗议

2014年2月10日，日本丰田汽车（Toyota）宣布将在2017年底从澳大利亚的汽车制造业中退出。在这个公告发布之后的9个月时间里，在澳大利亚运营的另外两家汽车制造商福特（Ford）和霍顿（Holden）也发布了相似的公告，这标志着澳大利亚汽车制造业的终结。

人们认为，丰田汽车的退出不仅会影响它的员工，而且还会影响它的供应商和总体经济。为了表明澳大利亚汽车制造商的退出对当地零部件供应商和汽车制造业的影响，汽车零部件制造商联合会（Federation of Automotive Product Manufacturers）的首席执行官理查德·赖利（Richard Reilly）指出，大多数的零部件供应商在汽车制造业外没有任何收入来源。他声称："这（指汽车制造商退出）会对整个产业造成严重影响。"①

由于担心当地工作岗位大量流失并对经济活动产生不利影响，澳大利亚工会理事会（Australian Council of Trade Unions）的秘书戴夫·奥利弗（Dave Oliver）说："艾伯特（Abbott）政府驱赶霍顿汽车离开，他们也几乎没有做任何事情来挽留丰田汽车留在澳大利亚，这样做的结果就是，澳大利亚将会失去高达50000个直接技术工作岗位，经济损失将会达到210亿美元，并且地区经济也会陷入衰退中。"②

尽管预计整个供应链将失去大量的直接工作岗位，并且会加倍对经济造成不利影响，政府还是宣称让汽车行业自生自灭是合理的。在听闻丰田汽车的退出计

---

* 本案例由维纳·凯沙夫·佩尔瓦（Veena Keshav Pailwar）编写，作者为位于印度那格浦尔的管理技术研究所的经济学教授，案例编号：9B15M064。©2015，Richard Ivey School of Business Foundation，版本：2015-06-24。

① Sam Hall, "Toyota Closure 'Diabolical' for Part Suppliers," Drive, February 10, 2014, http://www.drive.com.au/motor-news/toyotaclosure-diabolical-for-parts-suppliers-20140210-32cxa.html, accessed on January 11, 2015.

② Australian Council of Trade Unions, "Local Job Losses Mount as Abbott Turns His Back on Australian Workers," MediaRelease, February 10, 2014, accessed on October 16, 2014.

划时，为了证明政府立场的合理性，澳大利亚总理托尼·艾伯特（Tony Abbott）说，"尽管一些企业关闭了，但另一些企业开张了；尽管一些工作岗位消失了，但另一些工作岗位出现了。"① 为了在反对派持续的攻击中维护政府的立场，艾伯特告诉议会，政府的职责不是无限期地保护个别企业。政府必须要优先保护经济的基础，并确保人民获得更好的工作。②

澳大利亚的汽车制造商到底出了什么问题？何种因素导致它们发布退出公告？为什么行业观察者预计澳大利亚的汽车制造业会终结？为什么会有那么多的强烈抗议，这些抗议是正当的吗？政府是否应该尝试阻止汽车制造商退出澳大利亚？

澳大利亚的汽车行业

在丰田汽车宣布退出的时候，澳大利亚的汽车行业只有三家汽车制造商：丰田、通用—霍顿和福特。这三家汽车制造商由160多家零部件设计、加工、工装企业（不包括专门为汽车售后市场生产汽车零部件的公司）提供支持。另外260家澳大利亚公司专门为汽车售后市场（即汽车卖给客户以后，提供可替换的零部件、配件以及汽车保养或者提高汽车性能的设备的市场）生产零部件和配件。③

福特和丰田的制造厂位于维多利亚地区（Victoria region），而霍顿的制造厂设在南澳大利亚（South Australia）地区。大多数的零部件制造商位于墨尔本（维多利亚地区）和阿德莱德（南澳大利亚），还有一些零部件生产商在巴特瑞特（Ballarat，维多利亚地区）、图文巴（Toowoomba，昆士兰州）和悉尼西部（Western Sydney，新南威尔士州）进行运作。④

卡车和公共汽车的生产制造在澳大利亚的汽车行业中只很小的份额，卡车制造商只有三家：维多利亚地区的帕卡汽车公司（PACCAR）和依维柯汽车公司（Iveco），以及昆士兰州的沃尔沃汽车公司。此外，在整个澳大利亚还运营着15

---

① Australian Council of Trade Unions, "Local Job Losses Mount as Abbott Turns His Back on Australian Workers," MediaRelease, February 10, 2014, accessed on October 16, 2014.
② Daniel Hurst, "Toyota Shutdown: Tony Abbott Says He Was Powerless to Prevent Exodus," The Guardian, http://www.theguardian.com/business/2014/feb/11/toyota-shutdown-tony-abbott-says-powerless-prevent-exodus, accessed on October 18, 2014.
③④ Australian Government Productivity Commission, "Australia's Automotive Manufacturing Industry," ProductivityCommission Inquiry Report, No. 70, March 31, 2014, http://www.pc.gov.au/_data/assets/pdf_file/0020/135218/automotive.pdf, accessed on September 20, 2014.

家公共汽车制造商。[①]

汽车行业和澳大利亚的经济

从供应链的上下游来看，原始设备制造商（OEMs）组成的核心汽车产业是由澳大利亚大量的经济与商业活动支撑的。原始设备制造商的上游是第一级、第二级和第三级供应商（见图1）。汽车制造业的下游是零售产业——汽车经销商。

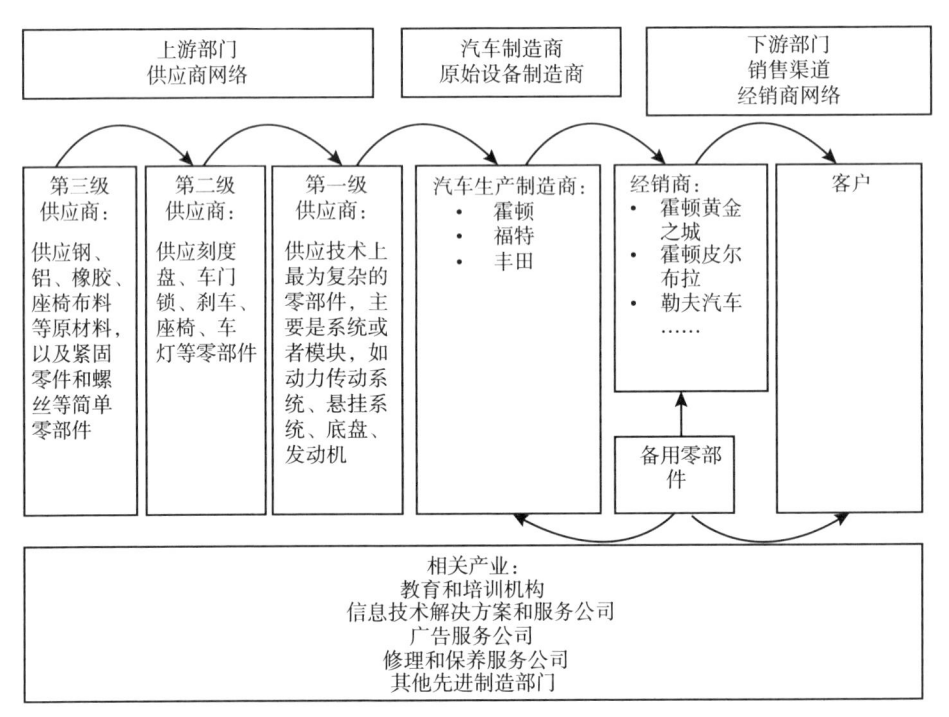

上游部门 供应商网络			汽车制造商 原始设备制造商	下游部门 销售渠道 经销商网络	
第三级供应商： 供应钢、铝、橡胶、座椅布料等原材料，以及紧固零件和螺丝等简单零部件	第二级供应商： 供应刻度盘、车门锁、刹车、座椅、车灯等零部件	第一级供应商： 供应技术上最为复杂的零部件，主要是系统或者模块，如动力传动系统、悬挂系统、底盘、发动机	汽车生产制造商： • 霍顿 • 福特 • 丰田	经销商： • 霍顿黄金之城 • 霍顿皮尔布拉 • 勒夫汽车……	客户
相关产业： 教育和培训机构 信息技术解决方案和服务公司 广告服务公司 修理和保养服务公司 其他先进制造部门				备用零部件	

图1 澳大利亚汽车工业的供应链

资料来源：由案例作者绘制。Australian Government Productivity Commission, op. cit.; Australian Industry Group, "Australian Automotive Manufacturing: Size and Output," Ai Group Factsheet; Australian Automotive Manufacturing Statistics, December 2013, http://www.aigroup.com.au/portal/binary/com.epicentric.contentmanagement.servlet.ContentDeliveryServlet/LIVE_CONTENT/Economicpercent2520Indicators/Factpercent2520 Sheets/2013/Autopercent2520industrypercent2520factsheetpercent2520Decpercent25202013.pdf, accessed on January 29, 2015; International Labour Office, op. cit.

[①] Australian Government Productivity Commission, "Australia's Automotive Manufacturing Industry," Productivity Commission Inquiry Report, No. 70, March 31, 2014, http://www.pc.gov.au/_data/assets/pdf_file/0020/135218/automotive.pdf, accessed on September 20, 2014.

此外，澳大利亚的汽车产业对许多相关产业具有重大影响，如教育业、汽车售后服务业、广告服务业以及金融服务业。为了提升员工的技能，汽车制造业和教育机构形成了紧密的联系。汽车售后服务业雇用了超过3万名员工，[1] 不仅为原始设备的汽车售后提供零部件和配件，还为在原始设备制造商渠道以外的独立汽车制造商提供售后服务所需的零部件和配件。核心汽车产业为了把汽车卖给客户，需要广告代理和金融机构的支持，而且汽车制造商的创新以及由其开发的技术对于其他先进的生产制造产业也具有溢出效应。由于汽车制造业与澳大利亚经济中的其他产业具有广泛的联系，汽车产业被看作是国家经济增长的核心。

在2013/2014年度，机动车及零部件制造产业直接雇用了超过48000名员工，占澳大利亚制造产业总雇用人数的5%左右。[2] 政府和汽车产业本身为了使其劳动力达到世界级水平，已经在劳动力培训和技能提升方面进行了大量的投资，同时也努力为大多数全职工作者提供相对较高的工资、合理的工作期限，以及健康的职业发展道路。[3]

汽车制造业同样支持着汽车修理和保养、机动车及机动车零件的零售和批发领域的就业，2013/2014年度，这些领域提供了额外的267125个就业岗位。机动车及其零部件的生产制造为经济贡献了47.81亿美元的增加值，相当于制造业总增加值的5%左右。汽车制造业同样也是重要的外汇收入来源。2013年，超过40%的澳大利亚产汽车出口到海外（见图2）。[4]

汽车业是澳大利亚科学和技术基础的重要组成部分。2011/2012年度，澳大利亚在研究和开发（R&D）方面的总支出是44.74亿美元，其中汽车产业研发支出占总支出的比例超过15%。[5] 通过研究和开发，汽车产业促进了很多技术的发展，如轻金属、计算机化加工、电子技术、芯片制造、塑料、化学、冶金，以及

---

[1] Australian Automotive Aftermarket Association, "Relative Costs of Doing Business in Australia: Retail Trade Industry," Productivity Commission Research Report, September 2014, http://www.pc.gov.au/_data/assets/pdf_file/0020/161624/retailtrade.pdf, accessed on June 18, 2015.

[2][4][5] Department of Industry and Science, "Australian Government, Automotive Industry Data Card," Automotive Update, June 2014, http://www.industry.gov.au/industry/IndustrySectors/automotive/Statistics/Pages/automotive datacard.aspx, accessed on January 14, 2015.

[3] Phillip Toner, "Losing the Car Industry Means We Risk Our Technology," The Conversation, February 12, 2014, http://theconversation.com/losing-the-car-industry-means-we-risk-our-technology-23082, accessed on January 14, 2015.

广泛用于汽车装配及组件制造的机器人技术。①

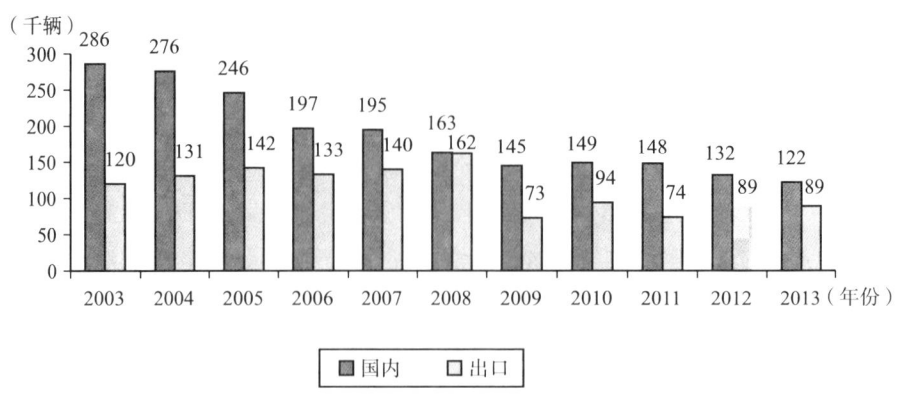

```
(千辆)
300 ┤ 286
     │     276
250 ┤          246
200 ┤              197  195
150 ┤    120  131  142  133  140  163
100 ┤                            162  145  149  148  132  122
 50 ┤                                  73   94   74   89   89
  0 ┤
     2003 2004 2005 2006 2007 2008 2009 2010 2011 2012 2013 (年份)
              ■ 国内    □ 出口
```

图 2　澳大利亚制造的汽车的产量

资料来源：由案例作者绘制。Department of Industry and Science, "Australian Government, Automotive Industry Data Card," Automotive Update, June 2014, http：//www.industry.gov.au/industry/IndustrySectors/automotive/Statistics/Pages/automotivedatacard.aspx, accessed on January 14, 2015.

由此，通过供应链上下游的联系和乘数效应，汽车行业构成了制造业的主要部分，并在几个重要方面为国家做出了贡献。它通过研究和开发对技术创新做出了贡献，并通过创造就业机会对人类发展做出了贡献。此外，它还通过培训、管理理念和精益管理技术的应用对技术发展做出了贡献。汽车生产制造产业提高了澳大利亚人的生活质量，不仅是因为通过提供各种国产汽车，还因为其通过直接和间接税为政府带来了收入，通过出口赚取了外汇，通过增加价值促进了总体经济增长。

澳大利亚的汽车产业出了什么问题？

汽车产业被认为是澳大利亚经济发展的核心，但是它却被迫在一个越来越不利的环境中经营。

竞争激烈的、碎片化的市场格局

尽管只有为数不多的几家国内汽车制造商，但产品之间的竞争却非常激烈。

---

① Phillip Toner, "Losing the Car Industry Means We Risk Our Technology," The Conversation, February 12, 2014, http://theconversation.com/losing-the-car-industry-means-we-risk-our-technology-23082, accessed on January 14, 2015.

20世纪80年代中期以来，较低的关税壁垒和高度开放的贸易环境使得进口汽车非常容易进入澳大利亚。大约有65个品牌和365种型号的汽车（包括轿车、运动型多功能车和轻型商用车）在澳大利亚每年销售110万辆新车的市场中展开竞争，① 这使得澳大利亚的汽车市场竞争十分激烈，并成为世界上最分散的市场之一。

不利的需求结构

2013年，澳大利亚拥有2310万人口，占世界总人口的0.33%，② 这表明对于汽车行业来说，澳大利亚是一个较小的市场。同年，澳大利亚新车销售量约占全球销售量的1.3%。③

全球性金融危机后经济复苏缓慢造成的对澳大利亚产汽车出口需求下降更使这个小型市场雪上加霜。对于汽车的需求逐渐转移到中国、印度和巴西等新兴市场。不仅是汽车需求的地理分布发生了结构性变化，而且在需求的构成上也发生了变化，消费者的偏好逐渐转向中小型汽车。④ 这样的构成变化正好与澳大利亚产汽车的类型相反。

制造成本高

在全球汽车生产领域，澳大利亚只是一个非常小的参与者。2013年，澳大利亚只生产了20万辆轿车和商用车，仅占全球产量的0.25%左右。⑤ 每一家汽车制造商的产量都远远低于产品的最低有效生产规模（每年20万辆左右）。⑥ 生产规模小使得澳大利亚的平均生产成本保持在一个很高的水平上。此外，澳大利亚汽车制造商的生产规模对于澳大利亚零部件生产商的生产规模和生产成本也造成了不利的影响。

除了缺乏规模经济外，较高的劳动力成本和其他成本（如碳税和豪华车税）也是导致澳大利亚汽车制造成本较高的原因。

---

① "Ford to End Car Production in Australia," The Telegraph, November 1, 2014, http://www.telegraph.co.uk/finance/newsbysector/transport/10075157/Ford-to-end-car-production-in-Australia.html, accessed on October 31, 2014.

② "Australia Population 1960–2014," Trading Economics, www.tradingeconomics.com/australia/population, accessed on November 1, 2014.

③④⑤⑥ Australian Government Productivity Commission, "Australia's Automotive Manufacturing Industry," Productivity Commission Inquiry Report, No. 70, March 31, 2014, http://www.pc.gov.au/_data/assets/pdf_file/0020/135218/automotive.pdf, accessed on September 20, 2014.

政府政策：从贸易保护到自由化

澳大利亚政府对汽车产业的干预可以追溯到20世纪初期，1917年8月，为了促进国内产业的发展和节约外汇，澳大利亚实施了进口替代政策，政府宣布禁止轿车车身的进口，以及服装、珠宝和饼干的进口。这条对于轿车车身进口的全面禁令一直持续到第二次世界大战。受到禁令的鼓舞，霍顿的车身生产部门——当时只是包含在汽车装饰业务中——开始为进口的雪佛兰（Chevrolet）底盘生产车身。

第二次世界大战以后，澳大利亚政府意识到了汽车工业的就业、技术和出口潜力，对于采矿业、航空航天和国防产业的溢出效应，以及对于经济增加值的乘数效应。鉴于所有这些好处，贸易保护政策得以持续。然而，战后时期，这些政策的实施方式有所改变，绝对禁止令被非常高的关税所代替。在此后的时期内，政府试行了几种不同的组合贸易保护政策，从高关税到低政府补贴、从低关税到高政府补贴。

为了从贸易保护环境中获益，一些跨国汽车公司进入了澳大利亚的生产制造产业。其中，福特汽车于1925年率先进驻澳大利亚。通用汽车公司（General Motors）紧随其后并最终在1930年收购了霍顿。战后时期，为了规避高关税壁垒以及新车的进口许可要求，美国克莱斯勒汽车公司（Chrysler）、英国利兰汽车公司（British Leyland）、法国雷诺汽车公司（Renault）、德国大众汽车公司（Volkswagen）以及日本丰田汽车公司于20世纪五六十年代开始在澳大利亚组装汽车。在此后的时期内，曾经有很多外国公司表示对在澳大利亚建立装配厂有兴趣，但它们的装配线只能使用几年的时间。这个要求鼓励新进入者，同时迫使现有装配公司要紧跟澳大利亚当地生产的新车型。1964年，"孟席斯国产化率计划"（Menzies Local Content Plan）强制要求，由大型制造商大批量生产的汽车要达到95%的国产化率，这个计划促进了国产组件的使用和生产。

20世纪70年代，石油价格冲击和工资激增以及由此导致的高通货膨胀率使得澳大利亚遭受了沉重的打击。结果，十年中有许多汽车制造商退出了澳大利亚。为了在这段时期支持汽车工业，1975年，澳大利亚政府强制实行数量限制，限制进口汽车数量只能占国内市场的20%。[①] 同时，乘用车辆的关税税率在1978

---

① E. Sanidas and Kankesu Jayanthakumaran, "Trade Reforms and the Survival of the Passenger Motor Vehicle Industry in Australia," University of Wollongong – Research Online, 2003, http：//ro. uow. edu. au/cgi/viewcontent. cgi? article =1077&context = commwkpapers, accessed on January 30, 2015.

年提高到了57.5%的峰值。① 20世纪80年代，当澳大利亚政府的"出口促进计划"（Export Facilitation Scheme）生效时，贸易保护政策又呈现出新特征。根据国内汽车制造商的出口绩效，这个计划允许它们生产的汽车的国产化率低于85%。②

20世纪80年代，随着商品价格的急剧下降以及随之而来的澳元贬值，澳大利亚的经济困难更加严重。尽管贸易保护政策使澳大利亚成为能够从零开始制造汽车的13个国家之一，但这些政策也从以下几个方面扭曲了汽车产业：

● 由于缺少国外汽车公司的竞争，澳大利亚的汽车公司规模较小，这导致平均生产成本较高。

● 较高的关税税率遏制了新技术的进口。结果是，新的车型（如闭式车身汽车和全钢车身汽车）在美国出现10年后，澳大利亚才开始制造经改进的车型。

● 澳大利亚的消费者要支付更高的价格来购买国产汽车，而这些汽车是使用落后技术生产的。③

澳大利亚政府最终意识到，贸易保护政策不利于国家汽车工业的发展，而且也不利于提高消费者福利。因此，政府开始开展一些大范围的经济改革。

作为经济改革进程的一部分，以澳大利亚联邦商业、贸易、产业部部长，参议员约翰·巴顿（John Button）命名的"巴顿汽车计划"（Button Car Plan）④专门针对汽车工业内部的改革。"巴顿汽车计划"通过逐步降低关税税率以及将其打造为一个出口导向的部门，从而推动汽车产业的全球化。作为这项改革的一部分，关税税率从1984年的57%逐渐降低到2010年的5%。同时，1984年20%的进口数量限制也被逐步取消，并在1988年时被彻底取消。⑤

为了帮助汽车工业适应不断降低的关税水平，澳大利亚政府为制造商提供了直接补贴，这些补贴与投资和研发支出挂钩。越来越多的政府补贴从汽车装配领域（最不具竞争性）转向出口领域（最具竞争性）。为了给本国汽车制造商带来

---

①② E. Sanidas and KankesuJayanthakumaran, "Trade Reforms and the Survival of the Passenger Motor Vehicle Industry inAustralia," University of Wollongong – Research Online, 2003, http://ro.uow.edu.au/cgi/viewcontent.cgi?article=1077&context=commwkpapers, accessed on January 30, 2015.

③ Chris Berg, "Insane Obsession: Australia's Auto Industry Waste," The Drum, http://www.abc.net.au/news/2013-05-28/berg-carindustry-waste/4717262, accessed on October 28, 2014.

④ Keri Phillips, "Australia's Auto Industry: From Military Paranoia to Dreams of Modernity," Rear Vision, July 9, 2013, http://www.abc.net.au/radionational/programs/rearvision/australian-auto-industry-myths/4808616, accessed on October 28, 2014.

⑤ "Protectionism and the Australian Automotive Industry 1986 to 2012—A Timeline," On Four Wheels, November 25, 2014, http://onfourwheels.blogspot.in/2013/02/protectionism-and-australian-automotive.html, accessed on January 29, 2015.

规模经济,"巴顿汽车计划"致力于汽车制造商的合并,到20世纪90年代初期,澳大利亚只剩下了三家本土汽车制造商。

改革进程帮助澳大利亚消除了产量很低的汽车型号的生产,并改善了超过平均产量的汽车型号的生产。这些进步促进了主要的汽车制造商之间的合作,由此产生的结果是,到1987年,零部件行业缩减到只有35家制造商,其产量占整个行业产量的70%。[1] 然而,按照全球标准来看,澳大利亚汽车生产的规模和汽车的质量还是比较低的。除了这些因素外,高昂的且不断增长的劳动力成本也让澳大利亚的汽车工业在全球缺乏竞争力。不具竞争力的公司时常受到彻底倒闭的威胁,而政府则试图通过利用对社会无益的非关税手段来留住希望退出的生产商。

21世纪面临的挑战是设计更加节能高效的和对环境友好的发动机。发生在新千年第一个十年末的全球经济衰退,以及众多外部发展,都对澳大利亚的三大汽车制造商造成了进一步的挑战。到2011年12月末,澳大利亚的三大汽车制造商艰难地维持着其市场份额。面对澳大利亚越来越差的经济环境,政府的支持显得不够充足。

自由贸易协定和不平衡的贸易环境

为了增加贸易流量和资金流动,澳大利亚签署了各种各样的自由贸易协定(FATs),如泰国—澳大利亚自由贸易协定、新加坡—澳大利亚自由贸易协定、澳大利亚—智利自由贸易协定、澳大利亚—美国自由贸易协定、东南亚国家联盟—澳大利亚—新西兰自由贸易协定、韩国—澳大利亚自由贸易协定、马来西亚—澳大利亚自由贸易协定以及日本—澳大利亚经济伙伴协定。[2] 虽然这些自由贸易协定为食品和金属材料等物品提供了更好的贸易条件,但是还是有许多协定被证明对澳大利亚的汽车产业不利。[3]

---

[1] "Protectionism and the Australian Automotive Industry 1986 to 2012—A Timeline," On Four Wheels, November 25, 2014, http://onfourwheels.blogspot.in/2013/02/protectionism-and-australian-automotive.html, accessed on January 29, 2015.

[2] Australian Government—Department of Foreign Affairs and Trade, "Free Trade Agreements," www.dfat.gov.au/fta/, accessed on January 29, 2015.

[3] Alan Johnson, "FTA - Good or Bad News?," Ferret, May 26, 2014, http://www.ferret.com.au/articles/in-focus/fta-good-or-badnews-n2514538, accessed on January 28, 2015.

例如，泰国—澳大利亚自由贸易协定是 2005 年签署的，到 2007 年，两国之间的双边贸易就翻倍了。自由贸易协定使得澳大利亚出口的原油、铝、黄金和铜在泰国市场上更加容易获得，但是泰国的电子产品（主要是电脑、电力机械和家用电器）、机动车和家用产品在澳大利亚市场更容易见到。随着澳大利亚取消对进口泰国产汽车征收的关税，澳大利亚从泰国进口的机动车翻了三番，进口额从 2004 年的 10 亿美元增加到 2007 年的 32 亿美元。①

澳元显著升值

从 2001 年到 2014 年，澳元的贸易加权指数从 47 提高到 79。因为澳大利亚工业在贸易上高度开放，所以在澳元的价值达到最大值的时候，出口物品与前十年相比贵了 65%。②

澳元戏剧性的升值显著影响到国产汽车制造商的出口业务。与此同时，澳元的升值也使进口产品更加便宜，导致国内对于国产汽车的需求减少，这进一步降低了澳大利亚汽车制造商的盈利能力。

汽车产业的全球战略转变

从 2000 年开始，亚洲汽车销售量出现了最显著的增长，导致全球范围内汽车制造商的投资策略发生了改变。作为新策略的一部分，全世界的汽车制造商开始撤出像澳大利亚这样的小市场，将产品设备投资转移到中国和印度等正在不断增长的市场中。

决策时刻

汽车制造商大量撤离澳大利亚威胁到澳大利亚汽车零配件制造商的生存，它们不知道如何才能避开这场经济灾难。因汽车制造商撤离而受到威胁的不只是零部件制造商。维多利亚地区和南澳大利亚的经济同样严重依赖汽车工业，汽车工

---

① Parliament of Australia, "Australia's Free Trade Agreements," December 2, 2008, http://www.aph.gov.au/About_Parliament/Parliamentary_Departments/Parliamentary_Library/pubs/BN/0809/AustFreeTradeAgreements, accessed on January 29, 2015.

② GM Holden, "GM to Transition to a National Sales Company in Australia and New Zealand: Company to Cease Manufacturing in Australia by 2017," Media Release, December 10, 2013, http://media.gm.com/media/au/en/holden/news.detail.html/content/Pages/news/au/en/2013/Dec/1211_National_Sales_Company.html, accessed on October 29, 2014.

业的消亡毫无疑问会造成这些地区经济的衰退。乘数效应也会造成潜在的全国性影响。

澳大利亚的汽车工业是全世界最为分散的市场。汽车制造产业的生产率比国内和全球基准低得多。以增加值和其他参数衡量，汽车工业的贡献低于澳大利亚其他经济活动的贡献（见图3）。

政府应该做些什么？政府是否应该提供足够的保护来确保那些严重依赖汽车产业的地区的人们的工作不受伤害？还是应该让汽车工业自然死亡，转而重点关注澳大利亚经济生产率更高的、更有前途的行业？

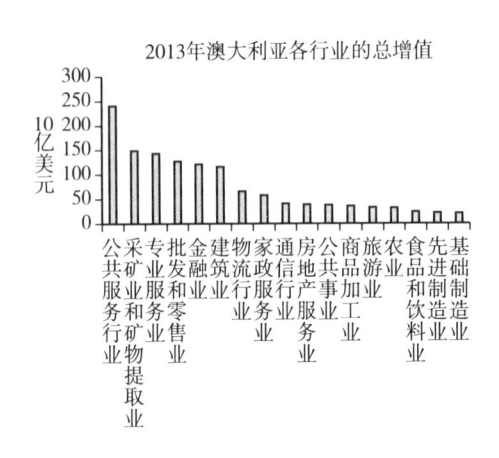

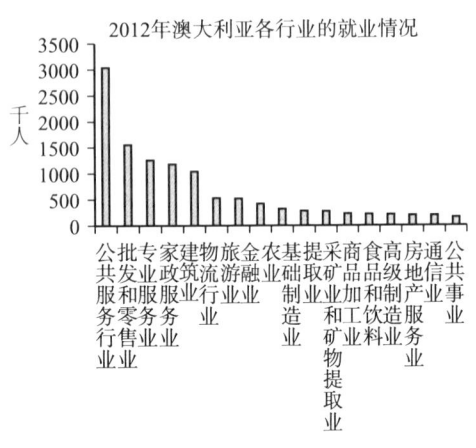

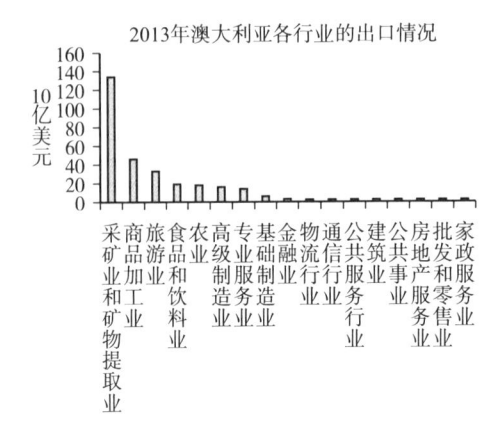

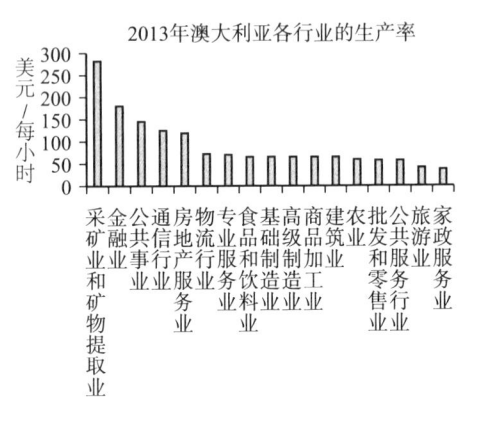

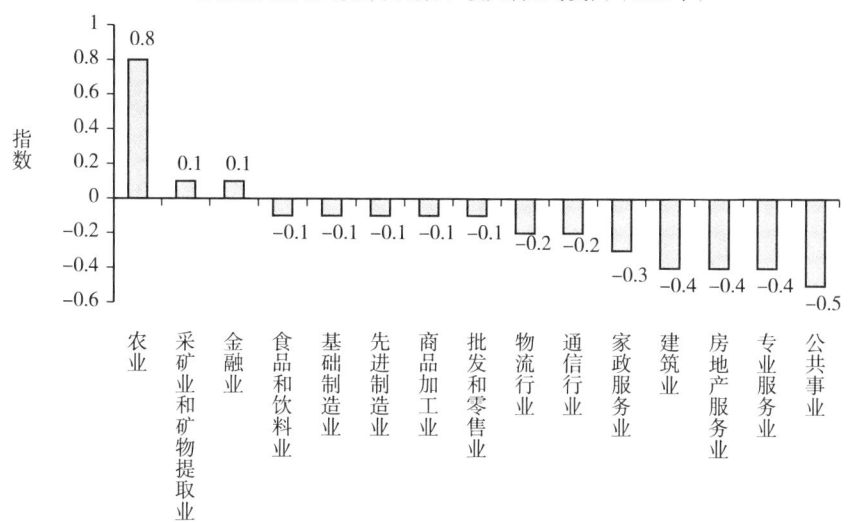

各行业间的相对竞争力得分：澳大利亚与美国（2012年）

行业	指数
农业	0.8
采矿业和矿物提取业	0.1
金融业	0.1
食品和饮料业	-0.1
基础制造业	-0.1
先进制造业	-0.1
商品加工业	-0.1
批发和零售业	-0.1
物流行业	-0.2
通信行业	-0.2
家政服务业	-0.3
建筑业	-0.4
房地产服务业	-0.4
专业服务业	-0.4
公共事业	-0.5

图3　澳大利亚各行业的业绩

资料来源：案例作者以下列数据为基础绘制：McKinsey Australia, Compete to Prosper: Improving Australia's Global Competitiveness, July 2014, http://www.mckinsey.com/global_locations/pacific/australia/en/latest_thinking/compete_to_prosper, accessed on January 26, 2015.

22. Molto Delizioso 咖啡机：英国脱欧货币贬值后的定价和利润*

2016 年 1 月的一天，奈杰尔·蒙塔古（Nigel Montague）坐在办公室俯瞰着圣保罗大教堂，脸上显出心满意足的表情。蒙塔古是意大利咖啡机制造商 Molto Delizioso SRL 英国子公司的董事总经理。Molto Delizioso 咖啡机品质优良，伦敦和英国其他主要城市中的咖啡爱好者们愿意花费 200 英镑购买一台。[①] Molto Delizioso 咖啡机面临来自其他咖啡机的激烈竞争，如 De'Longhi、Cuisinart、Philips 和 Fracino 生产的产品，而蒙塔古则担心英国消费者对价格的敏感性问题。然而，虽然英镑兑欧元汇率上升，蒙塔古仍然满意地看到他的英国子公司向 Molto Delizioso 的米兰总部报告了足够好的盈利情况（见表 1）。

表 1　　　　　　　英国脱欧前的利润表（年化）

	每台价格	数量（台）	金额（欧元）	金额（英镑）
在英国的销售额	200 英镑	40000		8000000
在英国的成本				
● 合同工（可变成本）				200000
● 进口咖啡机（每台发票价格为 90 欧元）	90 欧元	40000	3600000	2647059
● 营销和分销成本（假设为固定成本）				400000
● 其他固定成本：开销、利息、折旧、租金、工资等。				500000
利润（英国子公司）				4252941 英镑或 5784000 欧元

注：假设 1 英镑 = 1.36 欧元。
资料来源：公司文件。

---

* 本案例由法鲁克·J. 孔特拉克特（Farok J. Contractor）编写，案例编号：9B17M049。©2017, Richard Ivey School of Business Foundation，版本：2017-03-30。

① 2016 年 7 月 6 日的汇率为 1 美元 = 0.77 英镑，1 美元 = 0.9 欧元。

蒙塔古与保守党的接触使他确信，即将举行的英国脱欧公投结果肯定是留在欧盟。然而，到了 2016 年 6 月初，蒙塔古早先的信心消失了，他变得焦虑不安。假设英国脱欧投票导致英国决定退出，那么英镑会贬值吗？他告诉自己："我们不得不用欧元购买这些机器，但是在英国市场产品却是以英镑价格进行销售的。"

背景

在英国销售的许多物品（如 Molto Delizioso 咖啡机）都是进口的，并且用欧元支付，但这些商品通过英国子公司销售时，则是以英镑为单位计算收入。跨国公司的外国子公司通常从母公司购买产品或零部件，并用母公司所在国的货币支付进口费用，然后以子公司当地货币出售这些商品。这种公司间的贸易十分常见。[①] 根据联合国贸易和发展会议的数据，由一个跨国公司作为进口商或出口商的贸易占全世界贸易的 80%。[②] 总的来说，当公司的成本用一种货币计量，而收入用另一种货币计量时，汇率的任何变化都可能影响到双方，进而改变营业利润。全球有数十万家企业面临这种情况。

2016 年 6 月：英国脱欧和英镑贬值

2016 年 6 月 23 日，英国公投决定脱离欧盟，这一决定导致英镑贬值。6 月 24 日，英国脱欧投票后的第二天，英镑下跌近 8%，到 7 月 6 日，英镑兑欧元的汇率进一步下跌至 1.16。当天下午，蒙塔古接到了 Molto Delizioso 米兰总部翁贝托·加莱亚齐（Umberto Galeazzi）十分焦急的电话："蒙塔古，对于英国子公司的利润下降，你准备做些什么？在下个财季初，我们需要一个可靠的答案，还有你的计划！"

蒙塔古轻拍自己的额头，他只能勉强承诺在未来两个月进行额外的市场调查，在 2016 年 9 月向意大利总部提交回复。

在英国脱欧、英镑贬值后，英国进口商的一个选择是让本地以英镑标出的价

[①] David Turner and Pete Richardson, "The Global Business," *Organisation for Economic Cooperation and Development*, *The OECD Observer* 234 (2002): 27, accessed on October 2016, http://oecdobserver.org/news/archivestory.php/aid/850/The_global_business_.html.

[②] United Nations Conference on Trade and Development (UNCTAD), "Global Value Chains: Investment and Trade for Development," Chapter IV in *World Investment Report* 2013, June 2013, accessed on October 2016, http://unctad.org/en/PublicationChapters/wir2013ch4_en.pdf.

格保持不变；但是，这个决定会减少利润，因为以英镑为单位计算的进口成本正在上涨。很多主要的进口商采取的一个替代策略是提高在英国市场销售的以英镑计价的商品单价，来弥补英镑贬值后的成本上涨。① 这种替代策略可能会对利润有好处，也可能不会，这取决于英国消费者对价格上升的反应——或者说需求价格弹性。② 这种反应反过来取决于同类产品市场竞争的激烈程度。蒙塔古转向他的电子表格，看到了情况更好的日子里的数据（见表1）。

蒙塔古的窘境：维持原价还是涨价？

蒙塔古从面临类似进口情况的阿盖尔和库姆邦德俱乐部（Argyll & Cummerbund Club）获悉，他们在英国脱欧后的数据也不容乐观。"这完全取决于该死的买方的反应。"一家进口德国葡萄酒的英国公司的负责人科林·切姆斯福德（Colin Chelmsford）爵士表示，"如果我每瓶酒以英镑计价的售价保持不变，而我的成本会上涨，因为英镑对欧元贬值，我的利润就会缩水。但如果我提高价格，成交量就会受到影响。"

切姆斯福德很快补充说："但谁知道呢？与维持原价相比，提高价格可能会提高利润。"

蒙塔古插话道："我面临的情况更复杂。我们子公司以英镑计价的利润之后需要被兑换回欧元，这一点是米兰总部真正在乎的。"

在俱乐部吃完晚餐后，在回家的路上，蒙塔古回顾了他的可选方案。他应该维持咖啡机的单价不变，还是应该提价呢？他决定："我最好委托进行一次快速的市场研究，并从营销咨询公司那里得到一份报告。"

咨询公司的报告：两个月后

蒙塔古意识到他可能要被迫提高在英国市场销售的咖啡机的价格。他决定尝试将单价从现在的 200 英镑提高到 235 英镑，提价幅度为 17.5%——与英镑对欧元贬值的幅度大致相同。"这不是很科学，"蒙塔古自忖道，"但是我会向米兰总

---

① Saabira Chaudhury, "Unilever Price Rises Herald Brexit Pain for British Consumers," *Wall Street Journal*, October 13, 2016, accessed on February 27, 2017, http://www.wsj.com/articles/unilever-raises-prices-to-maintain-sales-1476340026.

② "Price Elasticity of Demand," Investopedia, accessed on February 27, 2017, http://www.investopedia.com/terms/p/priceelasticity.asp.

部证明我正在采取一些行动。"

2016年9月下旬，Veraccurate研究协会（Veraccurate Research Associates，VRA）私人有限公司的顾问向蒙塔古提交了他们的意见，他说："我们发现贵公司的利润情况差别很大，这取决于客户的价格弹性。"

蒙塔古低声抱怨，告诉自己早就预见到这种情况了，但之后他回复道："好的。你们的市场调研中对客户的价格弹性有什么看法？"

VRA的顾问在回答中解释道：

如果我们假设所有购买欧洲大陆制造的咖啡机的进口商也将提高价格，那么弹性的数值只有0.8。但是，如果我们假设一些以英镑计价的进口商不会提高单价——英国制造商Fracino可能也不会提价，尽管它的名字听起来像意大利的公司，但它确实是英国的——那么我们的研究表明，对于贵公司的咖啡机来说，弹性数值为1.1。

作为提醒，VRA的顾问在屏幕上显示了重新计算利润表时使用的价格弹性的简单公式：

$$价格弹性 = \frac{需求数量变动的百分比}{每一单位价格变动的百分比}$$

蒙塔古和顾问随后审查了展示Molto Delizioso英国子公司在以下三个可供选择的假设下的利润表：

- 保持价格相同：200英镑。
- 假设价格弹性 $\varepsilon = 0.8$，将价格提高到235英镑。
- 假设价格弹性 $\varepsilon = 1.1$，将价格提高到235英镑。

蒙塔古对着屏幕眯起了眼睛，焦急地等待着在顾问提出的三个假设下子公司的盈利情况。

第 10 章 国际供应链管理

23. 贝宁的"白金": 中国在贝宁的棉花投资*

2011年6月中旬,中贝合资企业贝宁纺织公司(Sino – Benin Joint Venture of Benin Textile Corporation, CBT)董事长王齐建坐在贝宁科托努的办公室里,深感忧虑。自2009年以来,CBT在棉花供应方面面临着重大挑战。2010年,虽然公司已经下了棉花订单,但由于市场价格上涨,当地贝宁棉花公司不愿意以之前的协议价格交割棉花,CBT被迫停产5个月,导致大量合同搁置。CBT正面临着决策:是否要继续留在西非。如果留在西非,该如何改善这种状况?目前王总至少有四个选择:保持现状,希望有所改善;退出西非;从其他国家购买棉花合约,以满足CBT的棉花需求;在贝宁投资棉花种植。

棉花

棉花可以用来制造诸如服装等许多纺织品。棉花加工涉及种植和收获、棉花预处理过程、通过纺纱工艺制造纱线、通过编织工艺生产织物,最后制造出纺织品。棉花是集中化种植的,需要使用大量的化肥和杀虫剂,其中杀虫剂的使用量约占世界杀虫剂总用量的25%。2010~2011年,最大的棉花生产国是中国和印

---

* 本案例由费章凤、赵晓康、张科静和包立卓(Alex Beamish)编写,案例编号:9B18M003,作者感谢埃利·克里索斯托姆(Elie Chrysostome)教授对本案例写作提供的宝贵建议。©2018, Ivey Business School Foundation and Donghua University,版本:2020 – 08 – 28。

度，它们分别生产了大约 3000 万包和 2500 万包。① 这些棉花大部分被两国自己的纺织工业所使用。2007 年，最重要的原棉出口国为美国，销售额为 49 亿美元，其次是非洲，销售额为 21 亿美元②。2010～2011 年，各国每公顷土地的棉花产量差别很大：澳大利亚每公顷 1550 公斤，中国每公顷 1289 公斤，美国每公顷 910 公斤，印度每公顷 496 公斤，贝宁每公顷 363 公斤。③

棉花种植可能受到植物病、昆虫、水资源短缺或污染、土壤侵蚀或退化以及废弃物污染的伤害。如果杂草的长势压倒苗棉，可能导致收成大幅下降。农场系统可以实现多样化生产，不仅种植棉花，还种植玉米和大豆。多样化生产有助于提高农民的经济福利，同时可以提高土壤肥力和整体生态恢复能力。转基因产品可以增加抗病能力，减少用水量。生物技术正在通过提高产量来改变棉花行业。

中贝合资企业贝宁纺织公司的成立

中国纺织工业对外经济技术合作公司（China Textile Industrial Corporation for Foreign Economic and Technical Cooperation，CTEXIC）是中国政府监管的国有企业的子公司。该公司成立于 1984 年，是中国最大的纺织机械和技术进出口企业。"作为中国高新技术企业集团公司的重点企业，它在 1998 年成为国家最重要的中央直属企业之一。"④ CTEXIC 已经在贝宁经营纺织工厂 30 多年，从 20 世纪 60 年代开始向该国提供援助，并于 20 世纪 80 年代在那里建立了工厂。

CTEXIC 的主要业务包括纺织机械、纺织产品、海外工程承包、工程纺织产品项目和对外合作。纺织工程机械是 CTEXIC 最具竞争力的产品。最近，CTEXIC 不仅面临着国内需求饱和，还面临着来自德国、印度等国际公司的压力。CTEXIC 致力于成为纺织行业的主要国际公司之一。CTEXIC 承包了海外纺织工程项目，并已在亚洲、非洲、拉丁美洲和欧洲完成诸多项目。20 世纪 90 年代，CTEXIC 决定将其在西非的投入方式从外援改为当地投资。2000 年，CTEXIC 投

---

① ③ United States Department of Agriculture, Cotton: World Markets and Trade, December 2011, accessed on August 31, 2017, http://usda.mannlib.cornell.edu/usda/fas/cotton – market//2010s/2011/cotton – market – 12 – 09 – 2011.pdf.

② G. Pascal Zachary, "Out of Africa: Cotton and Cash," New York Times, January 14, 2007, accessed on August 31, 2017, www.nytimes.com/2007/01/14/business/yourmoney/14duna.html. "Out of Africa: Cotton and Cash," The New York Times, January 14, 2007, www.nytimes.com/2007/01/14/business/yourmoney/14duna.html.

④ China Textile Industrial Corporation for Foreign Economic and Technical Cooperation, "About Us: Company Profile," accessed on August 31, 2017, www.ctexic.com/tm/second_exim/index.aspx?nodeid = 168.

资建立了一家名为贝宁纺织公司（CBT）的中贝合资企业。① 2011 年前，王先生担任 CTEXIC 副总裁兼 CBT 总裁。

CBT 的设立是为了满足本国和西非对印花织物的需求。② 中国方面提供资本，贝宁方面提供土地、水和电力。CBT 由两家纺织公司（一家贝宁企业，一家中国企业）共同管理。③ 它于 2002 年 10 月正式投入运营，注册资本为 10 亿非洲法郎（约合 1250 万元人民币）。④ 该项目总投资为 1.85 亿元人民币，其中包括中国进出口银行 1.5 亿元人民币的优惠贷款；股份构成是 CTEXIC 占总资产的 51%，贝宁工业部占总资产的 49%。该项目由 2.4 万纱锭、768 台梭织机组成，年产坯布 1350 万米。CBT 的产品（印花布或坯布）主要在当地市场销售。CBT 成立后，由于竞争加剧，对非洲印花织物的需求下降。2008 年，CBT 经营出现亏损，2010 年仍然未能实现盈利。2011 年 CBT 开始生产高质量的棉纱，但主要是使用旧梭织设备。贝宁的服装部门基本上以手工操作为特色，在有限的工厂面积中使用老式家用缝纫机来扩大业务。⑤ 尽管面临这些挑战，CTEXIC 在西非的投资仍被认为是一个很好的学习经历。

贝宁

贝宁共和国位于尼日利亚西部的西非。贝宁以前是法国殖民地，1960 年获得独立。1990 年更名为贝宁共和国，实行多党制。虽然贝宁被认为是非洲民主转型的典范，但有人质疑贝宁是否在政治和经济结构上发生了根本性变化。⑥ 2011 年，贝宁的人均国内生产总值（GDP）为 720 美元，是全球最贫穷的国家之一。薄弱的工业基础主要包括食品加工、纺织和建筑材料。农业对贝宁经济至关重要，棉花是重要的农作物，其出口贡献了贝宁出口收入的 3/4 左右。贝宁与

---

① China Textile Industrial Corporation for Foreign Economic and Technical Cooperation, "Main Business: Foreign Cooperation—Economic & Technical Cooperation Cases," accessed on August 31, 2017, www.ctexic.com/tm/content_exim/index.aspx? nodeid = 143.

②⑤ United States International Trade Commission, Sub - Saharan African Textile and Apparel Inputs: Potential for Competitive Production, May 2009, accessed on August 31, 2017, https://www.usitc.gov/publications/332/pub4078.pdf.

③⑥ Katy Ngan Ting Lam, Chinese State - Owned Enterprises in West Africa (London, UK: Routledge, 2016).

④ 2011 年 6 月 1 日的汇率为 1 美元兑换 6.48 元人民币。CFA 是指非洲金融共同体（Communauté Financière Africaine），西非洲法郎钉住欧元，1 欧元兑换 655.957 元西非洲法郎。非洲金融共同体法郎区成员身份提供了某种程度的货币稳定性，并能得到法国的经济支持。贝宁、布基纳法索、马里、塞内加尔和多哥使用同一种货币。

尼日利亚关系紧密，尼日利亚为其提供大部分燃料。

贝宁的经济主要集中在农业和科托努港的港口业务。除棉花外，该国主要出口产品是腰果、乳木果油、纺织品、棕榈产品和海产品。① 中国是其迄今为止最大的进口伙伴。贝宁的工会代表了 3/4 的正规劳动力，但非正规经济占主导地位。贝宁在妇女工资平等和使用童工（包括在棉花种植中使用童工）方面存在问题。该国在国有企业私有化方面进展也很缓慢。2009 年，贝宁在"全球经营活动便利性"排名中列第 169 位。通过向附近内陆国家提供国内和国际过境服务，贝宁成为西非贸易的重要参与者。②

中国以及中非经济关系

2011 年，中国有 13.47 亿人口，非洲有 10.51 亿人口。③ 然而，根据非洲人口预期增长率计算，预计到 2100 年非洲人口将会与中国基本持平。④ 中国和非洲都反对殖民主义，中国奉行不干涉、尊重非洲主权的政策。⑤ 中非合作论坛自成立后就成为中非对话的重要媒介，是加强中非合作的有效途径。⑥

2011 年，中国为大量人口寻求资源，非洲国家寻求资金发展基础设施。中国面临原料短缺问题。事实上，作为主要原料的棉花所面临的短缺达到了需求的 1/3。国际原油价格波动较大，对中国纺织业也造成了负面影响。

非洲和中国在 2011 年的双边贸易额为 1663 亿美元。非洲最大的贸易伙伴在 2009 年由原先的美国转为中国。⑦ 中国向非洲出口了许多制成品。非洲对中国的出口主要包括矿物燃料、润滑油和相关材料，也出口铁矿石、金属和其他

---

① One World Nations Online, "Benin," accessed on August 31, 2017, www.nationsonline.org/oneworld/benin.htm.
② United States International Trade Commission, Sub-Saharan African Textile and Apparel Inputs: Potential for Competitive Production, May 2009, accessed on August 31, 2017, https://www.usitc.gov/publications/332/pub4078.pdf.
③ Population Reference Bureau, 2011 World Population Data Sheet, 2011, accessed on August 31, 2017, www.prb.org/pdf11/2011population-data-sheet_eng.pdf.
④ Ashley Kirk, "What Africa Will Look Like in 100 Years," Telegraph (UK), March 11, 2016, accessed on August 31, 2017, http://s.telegraph.co.uk/graphics/projects/Africa-in-100-years.
⑤ Eleanor Albert, "China in Africa," Council on Foreign Relations, July 12, 2017, accessed on August 31, 2017, https://www.cfr.org/backgrounder/china-africa.
⑥ African Union, "Second Forum on China-Africa Cooperation (FOCAC) Summit," accessed on August 31, 2017, https://au.int/en/newsevents/20151204.
⑦ Fred Dews, "8 Facts about China's Investments in Africa," Brookings, May 20, 2014, accessed on August 31, 2017, https://www.brookings.edu/blog/brookings-now/2014/05/20/8-facts-about-chinas-investments-in-africa.

商品，以及少量的食品和农产品。随后，中国又向非洲出口机械、运输设备、通信设备和制成品。中国在非洲的能源、矿业和电信部门起着重要作用，资助了道路、铁路、港口、机场、医院、学校和体育场的建设。[1]

中国的劳动力和原材料成本正在增加。由于行业的扩张，现在很难招聘到低成本劳动力。与周边国家相比，中国很多地区的劳动力成本缺乏竞争力，纺织品的竞争优势也在逐渐降低。因此，许多纺织品订单已经转移到越南和印度等邻国。而西非的劳动力和土地成本则更低。

西非为了吸引新的投资，对来自中国的投资征税很低。西非国家也制定了全面的劳动法，保护雇主和雇员的权利。中国在非洲的投资深受非洲国家和人民的欢迎，然而，有些人把这些投资视为操纵经济和掠夺资源的行为。CTEXIC 在西非的投资就是一个很好的样本，展现了中国如何通过投资增加当地就业机会和改善当地产业，体现了中国的软实力和友好的国际形象，可以很好地消减对中国投资非洲的偏见和误解（见附录1）。

纺织工业[2]

纺织品制造涉及将纤维转化成纱线再将纱线制成织物，随后，将织物印花或染色并制成衣服。在用于制造纱线的各种纤维中，棉花是最关键的天然纤维。2009年，全球纺织品和服装出口总额分别为2110亿美元和3160亿美元。纺织和服装行业是买方驱动的，并受到影响全球生产网络和供应规格的重要零售商、品牌制造商和营销商的控制。买家在选择供应商时，越来越多地考虑生产成本之外的因素，如环境标准等。环境规制引发了大范围的产品重构。

自20世纪50年代以来，世界纺织服装行业经历了几次生产中心迁移。第一次是从20世纪50年代到60年代初，从北美和西欧转移到日本，当时西方的纺织和服装生产被从日本的进口所取代。第二次转变是从日本转移到韩国和中国的香港、台湾地区。在20世纪80年代末和90年代，又有了第三次转移。20世纪80年代，生产主要转移到中国大陆、几个东南亚国家和斯里兰卡。在20世纪90

---

[1] Eleanor Albert, "China in Africa," Council on Foreign Relations, July 12, 2017, accessed on August 31, 2017, https://www.cfr.org/backgrounder/china-africa.
[2] A. H. H. Saheed, What Is the Future of Global Textile and Apparel Industry?, PTJ, January 2011, accessed on August 31, 2017, www.ptj.com.pk/Web-2011/01-2011/PDF-January2011/Apparel-and-Knitwear-AHH-Saheed.pdf.

年代，新的供应商包括南亚和拉丁美洲的服装出口商。①

中国的纺织行业

中国是世界上最大的纺织品生产国和出口国。2000~2010年，该行业的平均增长率为18.8%。但是，近些年来中国纺织品出口占工业总产值的比例大幅下降，从2000年的30%以上下降到2011年的17%以下，纺织品和服装不再是中国经济不可缺少的一部分。②

2011年3月，全国人大通过了"十二五"规划纲要。中国计划逐步增产先进纺织品，减少低附加值的服装生产。到2015年底，服装业预计将占纺织服装业总产值的48%，而2011年为51%，技术型纺织品的比例有望上升。为了防止工作岗位离开中国，中央政府要求东部沿海地区的纺织和服装生产商把工厂迁移到内陆，内陆地区经济处于工业化的早期阶段，廉价劳动力更为丰富。提升国内纺织品和服装的需求是中国另一个重要的发展目标。③

中国纺织业对外直接投资的发展

中国纺织工业多年来一直拥有比较优势，主要是由于劳动力成本较低。近年来，面对资源和与污染相关的环境约束，同时由于国内生产成本的不断增加和行业发展的推动，越来越多的纺织企业开始寻找对外投资的机会。

中国纺织业的对外投资与世界纺织业的发展密切相关，经历了三个阶段。第一个阶段是从20世纪50年代到60年代，中国在这个行业的投资主要是通过对非洲国家的经济援助来发展其纺织项目。第二个阶段是1978年中国开始改革开放至20世纪90年代，随着大型纺织企业在国外不断投资和拓展，中国的纺织业得到了快速发展。第三个阶段始于2001年中国加入世界贸易组织。自从中国加入世界贸易组织以来，中国纺织企业已经积累了足够的经验，开始在国外投资。

---

① Raphael Kaplinsky, "Export Processing Zones in the Dominican Republic: Transforming Manufactures into Commodities," World Development 21, no. 11 (1993): 1851–1865; Gary Gereffi, "Commodity Chains and Regional Divisions of Labor in East Asia," in *The Four Asian Tigers: Economic Development and the Global Political Economy*, ed. Eun Mee Kim (San Diego, CA: Academic Press, 1998), 93–124.

②③ Sheng Lu and Marsha A. Dickson, "Where Is China's Textile and Apparel Industry Going?," China Policy Institute, July 24, 2015, accessed on August 31, 2017, https://cpianalysis.org/2015/07/24/where-is-chinas-textile-and-apparel-industry-going.

西非纺织品与棉花

现代西非纺织工业起源于殖民时期，英法等国在那个时期建立了纺织企业。20世纪60~80年代，中国向马里、贝宁和尼日尔提供了外援，以建立纺织、织造和染色工厂。在21世纪，特别是21世纪的前五年，由于走私问题严重、地方市场混乱、缺乏政府支持、企业管理不善、西非纺织工业发展速度放缓，许多本地公司停止生产或关闭。

非洲是继亚洲和北美之后的世界第三大产棉大陆，占全球产量的7%。西非8个棉花生产国的棉花年产量约为85万吨。布基纳法索、马里、贝宁和乍得是四大棉花生产国，被称为C-4。布基纳法索是撒哈拉以南非洲最大的棉花生产国，其次是贝宁。随着非洲工业化的开始和发达国家价格优势的减弱，非洲在棉花市场开始显现出相当大的潜力。西非纺织品市场很大，棉织品是西非人民的首选，所以当地需求量很大（见附录2）。西非一流的棉花种植商并不是纱线、织物和其他纺织品的重要生产商。纺纱和织布以及棉花打包等生产过程主要依靠过时设备。西非纺织工业的进展受到低水平基础设施的阻碍，特别是电力不可靠、价格昂贵、缺乏清洁的水资源。同时，纱线和面料生产商还受到中国低价印花布和进口旧服装的强大竞争。

西非国家试图提高质量，减少国内棉花的污染，结果并不显著。2006年，美国启动了西非棉花改良计划，该计划旨在提高西非棉花的产量（和收入）。西非国家有望在有利的市场环境下出口传统的印花布料。[1]

棉花贸易大大减轻了一些非洲国家的贫困。为促进经济增长，许多国家为改善棉花质量而进行了改革，并在国际上拥有了更强的竞争力。美国和其他一些国家采取了一些措施，主要是进行棉花补贴；但是，过分补贴又会对世界棉花价格造成一定程度的扭曲。2001年12月启动的多哈回合谈判的一个主要目标是使发展中国家更容易在富裕国家销售产品。[2] 2002年，巴西提出了对美国棉花补贴的投诉，贝宁和乍得也对此表示支持。[3] 牛津饥荒救济委员会（Oxfam）认为取消

---

[1] United States International Trade Commission, Sub-Saharan African Textile and Apparel Inputs: Potential for Competitive Production, May 2009, accessed on August 31, 2017, https://www.usitc.gov/publications/332/pub4078.pdf.

[2] Zhou Siyu, "China Looks to Africa for an Alternative Source of Cotton," ChinaDaily.com.cn, December 16, 2011, accessed on August 31, 2017, www.chinadaily.com.cn/business/2011-12/16/content_14278735.htm.

[3] International Centre for Trade and Sustainable Development "African Countries Call for Progress in WTO Cotton Negotiations," December 3, 2014, accessed on August 31, 2017, www.ictsd.org/bridges-news/bridges-africa/news/africancountries-call-for-progress-in-wto-cotton-negotiations.

美国的棉花补贴将使西非的平均家庭收入提高近10%，这些收入足以养活100万人。①

贝宁的棉花②

棉花是贝宁的"白金"，对于政治家来说是一种重要的政治和经济资源。贝宁出口额容易受单一商品的价格波动和全球需求冲击的影响。过去十年来，贝宁已经采取措施放宽对棉花行业的限制，然而，最近的措施导致该行业过度集中，棉花收成下降。

贝宁政府制定的棉花行业发展框架于2009年生效，是为期十年的棉花生产和贸易私有化改革的结果。在此期间，国家逐步退出棉花的组织、采购、轧花和交易。到2009年，国家的作用基本上减少为只在投入物（如肥料、除草剂和杀虫剂）方面提供补贴。私营部门对该行业的控制以棉花专业协会（AIC）为中心。棉花大部分是在家庭拥有的小块土地上种植，而且种植者都是那些无法利用金融系统的农民。棉花产量从2004年至2005年的历史最高水平42.7万公吨逐步下滑。政府指出，该部门的私有化没有促进竞争，反而导致棉花业的垂直整合，集中到在一个集团手中，导致了私人垄断。

与其他西非国家一样，棉花在历史上占贝宁的国内生产总值和出口贸易额的很大一部分。除了在经济上的重要性外，棉花行业吸引政策制定者的原因还有很多。棉花种植涉及许多没有其他途径参与正规经济活动的农民工，政府提供了大量的投入补贴，这些补贴不仅用于支持棉花种植，也用于支持其他农作物的生产。银行业也参与其中，因为它提供了季节性信贷。最重要的是，政府在缓解生产过程中市场失灵方面发挥了关键作用，包括投入品的供应和信贷。

随着贝宁经济对棉花行业的依赖度下降，过去20年棉花的经济重要性也逐年下降。出口棉花的最终价值几乎代表了贝宁棉花产品的总价值，这一数值占出口额的比例从1995年的77%下降到2011年的17%，同期占名义国内生产总值的比例从8.4%下降到1.6%。这些趋势可以由下列原因解释：棉花实际价格的长期下降、延迟向农民付款的传统，以及与整体生产率的增长相比，每公顷产量停滞不前。贝宁的棉花只有2%在国内消费。2010年和2011年国际棉花价格大

---

① Fairtrade Foundation, The Great Cotton Stitch – Up, November 2010, accessed on August 31, 2017, https：//www.fairtrade.net/fileadmin/user_upload/content/2009/resources/2010 - 11_FT_cotton_policy_report.pdf.

② International Monetary Fund, Benin：IMF Country Report, 13/9, January 2013, accessed on August 31, 2017, www.imf.org/external/pubs/ft/scr/2013/cr1309.pdf.

幅上涨，比 2006~2009 年的平均价格高出 250%。然而，贝宁优质棉花的平均销售价格通常略低于中等质量棉花的国际价格（见图1）。

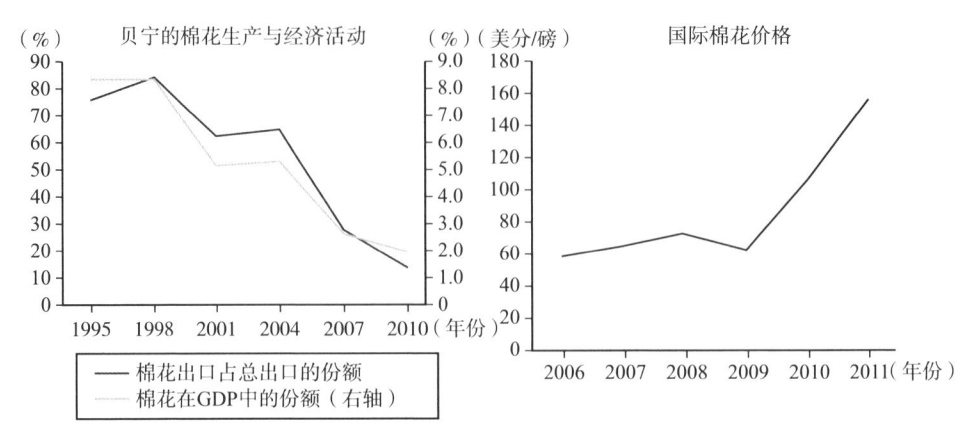

图1　1995~2010 年贝宁棉花出口占 GDP 的份额及 2006~2011 年国际棉花价格

资料来源：案例作者根据国际货币基金组织提供的数据绘制。Benin：IMF Country Report，13/9，January 2013，accessed on August 31，2017，www.imf.org/external/pubs/ft/scr/2013/cr1309.pdf；"Price of Cotton Worldwide from 1990 to 2017（in U.S. Cents per Pound）*，" Statista，accessed on January 14，2018，https：//www.statista.com/statistics/259431/global-cotton-price-since-1990.

CBT 在西非的运作

CBT 于 1998 年启动，工厂于 2000 年开始建设，2002 年开始生产。最初几年 CBT 表现不佳，亏损严重。CTEXIC 一度向中国商务部和外交部提出申请，要求停止 CBT 的生产并申请破产。但中国政府要求作为国有企业的 CTEXIC 尊重中国国家利益，并否决了从贝宁撤回投资的请求。同时，中国政府还以零利率贷款和流动资本的形式提供支持。CBT 一直坚持到 2007 年，随着人民币大幅升值和中国工人工资的提高，投资西非的优势逐渐显现。从 2007 年开始，公司的订单增加，2008 年公司开始盈利。

CBT 成立初期，公司通过贷款方式购买本地棉花。当时，本地的棉花公司由贝宁政府所有，根据市场价格提供优惠的价格。CTEXIC 决定在西非投资时，签署了一份棉花供应协议。2009~2010 年，国际棉花价格从每吨 18000 元人民币上涨到每吨 3 万元人民币以上。CBT 于 2010 年初签署了一整年的采购订单。然而，当地的棉花公司把所有的棉花以较高的价格卖给了国际棉花交易商，违反了合同。

近期发展

贝宁棉花行业曾经是国有的,管理和经营相对完善。但在2008年左右,由于世界银行和其他外部力量的政治干预,行业私有化开始了。私有化后,农民的利益得不到有效保证,导致棉花产量大幅度下降。CBT享受与其他国际私人棉花公司一样的待遇:根据预测的棉花产量签订棉花合同,并相应地减少了棉花供应。

2011年国际棉花价格飙升,当时中国棉花价格达到每吨3万元人民币。CBT面临着严重的棉花短缺,当年只得从科特迪瓦进口1100吨棉花以维持5个月的棉花供应量。那年,西非纺织业发生了很大的变化。Uniwax是一个由荷兰Vlisco公司生产的品牌,在棉花行业占据了主导地位,该公司产品质优价高。相应地,CBT也提升了产品的质量。CBT和Uniwax等公司还能够从汇率、物流和其他优势中受益。在贝宁棉花短缺的情况下,也可以从邻国购买棉花。当然,与在贝宁购买棉花相比,从邻国进口棉花会产生海关关税,显著增加了生产成本。

保证棉花的供应

王总清楚地记得,2000年CBT工厂建成后,棉花的供应得到了保证。然而,2009年贝宁政府对棉花行业施行了私有化改革,这一举措阻碍了棉花的供应。目前,CBT的棉花供应面临危机。考虑到贝宁政府的政策连续性、政治偏好和行政效率,即使贝宁政府对中国政府很友好,CBT的风险也是相当大的。王总十分想知道如何摆脱这种棘手的局面。棉花供应的关键是控制棉花产业链的源头。但西非是否仍是一个可行的地区?该退出该地区吗?电力、棉花价格和劳动力成本持续上涨,劳动生产率仍然很低。CBT工会力量也很强大,工人时常罢工,有时是抗议临时关闭工厂,有时是要求增加工资,有时是要求让被解雇的雇员重新上岗,有时是要求建立工人权利更大的新委员会。除此之外,西非棉花产量也正在下降。当然,可以引入新的棉花品种和改良的杂交棉籽,以提高产量,然后对当地企业家进行培训,以实现棉花生产加工的商业化运作,从而逐步提高棉花资源的管控能力。

至于退出贝宁，不仅要考虑经济因素，还要考虑贝宁与中国的关系。贝宁政府不太可能允许企业从当地转移资金和设备。王总现在至少有四个选择来应对这种情况：保持现状，希望有所改善；退出西非；从其他国家购买棉花合约，以满足CBT的棉花需求；在贝宁投资棉花种植生产。

附录1：中国国有企业在西非

新中国成立后，中国就开始对非洲进行援助，特别是20世纪70年代，由此形成了中国诸多省份与非洲之间的初步联系。1978年以后，非洲成为中国省级建筑企业国际化的第一选择，而当时中国央企则把它们的国际化发展集中在20世纪八九十年代更富裕的地区。中国进出口银行（Exim Bank）成立于1994年，由中国政府全资拥有。由于提供优惠贷款，其被视为外交政策的工具，特别是在非洲。据估计，自2001年以来，中国进出口银行一半以上的贷款在非洲。在2001年实行"走出去"政策之后，尤其是在2006年中非合作论坛北京峰会之后，越来越多的中国国有企业开始关注非洲市场。

虽然中国的国有企业是"国有的"，但是国家在所有制和管理方面的作为已经发生了很大的变化。在加纳和贝宁投资的中国国有企业往往得不到中央政府的资源支持。在非洲投资的中国国有企业主要来自内陆省份和不太富裕的省份，或者是央企所在省份的投资管理部门。

没有足够的资源和竞争力的省级国有企业可以在非洲发展，无须与大型央企直接竞争。

由于贝宁的经济发展水平远低于加纳（仅为其1/4），其吸引的中国企业较少。中国国企在贝宁的寿命往往很短。许多在贝宁和加纳经营的轻工业国有企业已经退出。贝宁和加纳的中国国有企业的倒闭部分原因是中国政府的支持力度不够。

中国国有企业之间的激烈竞争反映出中国政府对这些企业的协调和控制不足。中国企业之间的价格战表明，中国政府并没有像预期的那样成为中国国企全球化的管控角色。中国的成本优势往往更多地成为当地人的优势，而并非中国人的优势。

在贝宁，中国国有企业经常在第一次或第二次合作项目后退出。中国企业大多与其他中国企业竞争，但是当竞争对手是本地的并获得政府支持时，中国企业最终往往会失败，就像贝宁的纺织行业一样。中国企业如果想赢得所在国政府业务，通常会遭遇时间压力，业务完成时间十分紧迫。例如，它们可能会面临在选举或国家纪念日之前完成项目的压力。

在非洲开展业务需要耐心。贝宁和加纳的中国国有企业经常强调，它们不得不依靠自己，而不是中国政府。中国国有企业管理层经常与当地精英建立社会关系。即使中国国有企业得到所在国高层的政治支持，项目的日常实施也可能面临地方政府的刁难。腐败问题可能发生在道路检查和过多的文件检查中，虽然这些问题可能被当地人视为交易成本而不是腐败。

一家国有企业在贝宁或加纳停留的时间越长，就懂得如何在当地环境中更好地运作。国有企业的成功使它们进一步依赖当地的资源。总的来说，对于第一次进军海外的中国企业来说，了解当地的法律、文化和宗教是关键。"多劳多得"的道理在非洲并不总是得到认可，也没有得到法律的支持；当地人的贫困也会给企业家造成压力。由于非洲之前曾经受过欧洲殖民统治，其法律和思想方式深受旧时殖民国家的影响。对工人单个人的管理很简单，但是他们的工会化程度很高。

资料来源：Katy Ngan Ting Lam, Chinese State Owned Enterprises in West Africa (London, UK: Routledge, 2016).

附录 2：服装和纺织品对于贝宁的发展意义

有人说，非洲的历史可以从布匹中读出，通过布匹讲述，通过布匹记录。由于社会经济因素深深植根于贝宁文化中，纺织品成为贝宁最重要的产业之一。这也解释了为什么纺织业对许多商人和公司都有吸引力。其中一个重要因素是贝宁人有许多重要的社会文化庆祝场合，如出生、洗礼、婚姻和葬礼。通常，参加这些庆祝活动的贝宁人会精心选择服饰，而这些服饰有些会非常昂贵。

织布在非洲有着历史意义，如印染中使用天然染料，包括靛蓝（蓝色牛仔裤的颜色）。传统服装包括花衬衫、长袍和缠腰布。非洲的蜡染（也称为荷兰蜡染）在西非十分流行，其图案涵盖了流行文化和艺术、几何图案和日常用品。这种设计成为一个讲述故事、表达情感和信仰的方式。非洲市场有本土的印花布，也有质量和成本都较低的来自尼日利亚和中国的印花布。非洲有许多娴熟的纺织品设计师和制造者,但是在世界时装业中,他们仍然难以具有代表性。

资料来源:"A History of African Wax Prints," Mazuri Designs, February 4, 2016, accessed August 31, 2017, http://mazuridesigns.com/blog/2016/2/4/a-history-of-african-wax-prints; Chris Spring, African Textiles Today (Washington, DC: Smithsonian Books, 2012); Liam Freeman, "African Textiles in the Fashion Industry," Financial Times, March 3, 2017, accessed on August 31, 2017, https://www.ft.com/content/3f02a48e-fda5-11e6-8d8e-a5e3738f9ae4?mhq5j=e7.

24. 雀巢公司的中国咖啡计划[*]

这是2013年4月下旬的一个星期五，下午三点左右。在雀巢集团（Nestlé，一家以营养、健康、品质为宗旨的企业）位于瑞士风景如画的村庄沃韦（Vevey）的总部办公室内，罗曼·伊鲁尔—沃尔菲斯伯格（Román Irurre – Wolfisberg）正分析在公司的"雀巢咖啡中国计划"（NESCAFÉ Plan in China）中他可以做出的选择。雀巢咖啡计划（NESCAFÉ Plan）是公司长期的全球性倡议，旨在确保咖啡种植、生产和消费的可持续性。作为一个产品类别，咖啡对雀巢集团而言至关重要，2012年集团的合并收入超过1000亿美元，而咖啡的销售额占10%以上（见表1）。同样，中国作为一个刚刚起步但极具发展潜力的咖啡市场对雀巢集团而言也是至关重要的。

表1　　　　　　　　　雀巢集团收入分解（2008年～2012年）　　　　单位：百万瑞士法郎

序号	产品	2012年	2011年	2010年	2009年	2008年
	粉状和液体饮料					
1	速溶咖啡	9946	9217	10938	10564	10688
	其他	10092	8987	9674	8707	8191
	总计	20038	18204	20612	19271	18879
2	水产品	7178	6526	9101	9066	9595
	牛奶制品以及冰淇淋					
3	牛奶制品	12988	10974	12501	11662	
	冰淇淋	4573	4456	6520	6573	
	其他	1003	976	1339	1322	
	总计	18564	16406	20360	19557	
4	营养制品	10726	9744	10368	9965	

[*] 本案例由钱德拉塞卡尔（R. Chandrasekhar）编写，案例编号：9B15D013。©2015，Richard Ivey School of Business Foundation，版本：2015 – 09 – 29。

续表

序号	产品	2012 年	2011 年	2010 年	2009 年	2008 年
5	半成品食物和烹饪辅料					
	冷冻以及冷藏	8045	8046	10549	9739	
	烹饪及其他	6387	5887	7544	7466	
	总计	14432	13933	18093	17205	
6	糖果					
	巧克力	7524	7102	9605	9369	
	糖果	1310	866	1127	1109	
	饼干	1604	1096	1365	1318	
	总计	10438	9065	12097	11796	
7	宠物护理	10810	9764	13091	12938	
8	爱尔康公司			5109	7039	
9	来自合资企业的在健康和美容方面的销售额			891		
	销售额总计	92186	83642	109722	107618	

注：2012 年 1 月 1 瑞士法郎大约相当于 1.15 美元。

资料来源：公司年度报告。

伊鲁尔—沃尔菲斯伯格被任命为公司饮品战略业务单元"创造共享价值"（creating shared value，CSV）的经理。作为协调遍布全球的饮品战略业务单元（SBU）一线管理人员的总部人力资源经理，伊鲁尔—沃尔菲斯伯格被委托管理咖啡的种植、生产和消费三项业务。保证从咖啡种植园中获得所需数量的高质量生咖啡豆；生咖啡豆需要在公司的生产设备中以可持续的方式进行加工；最终产品即雀巢品牌的咖啡，需要以一种让人们更愿意购买的形式展现给个人消费者。

展望未来发展，伊鲁尔—沃尔菲斯伯格考虑从下列三个方案中进行选择。雀巢公司是否应该通过与基层的咖啡种植者合作以提高他们的生产率从而强化其对在中国以可持续的方式种植咖啡的承诺？还是应该支付更高的价格来购买利用已经获得某种可持续性认证的技术种植的咖啡豆（如果是这样的话，应该采用哪种认证）？最后一个选择与传统智慧相反：在中国与咖啡种植行业进行后向整合（就像茶叶种植行业进行后向整合一样）是否是深化雀巢集团可持续性承诺的最佳选择?

全球咖啡市场

咖啡是世界上第二大贸易品,仅次于原油。生咖啡豆在世界各地的农产品交易所买卖。咖啡期货市场是投机者的天地,这是生咖啡豆价格波动的主要原因(见图1)。巴西是世界上最大的咖啡生产国,其产量持续维持在全球产量的30%以上,是第二大生产国越南产量的近两倍(见图2)。中国是一个传统的茶叶生产国,最近才开始种植咖啡。

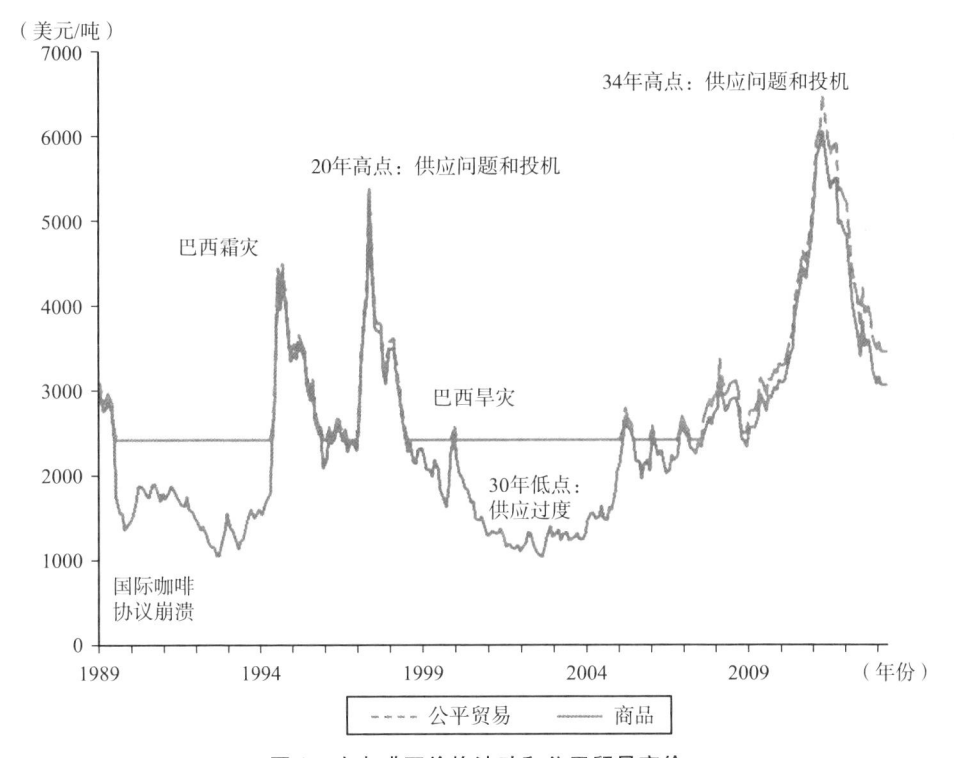

图1 生咖啡豆价格波动和公平贸易定价

资料来源:原始数据来自 Index Mundi,"Coffee, Other Mild Arabicas Monthly Price – U. S. Cents per Pound," www.indexmundi.com/commodities/? commodity = other – mild – arabicas – coffee&months = 300, accessed on December 12, 2014.

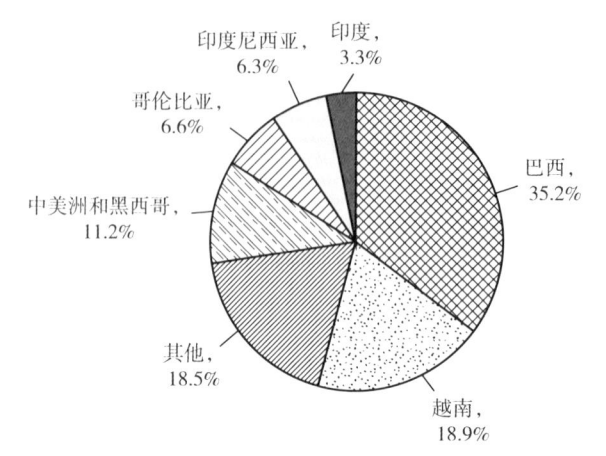

图 2　2012~2013 年咖啡主要来源（占世界产量的百分比）

资料来源：www. fas. usda. gov/data/coffee - world - markets - and - trade/pastreports2013，U. S. Department of Agriculture，accessed September 06，2015.

咖啡种植业

咖啡种植业有四个特征。第一，它主要是在金字塔底层（bottom-of-the-pyramid，BoP）市场种植，即咖啡的种植者大多数是生活贫困的个人和家庭。[①] 世界上大约70%的咖啡是由拥有不到5公顷土地的咖农种植的。[②] 在60个国家有总计2500万种植家庭（他们中很多生活在贫困中）以咖啡种植为生。第二，与适合机械化生产的小麦和玉米等农作物不同，咖啡种植是劳动密集型的，需要个人悉心照顾。从采摘到烘烤，咖啡加工要经过32个精细的流程，每个流程的效率取决于每个个体完成工作的技能。第三，妇女完成了咖啡种植中超过70%的体力劳动。第四，咖啡种植者的平均年龄是62岁，这强调了咖啡种植的技能（即需要多年的实践经验）和对产品全生命周期管理的成熟思想和行为（即年轻一代发现以咖啡种植为生没有吸引力）。

---

① 2007年由世界资源研究院（The World Resources Institute）基于全球范围内的国家家庭调查进行的一项研究估计，位于金字塔底层的总人口约为40亿。绝大部分金字塔底层的人民生活在非洲、亚洲、东欧、拉丁美洲和加勒比地区。资料来源：Allen Hammond，William J. Kramer，Julia Tran，Rob Katz and Courtland Walker，The Next 4 Billion：Market Size and Business Strategy at the Base of the Pyramid，World Resources Institute and International Finance Corp.，Washington，DC，2007，www. wri. org/publication/next - 4 - billion，accessed on March 1，2014.

② http：//factsanddetails. com/world/cat54/sub346/item1567. html # chapter - 1，accessed on June 21，2013.

咖啡供应链

通常，咖啡的供应链包括多个层级或阶段：种植者（在只有几公顷的小块土地上种植）、购买者（采购生咖啡豆）、加工者（通常是集中资源来进行初级加工的合作社）、政府机关（控制着贸易，并且经常从加工者手中以固定的价格收购生咖啡豆，然后以拍卖的方式把它们卖出去）、出口商（从合作社购买咖啡豆，把它们卖给经销商并且保证货物的质量）、经销商（向烘焙商供应生咖啡豆并且议定价格）、烘焙者（把生咖啡豆加工成现磨咖啡或者速溶咖啡）、分销商（将最终产品售卖给食品服务商，如酒店和大型零售商）（见图3）。

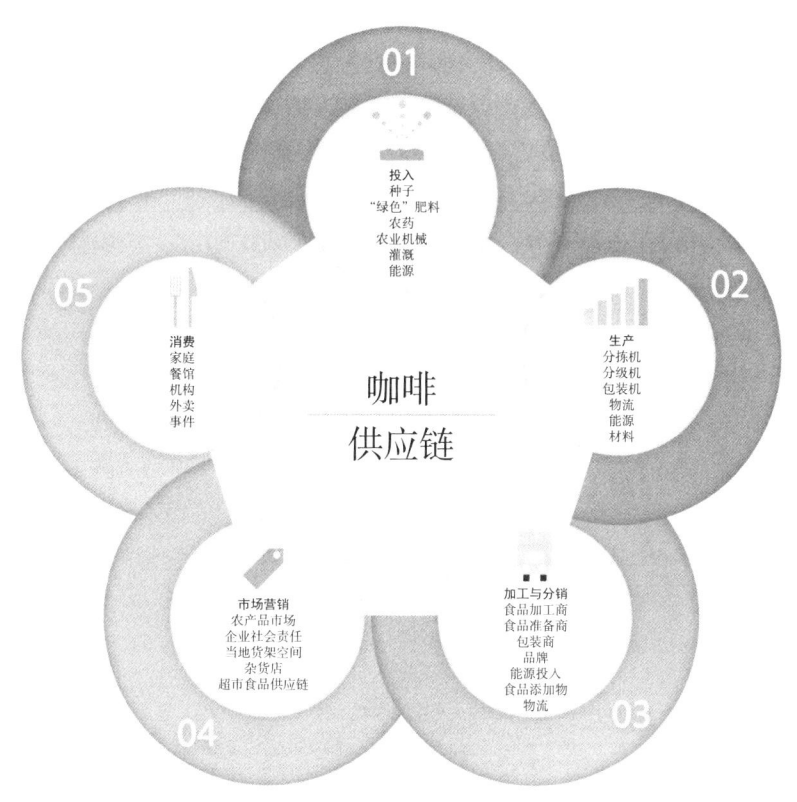

图 3　咖啡供应链

资料来源：由拉维什·拉瓦特（Ravish Rawat）为案例作者准备。

咖啡的零售市场是相对稳定和可预测的。2012年底，现磨咖啡和速溶咖啡——那些卖给消费者的最终咖啡产品——的全球销售额达到 747 亿美元[①], 与 2011 年的 688 亿美元相比有显著增长, 预计到 2015 年会进一步增长到 878 亿美元。将近 90% 的零售在杂货店完成。雀巢凭借其两大领导品牌 Nespresso 和 NESCAFÉ 在 2012 年成为最大的咖啡烘焙商, 享有全球零售咖啡市场份额的 22.4%（见表2）[②]。此时, 供应链中的零售层级为高利润率提供了最大的机会; 相反, 种植业趋向于拥有最低的利润率（见图4）。[③]

表2　　　　　咖啡行业的全球市场份额（2009~2012 年）　　　　　单位: %

公司	2012 年	2011 年	2010 年	2009 年
1. 雀巢集团	22.4	22.4	22.5	22.3
2. 亿滋（Mondelez）国际有限公司	10.7	—	—	—
3. DE Master Blenders 公司	5.5			
4. 绿山咖啡公司	2.8	1.5	1.0	0.4
5. Tchibo 公司	2.5	2.7	2.7	3.1
自有品牌	6.7	6.9	6.7	6.7
其他	49.4	66.5	67.1	67.5

资料来源: www.portal.euromonitor.com.proxy2.lib.uwo.ca/Portal/Pages/Analysis/AnalysisPage.aspx, accessed on March 16, 2014.

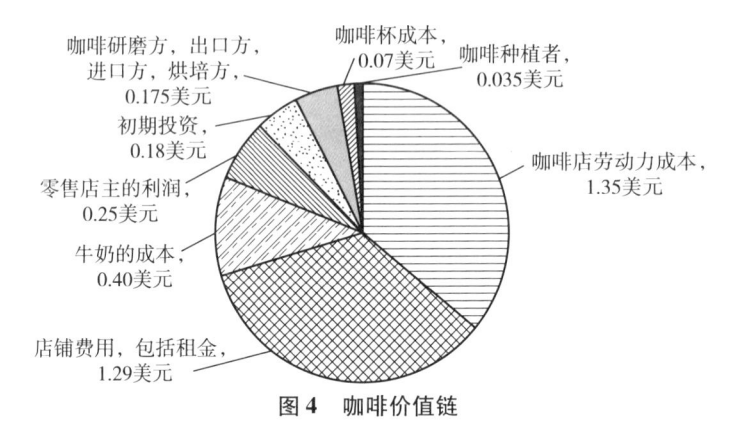

图4　咖啡价值链

咖啡研磨方、出口方、进口方、烘焙方, 0.175 美元
咖啡杯成本, 0.07 美元
咖啡种植者, 0.035 美元
初期投资, 0.18 美元
零售店主的利润, 0.25 美元
牛奶的成本, 0.40 美元
店铺费用, 包括租金, 1.29 美元
咖啡店劳动力成本, 1.35 美元

资料来源: http://factsanddetails.com/world.php?itemid=1567&, accessed June 21, 2013.

---

① http://www.portal.euromonitor.com.proxy1.lib.uwo.ca/portal/statistics/tab, accessed on February 10, 2015.
② http://www.portal.euromonitor.com.proxy2.lib.uwo.ca/Portal/Pages/Analysis/AnalysisPage.aspx, accessed on June 20, 2013.
③ http://factsanddetails.com/world.php?itemid=1567& accessed on June 21, 2013.

可持续发展

为了应对来自消费者和非政府组织（NGOs）的压力，几个针对咖啡产业的可持续发展规划出现了。有机认证排除了合成农药的使用，并且促进了水土保持。例如，总部设在德国波恩的国际有机农业运动联合会（International Federation of Organic Agriculture Movements）监控标准并提供认证。①

相比之下，雨林联盟（Rainforest Alliance）认证重点在于保护生物多样性。雨林联盟成立于纽约，是一个非政府组织，它每年都会根据一些环境、社会和经济标准对农场社区进行审计。②"对鸟类友好"（bird friendly）认证的目标更加明确，它推动了在树荫下种植咖啡，而这些树也成为候鸟的栖息地，从而不必为种植咖啡而清理地面的植物。"对鸟类友好"认证是由位于华盛顿的史密森尼候鸟研究中心（Smithsonian Migratory Bird Center）开发的，它使用三个标准：树冠高度、枝叶的覆盖和鸟类物种的数量。③

其他的选项聚焦在农民身上。例如，UTZ 认证使得农民能够使用更好的种植方法、改善工作条件并且对环境能够更友好。UTZ 的总部设于荷兰，其目标是使咖啡的可持续种植成为世界上"最自然"的事情。④《咖啡社区通用守则》（Common Code for the Coffee Community，4C）是一个多方利益相关者的倡议，其执行机构设在德国波恩，该守则整合了 28 项原则，旨在确保咖啡供应链绿色可持续，其目标是保证完全符合可持续性标准。⑤

但是，公平贸易（Fairtrade）是最广为人知的认证，该标准于 2002 年由国际公平贸易标签认证组织（Fairtrade Labelling Organization International，FLO）推出。这个组织 1997 年在德国波恩成立，其观点是"将众多公平贸易组织整合在

---

① IFOAM Organics International, "About Us," www. ifoam. bio/en/about – us – 1, accessed on February 10, 2015.
② Rainforest Alliance, "Rainforest Alliance Certified Coffee," www. rainforest – alliance. org/work/agriculture/coffee, accessed on February 10, 2015.
③ Smithsonian Migratory Bird Center, "Bird Friendly Coffee," http：//nationalzoo. si. edu/scbi/migratorybirds/coffee/, accessed on September 1, 2015.
④ UTZ Certified, "What Is UTZ Certified," www. utzcertified. org/aboututzcertified/whatisutzcertified, accessed on February 10, 2015.
⑤ 4C Association, "Overview of the 4C Association," www. 4c – coffeeassociation. org/about – us/what – we – do. html#2, accessed on February 10, 2015.

一起，并协调全球的标准和认证"①。这个认证系统旨在维护被边缘化的农民及其家庭的利益。咖啡社区只是众多农业社区之一，其他社区包括可可、茶、糖、棉花和香蕉。国际公平贸易标签组织收取生产商组织的认证费，每年还要收取续展费。

公平贸易认证试图确保生产商在农场中提供健康的工作环境。为了做到这一点，它为农民们设定了一个最低限价，被称为公平贸易最低价格，这一价格可以发挥安全保障的作用，使农村家庭既能在短期内生存下来，又能为未来做出规划。FLO 会定期设定最低价格。当咖啡价格上升到高于最低价格的时候，农民们会得到一个高于目前市场价格的溢价。例如，在 20 世纪 90 年代的早期，阿拉比卡咖啡（Arabica coffee）的最低价格是每吨 2420 美元，每吨有 100 美元的承诺溢价。最近，这个承诺的最低价格和溢价分别上涨到了每吨 2800 美元和 400 美元。② 另一个主要的咖啡品种罗布斯塔咖啡（Robusta coffee）的最低价格比溢价价格大约低 30%。消费者们可能还会为经 FLO 认证的产品支付溢价，溢价的高低取决于零售品牌。

2012 年末，28 个国家的 403 个生产者组织获得了咖啡的公平贸易认证。超过 66 万名小规模咖啡种植者成为获得公平贸易认证的咖啡生产者组织的成员，比 2011 年增长了 14%。这些种植者总共种植了将近 88.17 万公顷土地，使得 2012 年获得公平贸易认证的咖啡销售量达到 15 万吨（生产量高得多，达到 44 万吨）。③

公司背景

雀巢公司由一位名叫亨利·内斯莱（Henri Nestlé）的药剂师于 1867 年创立于瑞士沃韦，他是一个移民。该公司的名称和商标图案应该归功于这位创始人，他还开发出了公司的第一款产品，一种名为 Farine lactée 的婴儿麦片。该公司对营养的关注从未改变，这体现在"优质食品，美好生活"这一公司使命中。这一使命确定了该公司想要培养的核心竞争力、希望聚焦的产品类别以及它想要获得

---

① Fairtrade International, "History of Fair Trade," www.fairtrade.net/history-of-fairtrade.html, accessed on September 4, 2015.
② Fairtrade International, "Minimum Price and Premium Information," www.fairtrade.net/price-and-premium-info.html, accessed on May 11, 2015.
③ Fairtrade International, Monitoring the Scope and Benefits of Fairtrade, 2013, 5th ed., www.fairtrade.net/fileadmin/user_upload/content/2009/resources/2013-Fairtrade-Monitoring-Scope-Benefits_web.pdf, accessed February 10, 2015; and Fairtrade Foundation, Fairtrade and Coffee, May 2012, www.fairtrade.net/fileadmin/user_upload/content/2009/resources/2012_Fairtrade_and_coffee_Briefing.pdf, accessed on February 10, 2015.

和留住的客户。这个使命成为雀巢公司每一个战略业务单元（SBU）"不可协商的最低标准"。①

公司在世界各地拥有 27.8 万名雇员，其组织结构按地域分成三个部分（即欧洲，美洲，以及亚洲、大洋洲和非洲），产品被分为八个类别（即水、营养品、医药产品、奶粉和液体饮料、奶制品和冰淇淋、半成品食物以及烹饪辅料、糖果以及宠物食品）。从收入上看，美洲的收入最高，奶制品和冰淇淋是收入最多的产品类别。

雀巢"创建共享价值"②

创造共享价值（CSV）的概念产生于一个简单的信念，即企业是社会中有能力在一个社区中创造财富的关键机构之一。企业通过一个产生利润的"神奇过程"来创造财富。③ 但它们通常被认为是通过牺牲社区的利益来获得利润的。历史上，无数企业试图与它们在其中经营的社区建立联系。它们的尝试经历了以下四种方式。

第一种方式是慈善活动，慈善活动是早期的举措之一，公司将其一定比例的税前收入捐赠给社会公益事业，这与其核心业务没有什么联系，但仍被认为是值得的。这种最初的方法演变成第二种选择，被称为企业社会责任（corporate social responsibility，CSR）。企业社会责任是指与各种社区、伦理和法律标准保持一致。第三，企业社会责任演变成可持续发展理念，这一理念是基于为后代保留自然资源的需要而产生的。第四，最近，"创造共享价值"演变成特定公司可持续发展的代名词。"创造共享价值"独立于公司管理者的个人价值观，而且因为它需要融入企业商业模式之中，因此不受企业预算的限制。于是，它被看成是一个公司的竞争优势与财富创造的来源，而不是为了最小化风险和保护企业声誉而发生的成本。

"创造共享价值"的理念通过三个步骤付诸实践。首先，企业需要重新定义它服务的产品和市场，往往是通过仔细分析金字塔底层市场展现的机会。其次，

---

① Nestlé Annual Report 2009, P. 12.
② Nestlé, "Nestlé in Society: Creating Shared Value and Meeting Our Commitments 2012," www. nestle. com/asset – library/documents/library/documents/corporate_social_responsibility/nestle – csv – full – report – 2012 – en. pdf, accessed on June 15, 2013.
③ "Professor Michael E. Porter's Keynote Address, Shared Value Leadership Summit, May 31, 2012," video, www. youtube. com/watch? v = s7i4FrkUK4g, accessed on July 14, 2014.

企业需要重新定义其价值链，例如，企业可能通过为其原材料供应商提供适当的工具、技术和激励来提高其产量和最终产品的质量。最后，企业需要重新定义更广泛的生态系统，可以通过开发相互协作的服务供应商集群做到这一点，而其中的各个供应商都可以利用彼此的竞争力。

"创造共享价值"在雀巢公司的实施

2009年，雀巢公司正式采用"创造共享价值"作为一个增长的平台。该公司认为，这一理念最适合融入其战略的三个领域：营养品（提供真正有利于消费者健康的营养产品）、水（在制造和分销过程中更有效地使用这种资源）以及农村发展（支持种植雀巢所需原材料的农村地区的农民发展）。

主席、首席执行官（CEO）以及执行董事会的成员们是最终对雀巢集团"创造共享价值"的监督和管理负责的人。他们的工作得到其他一些治理机构的支持，包括董事会提名的委员会如运营可持续理事会（Operations Sustainability Council）、重要议题圆桌会议（Issues Round Table）、水资源专题工作小组（Water Task Force）、审计委员会（Audit Committee）、风险管理委员会（Risk Management Committee）、可持续性与营养研发委员会（R&D Council for Sustainability and Nutrition），以及集团合规委员会（Group Compliance Committee）。公司已经成立了一个包括12名成员的咨询委员会，由公司战略、营养、水资源和农业发展方面的外部专家组成，以评估公司的进程并且讨论"创造共享价值"的机会和挑战。这些成员的任期为三年，每年都会召开会议。

雀巢集团还成立了创造共享价值协调委员会，该委员会由CEO任主席，5位成员来自公司执行董事会。这个委员会是一个伞型组织，负责监管公司所有业务部门的"创造共享价值"战略实施状况。首席执行官同时在创造共享价值协调委员会和创造共享价值咨询委员会担任职务保证了两个委员会的协调性。

对于战略执行的成效，公司相关部门要承担基层责任。例如，糖果事业部对雀巢可可计划（Nestlé Cocoa Plan）负责，饮料事业部对雀巢咖啡计划负责。这些事业部向一名执行董事会的成员汇报，这名成员同时也是公司负责营销和销售的总裁（见表3）。

表3　　　　　　　　　　　　　雀巢公司的"创建共享价值"

广泛授权	全球创造共享价值	产出指标	
		商业价值	社会价值
成功的农民	为了确保咖啡种植者是商业导向的并且通过选择采取咖啡种植	• 在农作物供应方面的增长 • 在农作物质量方面的提升 • 对农场资源进行管理的农民	• 提高农业生产率 • 个体农民净收入的增长
高产的员工	为了确保尊重个人的权利,并且使基于农村的雇佣对员工是有吸引力的	• 农场以合适的成本吸引合适的工人 • 对人权和国际劳工组织公约的尊重 • 在劳动生产率方面的提升	• 领取生活工资的工人 • 在安全和健康的环境中工作的员工 • 工人技能水平在不断提高
繁荣的社区	为了确保社区在经济和社会方面都是进步的	• 位于邻近的工厂和采购区域的稳定和可靠的社区	• 社区进步转向社会方面和经济方面的进步
联盟、协作和倡议	为了方便交接: (1) 与贸易伙伴结盟 (2) 与技术伙伴合作 (3) 与外部利益相关者寻求合作	• 战略业务单元将农村发展嵌入他们的活动 • 在农村发展方面贸易伙伴合作/发展	• 公共政策使农村得到发展 • 雀巢在农村发展方面成为公认的思想领袖

资料来源:公司文件。

雀巢咖啡计划

雀巢咖啡的发展可以追溯到1938年,当时巴西面临着咖啡生产过剩,并计划销毁过量库存。雀巢凭借其在研发能力和牛奶加工方面的专业能力,已经开始研发一种名为NESCAFÉ(雀巢速溶咖啡)的可溶性咖啡。这个品牌于1939年在瑞士正式推出。今天,雀巢速溶咖啡是雀巢公司全球性的咖啡品牌,并且包含了雀巢3+1咖啡、雀巢卡布奇诺咖啡、雀巢经典咖啡、雀巢脱咖啡因咖啡、雀巢多趣酷思咖啡以及雀巢金牌咖啡。混合款和特色款是根据不同地方的口味定制的。举例而言,东南亚市场上销售的雀巢咖啡伴侣中包含了额外添加的成分如人参和甘菊。这个品牌包含各种价位的产品,覆盖了价格敏感客户的市场和高价市场。

生产雀巢咖啡的工厂有27个,其中最大的工厂位于墨西哥托卢卡(Toluca)。有将近10%的生咖啡豆通过种植者联合体(Farmer Connect)直接从咖农手中收购,种植者联合体是一个在10个咖啡种植国家(包括墨西哥、科特迪瓦、中国、越南、泰国、印度尼西亚、巴西、哥伦比亚、印度和菲律宾）实施的项目。雀巢在其农村发展项目中面临着广泛的挑战，这些挑战在其他农产品生产领域也很普遍。向未来世代保证辛苦地在小块土地上种植咖啡是一种有吸引力的职业是最主要的挑战。同样，雀巢需要找到方法以扭转多年来政府对农民延伸服务投资下降的趋势以及对更好的种植材料的投资不足。确保优质生咖啡豆的定期供应对公司的咖啡业务来说至关重要。

自 2009 年中期被提出以来，雀巢咖啡计划就是要将咖啡的可持续性种植、生产、供应和消费整合起来。负责任地种植也许可以鼓励农民采用可持续的农业种植方式，并因而减少对环境的影响。负责任地生产或许可以提升公司自己的生产流程，包括能源使用和水资源的使用、包装和运输。最后，负责任地销售有助于消费者在使用产品方面做出正确的选择以最小化能源和水资源的使用，并保证对包装物进行恰当的处理或回收利用。

雀巢咖啡计划的一个更广泛的目标是从"交易"模式的供应链（雀巢公司在开放的市场上购买咖啡豆）转向合作模式（雀巢公司可以向咖啡种植者提供根据当地要求开发的种苗、农业专门知识和其他投入品）。公司预计到 2020 年将投资 3.5 亿美元，并采取以下一些措施：

- 2010~2020 年，向种植者提供 2.2 亿株高产、抗病的咖啡幼苗。
- 到 2015 年，每年通过种植者联合体网络从 17 万名种植者手中直接采购的生咖啡豆翻一番，达到 18 万吨。
- 确保与种植者联合体网络和《咖啡社区通用守则》的合规性；
- 到 2020 年，对按照雨林联盟（Rainforest Alliance）和可持续农业网络（Sustainable Agriculture Network）的原则种植的生咖啡豆的采购量达到 9 万吨。

雀巢咖啡计划的绩效指标与以下目标是一致的：通过能力建立项目培训的种植者数量；遵守公司采购政策的供应商比例；遵守雀巢供应商守则（Nestlé Supplier Code）的采购数量的比例，这一守则明确了"我们要求我们的供应商以及他们的次级供应商要尊重并遵守不可协商的最低标准"。[①]

但是，计划在实施过程中也遭遇了一些挑战。第一，种植者的思维是很难改变的。传统的种植者几乎不使用技术并且倾向于拒绝改变。举例而言，一些种植者不愿意通过更换那些产量低的植物来改造他们的农场，因为他们对父母种植的

---

① Nestlé, The Nestlé Supplier Code, December 2013, page 1, www.nestle.com/assetlibrary/documents/library/documents/suppliers/supplier–code–english.pdf, accessed on February 12, 2015.

咖啡树有一种情感上的依恋。用新咖啡树更换老咖啡树被视为一种不尊重的行为，他们无法完全接受。

然而，在雀巢公司，改造是推广更好的种植方法的主要政策。其他举措包括建立梯田、培育苗圃、对生产和成本进行记录、建立适合存储设备和化学品的库房，并为农场工人建立员工福利档案。在传统观念中甚至还存在使用童工等问题，发达国家对此持否定态度，但是在农业家庭中教孩子们种植的技能被认为是可以接受的。

雀巢在中国

虽然雀巢早在1908年就在上海开设了销售办公室，但是直到1979年这个公司才开始讨论和中国的本土公司进行合作。到2011年，雀巢在中国销售的产品中有90%是在本土生产的，包括奶制品、冰淇淋、咖啡和饮料，以及婴幼儿营养品。公司在上海和北京设立了研发中心。2012年，公司在中国的年度销售额达到创纪录的26.7亿美元后，雀巢便计划使中国快速成长为其第四大市场，仅排在美国、法国和巴西之后。从更长的时期来看，中国有望成为销售额排名第二的市场。①

传统上中国是一个喝茶的国家，但是，咖啡的零售额在中国也开始快速增长，2012年达到11.4亿美元（见表4）。2010~2012年，雀巢公司的零售市场份额占比分别为69.0%、70.4%和72.7%，从而成为在中国运营的最大的咖啡公司。②

表4　　　　　　　　2009~2012年中国的咖啡零售额

产品类别	销售量（吨）				销售额（百万美元）			
	2012年	2011年	2010年	2009年	2012年	2011年	2010年	2009年
咖啡豆	362	321	286	321	13	11	9	8
现磨咖啡	161	143	127	143	7	6	6	4

---

① www.nestle.com/asset-library/documents/investors/nis%202012%20shanghai/china%20final.pdf, a presentation by Roland Decorvet, chairman & CEO Nestlé Greater China, Nestlé Investor Seminar, Shanghai, September 25, 2012 accessed on August 31, 2013.

② "Coffee in China," Euromonitor International Report, May 2014, www.portal.euromonitor.com/portal/analysis/tab, accessed on February 10, 2015.

续表

产品类别	销售量（吨）				销售额（百万美元）			
	2012 年	2011 年	2010 年	2009 年	2012 年	2011 年	2010 年	2009 年
速溶咖啡	40053	36707	33492	36707	1120	981	820	726
合计	40576	37171	33905	37171	1140	998	835	738

注：International Monetary Fund, "Currency Units per SDR for April 2013," www. imf. org/external/np/fin/data/rms_mth. aspx? SelectDate = 2013 - 04 - 30&report Type = REP, accessed on February 10, 2015；2013 年 4 月的汇率为 1 美元兑换 6.26 元人民币。

资料来源："Coffee in China," Euromonitor International Report, May 2014, www. portal. euromonitor. com. proxy1. lib. uwo. ca/portal/analysis/tab, p. 4, accessed on February 10, 2015.

中国生咖啡豆的产量也在快速增长，2009 年的产量比 2004 年增加了 1 倍，达到 4 万吨，平均出口价格为每吨 2200 美元。[1] 同样重要的是，生产率在这一期间大约提高了 50%，达到了每公顷 1.5 吨。预计中国每年的供应量增长速度可能超过 30%。绝大多数增长将来自云南省，那里以热带气候、原住民族和丘陵地形而闻名，这三个要素使其成为高质量咖啡豆的理想种植地。在 2012/2013 年收获季，云南省生产了 8.2 万吨咖啡豆，[2] 其中大部分以每吨 2420 美元的平均价格出口。国内的价格稍低，大约是每吨 2320 美元。

在云南省，普洱地区的产量特别高。例如，2012/2013 年度，它生产了 3.9 万吨咖啡，约占全省产量的一半。普洱农场平均面积 1.2 公顷，通常以家庭为单位经营。每个农场都有自己的清洗、发酵、浸泡、干燥、研磨和分选咖啡豆的设施。这种自给自足的模式已经持续了几十年，造成对新理念如合作种植（collaborative farming）存在普遍抵触。[3]

雀巢对从中国进口咖啡豆感兴趣可以追溯到 20 世纪 90 年代中期，当时云南省和其他省份开始提高咖啡种植面积。咖啡豆的采购量快速增长，从 1998 年的 1000 吨增长到 2012 年的 10500 吨。伴随着雀巢咖啡计划在 2011 年扩展到中国，雀巢公司开始和咖啡种植者开展更紧密的合作以确保他们有稳定的收入，并免费提供种植咖啡的培训和技术服务。雀巢还在广东省设立了采购站，为其速溶咖啡

---

[1][3] International Trade Centre, "The Coffee Sector in China - an Overview of Production, Trade and Consumption," The International Trade Centre, Geneva, 2010, http://legacy. intracen. org/publications/Free - publications/China - Coffee - OverviewTech - Paper - Aug - 2010. pdf, accessed on September 2, 2015.

[2] Lily Kubota, "Field Notes from Pu'er, China: Coffee Production in the Land of Tea," The Specialty Coffee Chronicle, June 17, 2013, www. scaa. org/chronicle/2013/06/17/field - notes - from - puer - china - coffee - production - in - the - land - of - tea/, accessed on February 10, 2015.

生产厂收购咖啡豆。随着市场的进一步发展，许多穷困的种植家庭开始转向专门种植咖啡并且在现货市场卖给雀巢公司。①

雀巢咖啡计划还投资于研究以进一步提高种植者的产量。在云南种植的最主要的咖啡品种名字是卡帝姆（Catimor），而雀巢为了确定该地区最适合种植的咖啡，已经进行了十多年的研究。这个项目培育出来的种子被分发给种植者。雀巢的4C实践影响着一些种植者，他们通过在大树下种植、保护土壤和水资源以及安装污水处理系统来改善他们的环境保护实践。

雀巢公司在普洱地区投资1600万美元建立了一家咖啡种植研究所（旨在培训咖啡种植者采用可持续的种植方法）、仓库和研究实验室，以扩大其在这个地区的实际影响力。② 仅在2013年上半年，雀巢公司就已经直接从种植者手中采购了9500吨咖啡豆，接近2012年的总产量——这是雀巢咖啡计划在中国发展顺利的一个象征。

伊鲁尔—沃尔菲斯伯格面临的问题

为了继续推进雀巢咖啡中国计划，伊鲁尔—沃尔菲斯伯格正在考虑几个选择。第一，雀巢可以向获得某种可持续认证的生咖啡豆支付更高的价格。第二，公司可以通过加强与当地咖啡种植者合作提高其生产率，从而扩大其以可持续方式种植咖啡的承诺。第三，对种植业进行后向整合，以强化对可持续性种植实践的直接控制，并加快对高产技术的采纳。

向种植者支付更高的价格

尽管更高的价格将自然而然地对种植者产生吸引力，但还有几个问题难以解决。首先，还不清楚哪个认证标准对农民最有利，或者这些认证是否能提高雀巢公司购买的咖啡豆的质量。尽管更高的生咖啡豆价格显然可以在短期内刺激咖啡的种植量，但在长期中也会造成生产过剩的问题。其他能让农民生活变得更好的原定方案也将维持不变。

---

① Qian (Forrest) Zhang, "Comparing Local Models of Agrarian Transition in China," Rural China, Volume 10 No.1, January 2013, http://ink.library.smu.edu.sg/soss_research/1185/, accessed on September 07, 2015, pp.5 – 35.
② Nestlé, "Nestlé to Build Nescafé Coffee Centre in China," press release, April 2, 2013, www.nestle.com/media/newsandfeatures/puer – coffee – institute, accessed on October 24, 2014.

公平贸易认证在中国的茶叶种植方面是最普遍的，全国有六个小型生产商组织（SPOs）获得了公平贸易认证。① 通过生产获得公平贸易认证的茶叶，5700个中国茶农生产的茶叶获得了最低价格保证。消费者们也为获得认证的茶叶支付了溢价。

加强本土的努力

雀巢咖啡计划表明，雀巢公司将可持续性和公平贸易等认证区分开来。公司认为，与其对他们的产出提供一个有保证的最低价格，不如与个体种植者更密切地合作以更好地促进可持续发展。公司和种植者的基层互动包括供应种苗、提供技术帮助，以及通过改变种植模式和在咖啡生产社区开办学校来多样化咖啡种植者的收入来源。

然而，即使是在中国，消费者也似乎更偏好获得公平贸易认证的咖啡，并且愿意为其支付溢价。一项在武汉（中国十大人口最多的城市之一）进行的独立调查显示，一般来说，在咖啡店，消费者愿意为一杯获得公平贸易认证的咖啡多支付22%的费用。有三个群体更愿意为获得公平贸易的咖啡支付溢价：女性消费者、自制咖啡的消费者，以及计划在下一年增加其咖啡消费的消费者。②

后向整合

雀巢公司通过其品牌和产品开发在供应链的零售端增加价值。公司在供应链中也占据了上游的位置（如咖啡烘焙者）。更进一步地向上游移动可能有助于公司对作为"创造共享价值"一部分的可持续种植实践拥有更大的控制权（见图5）。这种变化也使公司能够在越来越激烈的竞争中保证拥有高质量咖啡豆的可靠供应。

---

① Fairtrade Labelling Organizations International, Monitoring the Scope and Benefits of Fairtrade, 4th edition, 2012, www.fairtrade.net/fileadmin/user_upload/content/2009/resources/2012 - Fairtrade - Monitoring - Scope - Benefits_web.pdf, p. 80 of 108, accessed on March 3, 2014.

② Shang-Ho Yang, Wuyang Hu, Malvern Mupandawana and Yun Liu, "Consumer Willingness to Pay for Fair Trade Coffee: A Chinese Case Study," *Journal of Agricultural and Applied Economics*, 2012, 44 (1), pp. 21 - 34.

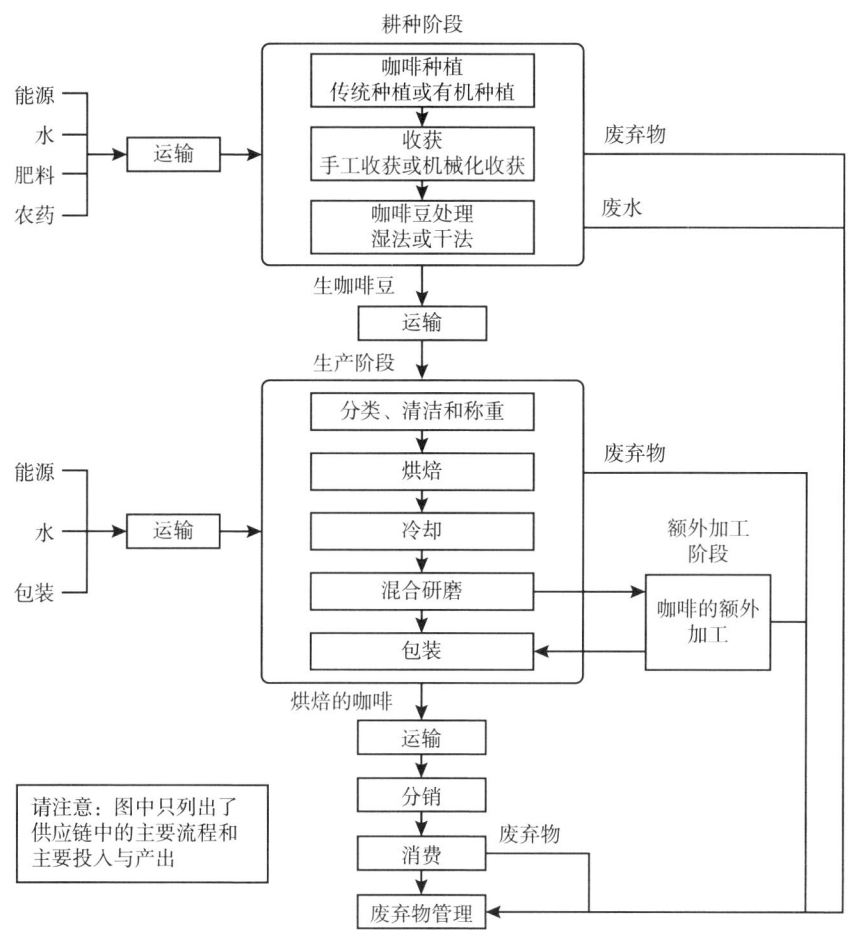

图 5　烘焙咖啡供应链

资料来源：由拉维什·拉瓦特（Ravish Rawat）为案例作者准备。

为了公平，前向一体化更加普通。举例而言，一个咖啡种植园可以安装一台研磨机或者建造一个储藏设施。但是，其他部门（如服装和农业部门）的劳工和环境问题已经促使一些公司进行后向整合以保证采用安全的劳动实践并采购可持续的原材料。对于咖啡而言，在供应链中位于农民和品牌零售商之间的众多中间环节可以被消除。一个相关的选择是和农民建立长期的、不可分离的合作关系，虽然个体农场较小的规模增加了这样做的复杂性。

一种嵌入模式？

在亚洲，老挝的布拉万农场（Bolaven Farms）出现了一种有趣的模式。[①] 公司的咖啡供应链，从播下种子、收获、加工咖啡豆、烘焙、进行品牌营销，到批发和零售客户，是完全整合的。高层管理人员估计在供应链中至少有四个层级可以被移除，以留出更多的利润和种植者分享。一组当地企业家在2007年建立了这家公司，公司在越南租赁了67公顷位于高原上的土地，这块土地因适合种植高质量的咖啡而闻名（在租赁期为30年的土地上建立一个咖啡种植园估计每公顷的成本是1.3万美元[②]）。只有40公顷土地用于咖啡种植，剩余的那些土地被用于饲养家畜和种植其他农作物，以及为雇员和他们的家庭建造房子。第一次收获是在2011年，因为咖啡树大约需要4年的时间才会结出咖啡豆，此后预计每年可以收获两次。

公司以每年1000美元的成本已经培训了250名种植者。为了在最初的几年增加收入，布拉万农场也交易从附近的种植园采购的咖啡豆。在运营的第一年，它以每吨2400美元的价格（比市场价格高35%）购买了140吨生咖啡豆以在出口市场上销售。但是由于品牌知名度不高，销售遇到了挑战。结果，公司重新将自己定位为一个针对食品服务企业的自有品牌的供应商。现在，管理层认为，为了使其核心咖啡业务实现盈利，需要大约90公顷的土地以达到足够的规模。

相比之下，位于加利福尼亚的罗杰斯家族咖啡公司也在探索一种不同的业务一体化模式。凭借每年大约2万吨的咖啡烘焙能力，公司从其自家位于墨西哥和巴拿马的农场采购所需生咖啡豆的10%。[③] 这家公司在每个国家拥有大约365公顷土地，分布于三个农场。[④] 同样，咖啡零售商星巴克在哥斯达黎加拥有一个

[①] Marta K. Dowejko and Gilbert Wong, "The Laos Coffee Industry – Implementing Vertical Integration for a Social Cause at Bolaven Farms," case study, Harvard Business Review, June 9, 2011, http://hbr.org/product/the-lao-coffee-industryimplementing-vertical-inte/an/HKU933-PDF-ENG, accessed on October 17, 2014.

[②] "Singaporean Company to Export 30% of Lao Coffee Beans," www.laoembassy.com/Singaporean%20company%20to%20export%2030%20ok.pdf, accessed on August 20, 2015.

[③] Hanna Neuschwander, "Vertical Integration: Four Coffee Companies Explore Models for Taking over New Parts of the Supply Chain," http://www.roastmagazine.com/.../Roast_JanFeb14_VerticalIntegration.pdf, Roast Magazine, pp. 23-34, accessed on October 13, 2014.

[④] Rogers Family Company, "Our Story – Our Coffee: Rogers Family Coffee Company," 2015, www.gourmet-coffee.com/ourstory-our-coffee.html, accessed on March 23, 2015.

250 公顷的种植园。近来，它也在考虑在中国的云南省租赁种植园。①

土地的购置是一种资本密集型的活动，经营规模对于投资回报至关重要。因此，作为一个规模庞大的全球化公司，雀巢对其竞争对手而言是有优势的。因为在中国的农业用地属于国家所有，雀巢可以稳定地租赁 90 年或更长时间，并且适度的年度租赁开支可以保证其控制力。

显而易见，咖啡供应链背后的商业模式到了应该改变的时候了。但是伊鲁尔—沃尔菲斯伯格应该如何继续推进雀巢咖啡中国计划呢？

---

① Marta K. Dowejko and Gilbert Wong, "The Laos Coffee Industry – Implementing Vertical Integration for a Social Cause at Bolaven Farms," case study, Harvard Business Review, June 9, 2011, http://hbr.org/product/the-lao-coffee-industryimplementing-vertical-inte/an/HKU933-PDF-ENG, accessed on October 17, 2014.

第 11 章　演进中的跨国公司

25. 立足于欧洲的护理机构法国欧葆庭集团：扩展到中国*

2016年初，法国欧葆庭集团（Orpea Group）在中国开设了它的第一家护理机构，即欧葆庭仙林国际颐养中心，位于江苏省南京市。在那个时候，法国欧葆庭集团是欧洲长期护理的领先者，涉及养老院、急症后康复医院、精神病医院，以及家庭医疗保健服务，拥有分布在10个国家超过700家护理机构的全球网络。高天礼是法国欧葆庭集团的中国区首席执行官，因为中国有大量的老龄化人口，他看到了中国市场对于养老护理的巨大需求。他想要将法国欧葆庭集团在养老护理业务领域作为欧洲领先者的能力、竞争力引入中国。在中国市场上，他寻求进一步扩大的机会，其最终目标是要使法国欧葆庭集团成为中国这一新兴产业中的领先者。然而，在文化和法律制度以及市场状况方面，中国和法国之间都存在巨大的差别。法国欧葆庭集团在中国的扩展所面临的挑战，比其在任何一个欧洲国家进行扩张时所面临的挑战都要大。作为法国欧葆庭集团的中国区首席执行官，高天礼面临着一些重要的问题：如何吸引潜在的客户来到位于南京的欧葆庭仙林国际颐养中心，以及是否要将法国欧葆庭集团的业务进一步扩展到中国其他的城市中去。如果法国欧葆庭集团要进一步在中国进行扩展，那么它究竟要往哪里扩展，要以什么样的速度扩展呢？

---

* 本案例由张燕（Yan Anthea Zhang）、张文红（Wenhong Zhang）和陈卓（Zhuo Chen）编写，张文红是本案例的通讯作者，案例编号：9B19M038。©2019，Ivey Business School Foundation，版本：2019 - 05 - 17。

护理机构行业

护理机构为其住户提供最大限度的医疗保健和社会支持,包括居住照护、护理、监理,以及康复服务。在护理行业中,公司的盈利能力取决于公司控制操作细节以提供高质量的护理和服务的能力。以下因素对于产生稳定的现金流是至关重要的。

房地产成本

将房地产成本控制在一个合理的水平上是至关重要的。但是,这并不意味着护理机构应该以最便宜的护理机构为发展目标。房地产公司需要经过仔细挑选,以便房产符合公司的市场定位。此外,护理机构的位置也十分重要。价格高、位置好的护理机构可能比价格低、位置差的护理机构要更好。

员工效率

护理机构需要仔细地设计安排,以便员工能够有效率且安全地工作。培训是必不可少的,且应贯穿护理机构的整个发展过程。

风险管理

一个重要的成本因素是由错误、不当行为以及营私舞弊造成的。一个有效的风险管理系统有助于降低上述风险,并且相应地减少成本。法国欧葆庭集团的风险管理系统包括一个电子追踪系统,这个系统记录下了所有曾经犯过的错误。此外,电子追踪系统中也包含一个专门的团队,这个团队的工作就是去追踪,以及解决所有的问题,从问题中学习,并且确保那些问题不会再次发生。

服务质量

通过提供额外的优质服务,公司能够将自己与竞争对手区分开来,而消费者也愿意为此支付更多的钱。

行业中的主要竞争对手

尽管这个行业拥有很多小规模的参与者,但是几个主要的参与者占据了主导地位，因为它们具备提供更加健全的设施和服务的能力。这些公司基于品牌认知、服务质量、成本控制、员工留任以及风险管理进行竞争。此外，因为建立并且维持一个良好的培训项目的成本非常高昂，因此，拥有一个巨大的市场份额对于实现员工培训的规模经济是至关重要的。这个行业中的主要竞争对手包括法国柯利安养老集团（Korian Group）、法国多慰养老集团（DomusVi Group），以及布鲁克代尔老年关怀公司（Brookdale Senior Living Solutions）。

法国柯利安养老集团成立于2001年，具有养老院管理、专业诊所管理以及住宅管理方面的专业知识。2016年，法国柯利安养老集团管理着超过710家护理机构，拥有71500张床位。法国多慰养老集团是法国的第三大私人养老及服务集团，是西班牙最大的私人养老及服务集团，为老年人提供服务已经超过30年。法国多慰养老集团的业务包括医疗住所、非医疗住所、家庭护理，以及精神病诊所。2016年，法国多慰养老集团拥有227家医疗住所、15家非理疗住所，以及48所家庭护理机构。2015年12月，布鲁克代尔老年关怀公司[①]是美国最大的养老社区的运营商，拥有并且运营着超过1123家养老社区和退休中心社区。公司雇用了大约5.3万名全职员工，以及2.9万名兼职员工，为10.8万家住户提供服务。布鲁克代尔老年关怀公司的商业模式是为居民提供一个"家庭式环境"，其服务包括住房、酒店服务、辅助服务，以及卫生健康服务。通过提供不同类型服务的组合，布鲁克代尔老年关怀公司能够使其住户居住的时间更长（见表1）。

表1　　　　　法国欧葆庭集团及其主要竞争对手的财务状况

法国欧葆庭集团（千欧元）	2012年	2013年	2014年	2015年	2016年
总销售额	1429263	1607922	1948580	2391604	2841225
折旧	63456	70967	78886	105315	139671
营业利润	153029	177894	223821	228871	253589
净利息支出	43537	59584	68028	67362	83504
税前利润	148490	172902	184659	183171	257631

---

① Brookdale Senior Living Inc., *Form 10 - K*, *Annual Report For the Fiscal Year Ended December* 31, 2015, 2016, accessed on October 5, 2018, https://brookdaleseniorlivinginc.gcs - web.com/static - files/3fb66fff - be29 - 4a2e - 8073 - e59aaac51620.

续表

法国欧葆庭集团（千欧元）	2012年	2013年	2014年	2015年	2016年
公布的税后利润	96042	111872	118904	123156	252631
普通股收益	97028	113911	120777	126634	256440
息税前利润	192831	232988	253104	251130	341319
息税折旧摊销前利润	256287	303955	331990	356445	480990
权益资本及公积	1214280	1412374	1497967	1809520	2075828
使用资本总额	2885276	3338293	3977371	5028699	5877281
固定资产合计——净额	2451928	2561842	2782528	3445115	4075044
无形资产总额	1686158	1838108	2220849	2592749	2871282
总库存和在制品	5001	5695	6625	8076	8369
应收账款	225780	252600	311065	448489	525358
总现金及等价物	362292	468351	621906	518925	539924
资产总额	4932460	5427506	6258087	7334935	8287140
流动资产总额	605716	738140	957112	1001952	1104312
流动资产净额	(593883)	(340170)	(234835)	(78508)	(137429)
应付账款	154673	199426	234217	254137	232019
流动负债总额	1199599	1078310	1191947	1080460	1241741
债务总额	2173179	2210376	2800694	3533207	4219785
债务净额	1810887	1742025	2178788	3014282	3679861
企业价值	3587808	4086351	5059330	7449628	8294352
市场价值	1775434	2343347	2880163	4435156	4614292
每股净收益	1.832	2.150	2.176	2.119	4.257
公布的现金每股收益	2.634	2.471	2.893	3.415	4.560
每股账面价值	22.921	25.464	26.967	30.027	34.473
每股销售额	26.980	30.349	35.110	40.020	47.165
净现金流量	52835	106059	153555	(102981)	20999
员工总人数（单位）	30195（23057）	25201	35795	43753	49185
全职员工	18215（79%）	19657（78%）	26488（74%）	28002（64%）	32954（67%）
兼职员工	4842（21%）	5544（22%）	9307（26%）	15751（36%）	16231（33%）

续表

法国柯利安养老集团（千欧元）	2012年	2013年	2014年	2015年	2016年
总销售额	1108357	1370990	2222203	2573304	2981404
折旧	48470	62689	101369	133803	155954
营业利润	87406	93348	196403	179553	236150
净利息支出	31822	43364	99294	105210	88121
税前利润	52547	55589	107222	114012	117575
公布的税后利润	25766	31391	64464	60970	133158
普通股收益	23175	28576	61819	58691	131293
息税前利润	84409	99003	206879	219423	206152
息税折旧摊销前利润	132879	161692	308248	353226	362106
权益资本及公积	714827	745903	1903081	1922728	2023015
使用资本总额	1303728	1291693	3097039	3467258	4412100
固定资产合计——净额	386808	556842	1165480	1295551	1670218
无形资产总额	1324705	1418599	3330897	3408269	3893063
总库存和在制品	2993	4280	7430	8170	9707
应收账款	190054	210943	341052	324183	364388
总现金及等价物	162758	53185	236776	520284	312561
资产总额	2189053	2269902	5165521	5616137	6311672
流动资产总额	364439	280152	617609	880986	713897
流动资产净额	(172749)	(282000)	(345394)	(71965)	(429279)
应付账款	123812	135851	238676	228139	250496
流动负债总额	537188	562152	963003	952951	1143176
债务总额	620100	568484	1273341	1604325	2506121
债务净额	457342	515299	1036565	1084041	2193560
企业价值	930260	1255362	3421968	3771559	4439631
市场价值	452402	717347	2386933	2676335	2232156
每股净收益	0.696	0.831	0.889	0.741	1.646
公布的现金每股收益	2.126	2.499	2.464	2.769	2.408

续表

法国柯利安养老集团（千欧元）	2012年	2013年	2014年	2015年	2016年
每股账面价值	21.031	21.429	24.085	24.206	25.242
每股销售额	33.298	39.860	31.960	32.481	37.367
净现金流量	122398	(111745)	183798	281197	(215713)
员工总人数（单位）	19381	26336	37782	35616	37784

布鲁克代尔老年关怀公司（千美元）	2012年	2013年	2014年	2015年	2016年
总销售额	2770085	2891966	3831706	4960608	4976980
折旧	270362	506910	544512	733165	529802
营业利润	99015	158649	(74913)	(31122)	228545
净利息支出	142407	137040	244134	386364	382506
税前利润	(60113)	(3312)	(330902)	(549560)	(400918)
公布的税后利润	(62157)	(5068)	(149597)	(457351)	(406296)
普通股收益	(65645)	(3584)	(148990)	(457477)	(404397)
息税前利润	86306	135067	(85425)	(161593)	(15479)
息税折旧摊销前利润	356668	641977	(459087)	571572	514323
权益资本及公积	1002717	1020937	(2881724)	2458888	2077982
使用资本总额	3172543	3455561	8875932	8655536	7907644
固定资产合计——净额	3879977	3895475	8389505	8031376	7379305
无形资产总额	269495	268310	891578	854882	788483
应收账款	100401	104262	149730	144053	141705
总现金及等价物	112336	96702	142945	120599	249261
资产总额	4665978	4737757	10521360	10048560	9217687
流动资产总额	309038	294862	614789	497943	619504
流动资产净额	(812465)	(575982)	(262973)	(342205)	(111638)
应付账款	43184	65840	76314	128006	77356
流动负债总额	1121503	870844	877762	840148	731142
债务总额	2679369	2636578	6265956	6432413	6045167

续表

布鲁克代尔老年关怀公司（千美元）	2012年	2013年	2014年	2015年	2016年
债务净额	2567033	2539876	6123011	6311814	5795906
企业价值	5670618	5919818	12849160	9722691	8106531
市场价值	3103585	3379942	6725628	3411038	2310875
每股净收益	(0.538)	(0.029)	(1.005)	(2.482)	(2.178)
公布的现金每股收益	2.215	2.692	1.888	1.647	2.381
每股账面价值	7.915	7.993	15.407	13.056	10.934
每股销售额	22.707	23.384	25.858	26.911	26.808
净现金流量	38404	(10729)	45572	(16054)	128368
员工总人数（单位）	47900	49000	82000	82000	77600
全职员工	30000（63%）	30000（61%）	52500（64%）	53000（65%）	50100（65%）
兼职员工	17900（37%）	19000（39%）	29500（36%）	29000（35%）	27500（35%）

注：对于2012年，通过Datastream检索得到的欧葆庭集团财务报告显示的员工数量与集团的年报不一致。两个数字都列在表中（第一个数字来自Datastream，第二个数字来自欧葆庭集团的年报）。全职和兼职员工数量根据欧葆庭集团年报中提供的百分比计算得到。

资料来源：Orpea, "Company Accounts Data," Datastream, accessed on October 10, 2018; Orpea, Financial Reports (2012 - 2016), accessed on October 10, 2018, www.orpea - corp.com/en/2011 - 12 - 21 - 17 - 32 - 50/financial - reports; Korian, "Company Accounts Data," Datastream, accessed on October 10, 2018; Brookdale, "Company Accounts Data," Datastream, accessed on October 10, 2018. Brookdale, Annual Reports (2012 - 2016), accessed on October 10, 2018, https://brookdaleseniorlivinginc.gcsweb.com/financial - information/annual - reports.

法国欧葆庭集团概况

成立

1989年，神经内科专家让—克罗德·毛瑞恩（Jean - Claude Marian）创立了法国欧葆庭集团，并且持续担任公司的董事会主席。[①] 起初，毛瑞恩成立了一家针对医院的建筑设计公司。然而，他很快就发现，在法国（以及在整个欧洲），越来越独立的老年人对提供高质量护理的机构存在需求。他开始收购相关的机

---

① 2019年5月17日后，毛瑞恩不再继续担任公司的董事会主席。

构来填补这一空白。在早期阶段，法国欧葆庭集团把精力集中在养老院上，到 1994 年，公司拥有了 46 家护理机构，总计床位数为 4600 张。1995 年，法国欧葆庭集团进行了重组，以优化管理成本。集团在巴黎设立了一个总部，负责组织和控制会计、财务以及与员工相关的事务。1999～2002 年，公司通过发展中期护理服务来进行多元化经营。此外，公司还建立并且收购了急症后诊所、康复诊所，以及精神病护理诊所。2002 年 4 月 16 日，法国欧葆庭集团在巴黎泛欧交易所上市。

通过收购向欧洲扩张

2004 年，通过在意大利开设两家机构，法国欧葆庭集团开始向其他欧洲国家扩张。2006 年，集团在瑞士的尼翁收购了一家精神病诊所。同年，集团收购了西班牙在护理行业的市场领先者医疗集团（Grupo Care），该医疗集团拥有 15 家机构以及 1504 张床位，在比利时首都布鲁塞尔的市中心还拥有一家老年医学综合机构。2008 年，欧葆庭集团通过分别在比利时和意大利建立功能性总部对公司的组织结构进行了再造，并在公司的机构中推出了质量控制政策和程序。

2010 年，法国欧葆庭集团收购了 Mediter 集团，这是集团历史上规模最大的一次收购。Mediter 集团拥有 Mieux Vivre 集团的多数股权，以及 Medibelge 有限公司 49% 的股权，Medibelge 有限公司拥有 57 家机构，总计床位数达到 4866 张。在接下来的 5 年里，法国欧葆庭集团继续通过收购来进行发展。2012 年，集团收购了位于西班牙的 Arte Vida Centros Residenciales 公司（在马德里拥有床位 1162 张），并且收购了位于比利时的 Medibelge 公司 100% 的所有权（拥有床位 1915 张）。2014 年，集团收购了位于瑞士的 Senevita 公司（拥有床位 2293 张），以及位于德国的 Silver Care 集团（拥有床位 5963 张）。2015 年，集团收购了位于奥地利的 SeneCura Kliniken und Heime 公司（拥有床位 3936 张），以及位于德国的 Celenus – Kliniken 公司（拥有床位 2602 张）、Residenz – Gruppe Bremen 公司（拥有床位 3006 张）、Vitalis 集团（拥有床位 2487 张）。

2016 年，欧葆庭集团进入了波兰市场。波兰是一个老龄化的社会，总人口为 3800 万，预计在 2016 年至 2040 年间，波兰 80 岁以上的人口数量将会翻倍，达到 200 万人。然而，波兰的护理机构远远落后于欧洲标准，护理行业的总计床位数仅为 85000 张。这也就是说，在每 100 个年龄超过 80 岁的人当中，只有 6 个人能够接受护理服务——大约是欧洲平均水平的 15%～20%。Medi – System 有限公司是波兰护理行业中的领先者，其 7 家护理机构拥有床位 704 张。Medi - System 有限公司是由一名医生在 2001 年创立的，拥有相对较新的建筑物（80% 不超过 10 年），坐落于华沙周围，其中 50% 的房间都是单人房。该公司因其服务和专业护理水平高而广为人知。2016 年，法国欧葆庭集团收购了 Medi - System 有限公司，在其全球网络中增加了 704 张床位。

2016 年，欧葆庭集团在收购了西班牙 Sanyres 集团（拥有床位 3300 张）之后，在长期和中期的身心护理领域成为欧洲的领先者，在欧洲拥有 733 家护理机构。由于有机成长和收购两方面的原因，欧葆庭集团实现了引人注目的增长，其网络中的床位总数从 2011 年的 36714 张增加到 2016 年的 70972 张，增长了 93%；在其全球网络中的床位数量从 2011 年的 8124 张增加到 2016 年的 38284 张，增长了 470%。集团护理机构和床位广泛分布在欧洲 9 个主要国家：奥地利（拥有 52 家护理机构，3936 张床位）、比利时（拥有 61 家护理机构，7217 张床位）、捷克共和国（拥有 3 家护理机构，以及 300 张床位）、法国（拥有 354 家护理机构，32743 张床位）、德国（拥有 156 家护理机构，16074 张床位）、意大利（拥有 15 家护理机构，1553 张床位）、波兰（拥有 7 家护理机构，704 张床位）、西班牙（拥有 43 家护理机构，7334 张床位）、瑞士（拥有 27 家护理机构，2696 张床位）。

法国欧葆庭集团在其全球收购过程中有一个清晰的战略。它收购的大多数公司在它们各自的国家中都是主要的参与者或者是行业领先者，具有以下特征：(1) 公司位于人口出现老龄化的国家，这为集团提供了一个巨大的潜在市场；(2) 公司在其所在的国家是市场领先者，拥有大量高质量的护理机构（以及床位），与当地政府关系密切，并对当地的市场和法律环境有良好的理解；(3) 公司具有与欧葆庭集团相似的服务系统和运营战略，这能够促进收购后的整合，并且使得欧葆庭集团能够尽快从协同效应中获益。

房产位置和建筑设计

在房产位置以及建筑设计方面，法国欧葆庭集团有严格的要求。集团更倾向于在市中心或者卫星城市拥有护理机构，因为其拥有庞大的人口基数，并且邻近主要的交通枢纽以及住宅区，因此有助于护理机构内部和护理机构之间的访问和交流。欧葆庭集团仔细地设计其护理机构的建筑，以使居民的日常生活变得愉快，并确保员工能够有效且高效地工作。对地点的精心选择和仔细的建筑设计使集团维持了较高的入住率。

运营管理

欧葆庭集团通过4种类型的养老机构来提供养老护理：（1）针对身体和精神依赖的老年人的医疗护理疗养院；（2）康复医院；（3）精神病医院；（4）家庭护理。协同效应就是在以上这四种类型的护理机构中，通过充分利用集团在人员技能、管理经验以及质量控制方面的资源而创造出来的。

规模在这个行业中是至关重要的：一个公司具有的经验越多，就越能从过去的失败和成功中吸取经验教训，并且使业务流程和质量控制规范标准化。法国欧葆庭集团由733家护理机构形成的网络，以及在不同国家长达27年的经验，使得集团能够充分利用网络的优势并实现持续改善。通过覆盖整个公司的信息技术系统，每一个护理机构都能实时地与总部分享它的运营和业绩情况。同样重要的是，欧葆庭集团还建立了一个专门的小组，负责各个护理机构的质量控制，这个专门小组的工作就是持续不断地跟踪所有的问题，从问题中吸取经验教训，并且确保它们不会重复发生。除了内部创新和培训之外，欧葆庭集团还与医院合作进行研究和开发活动。

培 训

对员工进行持续不断的培训对于欧葆庭集团保持高质量的服务而言是至关重要的。公司拥有很多由富有经验的专业人员组成的团队，他们负责服务创新和培训项目。培训的内容和强度因工作岗位不同而异。对于那些基层岗位，集团花一天或者两天的时间向新员工介绍公司的历史与价值观，随后由护理机构的管理人员和公司的培训团队进行现场培训。

对于级别更高的岗位，培训对象通常被派往法国接受很长时间的培训。在法国欧葆庭集团，护理机构的主管是关键人物。他们中的一些人具有医疗机构管理硕士学位，并且是被直接招聘来担任这个职务。也有很多护理机构的主管是内部晋升的——一开始是护理人员，再成为护理长，然后再被提升为护理机构的主管。欧葆庭集团在法国拥有自己的护理学校，员工可以在学校中获得国家或者政府颁发的护理学位。对于护理机构的主管，公司提供了迷你工商管理硕士攻读项目，这一项目是与尼斯—索菲亚·昂蒂波利斯大学以及欧洲管理学院合作开展的。

"培训是一辈子的事情，"高天礼评论道，"从开始到最后，我们的员工总是在学习全新的东西，并且总是在接受培训。"到2014年，超过1万名员工接受了总时长为27.5万个小时的培训，而且总培训时数每年都会增长10%。

质量控制

依赖性护理（dependency care）是一个非常"人性化"的行业，因为它涉及对脆弱的人类提供人性关怀。这个行业的风险也非常高，因为人类不是完美的，发生错误在所难免。法国欧葆庭集团设立了非常严谨的质量控制程序和工作流程，以确保公司的团队能够全天候为其居民提供最优质的服务。当出现糟糕的情况时，集团的质量控制小组会立刻对其进行研究，搞清楚这个问题是如何发生的，以及怎样才能避免它再次发生。公司还对发生的问题和解决方法进行记录，这有助于吸取教训，并且也可以在公司内部进行分享。此外，法国欧葆庭集团还使用了平板电脑等电子设备，来追踪每一家护理机构的日常运营情况，包括每个员工的工作表现，以及每个居民的特殊需要。

2015年，公司在6个国家进行了一项调查，该项调查覆盖了3.3万名居民，回应率为60%。结果显示，集团的满意度高达92%，并且有93.3%的居民会推荐法国欧葆庭集团。2015年，集团在瑞士、澳大利亚、德国和西班牙等国获得了多项行业奖项。

组织重构

在通过收购进行积极的国际扩张后，欧葆庭集团在2012年至2016年这段时间进行了持续不断的组织重构。组织重构的重点是信息技术战略。为了促进公司的国际扩张，集团加强了位于总部的信息技术部门，并且扩展了每一家护理机构的报告和监测系统，这些系统直接链接到中央信息技术部门。报告和监测系统使得公司能够控制位于不同国家的所有护理机构的运营和服务质量。

除了在信息技术基础设施方面的大量投资之外，欧葆庭集团还建立了一个由20个人组成的国际运营团队，其中2/3的专家都是内部晋升人员，1/3的专家是外部聘请的、拥有国际管理经验的管理人员，这些专家拥有不同的专业背景，如金融、会计、投资、管理、信息技术、法律、人力资源、质量控制、医疗护理以及运营。国际运营团队为现有的护理机构提供支持，并在总部和集团的护理机构网络中创造协同效应。

法国欧葆庭集团进入中国

中国的养老服务市场

中国是世界上人口最多的国家,2016 年人口数约为 13.8 亿。从数量上看,印度的人口为 13.2 亿,美国的人口为 3.23 亿。虽然中国和印度都拥有庞大的人口,但是中国的人口中老年人更多,并且中国人口的老龄化要比印度快得多——在很大程度上是因为中国的独生子女政策。

2011~2015 年,中国 60 周岁及以上年龄的人口规模从 1.85 亿增加到 2.22 亿(见图 1),在中国总人口规模中所占的比例从 13.7% 上升到 16.1%(见图 2 和图 3)。

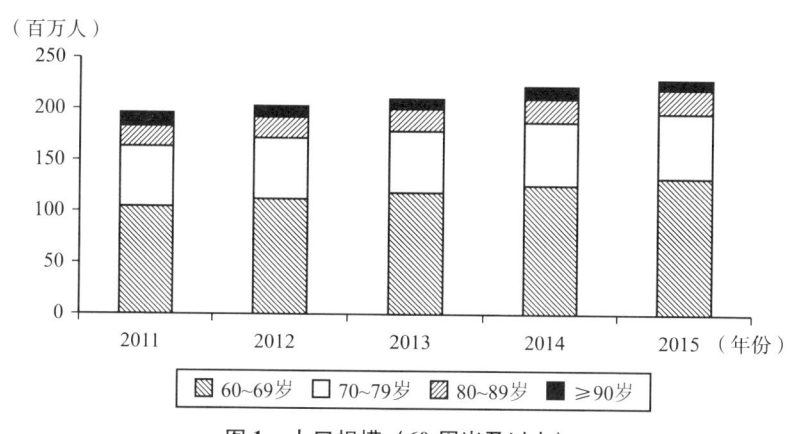

图 1 人口规模(60 周岁及以上)

资料来源:National Bureau of Statistics of China, "Table 2-9. Population by Age and Sex (2015)," China Statistical Yearbook (2016), accessed on April 1, 2019, www.stats.gov.cn/tjsj/ndsj/2016/indexeh.htm; National Bureau of Statistics of China, "Table 2-8. Population by Age and Sex (2014)," China Statistical Yearbook (2015), accessed on April 1, 2019, www.stats.gov.cn/tjsj/ndsj/2015/indexeh.htm; National Bureau of Statistics of China, "Table 2-8. Population by Age and Sex (2013)," China Statistical Yearbook (2014), accessed on April 1, 2019, www.stats.gov.cn/tjsj/ndsj/2014/indexeh.htm; National Bureau of Statistics of China, "Table 3-10. Population by Age and Sex (2012)," China Statistical Yearbook (2013), accessed on April 1, 2019, www.stats.gov.cn/tjsj/ndsj/2013/indexeh.htm; National Bureau of Statistics of China, "Table 3-8. Population by Age and Sex (2011)," China Statistical Yearbook (2012), accessed on April 1, 2019, www.stats.gov.cn/tjsj/ndsj/2012/indexeh.htm.

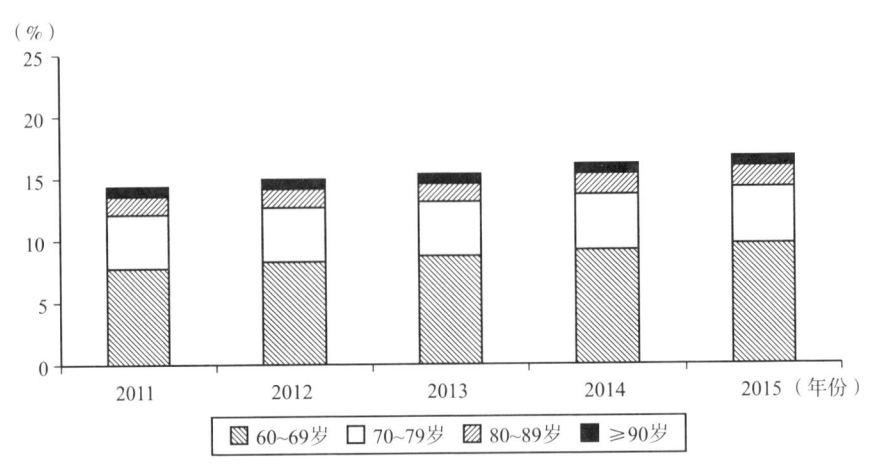

图 2　2011~2015 年 60 周岁及以上年龄的中国人口所占比例

资料来源：National Bureau of Statistics of China，"Table 2 – 9. Population by Age and Sex（2015），" China Statistical Yearbook（2016），accessed on April 1, 2019, www. stats. gov. cn/tjsj/ndsj/2016/indexeh. htm；National Bureau of Statistics of China，"Table 2 – 8. Population by Age and Sex（2014），" China Statistical Yearbook（2015），accessed on April 1, 2019, www. stats. gov. cn/tjsj/ndsj/2015/indexeh. htm；National Bureau of Statistics of China，"Table 2 – 8. Population by Age and Sex（2013），" China Statistical Yearbook（2014），accessed on April 1, 2019, www. stats. gov. cn/tjsj/ndsj/2014/indexeh. htm；National Bureau of Statistics of China，"Table 3 – 10. Population by Age and Sex（2012），" China Statistical Yearbook（2013），accessed on April 1, 2019, www. stats. gov. cn/tjsj/ndsj/2013/indexeh. htm；National Bureau of Statistics of China，"Table 3 – 8. Population by Age and Sex（2011），" China Statistical Yearbook（2012），accessed on April 1, 2019, www. stats. gov. cn/tjsj/ndsj/2012/indexeh. htm.

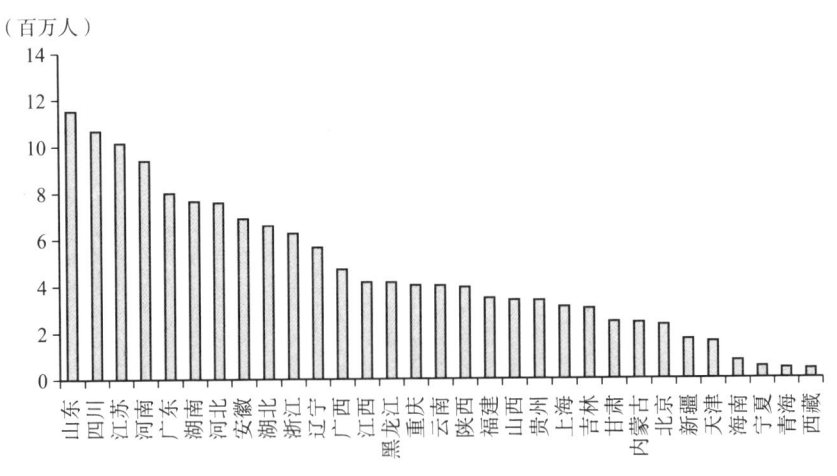

图 3　2015 年 65 周岁及以上年龄人口的地区分布

资料来源：China National Economy，"Population by Age and Region，" Wind Economic Database，accessed on October 1, 2018.

中国不断增长的老年人口规模对养老护理产生了很高的需求，但提供中级至高级老年护理的机构非常有限。此外，因为独生子女政策，很多家庭都具有"头重脚轻"的结构，即有祖父母和外祖父母四个人、父亲和母亲两个人，以及一个孩子，结果造成很多家庭没有办法在家里照顾他们年老的父母。

欧葆庭集团在南京的尝试

中国对于养老护理巨大且不断增长的需求对法国欧葆庭集团非常具有吸引力。除了这个市场机会之外，集团的创始人和时任主席毛瑞恩也被中国文化所吸引，他希望集团能够进入中国。然而，中国和法国存在显著的文化差异和巨大的法律差异。集团需要设法调整其商业模式以适应中国市场。

2013年，欧葆庭集团进入了中国市场，将欧洲的养老护理经验带到了中国的养老护理领域。2013年9月，集团在上海的DPark建立了公司的中国区发展总部。DPark为欧葆庭集团提供了一站式服务，包括注册成立、财务管理、签证申请，并协助应对政府事务。同年，高天礼被任命为欧葆庭中国公司的首席执行官。

由于中国市场存在巨大的商机和风险，因此欧葆庭集团决定在中国的扩张从启动一个试点项目开始，以便对市场进行测试、调查。在这个试点项目中，集团选择了不与中国的公司进行合作，因为它担心本地的公司可能比较保守，而且也不希望这个试点项目被中国市场中的某些因素所限制。集团的目标是要突破这一领域的边界，并评估公司的商业模式在多大程度上适应中国的市场状况。

2013年以来，高天礼一直在中国的多个城市里规划项目。在一家法国的房地产公司将高天礼介绍给南京市政府之后，南京市就成为试点项目落地的位置。在中国和法国建交50周年的时候，习近平主席访问了法国，两国签署了多个备受瞩目的合作项目，南京欧葆庭仙林国际颐养中心就是其中之一。

南京市政府官员参观了法国欧葆庭集团位于法国的护理机构，决定在南京市建一家欧葆庭集团的护理机构。在地理位置方面，南京市靠近上海，乘坐高速铁路列车大约需要1~1.5小时。南京市的个人平均收入排名全国第六，仅次于北京市、上海市、广州市、深圳市和杭州市。高天礼指出："对于我们而言，南京市符合中国人所说的'天时地利人和'。"南京欧葆庭仙林国际颐养中心于2014年4月破土动工，并于2016年3月22日正式开业。中心坐落于栖霞区的仙林住宅区，这里是南京的郊区。

与欧葆庭集团在欧洲拥有多家自己名下的护理机构的惯例所不同的是，这一中心的房地产是租的。

价格

南京欧葆庭仙林国际颐养中心拥有 111 个房间和 139 张床位，目标人群是失能的、有心理健康问题的或者有身体健康问题的需要照顾的老年人。中心向顾客收取的费用包含住宿和餐饮费、健康护理和协助费，以及与保健相关的服务费用（如水疗中心和按摩服务）。一开始，每个人每个月的价格定为 25000 元人民币（大约 3700 美元）①，这个价格远远超过了大多数中国家庭能够承受的范围。为了吸引顾客，价格下调到 15000 元人民币（大约 2250 美元），在推广期间，价格仅为 8000 元人民币（大约 1200 美元）。

在法国欧葆庭集团位于法国和其他欧洲国家的护理机构中，顾客支付一部分费用，剩下的部分由政府支付。然而，在中国，医保，也就是由中国政府资助的医疗保险制度，并没有包含法国欧葆庭集团的护理服务，这使得顾客需要支付全部费用。因此，在中国营销和销售与法国不同，更具有挑战性。在法国，对护理机构进行一两次考察就可以达成交易，但是在中国可能需要考察五次。这是因为欧葆庭集团的服务理念是全新的，价格也十分昂贵，而且人们也需要时间去理解他们购买的到底是什么，以及他们需要支付多少钱。

本土化改造与全球一致性

欧葆庭集团的目标是在利用其全球规模经济（通过保持各国和各护理机构之间的一致性）与满足各个国家市场中的当地顾客需求之间寻求平衡。集团具有一些标准的运营流程，适用于其位于各个国家的护理机构。在进入了一个新的市场后，集团也会调整这些标准的运营流程以适应当地的文化、习俗和法律。

在南京欧葆庭仙林国际颐养中心中使用的医疗器械、护理服务和质量控制系统与欧葆庭集团位于其他国家的护理机构使用的都是一样的。在护理人员为其顾客提供服务的时候，他们会在一个平板电脑中记录下他们的活动，如护理人员会标出房间是否打扫过，某位女士是否吃了药，某位先生是否吃了饭，等等。每一个细节都会被追踪，因此如果出现问题，就可以找出根本原因，从而改善运营流程。

---

① 2016 年 3 月 22 日美元兑人民币的汇率为 1 美元 = 6.489 元人民币。

法国欧葆庭集团对于文化差异非常敏感，并会相应地调整其运营流程。集团会努力地调整行政管理流程、护理流程、客房服务流程，并根据当地的需求进行修正。例如，中国人喜欢的娱乐活动和欧洲人喜欢的娱乐活动不一样。中国人喜欢入住双人间而不是单人间。此外，中国人也有不同的日程安排、饮食喜好和生活习惯（例如，中国的老年居民在每天晚上洗澡，但是欧洲人更喜欢在早上洗澡）。欧葆庭集团需要理解并且按照这些当地的生活方式和生活习惯进行调整。

高天礼和他的团队与当地的律师、医生和其他专业人士密切合作，对操作流程的本地化调整进行试验，并进行试用。通过试验和反馈，南京欧葆庭仙林国际颐养中心不断根据本地的要求进行调整；不过，高天礼强调，中心的愿景与欧葆庭集团成立之初就采用的愿景是一致的：世界各地的老年人都应该获得关爱、尊重，并拥有自信。

南京欧葆庭仙林国际颐养中心雇用的员工100%来自当地。公司相信，只有当地人才能服务好当地的老年人。中心遵循了欧葆庭集团的培训政策和流程，对那些在当地雇用的员工进行培训。培训课程既有由内部专业人士提供的，也有来自外部的培训项目。例如，中心与北京协和医院的老年医学科联合举办了三次培训。中心的很多管理人员在法国或者比利时接受培训，并接受来自欧葆庭集团专业人士的培训，这些专业人士有一些在中国，而另一些则经常来到中国。

中国的竞争

中国的保健护理行业还处于发展的初期，市场需求的趋势仍然不明确。早期的市场进入者正在发展，并正在用新产品、服务和商业模式进行试验。

泰康保险集团股份有限公司是一家中国本土的重要的医疗保健市场参与者，它已经进入了养老护理行业。在过去的几年中，泰康公司在大城市中开设了多家护理机构，包括北京市、上海市和广州市。泰康公司的核心业务是销售保险产品，主要是人寿保险。该公司2007年进入养老护理行业，致力于开发为退休之后的老年人提供住宿、护理、医疗支持和康复的社区。与居住在欧葆庭集团的护理机构中的居民相比，居住在泰康公司社区中的居民是比较年轻、活跃且健康的老年人群。虽然泰康公司是这个领域的新进入者，但发展很快，在建设多功能的护理和退休社区上投资了200亿元人民币，能够为北京市、上海市、三亚市、苏州市、成都市、武汉市和杭州市的老年人提供13000个护理单元。此外，泰康公司也与医院进行合作，以获得医疗资源和医疗技术。2015年9月，泰康公司收购了南京鼓楼医院以及附近的土地和房地产。

此外，在这个行业中，中国政府也是一个潜在的重要参与者。如果认为有必要，中国政府也可能开设养老院。

国际公司如法国多慰养老集团（DomusVi Group）和高利泽集团（Colisée Group）也进入了中国市场。例如，多慰养老集团和中国知名资产管理公司汉富控股有限公司成立了一家合资企业。

随着更多的参与者进入这个行业，员工流动将逐渐成为欧葆庭公司的一个挑战。其他公司可能会设法吸引欧葆庭公司的员工，因为这些员工经过了大量的培训，并且拥有丰富的经验。高天礼对于这个潜在的问题非常乐观，他说道："我会寻找优秀的人，并且一直培训他们。"他很自信地认为，即使有一定程度的员工流动，但欧葆庭集团在中国仍然能够继续蓬勃发展。欧葆庭集团的护理学校提供了教育机会和晋升机会，高天礼相信，员工保持率将会维持在很高的水平，因为员工留在欧葆庭对他们的职业生涯有利。

除了南京欧葆庭仙林国际颐养中心之外，高天礼也在利用位于其他主要城市的项目探索在中国的其他机遇。他想要在不同的城市创建具有不同定位策略的多个护理机构的集群，以及康复医院和精神病医院。随着中国的老龄化程度加深和富裕程度的提高，老年人护理行业肯定会发展起来。然而，高天礼也意识到，中国市场中存在很多挑战。以高收入客户为目标，在一开始就收取高价，这是一个明智的策略吗？在中国，欧葆庭应该如何使其产品和护理机构组合多样化？此外，随着更多的参与者进入这个行业，欧葆庭集团如何才能在中国市场上保持住先动优势呢？

26. GE 中国技术中心：全球创新中角色的演变*

2014 年年中，刚刚被提升为通用电气（GE）总裁的陈向力博士正在思考 GE 中国技术中心（CTC）的下一步行动，之前他曾任该中心的总经理和 GE 中国的首席技术官（chief technology officer）与副总裁。

位于上海的 CTC 于 2000 年成立，与 GE 的其他研发（R&D）中心合作，目的在于给市场带来技术突破和产品创新。它不仅是中国最大的外资研发中心之一，也是在中国有基础研究能力的少数企业之一。CTC 于 2008 年提出了"立足中国，服务中国"（In China for China，ICFC）的战略，在这一战略基础上，CTC 特地为中国市场启动了新项目，而不是简单地让通用美国的产品适应中国市场。接着，它通过将针对中国中端市场的创新带回美国等发达国家，打破了反对自我蚕食范式（anti-cannibalization paradigm）。

在中国市场的重要性不断增长并且中国逐渐成为一个研发基地的情况下，陈向力不得不考虑一些重要的事情，以保持 CTC 的增长：CTC 在长期中将扮演什么样的角色？在中国从"世界工厂"到一个全球创新大国的战略性调整中，CTC 将如何继续发挥其作用？CTC 将如何有效地与中国其他的 GE 研发中心合作，如何与 GE 全球研发系统合作？GE 一直在迅速发展，正如中国一样。陈向力需要相应地做出反应。

GE 和全球研发

GE 公司成立于 1892 年，总部位于美国康涅狄格州。白炽灯灯泡发明者托马斯·爱迪生（Thomas Edison）于 1878 年创立了爱迪生电灯公司。1892 年，爱迪生电灯公司和汤姆森—休斯敦电气公司合并，成立了通用电气公司。自 1896 年以来，GE 公司一直是道琼斯工业指数的成分股。

---

* 本案例由李海洋和瑞贝卡·钟（Rebecca Chung）编写，案例编号：9B15M099。李海洋感谢莱斯大学（Rice University）琼斯商学院（Jones Graduate School of Business）、中欧国际工商学院（China Europe International Business School）和中国国家自然科学基金（National Natural Science Foundation of China）（项目编号：71132007）的支持与帮助。©2015，Richard Ivey School of Business Foundation，版本：2015 – 10 – 21。

杰弗里·伊梅尔特（Jeffrey Immelt）于 1982 年加入 GE，于 2000 年成为 GE 的首席执行官，于 2001 年成为董事会主席。该公司的业务覆盖了金融服务（由 GE 资本提供）和以下产业板块：电力和水、能源管理、石油和天然气、飞机制造业、医疗保健、交通运输、家电和照明。作为美国乃至世界最大的雇主之一，它在 100 多个国家拥有超过 30 万名员工，其中超过 1 万名员工在中国工作。2013 年，GE 的总资产为 6540 亿美元，其中 50% 位于美国。① 它创造了 1460 亿美元的营业收入，其中净利润为 130 亿美元（见表 1），47% 的收入来自美国（2002 年这一比例为 70%）。

表 1　　　　　　　　　　GE 财务数据

	2013 年	2012 年	2011 年	2010 年	2009 年	2008 年	2007 年	2006 年	2005 年	2004 年
总营业收入（10 亿美元）	146	147	147	149	154	180	172	151	136	134
综合净收益（10 亿美元）	13	14	14	12	11	17	22	21	17	17
毛利率（%）	9	10	10	8	7	10	13	14	12	13
医疗保健营业收入（10 亿美元）	18.2	18.3	18.1	16.9	16.0	17.4	17.0	16.6	15.2	13.5
医疗保健利润（10 亿美元）	3.0	2.9	2.8	2.7	2.4	2.9	3.1	3.1	2.7	2.3
毛利率（%）	16.5	15.8	15.5	16.0	15.0	16.7	18.2	18.7	17.8	17.0
总研发支出（10 亿美元）	5.4	5.2	5.4	4.9	4.4	4.4	4.1	3.7	3.4	3.1
-GE 资助的研发支出	4.7	4.5	4.6	3.9	3.3	3.1	3.0	3.0	2.7	2.5
-客户（主要是美国政府）资助的研发支出	0.7	0.7	0.8	1.0	1.1	1.3	1.1	0.7	0.7	0.6
总研发支出占总营业收入的比例（%）	3.7	3.5	3.7	3.3	2.9	2.4	2.4	2.5	2.5	2.3

① 2015 年 6 月 19 日的汇率为 1 美元兑换 6.21 元人民币。

续表

	2013年	2012年	2011年	2010年	2009年	2008年	2007年	2006年	2005年	2004年
GE资助的研发支出占总营业收入的比例（%）	3.2	3.1	3.1	2.6	2.1	1.7	1.7	2.0	2.0	1.9

注：飞机制造业占据了GE研发支出的最大比例，由GE集团和其他外部资金支持。电力与水利和医疗保健也开支巨大，主要由GE集团提供资金（2013年年报第68页）。GE医疗保健基本花费了研发支出的6%~7%。

资料来源：General Electric, "GE Annual Reports, 2004－2013," www.ge.com/investor－relations/investor－services/personal－investing/annual－reports, accessed on May 11, 2014.

GE在许多科学领域和业务领域都取得了卓越的成就，并且获得了数千个专利。它的科学家们获得了两项诺贝尔奖。2012年，《福布斯》杂志将GE评为世界上最具创新性的公司之一。2013年，该公司在研发上花费了54亿美元（见表1）。

GE全球研发中心[①]（GE Global Research）总部位于美国纽约州尼什卡纳，占地550英亩[②]，是世界上最大的也是最具多元化的产业研发中心之一。它被定位为公司的增长引擎，通过努力推动技术突破和与业务单元合作将新技术引入产品线。除了航空热性能和机械系统、化学工程、电气技术、材料科技和软件科学与分析等基础科学领域之外，它还专注于分子成像和诊断、能量转换、纳米技术、先进推进装置、有机电子、安全和可持续能源等前沿领域的创新。GE全球研发中心耗费了GE全部研发支出的大约1/10，用于与业务单元的任何特定要求都无关的基础研究，而业务单元分割了剩下的预算，用于它们自己的应用研究和产品开发。

GE在中国和CTC的设立

自1906年开始与中国开展贸易往来以来，GE成为第一家在中国进行制造活动的国外跨国公司。1979年，也就是中国实施对外开放政策的第二年，GE恢复了其在中国的运作，并开始在中国进行技术开发。

1999年，GE全球研发中心在印度班加罗尔设立了第一个海外技术中心。这一选址的主要原因是GE的前任CEO与董事会主席杰克·韦尔奇（Jack Welch,

---

① General Electric, "GE Global Research," www.geglobalresearch.com/, accessed on May 11, 2014.
② 1英亩=4047平方米。

也就是带动 GE 全球化战略的负责人）被这个地方低成本的人才深深打动，并且也被这个国家的外包潜力所吸引。1999 年，中国在研发上的投入占国内生产总值（GDP）的 0.76%，而印度的这一比例是 0.71%。[①] 在当时，尽管中国政府鼓励国外的跨国公司在中国设立研发中心，但是这些中心大多没有积极进行基础研究，主要是因为研发基础设施的缺乏、薄弱的知识产权保护和缺乏富有经验的科学家等。西门子一年前在北京成立了一个小型的研发中心，同时飞利浦也计划下一年在上海设立一个研发中心。

陈向力认为 GE 也应该在中国设立一个研发中心。他看到了中国市场的潜力和拥有一个本地研发中心能够带来的好处，例如与本地政府、大学和研究机构合作的机会。在获得了包括 GE 中国的最高负责人在内的好几位同事的支持后，他自愿进行了尽职调查，分析设立这样一个中心的可行性和好处。他与许多同事交谈，然后到中国访谈了许多在该地运营研发中心的人。带着激情和决心，他的工作团队成功地说服最高领导层同意进行 20 万美元的小额投资。陈向力回忆道："当时，公司的关注点在印度。但是我问各个业务单元，他们是否考虑到了对中国技术人才的利用将帮助它们成长。基于他们的正面回馈，我请求最高领导层让我试一试，哪怕只是一小笔预算。"

2000 年，陈向力被重新派遣到上海，负责建立中国技术中心（CTC）以便实施技术研发、开发新产品并对制造和采购提供支持。作为中国最国际化的城市，上海拥有这个国家数量最多的外国研发实验室，并且也有一个质量相对不错的人才库。CTC 在漕河泾新兴技术开发区租了一个地方。打造一个胜任的本地团队对陈向力来说颇具挑战，最初他的团队只有 10 个人，就像麦肯锡咨询公司的一份报告所说的：[②]

中国有 160 万年轻的工程技术人员，这个数字超过了世界上任何一个国家。事实上，33% 的中国大学生在学习工程学，相比较而言德国的比例是 20%，而印度的比例仅为 4%。但据我们的受访者所说，中国应聘工程工作的人最主要的不足在于偏向理论。与按小组工作达成务实解决方案的欧洲和北美的工程毕业生相比，中国学生在项目或团队工作方面的实战经验很少。这些差异的结果就是中国

[①] UNESCO Institute for Statistics Online, "Science, Technology and Innovation – Research and Experimental Development – Expenditure on R&D – GERD as a % of GDP," UIS Database, accessed on July 19, 2014; Y. Zhang, H. Li and C. B. Schoonhoven, "Inter – Community Relationships and Community Growth in China's High Technology Industries 1988 – 2000," Strategic Management Journal, 30（2）, 2010, pp. 163 – 183.

[②] D. Farrell and A. Grant, "China's Looming Talent Shortage," McKinsey Global Institute, October 4, 2005, pp. 70 – 79.

的年轻工程师人才库中被认为适合在跨国公司工作的只有16万人——并不比英国的数量多。因此，看似丰富的人才储备中也存在着短缺。

陈向力意识到，尽管中国有大量的技术人才供给，但这些人中大多数缺少全球沟通的经验。因此，陈向力不得不从GE全球研究中心调动一些有经验的同事并雇用中国海归人员。他也不得不将本地新招募的人员（这些人不是相关产业的工程师就是刚毕业的大学生）分配到国际项目小组，以便对他们进行培训。

在初始阶段，CTC的首要任务是解决特定的本地技术问题，并支持本地企业开发产品和供应商。2001年，时任GE医疗部门总经理并成功在中国开发了业务的伊梅尔特成为GE的董事会主席。他致力于在中国开展多种业务。为了支持CTC发展，伊梅尔特为CTC投资建设了楼宇设施。2002年下半年，于1978年加入GE的迈克尔·艾德契克（Michael Idelchik）担任了CTC执行董事的职位。几个月之后，陈向力也加入了通用电气（中国）医疗集团，以专注于为这一业务单元开发新产品。2003年5月，CTC专属的大楼，一栋位于浦东张江高新技术产业园的47000平方米的楼宇正式落成。① 2004年，艾德契克离开了，而于1983年加入GE全球研发中心的比詹·杜里（Bijan Dorri）接替了他的位置。

在CTC，每一位研发员工都需要向多个负责人汇报：CTC的负责人、协调全球相关技术实验室的负责人，以及涉及在该业务单元工作的产品开发人员的特定项目负责人。此外，总部的科学家和工程师也将会在需要与CTC合作之时来到CTC。然而，他们的贡献并不是即时见效的，因为他们需要首先理解中国与美国环境的不同，如医院的工作流程。陈向力说道：

只有当你非常了解价值创造流程的时候，你才能够通过调整设计和评估供应商等过程来实现本地化。例如，美国和中国风速的不同对我们的风力发电机产品设计会有很大的影响。

ICFC 战略

CTC 的新型领导

2007年8月，陈向力重新回到CTC，代替杜里来指导它的运营。当时，中国

---

① 张江高新技术产业园是中国100多个国家技术开发园区之一，也是上海的两大园区之一。上海的另一个园区是紫竹国家高新技术产业开发区，于2001年成立于闵行区，旨在吸引新能源、飞机制造业、数字内容服务和新材料等新兴产业中的企业。

政府刚刚宣布将研发作为国家最重要的战略,主要专注于能源、环境保护、医疗健康和交通运输等领域。2007 年,中国的研发支出增加到 3710 亿元人民币,占国家 GDP 的 1.4%(1999 年该数字是 680 亿元人民币,占 CDP 的 0.76%)。陈向力指出:

> 我意识到中国已经成为一个创新的好地方,尤其是在医疗健康产业。医疗健康创新依赖于用户体验和用户需求,这在发达国家和新兴国家之间存在着巨大的不同。伊梅尔特支持 GE 医疗中国公司开发适合中国市场的新产品。

为了从规模经济中获益并开始本地化,GE 调整了针对发达国家市场设计的产品,以使其适应中国市场的需求。CTC 与业务单元的研发人员一同使用了一个"部分重新设计"的方式,来渐进地修改这些高端产品。通常需要两到三年的时间来完成一个本地研发周期。

然而,本地的中国竞争者正以非常快的速度成长,而且它们迅速地从低端市场上升到中端市场。陈向力和 GE 中国的其他几位高级管理人员意识到,CTC 需要开始发展专门满足中国市场独特需求的项目,以此作为一种加速渗透中国市场的方式。然而,GE 总部从未真正考虑过为中国制定预算,部分原因是中国市场为 GE 创造的收入仍然相对较少(占比小于 4%)。他们并没有看到针对低端市场的"向下"研发或者"不同"研发会带来即时的回报,而且他们也担心潜在的"自相残杀"。尽管如此,陈向力和其他几位 GE 中国的管理人员仍然决定共同向伊梅尔特提出他们的想法以获得支持。他们提议启动 ICFC 研发项目,并获得了伊梅尔特提供的 1500 万美元的专用资金,用于第一年的 25 个项目。

但是,项目小组面临着各种各样的挑战。例如,通常由工程师和销售人员领导的项目研发的首批产品销售并不理想,因为这些产品在中国仍然价格过高。为了解决这个问题,业务单元对价格和分销渠道做出了调整。为了确保小组理解业务单元的营销路线图和消费者需要,CTC 邀请了来自相关业务单元的产品经理加入每个项目小组,同时将创新性产品卖回总部。实施这一方法之后,CTC 顺利地执行了 ICFC 战略,并持续获得了更多的项目资金。原来的怀疑者也参与到这个战略中来。在与中国的业务单元进行合作以及开发能够满足中国市场需求的产品和服务方面,CTC 开始发挥重要的作用。

以医疗健康为例

GE 医疗的历史和它在中国的运营

GE 于 1896 年开始涉足医疗健康领域,当时伊莱休·汤姆森(Elihu Thomson）建造了一个能够产生 X 射线的电气设备，该设备能够形成用于诊断骨折和定位体内异物的影像。X 射线技术是仅仅在一年前被发明并得到应用的。[①] 公司成立了 GE 医疗公司，[②] 总部位于英国，提供医疗技术和服务，包括医学影像和信息技术、医疗诊断、病人检测系统、药物开发、生物制药生产技术和性能改进方案。GE 医疗公司拥有超过 5 万名员工（截至 2014 年底），面向世界范围内的医院、医疗机构、制药和生物技术公司以及生命科学研究机构出售产品。

1991 年，GE 成立了一个合资公司，也就是位于北京的 GE 航卫医疗系统有限责任公司（GE Hangwei Medical Systems），开始在国内进行生产。GE 于 1996 年成立了另外两家合资企业，后来这两家合资企业也被并入 GE 航卫，由此成立了 GE 医疗中国公司。该公司最初的部门包括医学成像，涵盖了超声波设备[③]和更多的先进技术设备，如 X 射线、核磁共振成像（MRI）、电脑断层扫描（CT）和正电子发射断层扫描（PET）。它的主要客户是大城市的先进医院。

2000 年，GE 中国医疗公司在江苏省无锡市建立了一个应用研发和制造基地，以研发和生产价格不太高的超声波设备。2001 年，通过利用 GE 全球研发中心开发的最先进的技术，该基地发布了第一个小型超声波产品[④]——彩色数字型超声诊断仪（LOGIQ Book）。这一产品比传统的落地式设备要便宜 30%～40%。利用中国的低成本优势，无锡工厂开始生产该产品，其中很大一部分用于出口。2003 年，无锡制造的产品 80% 被出口到海外。

2006 年，中国医疗健康总支出占 GDP 的 4.6%，相比较而言美国该比例为 15.9%，而中国人均医疗总支出为 213 美元，相比较而言美国的数据是 7110 美元（见表 2）。目前，中国大多数医院和诊所仍然缺少经费而且设备不足，但由于收入上升、人口老龄化、逐渐增长的健康意识和政府支出的扩大，市场潜力仍然存在。无锡制造的 GE 产品的国内消费从 2003 年的 20% 上升到 2006 年的 35%。

---

① C. J. Fitti, "Elihu Tomson," www.amphilsoc.org/bulletin/20011/elihu.pdf, accessed on October 02, 2015.
② 在 2004 年收购 Amersham 公司之前，该公司的名字是 GE 医疗系统公司。
③ 超声波成像设备利用声波来捕获人体影像用于医疗诊断。
④ 2014 年之前，发达国家中的一些利基市场的参与者已经利用了电子设备小型化来开发小型超声成像设备。

表 2　　　　　　　　　　　　　　　医疗保健支出

国家	医疗保健总支出占 GDP 的比例（%）			人均医疗保健支出（购买力平价美元）		
	2012 年	2006 年	2002 年	2012 年	2006 年	2002 年
美国	17.0	15.3	14.6	8845	7156	5607
中国	5.4	4.6	4.8	480	213	136

资料来源：World Health Organization, "Healthcare Expenditure (GDP and PPP) for China and the United States—2012, 2006, and 2002," Global Health Expenditure Database, accessed on September 30, 2015.

GE 医疗公司的主要竞争者是西门子医疗公司（Siemens Healthcare）、飞利浦医疗公司（Philips Healthcare）和东芝医疗设备公司（Toshiba Medical Systems）。2006 年，这四家公司合起来占据了中国高端医疗器械市场 60% 以上的市场份额。其他国外企业，如美国瓦里安医疗设备公司（Varian Medical Systems）、日立医疗系统公司（Hitachi Medical Systems）、锐珂医疗有限公司（Carestream Health）是几个产品类别的利基生产商。

来自中国本地竞争者的挑战也在加剧。其中，迈瑞医疗国际有限公司（Mindray Medical International Ltd.）是黑白扫描仪的市场领导者（见附录 1）。2006 年，迈瑞针对中端市场发布了它的第一台彩色超声波扫描机，并在纽约股票交易所上市。同年，它分别创造了 19400 万美元的净收入和 4600 万美元的净利润，这两项指标分别以 50% 和 58% 的五年复合增长率增长。

其 49% 的净收入来自 140 个国家，其中包括被 GE 作为目标的增长型市场。迈瑞公司 30% 的净收入产生于 GE 专注的医疗成像部门。公司花费了 1900 万美元（也就是净收入的 10%）用于研发（见表 3）。利用广泛分布于城市和农村区域的第三方分销商网络，迈瑞向大约 27000 家位于中国的社区医院和诊所出售医疗设备。[①] 它也在每个省建立了服务中心，以提供培训和及时且低价的维修与保养服务。相比而言，GE 的第三方分销商主要位于大城市，且只提供有限的售后服务。

---

① Mindray Medical International Limited, "Annual Report 2006," http：//media. corporate - ir. net/media_files/irol/20/203167/AnnualReport20FFinal.pdf, accessed on May 11, 2014, P. 2.

表3　　迈瑞公司的财务数据

	2013年		2006年	
	金额（百万美元）	占总收入的比例（%）	金额（百万美元）	占总收入的比例（%）
按地理位置划分的净收入				
中国	551	45	100	51
亚洲其他地区	94	8	28	15
欧洲	121	10	33	17
北美	163	13	16	8
其他（包括拉美地区）	285	24	17	9
总净收入	1214	100	194	100
国内复合年增长率（2003~2006年）	31%			
国际复合年增长率（2003~2006年）	87%			
净收入复合年增长率（2001~2006年）	50%			
按产品类别划分的净收入				
病人监护与生命支持产品		39		40
体外诊断产品		28		29
医学影像系统		25		30
其他		8		1
合计		100		100
研发支出（百万美元）	127		19	
研发支出占净收入的比例		10		10
净利润	225	19	46	24
净利润复合年增长率（2001~2006年）	58%			

资料来源：Mindray Medical International Limited. "Annual Reports 2006 and 2013," http://ir.mindray.com/phoenix.zhtml? c=203167&p=irol-reportsannual, accessed on May 11, 2014.

沿着"金字塔"下移和反向创新

2008年，GE中国总部在张江高新技术中心的CTC旁举行落成仪式，将中国区业务集中于医疗健康、能源和飞机制造业。CTC 开始帮助 GE 中国医疗公司以中端市场为目标研发新技术（见图 1）。长期以来，GE 在开发产品时注重选择和精准度。以超声波扫描仪为例，GE 倾向于通过添加成像模式、提高图像分辨率、采用专用探针①和提高工效等方式来升级产品性能。为了理解顾客需求，中国项目小组做出了巨大的努力，定期访问社区医院和诊所，与管理者和医生交谈，并观察他们的工作流程。通过这些访谈，小组意识到，许多功能对这些通常挤满了病人而空间有限或者位置偏远的医疗机构来说并没有太大作用。相反，这些客户偏好一些能够支付得起的、小巧的、轻便的、容易使用且耐用的产品。

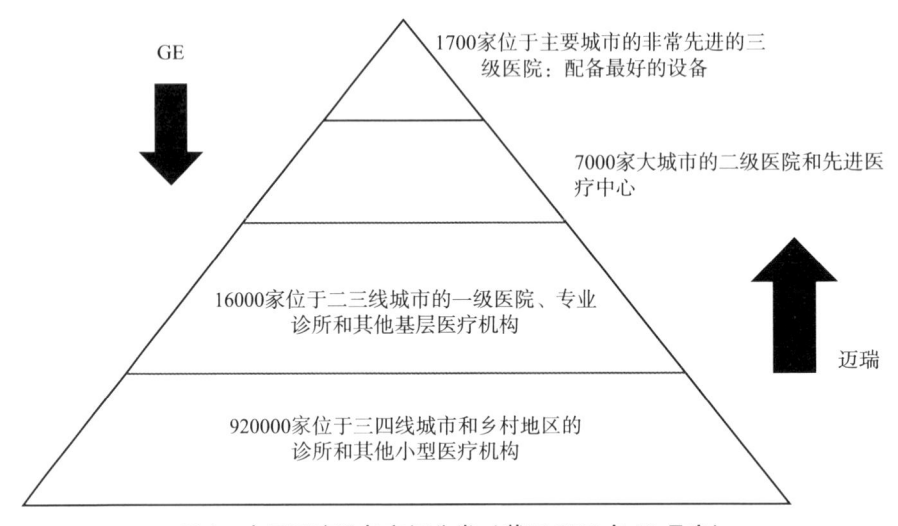

金字塔图（从上到下）：
- 1700 家位于主要城市的非常先进的三级医院：配备最好的设备
- 7000 家大城市的二级医院和先进医疗中心
- 16000 家位于二三线城市的一级医院、专业诊所和其他基层医疗机构
- 920000 家位于三四线城市和乡村地区的诊所和其他小型医疗机构

左侧标注：GE（箭头向下）
右侧标注：迈瑞（箭头向上）

图 1　中国医疗设备市场分类（截至 2013 年 10 月底）

资料来源：案例作者制作。

截至 2013 年底，小组开发了十几种医疗产品，这些产品不仅仅在中国销量良好，在新兴市场甚至发达国家也十分受欢迎。例如，在 ICFC 的资金支持下，中国小组开发了 Brivo CT 315/325 型号的扫描仪，这一扫描仪更加小巧，更节能，且比功能相似的进口产品便宜 30%。该型号扫描仪上市后的 6 个月内，在中国市场售出了 100 台，其中 2/3 的客户之前都没有计算机断层扫描仪。在这之后，越来越多的来自东南亚、拉美、非洲和欧洲的客户购买这一产品。GE 甚至获得了监管部门批准，允许在美国出售该产品。此外，在 ICFC 的资金支持下，

---

① 探针或传感器是一种发送和接受声波的设备。

GE 与上海肺科医院合作开发了一个 X 射线成像的计算机辅助检测工具，能够检查出尘肺病（职业性肺疾病）。这一工具将筛选效率提高了 70%~80%，在病人多的时候，这使得迅速筛选成为可能。

此外，挪威、德国、美国和中国（主要位于无锡）的同事们通力合作，开发出了 Vscan 手持式超声波扫描仪，这使得在护理现场进行诊断成为可能。此外，远程超声波医疗系统①让偏远地区的医生能够获得身处异地的专家的医疗建议。这一用途与中国卫生部提出的让先进医院支持基层医疗机构的倡议相一致。因而，Vscan 扫描仪使得 GE 医疗公司能够渗透到中端市场，甚至解决了金字塔底层市场的需求。事实上，Vscan 扫描仪在印度尼西亚这样的新兴市场销路也很好，而且它也被引入了美国（尽管是在不同的情景下）（见表 4）。

表 4　　　　　　　　　　　　一些超声波产品

GE 型号	特点	典型的客户和使用方式	
		中国	美国
LOGIQ E9	顶级产品，专家使用，极佳的图像质量，3D 和 4D 成像模式，高级工具，如图像融合能够将即时超声图像与先前纪录的来自 CT 或者 MRI 的图像融合到一起，规格巨大	先进医院和影像中心	与中国相同
LOGIQ P5	高效，简单	医院，专业化诊所，私人诊所	与中国相同
LOGIQ Book	便携	乡村医院和诊所：用于简单的诊断，如发现肿大、胃部异常和胆结石	急救车和营救直升机：用于紧急情况的诊断，如检查心脏周围的流体——充血型心力衰竭的可能症状；手术室：用于引导麻醉师定位针和导管
Vscan 手持式超声波扫描仪	体积小，有显示黑白解剖和彩色血流图像的屏幕，仅重 390 克，能够被连接到智能手机上异地观看	远程乡村医院、诊所和护理点（床边）；用于迅速和简单的诊断，如心脏瓣膜异常	医院或者家里的护理点：用于迅速和简单的诊断；救护车和营救直升机：用于紧急情况的诊断

资料来源：公司信息。

---

① 该系统首先于 2012 年在中国本地医院开发。

2013年，GE中国医疗公司推出的超过70%的新产品是面向中国和其他新兴市场的基层医疗机构而开发的。GE中国医疗公司期待着来自基层医疗机构的收入贡献到2015年能够增加到50%。GE中国医疗公司的首席技术官和GE全球研发中心的诊断和生物医学技术领导者戴鹰（Dai Ying）补充说："GE的健康创想（Healthymagination）项目的确推动我们以更低的成本、更好的质量和更多的途径实现顾客价值主张。"（见附录2）

CTC：立足中国，面向世界

成就

直到2013年，CTC每年都完成超过100个研发项目，其中一些是跨业务的项目。GE全球研发总部和欧洲中心领导了大约一半的国际项目，而CTC领导了剩下的项目。① 当其他中心在领导项目时，CTC仅仅负责某些特定的任务。领导中心的选择取决于专家和出口限制等因素。陈向力解释道："我们的目的在于充分利用各自的优势，以最小化重复性工作。"

截至2013年底，GE在ICFC项目上的支出超过2.5亿美元，开发出了超过40项新技术和产品，如用于水回收的非热型盐水浓缩器（non-thermal brine concentrator）。这些项目中2/3的产品供本地使用，而剩下的首先出口到新兴市场，然后再出口到发达国家市场。

通过采用这种全球—本地项目的方式，CTC持续获得资金用于ICFC项目。印度、巴西甚至德国的技术中心也采用了相同的方法。自从建立以来，CTC的发明家们已经获得了1000多项专利。连续三年（2012~2014年），CTC每年都有一位管理人员（包括陈向力在内）被《第一财经》商业杂志提名为"中国创新50强"之一。2013年，CTC还因为其研发支出、商业化和人才培训与管理而获颁来自《科学美国人》（Scientific American）杂志（中文版）的"10大领先研发中心"奖项。② 陈向力指出：

过去，CTC专注于技术本地化、产品改造、重新设计以及本地市场导向的创

---

① "领导"的意思是在每个项目的总工作量中贡献超过70%。
② 通用电气：《GE中国研发高管荣膺"中国商业创新50人'称号》，2014年2月26日，www.ge-globalresearch.com/news/press-releases/ge.《GE中国研发高管荣膺"中国商业创新50人"称号》，访问时间：2015年9月；凤凰新媒体：《GE中国研发中心荣膺2014最佳跨国企业创新10强》，凤凰网，2015年3月5日，http://innovation.ifeng.com/focus/detail_2015_03/05/3620824_0.shtml, accessed on September 30, 2015.

新。我希望 CTC 能够成为商业核心领域的卓越中心,将全球网络的重心转移到中国。

新角色

在 CTC 不断发展的同时,GE 在中国和世界的研发战略方面也实现了几项突破。2011 年,作为年度研发支出的一部分,GE 计划投资 5 亿美元在中国建立五个研发中心。这五个研发中心和无锡与北京的医疗研发基地一起与 CTC 紧密合作,形成了一支由 3000 人组成的研发团队(大部分是中国人),并建立了一个超过 150 家实验室的网络。这些中心的目的是与本地消费者一同创造新技术和产品,以及从本地供应商处采购并为其提供支持。GE 也为每个中心配备了营销和销售人员,以及客户服务团队(如培训、安装、维修和保养人员)来直接建立客户关系和忠诚度,而不是使用第三方分销商。率先建立的两个中心于 2012 年分别在成都和西安开始运营(见表 5)。

表 5　　　　　　　　GE 中国创新网络(截至 2014 年)

	地址	开始运营时间	核心
医疗研发机构	北京	1991	医疗保健:X 射线、MRI、CT 和信息技术
	江苏省无锡市	1996(2011 年升级)	医疗保健:超声波、MRI、麻醉剂和监护仪
CTC	上海	2000	所有,包括基础研究
研发中心	四川省成都市	2012	主要是基本医学保健,包括模拟数字医院以开发远程超声波医疗保健系统和基于网络的医疗解决方案的智能平台;采矿(石油和天然气)和运输
	陕西省西安市	2012	主要是照明(LED),包括 GE 在中国的第一个照明体验中心;飞机制造业以及煤炭汽化

资料来源:公司信息。

成都中心位于中国内陆地区,致力于为基层医疗尤其是农村地区的居民开发产品。通过密切观察农村消费者,项目小组能够深入了解他们的特定需求。例如,小组成员观察到,对于护士来说,每次将病人从他或者她的病床移动到手术室时,断开和重新连接病人的监视器连线非常耗时间而且不方便。因而,他们建议开发无线监测器。还有一个可用性实验室（usability laboratory），在这里小组能够通过观察医生和护士如何使用这些设备来测试这些样机。每三个月，GE 中国医疗公司的高级管理人员就会访问成都中心，以听取项目小组的创新想法，并评估他们的进展。

最近，GE 全球研发中心建立了 GE 软件公司以专注于软件开发和分析，这些软件可以用于不同的业务领域，如医疗设备管理和跨医疗机构病历管理。GE 软件的总部位于加利福尼亚，2012 年聘用了大约 1000 名开发人员和分析师。GE 全球研发中心也在俄克拉荷马州建立了第一个专注于行业的中心（专注于石油和天然气行业），并在密歇根州和以色列建立了另外两个小规模的中心（见表6）。以色列是一个以高科技初创企业而闻名的国家，在该国设立中心旨在促进通过与本地科技公司和学术机构的合作将先进技术引入 GE。此外，为了加速创新，GE 还成立了 GE 风险资本（GE Ventures）[①] 以投资医疗健康、能源、先进制造、软件和分析领域的初创企业。因此，拥有额外资源但又面临着来自其他中心压力的 CTC 需要重新定义它的角色。

表6　　　　　　　　GE 全球研发中心（截至 2014 年）

序号	研发中心	位置	成立时间
1	全球软件中心	美国加利福尼亚州圣拉蒙	2012
2	AMSTC	美国密歇根市安阿伯	2011
3	全球研发总部	美国纽约尼什卡纳	1900 *
4	巴西技术中心	巴西里约热内卢	2011 **
5	全球研究欧洲中心	德国慕尼黑	2003
6	印度技术中心	印度班加罗尔	1999
7	中国技术中心	中国上海	2000
8	以色列技术中心	以色列提特拉卡尔迈勒	2011
9	石油和天然气技术中心	美国俄克拉何马州俄克拉何马市	2013

注：* 大约是 1990 年成立。** 成立于 2008 年。
资料来源：公司信息。

---

① General Electric, "GE Ventures: Where We Invest," www.geventures.com./#where – we – invest, accessed on September 30, 2015.

机会

成为世界创新者的机会

在过去十年,中国的创新环境得到了显著改善。在创新能力和成果方面,中国的表现优于其他中等收入国家,并向高收入国家靠近。例如,从1999年——当时陈向力正在研究设立CTC的可行性——到2012年,中国用于研发的国内总支出增加了将近15倍,从680亿元人民币(占GDP的0.76%)增加到10300亿元人民币(占GDP的1.98%)(见表7)。[1] 同一时期,中国研究人员数量增长了2.6倍,从531100人增长到14040117人。[2] 这些研究人员的教育质量和经验水平也都有所提升。

表7　　　　　　　　GE全球研发中心所在国家的研发支出

国家	国内总研发支出占GDP的比例(%)		
	2012年	2007年	1999年
以色列	3.93	4.52	3.52
德国	2.92	2.53	2.41
美国	2.79	2.63	2.54
中国	1.98	1.40	0.76
巴西	1.21	1.10	1.02
印度	0.81	0.79	0.71

资料来源:UNESCO Institute for Statistics,"Science, Technology and Innovation – Research and Experimental Development – Expenditure on R&D," UIS Database, accessed on September 5, 2014.

此外,在2014年的全球创新指数(Global Innovation Index,GII)排名中,中国作为一个中上等收入经济体位列第29名,比2013年上升了6位,成为能够与占据前25名的高收入国家匹敌的经济体。如果中国继续以这一速度提升,它

---

[1] UNESCO Institute for Statistics Online, "Science, Technology and Innovation – Research and Experimental Development – Expenditure on R&D – GERD as a % of GDP and Total GERD in '000 local currency," UIS Database, accessed on September 5, 2014.

[2] UNESCO Institute for Statistics Online, "Science, Technology and Innovation – Research and Experimental Development – Human Resources in R&D – Researchers," UIS Online, accessed on September 5, 2014.

将会在几年内进入前 25 名。相比之下，在全球创新指数排名中，印度下滑到第 76 位，而巴西排名第 61 位。① 因此，CTC 在重新定义其新角色的时候，能够从这一区位优势中获益。

开发工业互联网

2013 年，GE 开始实现它的工业互联网（Industrial Internet）愿景。这涉及收集包括医疗设施和工业设备在内的所有机器的数据，用于控制、分析和预测，并且允许机器实现互相沟通。这不仅能够减少操作机器的劳动力成本，也能够更方便地对这些机器的维修和保养做出预测，从而减少甚至消除意外停机。

工业互联网大规模地将人、机器和分析系统连接在一起。麦肯锡全球研究所（McKinsey Global Institute）指出，② 中国正在经历数字化变革。以医疗健康为例，中国互联网正从消费者导向转向企业推动，到 2025 年，每年将能够实现 6100 亿元人民币或者说 990 亿美元的医疗健康支出的潜在节约，③ 这将是 2013～2025 年医疗保健支出增长额的 13%。这些成本节约来自包括个人电子医疗记录系统、用于协调转诊和后续行动的连接医院的区域医疗网络、超远程超声波医疗系统和基于网络的患者跟踪系统等在内的举措。因此，CTC 能够在这一变革中发挥基础性作用。

挑战

竞争对手的行动

为了推动创新和渗透中端市场，其他跨国企业和中国本地企业也都加强了在中国和全球的研发投资。西门子公司在不同的发达国家市场和新兴市场有超过 20 个技术中心，其中包括俄罗斯、印度和中国。它在世界各地雇用了将近 7000 名科学家、软件开发者和知识产权专家。2013 年，西门子投资 43 亿欧元，或者

---

① S. Butta, B. Lanvin and S. Wunsh-Vincent, "The Global Innovation Index 2014: The Human Factor in Innovation," https://www.globalinnovationindex.org/userfiles/file/reportpdf/GII-2014-v5.pdf, September 9, 2015, accessed on September 30, 2015, pp. xxiv-xxv.
② J. Woetzel, G. Orr, A. Lau, Y. Chen, M. Chui, E. Chang, J. Seong and A. Qiu, "China's Digital Transformation," McKinsey Global Institute, July 20, 2014, www.mckinsey.com/insights/high_tech_telecoms_internet/chinas_digital_transformation, accessed on September 5, 2014.
③ 2014 年 7 月 31 日的汇率是 1 美元兑换 6.17 元人民币。

说 59 亿美元①——大约是营业收入的 5.7%——为其广泛的业务进行研发。② 在中国，西门子 2005 年在上海设立了技术企业化（technology-to-business）创新中心，以使其加入成立于 1998 年的北京研发单位，合作开发本地解决方案。公司将很快在江苏省南京市设立另一个研发基地。③

飞利浦研究院在发达国家市场和新兴市场设立了 8 个中心，其中包括印度和中国。它在全球雇用了大约 2000 名研发人员，专注于其三大业务领域（医疗保健、照明和消费者生活方式）以消费者为中心的研究。2013 年，它投资 120 万欧元或者说 170 万美元④用于研发，大约占其营业收入的 5.2%。⑤ 其上海中心最近在其他城市（如江苏省苏州市）设立了分支实验室，以加强医疗成像等领域的基础研究。为了使其产品组合扩展到低端市场，飞利浦收购了总部位于深圳的制造患者及胎儿监护仪的金科威公司（Goldway）。⑥

在医疗保健领域，日本东芝医疗系统公司（Toshiba Medical Systems）2013 年在大连高科技产业园区建立了研发基地。⑦ 这一基地有将近 200 名研发人员，旨在开发在全球销售的成像产品。⑧ 迈瑞公司通过聘用海外专家并在中国境内和海外进行大规模并购，迅速地扩展和升级了其技术。2013 年，迈瑞公司收购了总部位于美国的高端超声波设备领域的技术领导者卓爵医疗系统公司（ZONARE Medical Systems, Inc.），因为该公司在研发能力和分销渠道方面具有优势。⑨ 迈瑞公司也加强了在中国、美国和欧洲的研发基础设施（见表 8）。该公司取代阿洛卡（Aloka）成为中国超声波市场第四大企业，估计 2013 年创造了 10 亿美元

---

① 2013 年 12 月 31 日的汇率是 1 美元兑换 0.73 欧元。
② Siemens AG, "Annual Report 2013," www.siemens.com/annual/13/en/financial-report/consolidated-financialstatements/reader/#/2, accessed on September 5, 2014, P.2.
③ Siemens AG, "Success from Innovation," www.siemens.com/innovation/en/about-research-and-development.htm, accessed on May 10, 2014.
④ 2013 年 12 月 31 日的汇率是 1 美元兑换 0.73 欧元。
⑤ Koninklijke Philips N.V., "Annual Report 2013," www.philips.com/philips/shared/assets/Investor_relations/pdf/PhilipsFullAnnualReport2013_English.pdf, February 24, 2014, accessed on September 5, 2014, P.4.
⑥ Koninklijke Philips N.V., "Philips to Acquire Chinese Patient Monitoring Company Shenzhen Goldway Industrial, Inc.," April 11, 2008, www.newscenter.philips.com/main/standard/about/news/press/20080411_shenzhen.wpd, accessed on October 5, 2015.
⑦ 成立于 1991 年的大连高新技术产业园区是中国辽宁省设立的六个技术开发园区中的第二个园区。
⑧ Toshiba Medical Systems Corporation, "Establishment of Toshiba Medical Systems R&D (Dalian)," www.toshibamedicalsystems.com/tmd/english/news/2014/140120.htm, accessed on May 15, 2014.
⑨ Mindray Medical International Limited, "Mindray to Acquire ZONARE Medical Systems," June 12, 2013, ir.mindray.com/phoenix.zhtml?c=203167&p=irol-newsArticle&ID=1829434&highlight, accessed on May 17, 2014.

的销售额。① 它也领导着中国体外诊断产品行业，这一领域 GE 并没有过多涉足。② 专注于开发如正电子断层扫描仪这样的利基技术并与 GE 竞争的本地初创企业数量也逐渐上升。

表8　　　　　　　　　　　　　　迈瑞全球研发

位置	备注
中国	
广东，深圳	总部位于南山区高新技术园区，占地 107000 平方米，其他部门将会搬到一个在 104000 平方米的土地上建设的大楼中
北京	将会搬到昌平区中关村国际生命科学园区的一栋占地 48000 平方米的新大楼
海外	
美国华盛顿州西雅图市	成立于 21 世纪初，专注于超声波技术研究
美国新泽西州莫沃市	通过 2008 年收购 Datascope 成立
瑞典斯德哥尔摩	通过 2008 年收购 Datascope 成立
美国佛罗里达州迈阿密市	成立于 2012 年，专注于体外诊断技术的研究
美国加州山景城	通过 2013 年收购卓爵（Zonare）医疗系统有限公司 100% 的股权成立

资料来源：Mindray Medical International Limited,"Annual Report 2013," http：//media.corporateir.net/media_files/IROL/20/203167/2013_Mindray_Business_Review.pdf, accessed May 11, 2014.

人才

前几年，CTC 与中国的大学合作，增加其课程中的实践部分并让学生有机会体验研究工作，以此来持续改善应届毕业生的质量。例如，CTC 举办了年度 GE 科技大奖赛，为硕士和博士生提供应用课堂所学知识的研发平台。在上海交通大学的一个硕士工程项目中，CTC 派出 10 多名研发人员担任教练的角色，指导学生进行研究项目。CTC 也为大学生提供实习机会。然而，CTC 仍然面临着人才方面的挑战。首先，随着本地民营企业数量的增加和新一代年轻人观念的改变，跨国企业对于年轻人的吸引力相对减弱。其次，中国的研发活动正在增加。据《科学美国人》报道，500 个跨国企业中有将近 470 个企业在中国建立了研发中心。

---

① 迈瑞并没有过多涉足其他类型的医疗成像设备。
② 在 20 世纪后期，GE 宣布了它收购总部位于美国的雅培制药公司的打算，该公司是诊断产品行业（血液生化分析仪）世界市场的领导者，但是最终没有选择完成这笔交易。

因此，如何留住人才成为首要问题。

人才需求也不断变化。例如，GE的工业互联网愿景需要技术能力之外的新能力（如分析能力和领导力）。为了部分满足这一跨学科的需求，GE全球研究中心2013年推出了一个软件领导力项目，这是一项面向研发人员的多年内部发展计划。CTC需要制定补充措施，使它的团队具备所需的新能力。更重要的是，陈向力认为：

一个多世纪以来，GE所有的主要业务都发源于美国或者欧洲。新兴市场在未来将有可能衍生出新的业务，而CTC和GE创新网络将朝着实现这一令人振奋的愿景而努力。因而我们需要具备新业务模式嗅觉的技术人才，以及能够与消费者沟通并可以识别超越GE核心但具有巨大增长潜力的新兴业务的人才。

创新什么？如何做好创新？

这些年来，CTC发挥着越发重要的作用。陈向力说，过去15年是GE探索中国市场的关键时期。他反思道：

GE拥有一种允许你调整自己工作……并找到自己的方式来证明你自己观点的文化。现在，让CTC成为GE全球研发网络中一个关键组成部分已经不再是空想。它已经变得实实在在……每个中心都应该有自己明确的重点，同时跨中心的合作也应该继续。在接下来的15年，中国的低成本优势会逐渐消失，我们的目标是在全球研发网络中开发出独特的竞争优势。

CTC在短期和长期内能够带给全球研发网络什么样的价值？陈向力在接下来的五年内首要任务应该是什么？

附录1：迈瑞公司的进化史（1991~2006年）

迈瑞医疗（Mindray）成立于1991年，总部位于深圳（南山）高新技术园区，① 其最初的业务是将患者监测系统进口到中国。一台患者检测器的平均价格在2000美元左右。20世纪90年代中期，公司开始了自主研发和生产。迈瑞不仅

---

① 1996年建立的位于南山区的深圳高新技术园区是广东省已经设立的九大园区中的第三个。

仅以低价提供产品，而且也满足了社区医院（一级医院和二级医院）① 以及小城市、城镇和乡村诊所的特殊需求。例如，在了解到乡村地区电力供应不稳定后，迈瑞设计了双重供电设备（电池和交流电），使其哪怕在断电的情况下，发光控制面板也能够继续运转。

2001 年，公司推出了中国第一台数字化黑白超声波扫描仪，而 GE 当时主要面向三级医院出售更昂贵也更先进的彩色扫描仪。由于采用了最先进的数字化技术，迈瑞黑白扫描仪的图像精度优于其他本地公司生产的黑白扫描仪。更重要的是，这些扫描仪对于中国和新兴市场的大多数医院和诊所来说都是消费得起的。

2004 年，在获得美国食品和药品管理局的批准之后，迈瑞开始将产品出口到美国这一当时最大的医疗设备市场（占全球市场的 40%）。到 2006 年，迈瑞已经成为中国医用监测仪行业和黑白超声波产品类别在销量和销售额上的市场领导者。2006 年，迈瑞大约有 2000 名员工，加上 700 名研发人员。

资料来源：案例作者基于公司网站信息改编，迈瑞医疗国际有限公司，"关于我们，" www.mindray.com/en/aboutus/aboutus.html，访问于 2014 年 5 月 11 日。

附录 2：GE 健康创想

2009 年 5 月，美国颁布了两个联邦法规——《保护患者及合理医疗费用法案》和《医疗与教育协调法案》，GE 宣布实施健康创想计划。到 2015 年，它花费了：

- 30 亿美元用于研发支出，专注于通过创新减少成本，并以更加合理的价格提供高科技产品，使得农村和欠发达地区的更多人能够获得医疗保健服务，支持以消费者为中心的医疗保健和改善医疗信息技术。
- 20 亿美元用于支持医疗信息技术。
- 10 亿美元用于相关技术和媒体内容，以提升健康意识。

它的目的在于降低 15% 的成本，实现每年影响到额外的 1 亿患者、增加 15% 的可获得性，并使质量水平提高 15% 的目标。GE 全球研发中心将会参与这一倡议。伊梅尔特陈述道：

我们对环境和不太昂贵的医疗设施的专注将是我们实现下一个十年增长的支

---

① 中国公立医院被划分为三级，每级再划分为三等。三甲医院需具备 500 个以上的床位。

柱性战略。医疗保健是一个重要的行业，但是面临着成本上升、机会不平等和持续存在的质量问题的挑战。医疗保健需要新的解决方案。我们必须以更先进的流程和技术创新，帮助医生和医院以更低的成本向更多人提供更好的医疗服务。健康创想是我们的经营战略，致力于帮助人们以更健康的方式生活，支持消费者成功，并帮助GE成长。

2009年10月，GE宣布成立"GE健康创新基金，"这是一个将投资于极具潜力的医疗技术公司的新股权基金。该基金是GE 60亿美元健康创想倡议的一部分。该基金将以三大领域为投资目标：广泛的诊断、医疗保健信息技术和生命科学。基金将利用来自GE医疗集团、GE资本和GE全球研发的能力，并将遍布全球。伊梅尔特陈述道：

GE能够为有潜力的医疗健康公司提供独特的建议。除了提供成长资本和专业的投资意见之外，通过这一基金我们还会为企业家提供直接与医疗技术领域的全球领导者在相互感兴趣的领域合作的机会。

资料来源：General Electric, "GE Launches 'Healthymagination': Will Commit MYM6 Billion to Enable Better Health Focusing on Cost, Access and Quality," www.ge.com/pdf/investors/events/05072009/ge_healthymagination_pr.pdf, accessed on September 5, 2014; General Electric, "GE Launches MYM250 Million 'Healthymagination' Fund," www.genewscenter.com/PressReleases/GE-Launches-250-Million-Healthymagination-Fund-2240.aspx, accessed on September 5, 2014; The Patient Protection and Affordable Care Act, Pub. L. No. 111-148, 155 Stat. 130 (2010); Health Care and Education Reconciliation Act, Pub. L. 111-152, 124 Stat. 1029 (2010).

延 伸 阅 读

1. 你到过哪些地方？算一算你接触过多少其他国家（地区）的人（2019年）*

评估潜在的国际市场机会的一个必要条件是了解基本的人口统计数据。从最基础的层面来看，掌握一个国家（地区）的人口总数是个不错的出发点。

理论上来说，全球有数百个潜在的国家（地区）市场。它们在人口数量、收入水平等方面都有着巨大的差异。当企业（和企业的管理者们）思考要进入哪些国家（地区）的市场时，一个重要的考量就是企业在"那些它们已经进入的"市场的经验。

使用指导

1. 在下列各表中，标注你所去过的国家（地区）名称和数量，以及你去过的每个国家（地区）的人口占全球人口的百分比。在最后的表格"总结"中进行汇总。

2. 如果将团队或班级分成小组分别对上述问题进行分析，则应对团队或班级的整体情况进行估计。然后考虑以下几个问题：

（1）为什么测算出来的结果会存在巨大的差异（即接触的外国人数量的差异）？

---

* 本练习由包铭心（Paul Beamish）教授编写，案例编号：9B19M094。©2018，Ivey Business School Foundation，版本：2019-08-22。

(2) 每一份测算结果对个人的职业有着什么样的启示？
(3) 如果要改变你的测算结果，需要做些什么？

地区：非洲

序号	国家和地区	2018年（7月）人口（百万）	占全球总人口比重（%）
1	尼日利亚	195.9	2.58
2	埃塞俄比亚	109.2	1.44
3	埃及	98.4	1.30
4	刚果民主共和国	84.1	1.11
5	南非	57.8	0.76
6	坦桑尼亚	56.3	0.74
7	肯尼亚	51.4	0.68
8	乌干达	42.7	0.56
9	阿尔及利亚	42.2	0.56
10	苏丹	41.8	0.55
11	摩洛哥	36.0	0.47
12	安哥拉	30.8	0.41
13	加纳	29.8	0.39
14	莫桑比克	29.5	0.39
15	马达加斯加	26.3	0.35
16	喀麦隆	25.2	0.33
17	科特迪瓦	25.1	0.33
18	尼日尔	21.4	0.29
19	布基纳法索	19.8	0.26
20	马里	19.1	0.25
21	马拉维	18.1	0.24
22	赞比亚	17.4	0.23
23	塞内加尔	15.9	0.21
24	乍得	15.5	0.20
25	索马里	15.0	0.20
26	津巴布韦	14.4	0.19

续表

序号	国家和地区	2018年（7月）人口（百万）	占全球总人口比重（%）
27	几内亚	12.4	0.16
28	卢旺达	12.3	0.16
29	突尼斯	11.6	0.15
30	贝宁	11.5	0.15
31	布隆迪	11.2	0.15
32	南苏丹	11.0	0.14
33	多哥	7.9	0.10
34	塞拉利昂	7.7	0.10
35	利比亚	6.7	0.09
36	刚果共和国	5.2	0.07
37	利比里亚	4.8	0.06
38	中非	4.7	0.06
39	毛里塔尼亚	4.4	0.06
40	厄立特里亚	3.2	0.04
41	纳米比亚	2.5	0.03
42	博茨瓦纳	2.3	0.03
43	冈比亚	2.3	0.03
44	莱索托	2.1	0.03
45	加蓬	2.1	0.03
46	几内亚比绍	1.9	0.03
47	毛里求斯	1.3	0.02
48	赤道几内亚	1.3	0.02
49	斯威士兰	1.1	0.01
50	吉布提	1.0	0.01
51	科摩罗	0.8	0.01
52	佛得角	0.5	0.01
53	圣多美和普林西比	0.2	0.00
54	塞舌尔	0.1	0.00
	非洲总计	1274.2	16.78

延伸阅读

地区：北美及加勒比海地区

序号	国家和地区	2018年（7月）人口（百万）	占全球总人口比重（%）
1	美国	327.2	4.31
2	墨西哥	126.2	1.66
3	加拿大	37.1	0.49
4	危地马拉	17.2	0.23
5	古巴	11.3	0.15
6	海地	11.1	0.15
7	多米尼加	10.6	0.14
8	洪都拉斯	9.6	0.13
9	尼加拉瓜	6.5	0.09
10	萨尔瓦多	6.4	0.08
11	哥斯达黎加	5.0	0.07
12	巴拿马	4.2	0.06
13	波多黎各	3.2	0.04
14	牙买加	2.9	0.04
15	特立尼达和多巴哥	1.4	0.02
16	巴哈马	0.4	0.01
17	伯利兹	0.4	0.01
18	巴巴多斯	0.3	0.00
19	圣卢西亚	0.2	0.00
20	库拉索	0.2	0.00
21	美属维尔京群岛	0.1	0.00
22	格林纳达	0.1	0.00
23	荷属阿鲁巴岛	0.1	0.00
24	圣文森特和格林纳丁斯	0.1	0.00
25	安提瓜和巴布达	0.1	0.00
26	多米尼克	0.1	0.00
27	百慕大群岛	0.1	0.00
28	开曼群岛	0.1	0.00

续表

序号	国家和地区	2018年（7月）人口（百万）	占全球总人口比重（%）
29	圣基茨和尼维斯	0.1	0.00
	北美及加勒比海地区总计	582.3	7.67

地区：南美洲

序号	国家和地区	2018年（7月）人口（百万）	占全球总人口比重（%）
1	巴西	209.5	2.76
2	哥伦比亚	49.6	0.65
3	阿根廷	44.5	0.59
4	秘鲁	32.0	0.42
5	委内瑞拉	28.9	0.38
6	智利	18.7	0.25
7	厄瓜多尔	17.1	0.23
8	玻利维亚	11.4	0.15
9	巴拉圭	7.0	0.09
10	乌拉圭	3.4	0.04
11	圭亚那	0.8	0.01
12	苏里南	0.6	0.01
	南美洲总计	423.4	5.58

地区：西欧

序号	国家和地区	2018年（7月）人口（百万）	占全球总人口比重（%）
1	德国	82.9	1.09
2	法国	67.0	0.88
3	英国	66.5	0.88
4	意大利	60.4	0.80

续表

序号	国家和地区	2018年（7月）人口（百万）	占全球总人口比重（%）
5	西班牙	46.7	0.61
6	荷兰	17.2	0.23
7	比利时	11.4	0.15
8	希腊	10.7	0.14
9	葡萄牙	10.3	0.14
10	瑞典	10.2	0.13
11	奥地利	8.8	0.12
12	瑞士	8.5	0.11
13	丹麦	5.8	0.08
14	芬兰	5.5	0.07
15	挪威	5.3	0.07
16	爱尔兰	4.9	0.06
17	卢森堡	0.6	0.01
18	马耳他	0.5	0.01
19	冰岛	0.4	0.01
20	海峡群岛	0.2	0.00
21	马恩岛	0.1	0.00
22	安道尔	0.1	0.00
23	格陵兰岛	0.1	0.00
24	法罗群岛	—	0.00
25	列支敦士登	—	0.00
26	圣马力诺	—	0.00
27	摩纳哥	—	0.00
	西欧总计	424.1	5.58

地区：东欧

序号	国家和地区	2018年（7月）人口（百万）	占全球总人口比重（%）
1	俄罗斯	144.5	1.92
2	乌克兰	44.6	0.59
3	波兰	38.0	0.50
4	罗马尼亚	19.5	0.26
5	捷克	10.6	0.14
6	匈牙利	9.8	0.13
7	白俄罗斯	9.5	0.13
8	保加利亚	7.0	0.09
9	塞尔维亚	7.0	0.09
10	斯洛伐克	5.4	0.07
11	克罗地亚	4.1	0.05
12	摩尔多瓦	3.5	0.05
13	波斯尼亚和黑塞哥维那	3.3	0.04
14	阿尔巴尼亚	2.9	0.04
15	立陶宛	2.8	0.04
16	北马其顿	2.1	0.03
17	斯洛文尼亚	2.1	0.03
18	拉脱维亚	1.9	0.03
19	科索沃	1.8	0.02
20	爱沙尼亚	1.3	0.02
21	黑山	0.6	0.01
	东欧总计	322.3	4.24

地区：中亚及南亚次大陆

序号	国家和地区	2018年（7月）人口（百万）	占全球总人口比重（%）
1	印度	1352.6	17.81
2	巴基斯坦	212.0	2.79

续表

序号	国家和地区	2018年（7月）人口（百万）	占全球总人口比重（%）
3	孟加拉国	161.4	2.13
4	阿富汗	37.2	0.49
5	乌兹别克斯坦	33.0	0.43
6	尼泊尔	28.1	0.37
7	斯里兰卡	21.7	0.29
8	哈萨克斯坦	18.3	0.24
9	阿塞拜疆	9.9	0.13
10	塔吉克斯坦	9.1	0.12
11	吉尔吉斯斯坦	6.3	0.08
12	土库曼斯坦	5.9	0.08
13	格鲁吉亚	3.7	0.05
14	蒙古国	3.2	0.04
15	亚美尼亚	3.0	0.04
16	不丹	0.8	0.01
17	马尔代夫	0.5	0.01
	中亚及南亚次大陆总计	1906.9	25.11

地区：中东

序号	国家和地区	2018年（7月）人口（百万）	占全球总人口比重（%）
1	伊朗	81.8	1.08
2	土耳其	82.3	1.08
3	伊拉克	38.4	0.51
4	沙特阿拉伯	33.7	0.44
5	也门	28.5	0.38
6	叙利亚	16.9	0.22
7	约旦	10.0	0.13
8	阿拉伯联合酋长国	9.6	0.13

续表

序号	国家和地区	2018年（7月）人口（百万）	占全球总人口比重（%）
9	以色列	8.9	0.12
10	黎巴嫩	6.8	0.09
11	阿曼	4.8	0.06
12	约旦河西岸和加沙	4.6	0.06
13	科威特	4.1	0.05
14	卡塔尔	2.8	0.04
15	巴林	1.6	0.02
16	塞浦路斯	1.2	0.02
	中东总计	336.0	4.41

地区：亚太地区

序号	国家和地区	2018年（7月）人口（百万）	占全球总人口比重（%）
1	中国（不含香港、澳门和台湾地区）	1392.7	18.34
2	印度尼西亚	267.7	3.53
3	日本	126.5	1.67
4	菲律宾	106.7	1.41
5	越南	95.5	1.26
6	泰国	69.4	0.91
7	缅甸	53.7	0.71
8	韩国	51.6	0.68
9	马来西亚	31.5	0.41
10	朝鲜	25.5	0.34
11	澳大利亚	25.0	0.33
12	中国台湾地区	23.5	0.31
13	柬埔寨	16.0	0.21
14	巴布亚新几内亚	8.6	0.11

续表

序号	国家和地区	2018年（7月）人口（百万）	占全球总人口比重（%）
15	中国香港地区	7.5	0.10
16	老挝	7.0	0.09
17	新加坡	5.6	0.07
18	新西兰	4.9	0.06
19	东帝汶	1.3	0.02
20	斐济	0.9	0.01
21	所罗门群岛	0.6	0.01
22	中国澳门地区	0.6	0.01
23	文莱	0.4	0.01
24	法属波利尼西亚	0.3	0.00
25	新喀里多尼亚	0.3	0.00
26	瓦努阿图	0.3	0.00
27	萨摩亚	0.2	0.00
28	关岛	0.2	0.00
29	密克罗尼西亚联邦	0.1	0.00
30	汤加	0.1	0.00
31	基里巴斯	0.1	0.00
32	马绍尔群岛	0.1	0.00
33	美属萨摩亚	0.1	0.00
34	北马里亚纳群岛	0.1	0.00
35	帕劳	—	—
	亚太地区总计	2324.9	30.61

总结

地区	国家数量	你到过的国家数量	2018年（7月）人口（百万）	地区人口占全球总人口比重（%）	你接触过的人口比例（%）
非洲	54		1274.2	16.78	
北美及加勒比海地区	29		582.3	7.57	
南美洲	12		423.5	5.58	
西欧	27		424.1	5.58	
东欧	21		322.3	4.24	
中亚及南亚次大陆	17		1906.9	25.11	
中东	16		336.0	4.42	
亚太地区	35		2324.9	30.61	
合计	211		7594.2	100.00	

| 延伸阅读

2. 关于国际合资企业的设计和管理的说明*

国际合资企业是由两家或多家不同国籍的公司所共同拥有的企业。国际合资企业可能是从零开始组建（或绿地投资），也可能是几家现存的公司决定合并已有部门的结果。不论它们是如何形成的，大多数国际合资企业的目的是让其合作伙伴汇集资源，协调各自的努力，以取得各家企业单独行动所不能取得的成果。

现实中存在着广泛的战略联盟。这些联盟在互动程度和类型方面有很大的差别。本阅读材料中的大部分评论都聚焦于股权式合资企业（equity joint ventures）——通常需要最大限度进行互动、合作和投资的一种联盟形式。尽管接下来的讨论只考虑两家公司组建的合资企业，但值得注意的是，许多合资企业有三个或更多的合作伙伴。

合资企业已经不再是从国外市场"分一杯羹"的方式，而是成为企业主流活动的一部分。实际上，所有跨国企业（MNEs）现在都在利用国际合资企业这种形式，许多企业都将国际合资企业当成其企业战略的关键组成部分。例如，通用汽车（GM）与上海汽车工业公司在中国建立了长期的合作伙伴关系，其产量占通用汽车公司汽车总量的40%，2016年为通用汽车贡献了超过20亿美元的利润。该公司还进行了扩张，开始在拉丁美洲和印度运营。同样，通用汽车通过与俄罗斯奥托瓦兹（AvtoVAZ）公司建立合资企业并实现了持续增长，为其长达10年的进军俄罗斯汽车市场的行动提供了便利。即使是那些传统上在世界各地独立运营的公司，也越来越多地转向合资企业。

国际合资企业和合作联盟的受欢迎程度和使用程度仍然不断提高。合资企业形式的使用率每年都不会有太大的变化。一般而言，对美国和日本跨国公司而言，大约在30%的情况下会选择合资企业的模式。

尽管联盟以难以管理而闻名，但这一模式仍然很受欢迎。失败是存在的，并且通常会被大肆宣传。例如，蒂芙尼公司（Tiffany & Co.）和斯沃琪集团（Swatch Group S. A.）在2007年成立了一家合资公司，本想发展成为长达数十年

---

* 本阅读材料由包铭心（Paul W. Beamish）教授编写，案例编号：9B17M060。©2017，Richard Ivey School of Business Foundation，版本：2017-04-25。

的合作伙伴关系，但却演变成一场法律大战，其中斯沃琪要求蒂芙尼赔偿利润损失（估计为 42 亿美元），而蒂芙尼提出了索赔 5.9 亿美元的反诉。此外，在朗讯科技（Lucent Technologies）与飞利浦电子公司（Philips Electronics）在无线电话机业务上的合资企业结束合作之后，朗讯在出售其电话设备业务时，向飞利浦收取了 1 亿美元的费用。同样，在亏损超过 5000 万美元之后，葛兰素史克（GlaxoSmithKline）和 Physician 计算机网络公司（Physician Computer Network Inc.）的合资企业 HealthMatics 也关门大吉。

尽管早期的调查显示，有多达一半的跨国企业对其合资企业的表现不满意，但是有理由相信，早先担忧的一些问题如今已得到改善。这主要是因为企业从中得到了大量的联盟经验和深刻见解。现在人们普遍认为，合资企业不一定是短命的或无利可图的过渡组织形式。对于许多组织来说，合资企业是首选的模式，因为公司认识到，这些合资企业可以像全资子公司一样生存下去。想想全球谷物合作伙伴公司（Cereal Partners Worldwide），它是通用磨坊（General Mills）和雀巢各占 50% 的合资企业。该公司在 130 个国家销售早餐谷物食品，早在 25 年前就开始运营。

有一家机构名叫战略联盟专业协会（Association of Strategic Alliance Professionals）。建立这一协会是为了支持联盟经理和高管们的专业发展，以推进最先进的联盟形成和管理，并提供一个论坛以共享联盟最佳实践、资源和机会，帮助企业改善联盟管理能力。

为什么经理们会持续创建新的合资企业？在本阅读材料的剩余部分中，我们会看到其中的原因，同时也可以发现国际合资企业成功的一些准则。

为什么企业要创建国际合资企业

国际合资企业可用于实现以下四个基本目的之一：加强公司现有的业务、将公司现有的产品引入新的市场、获取可以在公司现有市场上销售的新产品，以及增加产品种类进入新的业务领域（见表1）。

表 1　　　　　　　　　　国际合资企业成立的动机

	现有产品	新产品
新市场	将现有产品引入国外市场	多样化进入新的业务领域
现有市场	加强现有的业务	将国外产品引入本地市场

资料来源：Paul W. Beamish, Joint Venturing (Charlotte, NC: Information Age Publishing, 2008), P. 25.

为实现上述目的而建立合资企业的公司拥有不同的关注点,因而会寻找具有不同特点的合作伙伴。例如,想要加强现有业务的公司很可能会在现有的竞争对手中寻找合作伙伴,而那些想要进入新的区域市场的公司则会寻找具有丰富的本地市场知识并从事相关业务的海外公司。尽管通常仅仅被视为一种商业活动类别,但国际合资企业的形式多种多样,正如下面的描述所表明的那样。

加强现有业务

对于希望加强或保护其现有业务的公司来说,利用国际合资企业的形式多种多样,其中最重要的形式是能够实现规模经济的合资企业、使企业能够获得所需的技术和诀窍的合资企业,以及降低重大项目财务风险的合资企业。为后面两个目的而成立的合资企业,可能会因为从一个特定的产品或市场领域中消除潜在的竞争对手而获得额外的好处。

实现规模经济

企业经常使用合资企业的形式来试图获得其规模更大的竞争对手所取得的规模经济。合资企业已被用于在原材料和零部件供应、研发以及营销和分销方面给它们的母公司提供规模经济。合资企业也被当成是进行部门合并的一种工具,它能在整个商业活动范围内产生经济效益。

非常小的创业公司更有可能加入某一个网络而不是建立股权式合资公司,以通过规模经济来加强它们的业务。小公司可能结成一个网络来降低成本,增加进入海外市场的可能性,或者满足其他一些特定的目标。大多数网络的进入和退出壁垒都比较低,结构松散,并且只需要有限的投入(主要是时间,因为它们可以通过收费来进行自我融资)。由非常小的公司组成的国际合资公司很少,因为这样的公司通常需要克服一些与规模、创新性、异质性和关系导向等不利因素相关的问题(通常这些小公司在成立之初会因其专注和自我定位而取得成功)。

原材料和部件供应

在许多行业中,较小的公司成立合资企业是为了获取原材料或联合生产零部件。例如,汽车制造商可能会建立一个合营的发动机工厂,为每家公司供应小批量的发动机。为母公司生产发动机产生了规模经济,每一家公司都能以较低成本获得发动机,这一成本低于各家公司自身生产的成本。

参与此类合资企业的管理者们很快就发现,这些财务上的节省并非没有成本。例如，联合生产的发动机的设计变化往往比较慢，因为所有的合作伙伴必须就某些问题达成一致。事实上，生产电脑打印机的合资企业在打印机设计方面可能无法采用最先进的技术，因为母公司无法就联合设计的打印机所需要的功能达成一致。由于合资企业的所有产出都卖给了母公司，合资企业的员工与最终客户没有直接接触，也就无法消除争议。

转移定价是合资企业为母公司供应产品的过程中出现的另一个问题。例如，合资企业卖给母公司的产品如果转移定价较低，则意味着购买最多产品的母公司获益最多。许多采购数量较多的母公司声称这是公平的，因为它们的大量购买才使合资企业能够生存下去。但是，一些母公司则主张更高的转移定价，这意味着合资企业会获得经济利益，这些经济利益很有可能通过分红的形式流向母公司，而分红的比例与它们在合资企业中的持股比例相匹配。由于股权比例通常反映的是最初对合资公司的资产投入，而不是每年的购买量，这就意味着在这种安排下，不同的母公司都会做得很好。很明显，转移价格产生争议的可能性非常大。

研究和开发

共同的研究和开发工作越来越普遍。开展这类项目的原因是，参与其中的公司可以通过合作节省时间和金钱，而且，通过参与公司科学家的共同努力，可能取得一些成果，而这些成果在其他情况下是无法获得的。那些希望进行合作研究的公司面临着下列选择：是简单地协调各自的努力并分担成本，还是建立一个合资公司。数以百计的公司研究项目都没有采用合资企业的形式。通常，来自参与公司的科学家们会对研究目标和最有可能实现这些目标的途径达成一致。比如说有四种有希望的方法可以解决某个特定的问题，那么四家参与公司将分别针对一种方法进行研究。四家公司可能会召开季度会议，来分享成果和方法，当一种方法被证明有可能成功时，所有的公司都将充分了解这项新技术。

开展合作研究的另一种方式是建立一家合资公司，并为其聘用员工、分配预算和提供工作地点。然而，即便如此，还是可能出现问题。在美国，由十几家美国计算机公司组建的一家联合研究公司的总裁发现，各参与公司并没有把其最优秀的员工派到新公司。最终，他从外部聘用了200多名科学家。

对于参与合作研究的公司来说，一个敏感的问题是合作应该延伸到何种程度。由于合作伙伴通常是竞争对手，所以通常理想的情况是，联合研究只会集中在"竞争前"（precompetitive）的基础研究，而不会联合进行产品开发之类的工作。但两者之间的界限很难划分。

营销和分销

许多国际合资企业涉及共同研究、开发和生产，但是没有进行联合营销。通用汽车和韩国 LG 集团宣布成立一家合资公司，将通用作为汽车制造商的实力与 LG 公司在电子和锂电池技术领域的领导地位结合在一起，开发电动和混合动力汽车。根据合资公司的条款，LG 公司有权将与通用汽车共同开发的任何技术推广到其他公司。2015 年，这一合作伙伴关系被拓宽，成为美国汽车制造商和海外供应商之间最广泛的合作关系之一。更多的开发和生产成本将转移到 LG 公司，因为它拥有更多的专业技术知识。

在将营销活动分开的决策中，对反垄断问题的关注发挥了一定的作用，而合作伙伴保持独立品牌身份和增加各自市场份额的内在愿望也发挥了很大的作用。这些合作公司并没有忘记它们彼此之间是竞争对手。

尽管如此，还是有一些合资企业是为了实现在营销和分销方面节约成本的目的而成立的。此时，每家公司都希望以更低的成本获得更广泛的市场覆盖。这样做的代价是失去了对销售人员的直接控制，可能会导致决策速度变慢，并且有可能失去与客户的直接联系。

利用合作营销协议（cooperative marketing agreements）也可以实现类似的目的，它不是合资企业，而是由两家有相关产品线的公司达成的销售彼此产品的协议。在这里，公司最终拥有了可供销售的更完整的产品线，但避免了合资企业管理上的复杂性。有时，合作营销协议可能会形成联合品牌。

部门合并

当下属公司太小而缺乏实用价值时，跨国公司有时会选择通过将它们"太小"的业务与竞争对手的类似业务合并来组建一家合资公司。例如，菲亚特和标致合并了它们在阿根廷的汽车业务，两家公司的汽车业务在这一地区都表现不佳。这家新成立的合资企业最开始的市场份额为 35%，并且拥有在设计、生产和营销方面大幅改善经济效益的机会。面对相似的压力，福特汽车公司（Ford Motor Company）和大众汽车（Volkswagen）在巴西也创建了一家名为"拉丁汽车"（Auto Latina）的合资公司。部门的合并也能让公司体面地退出它不再感兴趣的业务领域。

在核心业务中获取技术

那些想要在核心业务领域获得技术的公司，传统上是通过授权协议或自行开发技术来实现的。然而，越来越多的公司为了达到这个目的而转向合资企业，因为在内部开发技术被认为要花费的时间太长，而授权协议尽管让公司获得了专利权和工程师的想法，但可能不会提供很多生产车间的专业知识。合资企业的力量在于，公司可以让自己的员工与合作伙伴的员工并肩工作，共同解决同样的问题。例如，通用汽车和丰田公司合资成立的新联合汽车制造公司（New United Motor Manufacturing, Inc., NUMMI）为通用汽车提供了一个机会来获得低成本小型汽车，并且可以直接观察负责合资企业运营控制的丰田公司管理者如何能够以较低的成本生产高质量的汽车。一些观察人士甚至得出结论，与合资企业生产的汽车相比，通用汽车学习新生产技术的机会可能更有价值——如果通用汽车能够吸收这些经验的话。随着汽车制造商竞相开发符合美国新的燃油经济性规定的汽车，通用汽车与LG公司的合资协议的目的是使通用汽车能够比竞争对手更快地开发电池动力汽车。

减少财务风险

有些项目太大或风险太高，公司不能单独应对。这就是为什么石油公司利用合资企业来分担寻找新油田的成本，以及为什么飞机制造行业越来越多地利用合资企业和"风险分担分包商"来提供开发新飞机和发动机所需的部分资金。当通用汽车宣布与LG公司合作开发电池驱动的汽车时，通用汽车时任副主席史蒂夫·葛思基（Steve Girsky）说："我们不知道这个市场将会有多大。这是一种有效的方式，不会对公司造成风险。"

这样的合资企业有意义吗？对于石油公司来说，答案是肯定的。在这些合资企业中，一个合伙人承担起领导的角色，并在日常工作中对合资企业进行管理。管理上的复杂性（这是合资企业的一个主要潜在缺点）被控制在最低限度。如果合资企业找到了石油，转移价格将不是问题，合资企业的收益很容易在合作伙伴之间进行分配。在这种情况下，组建合资企业是一种有效而明智的分担风险的方式。

在其他一些行业中，建立合资企业可能并不是一个明显的好主意，至少对行业领导者来说不是这样。它们的合作伙伴并不仅仅是为了获得诱人的投资回报而进入这些企业。它们已经做好了准备，迟早要生产自己的产品。为什么一家公司愿意培训潜在的竞争对手呢？对于许多公司来说，它们面临的现实是，其合作伙伴反正都会和某些公司拉上关系——所以即使能在未来分得一小块蛋糕也比什么都得不到好，即使这意味着你最终可能会与自己竞争。这与古老的谚语"亲近你的朋友，更要亲近你的敌人（竞争对手）"是一致的。

把产品带到国外市场

那些拥有国内生产的产品、认为在国外市场会取得成功的公司面临着一些选择。它们可以在国内进行生产并出口、将技术授权给世界各地的当地公司、在国外建立独资子公司，或与当地合作伙伴成立合资公司。许多公司认为，出口不太可能带来显著的市场渗透，建立全资子公司的速度太慢且需要太多的资源，而许可证的方式并不能带来足够的财务回报。其结果是，尽管国际合资企业很少被视为理想的选择，但往往是最具吸引力的折中方案。

进入外国市场需要承担一定程度的风险，大多数决定与当地公司组建合资企业的公司都会采用这种方式以降低与进入新市场相关的风险。通常，它们会寻找拥有相关产品线因而十分了解本地市场的合作伙伴。作为进一步降低风险的措施，合资企业可能以简单的销售和营销活动开始运营，直到产品开始畅销，销量不断上升。然后，双方可能会建立一家只从事简单装配工作的装配厂，组装从外国母公司运来的部件。最终，该合资企业可能对产品进行修改或重新设计，以更好地适应当地市场，并可能在当地进行完整的本地制造、采购原材料和零部件。这样做的目的是在市场不确定性降低之前抑制重大投资。

跟随客户到国外市场

另一种降低国外市场进入风险的方法是跟随那些国内客户到国外去。当本田汽车公司、丰田汽车公司和日产汽车公司在北美和欧洲建立了新的工厂后，许多日本汽车供应商也跟随它们建立了北美和欧洲工厂。这些供应商往往不确定自己是否有能力在国外的环境中经营，因此会决定与当地合作伙伴成立一家合资企业。例如，美国有许多汽车供应商合资企业最初是由日本和美国汽车供应商建立的，以供应日本汽车制造商在美国建立的工厂。对美国人来说，这样的合资企业提供了一种学习日本制造技术和开拓市场的途径。此外，一些合资企业的成立是为了满足法律的要求，以允许公司在国外为客户提供服务。中国的航空运输行业受到限制外资所有权的法律的约束。伯克希尔·哈撒韦的子公司、专门从事私人飞机管理的利捷公司（NetJets Inc.）指出，来自美国和欧洲的现有客户的需求以及来自中国消费者的潜在需求,使得公司决定和中国投资者组成的财团一起成立一家合资企业,在中国为企业和个人客户提供私人飞机管理服务。

在"未来的市场"投资

一些公司会抢先在它们认为是新兴市场的国家建立合资企业。这些地区拥有非常大的未开发市场,以及可能的低成本原材料和劳动力。西方公司在进入这些市场时所面临的主要问题是它们不熟悉当地文化,难以确立西方对质量的态度,而且某些地区很难将收益兑换成硬通货汇回国内。解决方案(有时是当地政府强制要求的)往往是与"熟悉情况"并能与官僚机构打交道的当地合作伙伴建立合资企业。

将外国产品带到当地市场

对于每一家利用国际合资企业将其产品带到国外市场的公司来说,当地公司同样也会将合资企业视为把外国产品引入当地市场的一种颇具吸引力的方式。当然,正是这种利益的互补性使得建立合资企业成为可能。例如,星巴克通过与塔塔全球饮料公司(Tata Global Beverages)各占50%的合资协议进入了印度市场。尽管印度在传统意义上被视为一个饮茶的国家,每年消费超过80万吨的茶叶,但星巴克公司和塔塔公司都乐观地认为,该国稳步增加的咖啡消费量(2010年约为10万吨)将使得合资企业能够成功地在印度发展咖啡连锁店的零售业务。截至2016年,该合资企业在印度拥有83家门店,员工超过1200人。两家公司已经扩大了其合作关系,获得的好处已经超出最初组建合资企业的成本,扩大后的合作关系包括为美国客户提供印度咖啡、提高印度工厂的烘焙产能、建立与维斯特拉航空公司(Vistara Airlines)的独家合作关系、衍生出星巴克的Teavana印度茶品牌、将塔塔的喜马拉雅天然矿泉水引入星巴克在印度之外的店铺,并致力于帮助印度的贫困青年。

当地合作伙伴进入合资企业可以更好地利用现有的工厂或分销渠道,以保护自己不受新技术带来的威胁,或是仅仅作为推动新增长的动力。通常情况下,当地合伙人从合资企业中获得的经济回报与外国合伙人的收益有所不同:

• 许多外国合作伙伴通过为其合资企业生产成品和零部件获利。这些利润特别具有吸引力,因为它们是以硬通货的形式获得的,而合资企业的利润并非如此。除此之外,外国合作伙伴百分之百地获得了这些利润,而不仅仅是其中的一部分。

| 延伸阅读

- 许多外国合作伙伴获得了技术使用费，数量为合资企业销售总额的一个固定比例。当地合作伙伴可能收取也可能不收取类似数额的管理费。
- 外国合作伙伴通常会对从合资企业中汇出的股息缴纳预扣税。当地企业则不会。

由于这些差异，当地合伙人往往比外国合作伙伴更关心合资企业的利润和派息。这意味着，外国合作伙伴很可能更乐意将合资企业仅仅作为一种营销或组装企业，就像之前描述的那样，而不是将其发展到购买更少的进口材料的程度。

尽管这种逻辑可以理解，但这种想法却是短视的。从一家强大的合资企业中获得巨额回报的最好的例子就是富士施乐（Fuji Xerox），这是一家由施乐公司（Xerox Corporation）和富士胶片公司（Fujifilm Corporation）于1962年在日本成立的合资企业。这家企业是日本最著名的美日合资企业之一。

在最初的10年里，富士施乐公司严格来说是一个营销组织。尽管施乐公司没有采取任何措施使其复印机适应日本市场（如日本的秘书们要站到一个盒子上才能按到某个型号打印机的打印按钮），但合资企业还是拼尽全力在日本市场销售施乐复印机。经过10年的经营，富士施乐公司开始生产自己的机器，到1975年，它开始为日本市场重新设计来自美国的设备。不久之后，尽管受到美国施乐公司工程师们的抵制，但在富士胶片公司的鼓励下，合资公司开始设计自己的复印机设备。它的目标是用以前机器一半的时间和成本来设计和制造一台复印机。取得成功后，公司将目光投向了赢得戴明奖，这是一项由日本设立的、在全面质量控制领域至高无上的奖项。富士施乐公司在1980年获得了该奖项。

同样是在1980年，在日本复印机公司激烈竞争的影响下，施乐公司终于开始注意到它可以从富士施乐公司中学到经验教训。在20世纪80年代中期，施乐公司采用了日本合资企业的生产技术和质量计划，努力寻找复兴的方法。1991年，富士施乐和施乐公司成立了施乐全球合作伙伴公司，在北美和欧洲销售低端打印机。1998年，随着数字彩色复印机的出现，该公司对美国的出口大幅增长。2000年，施乐公司将其中国香港地区的业务转移至富士施乐，而富士胶片公司在2001年将其在合资企业中的持股比例提高至75%。到2015年，富士施乐公司雇用了超过4.5万名员工，拥有近100亿美元的收入，负责施乐全球数字彩色复印机和打印机的设计与制造，并在研发方面成为一个积极的合作伙伴。从富士施乐中学到的经验教训和富士施乐做出的贡献，使施乐公司取得了成功。

利用合资企业进行多元化经营

正如前面的例子所说明的那样,许多合资企业会把一家母公司熟悉的产品带到另一家母公司熟悉的市场。然而,有些人开辟了新天地,把一家或两家母公司的产品都带入了全新的市场。

获取在新业务中展开竞争中所必需的技能是一个长期主题,但有些公司愿意考虑这个主题。考虑到大多数收购不相关业务的企业并没有取得成功,而且在没有帮助的情况下尝试进入新业务非常困难这一现实,如果你已经对合作伙伴很熟悉的话,选择那些有助于你了解相关业务的合作伙伴可能是一个不错的策略。然而,要带着新产品和新合作伙伴进入一个新市场,即使合作双方和产品的成功率都达到80%,总体成功率($0.8 \times 0.8 \times 0.8$)也只有50%左右!

合资企业也可以被看作是学习的工具。在这里,学习的模式超越了知识转移(即现有的专有技术),还包括转化和收获。在实践中,大多数国际合资伙伴参与已有知识的转移,但不涉及知识的转化或收获。尽管许多跨国企业拥有大量的国际股权合资企业和联盟,但只有很少一部分企业能明确地将资源用于学习联盟进程(alliance process)。很少有组织会不辞辛劳地对合资企业的经验进行盘点、分类,更不用说会考虑如何将这些积累的知识在部门内或部门之间进行转移了。对企业来说,这种疏忽的代价将越来越高,特别是在一些双边联盟成为多边网络一部分的情况下。

国际合资企业成功的要求

表2列出的清单展示了在建立国际合资企业时管理者应该考虑的项目。下面几节将分别讨论这些问题。

表2　　　　　　　　　　合资企业备忘录

1. 检测战略逻辑。
- 你真的需要一个合作伙伴吗？需要多久？你的合作伙伴呢？
- 双方的收益有多大？成功的可能性有多少？
- 合资企业是最好的选择吗？
- 是否存在一致的绩效指标？
2. 确保合作关系和适合度。
- 合作伙伴对合资企业的目标与你的目标是否一致？
- 合作伙伴是否拥有必要的技能和资源？你可以获得这些技能和资源吗？

| 延伸阅读

续表

- 双方是否合得来?
- 你能安排一个"诺言期"吗?
- 是否存在舒适与能力的权衡?
3. 确定形式和设计。
- 定义合资企业的活动范围及其相对于母公司的战略自由度。
- 列出每家母公司的责任和回报,以创造双赢的局面。确保在长期中双方的贡献对等。
- 建立每个合作伙伴的管理角色。
4. 达成交易。
- 多少文书工作就够了? 是信任还是法律方面的考虑?
- 就结束条款达成一致。
5. 让合资企业运转起来。
- 让公司继续保持最高管理层的关注。
- 管理文化差异。
- 小心不公平现象。
- 可塑性强。

资料来源:案例作者。

检测战略逻辑

对成立合资企业的决定不能掉以轻心。正如前面提到的,合资企业需要花费大量精力进行管理,尽管它们得到了照顾和关注,但许多母公司对其合资企业并不满意。

考虑成立合资企业的公司应该知道,没有什么更简单的方式,如非股权联盟,能够让它们获得所需的东西。它们还应该仔细考虑它们可能需要帮助的时间段。一些企业给合资公司贴上了"临时性问题的永久解决方案"的标签,这些企业建立合资公司是为了在某些业务方面获得帮助;然后,当它们不再需要帮助的时候,却仍然无法摆脱这家合资公司。

在组建一家合资企业之前,公司可能会问自己一个难以回答的问题,这个问题同样需要合作伙伴回答。合作伙伴在多长时间内需要这家合资公司?增加的潜在收益是否足够高,从而使各合作伙伴都能弥补成立一家合资公司而增加的协调与沟通成本?

讨论战略逻辑的一个主要问题是确定是否存在一致的绩效指标。正如图1所表明的,在许多合资企业中,不一致是存在的。在这个例子中,外国合作伙伴正在试图建立一家合资企业,该合资企业将在一至两年的时间内产生20%的销售回报,并且不需要高层管理者花费太多的时间。反过来,当地的合伙人也在试图建立一家能迅速盈利的合资企业,并能证明一些高薪职位的合理性(对当地的合伙人和一些家族成员或朋友来说)。虽然每个合伙人的业绩目标似乎都是合理的,但为了取得成功,该合资企业需要解决几个主要问题。首先,各合作伙伴没有明确说明其主要的绩效目标。隐含的指标(在图1的虚线下面)是潜在的分歧和误解的来源。其次,对每个合作伙伴的显性和隐性指标存在内在的不一致性。外国合作伙伴想获得较高的盈利能力而不必花费高管较多的时间,并使用老旧的技术。当地的合作伙伴希望快速获得利润,并为当地员工支付高工资。

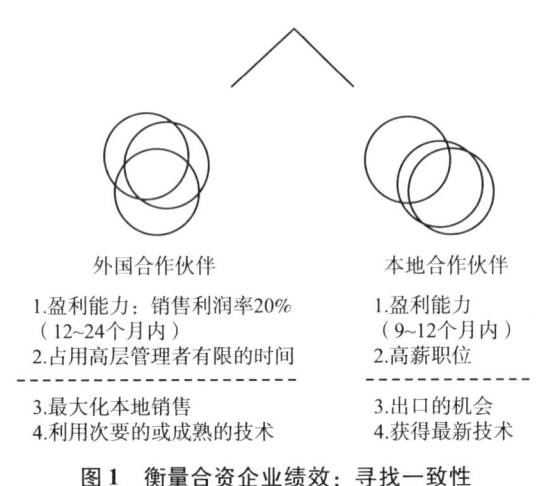

外国合作伙伴

1. 盈利能力:销售利润率20%（12~24个月内）
2. 占用高层管理者有限的时间
- -
3. 最大化本地销售
4. 利用次要的或成熟的技术

本地合作伙伴

1. 盈利能力（9~12个月内）
2. 高薪职位
- -
3. 出口的机会
4. 获得最新技术

图1　衡量合资企业绩效:寻找一致性

资料来源:Paul W. Beamish, Joint Venturing (Charlotte, NC: Information Age Publishing, 2008), P. 36.

一致性不仅仅是合作伙伴间的问题。从合作伙伴内部的角度来看,内部管理人员在共同的平台上发声和行动也是非常重要的。

合作关系和适合度

合资企业有时是为了满足互补的需求而成立的,但是当一个合作伙伴获得(学到)了另一个合作伙伴的能力时,合资企业就会变得不稳定。获得合伙人的能力意味着不再需要合作伙伴。如果合作伙伴的能力只是能够利用而不是已经被获得,那么合资企业将更加稳定。在合资企业开始之前,要确定一个经理最想知道的关于潜在合伙人的许多事情,比如其能力的真正范围、成立公司的目标是什么,以及是否容易共事,这些都是不容易的。对这些问题的草率回答可能会导致一家公司陷入一段糟糕的合作关系,或者导致公司错失良机。

基于这些原因,通常公司以一种小规模的方式开始一段合作关系是最好的,

| 延伸阅读

双方可以签署一份非常重要但又非生死攸关的协议。随着两家公司之间的信心不断增强，商业活动的范围也会扩大。

康宁公司（Corning Inc）提供了一个很好的例子，该公司1970年在光纤的发展中取得了重大突破，该技术可以用于电信领域，取代传统的铜线或同轴电缆。在美国之外，这种纤维最可能的客户是欧洲国家的电信公司，众所周知，这些客户有着很强的民族自豪感。为了接近这些客户，康宁公司与英国、法国、德国和意大利的公司签署了开发协议，这些公司已经是电信公司的供应商。这些协议要求欧洲公司开发必要的技术，将光纤与电缆结合在一起，而康宁公司自己继续发展光纤。很快，合作伙伴开始从康宁公司进口光纤，并在当地进行铺设。当合作伙伴们都感觉良好，每个市场都准备好了的时候，康宁公司和它的合作伙伴建立了合资企业，在当地生产光纤。这些合资企业运营状况良好。

在评估伙伴关系和适合度的问题时，考虑合伙人是否不仅与合资企业有相同的目标，而且对风险也有同样的偏好是很有用的。在实践中，这往往会使得合资企业母公司的规模大致相当。对于不同规模的母公司来说，由于资源集、投资回报期要求和企业文化不同，建立可持续的合资企业是很困难的。

企业文化的相似度或兼容性可以成为许多合资企业成败的关键。找到一个拥有必要技能的合作伙伴是不够的，你需要能够接近它们，并且能够和它们兼容。经理们经常被告知，他们应该选择一个他们信任的合作伙伴。然而，正如这些例子所表明的那样，合作伙伴之间的信任作为分享经验的结果，只能随着时间的推移而得到发展。双方不可能从一开始就相互信任。

确定形式和设计

企业在国外设立了新公司，或者获得了海外合作伙伴的技术，这值得庆贺，但在高兴之余，重要的是不要忘记合资企业取得成功的基本战略要求。当任何新业务被提出时，必须解决的问题都是一样的：市场是否具有吸引力？竞争有多激烈？新公司将如何竞争？它会获得所需要的资源吗？等等。

除了这些关注点之外，另外三个问题对合资企业的设计尤其重要。

第一个问题是战略自由的问题，这与合资企业和它的母公司之间的关系有关。在选择供应商、产品线和客户方面，该合资企业能获得多大的自由度？在陶氏化学公司（Dow）的合资企业中，两家母公司之间的争端集中在对合资企业购买原材料的要求上，韩国企业认为陶氏化学公司全资拥有的新建韩国工厂价格虚高。显然，美国和韩国对于合资企业的战略自由度的看法是截然不同的。

第二个重要的问题是，合资企业应该是双赢的。这意味着，如果合资企业取得了成功，那么每家母公司的回报都应该是很高的，这将使母公司即使在艰难的时候也要为合资企业的成功而努力。如果战略分析表明，随着时间的推移，母公司的回报将是微不足道的，那么合资企业就应该进行重组或放弃。

第三个问题是，决定每个母公司在管理中发挥的作用至关重要。如果一方在公司的战略和日常运营上有很大的影响力，或者一方在合资企业的日常运营中扮演主要角色，那么合资企业就会更容易管理。更难应对的是双方共同管理合资企业，即双方对合资企业的战略决策和日常运营都投入了大量的资源。一个中间地带是将管理决策分割开来，各个合作伙伴在各自最胜任的职能领域发挥主要影响力。这是最普遍也是最有效的形式。

在一些合资企业中，合作伙伴过于注重对管理控制权的争夺。他们忽视了这样一个事实，即合资企业的目的是要发挥两个合作伙伴互补的优势，使合资企业比双方单打独斗时更具市场竞争力。

大多数合资企业的目标是卓越的业绩。因此，与共同管理企业相比，有一家母公司占主导地位的合资企业更容易管理，但这并不意味着这种类型的合资企业是适合的。当一方拥有足够的知识和技能使合资企业获得成功，而另一方只是简单地提供资金、商标或一次性技术转让时，有一家母公司占主导地位的合资企业更有可能是有效的。然而，这类公司造成了这样一个问题："合作伙伴的独特持续贡献是什么？"当合资企业需要各母公司人员积极协商时，当决定如何为一家母公司所熟知的市场修改另一家母公司的产品时，或者为了适应一家母公司所熟知的劳动力和工作条件而修改另一家母公司的生产工艺设计时，共同管理企业是必要的。

当一家母公司试图在管理中发挥超出常规的作用时，其合资企业就会面临困境。例如，一家在日本成立合资企业的美国公司坚持该公司的一名员工应该担任合资企业的执行副总裁。这是不合理的，因为这位经理并不会给合资企业的管理带来什么好处。这样做只会不断地提醒日本人，美国的合作伙伴不信任他们。现在，美方正在推动建立一个共同管理的合资企业，允许由拥有所有必要技能的日方企业成为主导企业或至少成为领导企业，这显然更合乎逻辑，而美方对该合资企业的主要贡献是允许其使用自己举世闻名的商标和品牌名称。

第二个例子也在日本，涉及一家法国公司。这家公司将复杂的技术引入合资企业，但这些技术需要根据日本市场情况进行修改。很明显，这家法国公司需要在合资企业管理方面拥有更大的发言权。另外，法国人对日本市场一无所知，因此日本人也需要在合资企业中扮演重要角色。合乎逻辑的解决方案是建立一个共同管理的企业,在董事会层面制定决策时双方发挥同等的影响力。不幸的是,两家公司都想发挥主导作用,而合资企业在这种决策僵局中倒闭了。

最后,每家合资企业都必须决定合资各方拥有的股份。一些公司将所有权等同于控制力,认为多多益善。这种观点是不正确的。研究表明,一旦一家外国公司拥有约40%的股权,那么与拥有80%股权相比,这家子公司的生存能力几乎没有什么不同(见图2)。

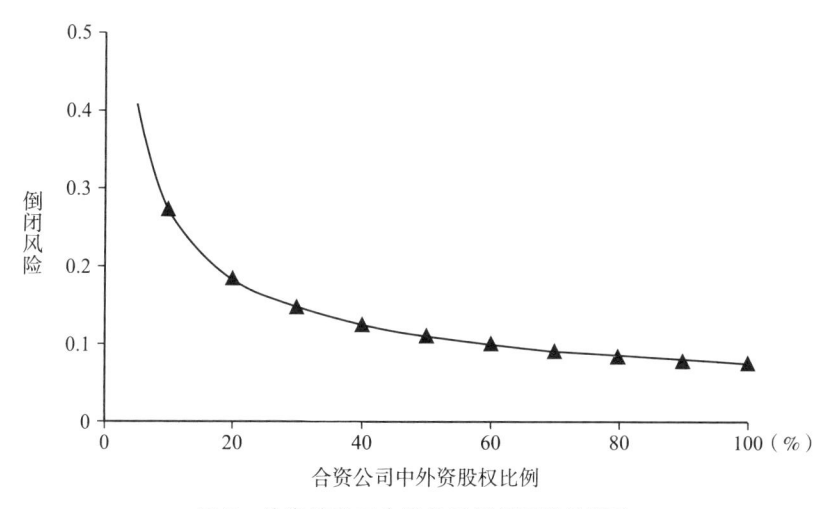

图2 外资控股对合资公司倒闭风险的影响

资料来源:Charles Dhanaraj and Paul W. Beamish, "Effect of Equity Ownership on the Survival of International JointVentures," *Strategic Management Journal* 25, No. 3 (2004):295 – 305. doi:10.1002/smj.372.

达成交易

有经验的经理人认为,在合资企业中,最重要的是合伙人之间的关系,而不是把它们捆绑在一起的法律协议。尽管如此,大多数企业还是小心翼翼地确保它们能达成一个好的协议——一个它们能理解并感觉良好的协议。

合资协议的主要内容是直截了当的。其中一个常常被忽视的条款是合资企业的终止条款。

虽然有些经理人在相互了解阶段回避对终止条款的讨论,但在头脑冷静、充满善意的时候找出当出现严重分歧时终止合资企业的方法是很重要的。通常的做法是使用一个"强制条款",即允许一方对收购合资企业中另一方的股份进行定价。然而，一旦这一条款被激活，第一家公司也已经确定了价格，第二家公司就可以选择以这个价格出售，或者以同样的价格购买第一家公司的股份。这就确保了报价的公平，至少可以保证母公司的规模足够大，能够买断对方的股份。

让合资企业运转起来

合资企业需要密切和持续的关注，特别是在成立之初的几个月。除了在母公司和合资企业的总经理之间建立健康的工作关系，以及适当的衡量标准之外，管理者还应该注意文化差异对企业的影响以及意料之外的不平等现象的产生。

国际合资企业，就像任何类型的国际活动一样，需要拥有不同民族文化的管理者进行协作。这需要在关键岗位聘用胜任的人。除非经理们对他们所面对的文化的特征很敏感，否则可能会导致误解和严重的问题。例如，许多西方管理者对日本缓慢、努力达成一致的决策方式感到失望。同样，日本人对美国人的个人主义决策方式也感到惊讶，因为决策速度很快，但执行速度往往很慢。熟悉国际合资企业的公司深知这类问题，并采取行动使其最小化。例如，福特公司已对1500多名经理人进行了培训，以提高他们与日本和韩国经理人合作的能力。

重要的是要记住，文化差异不仅仅来自国籍差异。下面是一些例子：

- 与大企业合作的小公司常常感到惊讶和沮丧，因为要获得一个新项目的批准需要几个月而不是几天的时间。在某些情况下，与拥有不同国籍的跨国公司相比，拥有相同国籍的大型与小型跨国公司之间的文化差异似乎更大一些，特别是在同一行业的跨国公司。
- 与来自同一国家的两个合作伙伴合作的公司会惊讶地发现，这些公司在文化习惯上的差异竟如此巨大。总部位于日本乡村的汽车公司可能与总部位于东京的公司截然不同。
- 在不同职能部门工作的经理之间的文化差异可能比不同公司相同职能部门的经理之间的差异要大。例如，一组欧洲工程师在与美国合作伙伴讨论成立一家合资企业的可能性时发现，他们与美国工程师的意见更加一致，而与他们自己公司的营销人员则存在很大的分歧。

合资企业面临的一个很常见的问题是，在合资企业成立初期，母公司的目标是一致的，但随着时间的推移，其目标会出现分歧。这种分歧可能是市场变化导致的。例如，当索尼公司和爱立信于2001年成立各占50%股份的合资企业时，两家公司都试图在不断增长的高端手机市场上提升自己的地位。10年后，随着

| 延伸阅读

苹果公司在高端手机市场占据主导地位，爱立信开始将重心转移到移动和无线网络的供应上，而索尼则将精力集中在平板电脑、个人电脑和移动电话等个人电子设备上。结果，索尼收购了爱立信在合资企业中的股份，以促进索尼在内容传递（content delivery）方面占据更大的市场份额。这样的分歧也可能是合作伙伴的命运改变而导致的。通用汽车—大宇在韩国的合资企业的解体就是这种情况。尽管该公司债务与股权的比率超过 8:1，通用汽车仍不愿向合资企业投入更多的资金，从而使双方的关系变得紧张。当市场份额迅速下滑时，韩国母公司认为合资企业应该追求增长，并最大化市场份额。与之相反，当时财务状况不佳的通用汽车坚称，其重点是当前的盈利能力。当大宇在没有告知通用汽车的情况下为合资企业的客户提供优惠融资时，双方的关系彻底破裂，再也无法恢复。

最后，需要注意的一点是，在合资企业的生命周期中，可能会出现并非故意为之的不公平现象。由于这是一种意料之外的情况，一方可能会从合资企业中获利，而另一方则会遭受损失。例如，20 世纪 90 年代末，印度尼西亚和美国的两家公司建立了一家合资企业，该合资企业用美元从美国母公司处购买零部件。由于印尼盾贬值，印度尼西亚合作伙伴可以负担得起的每批订货量减少。许多经验丰富的合资企业管理人员的建议是，在这种情况下，应对原来的协议进行修改，这样母公司就可以共担困难。在本例中，双方接受了这个建议，尽管不像最初预期的那样有利可图，但合资公司存活了下来。

在检查建立合资企业需要考虑的事项清单时，重要的是要认识到，国际合资企业建立的地点不同，这一清单也会有所不同。建立在发达国家的合资企业与建立在新兴市场国家的合资企业的特点是非常不同的。

大多数对特征的描述都是一目了然的，但进行更详细的分析也是合理的。例如，本阅读材料所讨论的主要是传统的股权式合资企业，这类合资企业由来自两个国家的两个公司建立。然而，其他类型的合资企业也是存在的，包括来自两个国家的公司在第三国设立的合资企业（即涉及三个国家的合资企业）、同一跨国公司的子公司之间建立的合资企业（即企业内部的合资企业），以及具有相同国籍但位于不同国家的公司建立的合资企业（即跨国国内合资企业）。此外，许多合资企业有两个以上的合作伙伴。有趣的是，传统的合资企业（至少是由日本跨国公司建立的合资企业）往往比其他结构的合资企业同时具有更高的利润率和更高的终止率。

总结

在许多公司的战略中，国际合资企业正在成为越来越重要的一部分。然而，合资企业有时很难设计和管理，部分原因是一些组织不把自己当作"真正的"合资企业（见表3）。一些企业的业绩低于管理层的预期这一现实不应成为公司回避此类合资企业的借口。在许多行业中，赢家将是那些最迅速学会有效管理国际合资企业的公司。失败者将是那些举手投降的经理们，他们声称合资企业太难管理了，最好单干。

表3　　　　　　　　　　真合资企业与假合资企业

	真联盟	假联盟
母公司计划投入和参与的程度	持续的	一次性的
风险/回报的分布	大约对等	不对等
母公司对合资企业的态度	具有独特需求的独特组织	另一家子公司
正式的合资企业协议	灵活的指导方针	经常引用的规则手册
绩效目标	规定清楚并且一致	部分重叠/模棱两可

资料来源：本文作者。

在未来，我们会看到更多还是更少的国际合资企业？当然，许多国家的投资监管放松，再加上许多公司的国际经验增加，意味着合资企业的数量可能会减少。然而，反向压力同样存在。随着产品生命周期的缩短，公司单打独斗会越来越困难。随着来自新兴市场跨国公司数量的增加，潜在合作伙伴的数量很可能会上升。

3. 关于国际许可的说明*

许可（licensing）是一种合同安排：许可人（销售公司）允许其技术、专利、商标、设计、流程、专有技术、知识产权或其他专有利益由被许可人（购买公司）付费使用。许可是一种技术转让的战略。与出口战略、合资企业和外国直接投资（FDI）相比，这也是一种需要较少时间或不需要深度参与到国外市场中的国际化经营方法。

与许可有密切关系的合同安排是特许经营（franchising）。特许经营是一种组织形式，服务、商标产品或品牌名称的特许人（母公司/所有者）允许加盟商使用相同的服务、商标产品或品牌名称来换取一次性报酬和/或使用费，并且同时符合必要的质量和服务等标准。

大多数国际许可协议都是工业化国家的公司签署的。此外，许可在技术密集型行业最经常使用。因此，不同国家的许可的整体使用情况存在差异并不奇怪。例如，在全球前50个许可证颁发者中，41个来自美国，1个来自加拿大，6个来自欧洲，2个来自日本。超过一半的零售销售额是由排名前10位的许可者贡献的。

非技术密集型行业中也存在大量的国际许可。这些行业涵盖了从食品、运动队到出版等。许可商品的年度零售额超过2500亿美元。大众媒体的报道中充斥着有关国际许可的公告（见附录1）。

从全球角度看，近800家特许经营商在海外销售特许经营权，涉及成千上万的海外地区。例如，肯德基有超过17000个授权店，其中3/4在美国之外，大多数是通过特许经营的。

以下许多关于许可的讨论都假设存在技术转让。与仅涉及商标使用权许可相比，这种许可更加复杂。

"许可"一词在国际上也被用于涉及政府的场合，这些国家的政府为外国银行或保险公司在本国市场上经营、为资源公司进行勘探等颁发许可证。这不是本阅读材料关注的重点。

---

* 本文由包铭心（Paul W. Beamish）教授编写，案例编号：9B17M012。©2017，Richard Ivey School of Business Foundation，版本：2017-01-17。

何时使用许可

许可带来的战略优势取决于技术、企业规模、产品成熟度和公司经验的范围。一些内部和外部环境可能会导致企业采用许可策略。从许可人的角度来看，这些因素包括：

1. 一家公司希望获得额外的利润，但缺乏出口或到国外投资所需的资本、管理资源或对外国市场的知识。
2. 希望测试并主动开发一个市场，后期可以通过直接投资对这一市场加以利用。
3. 涉及的技术对许可者核心业务来说并不十分重要。毫不奇怪，产品单一的公司通常不愿意对其核心技术进行许可，而多元化的公司更愿意对不太重要的技术进行许可。
4. 对"技术反馈"的预期很高（即许可人通过合同确保能够获得被许可人基于授权的知识开发的新技术）。
5. 许可人希望在不太重要的市场上应用其技术，但这些市场可能太小，不值得大规模投资，或者无法实现必要的规模经济。
6. 东道国政府限制进口或外国直接投资，或两者全部限制；或者是国有化或外国控制的风险太大。
7. 被许可人不可能成为未来的竞争对手。

技术变革的速度非常快，许可人可以在技术上保持领先于可能成为竞争对手的被许可人。同样，如果技术可能会很快过时，那么在机会存在时就面临着充分利用这一技术的压力。同样，如果有建立行业标准的愿望，许可人就有广泛地快速许可技术的压力。

从被许可人的角度来看，许可的主要优点是：与内部研发相比，被许可人可以更便宜、更快地从第三方（许可者）获得技术和产品，且风险更低。另一个优点是被许可人可以获得所需的多样化的产品设计，以补充其拥有的其他资产，如生产或营销能力。

与许可有关的风险

与许可（或特许经营）相关的最重要的风险在于：许可人可能会浪费其专利

优势，因为被许可人通过许可至少获得了一部分优势。因此，任何许可人都应该努力确保其被许可人不会是未来的竞争对手，也不会以机会主义的方式采取行动。毫不奇怪，许多许可协议都是在来自不同国家的公司之间签订的，以减少在国内市场上创造竞争对手的可能性。其他方法包括限制被许可人的市场，并坚持技术反馈或回流条款。

被许可的商标永远是许可人的财产，而许可证通常具有有限的使用期限。许可人可能保留相当大的议价能力，这个议价能力与被许可技术的易逝性和许可人未来提供新技术的能力成比例。

许可的第二个风险是，如果被许可人不能保持必要的产品标准和质量，或者从事可疑的活动，将会损害许可人的全球声誉。因为许可人通常只会在事实发生后才会意识到被许可人可疑的行为，这表明在原始谈判中需要花更多的时间来了解被许可人的品质。

许可证的另一个需要考虑的因素是，许可人获得的利润可能不是最大化的。这是因为：第一，它们是间接参与许可市场；第二，汇率波动；第三，有些国家限制许可费的转出金额等。

许可协议的一些标准要素的执行对于许可人而言更加困难。这些要素包括：第一，保证实际改进的回流；第二，转授许可；第三，合同中规定的谨慎条款；第四，质量控制。因此，有时许可甚至不能提供最低的预期收益。

知识产权

许多国家没有知识产权立法或立法没有得到充分执行。毫不奇怪，许多公司面临的一个重要问题是它们的知识产权受到侵犯。由于有数十亿美元的利益面临风险，因此这个问题也成为国家贸易谈判的关键因素。

一些公司认为有必要签署许可协议作为对商标被盗用进行补偿的手段。这种"不情愿的许可"背后的逻辑是，通过对当地公司进行许可，当地公司将采取必要措施来阻止未获许可的国内竞争对手使用知识产权。

这种情况有许多含义。例如，许多组织正在感受到比他们预期的更快地将其业务国际化的压力。因此，他们将许可视为防御性解决方案，而不是机会。

许可费用

许可有时被错误地视为是一种对授权者来说成本很低的一次性交易。实际上，许可的费用包括保护工业产权的费用、建立许可协议的费用和维护许可协议的费用。

保护成本不仅仅是登记专利或商标的费用，还可能包括在法庭上维护知识产权的费用。建立许可的费用包括寻找合适的被许可人、通信、培训、设备测试等。令人惊讶的是，有些技术雄厚的公司甚至没有一名负责技术许可的全职员工。一些产品/技术适合许可，有些则不适合。修改基础知识产权的成本和复杂性越高，有效采用许可策略就越困难。

维护成本可能包括对被许可者的支持服务、审计、持续市场调查等成本。这些都是重要的费用。例如，来自星巴克咖啡馆的西雅图咨询顾问每月至少访问一次外国店面（被许可人）。监督成本将直接影响到公司在国际上进行许可或特许经营的意愿。

所有这些自掏腰包的费用必然增加机会成本。机会成本由来自出口或其他来源的当前或未来收入的损失组成。

对许可没有吸引力的市场

一些情况直接影响到"真正的"许可回报，并使一个特定的国家成为对许可没有吸引力的市场。

第一种情况发生在有许可管理制度时。在某些国家，如法国、爱尔兰和西班牙，只有在政府批准或注册完成之后许可才有效。

第二种情况发生在不允许向某些产品或地区授予排他性许可时。在某些情况下，政府可能会禁止这些许可，因为这会显著减少竞争。另外，一些国家对允许的协议期限做了限制。

当有外汇管制或其他专利费（许可费）限制时，就会出现第三种情况。通常，可能会对非居民许可人的特许权使用费进行预扣税。在欧洲，联合预扣税和增值税（VAT）可能高达50%。

最后一种情况是一些国家对特许费进行了限制。有些国家适用10%的限制，而其他则适用更严格的3%的限制。这些政府设定的费率中的任何一种都可能随着时间的推移而改变,并且会经常改变。

总的来说,如果许可协议是在一个能够自由签署协议的国家签订的,那么许可就会更有吸引力。这样,各方就可以通过合同的方式来搭建自己的法律框架。

许可协议的主要内容

许可协议是被许可人与许可人之间必不可少的商业合同,其中规定了被授予的权利、应付的代价和条款的期限。被授予的权利通常采用专利、注册商标、注册工业品外观设计、非专利技术、商业秘密、专有技术或版权的形式。许可协议应明确提及产品以及潜在的"无形"或"知识"产权。

虽然许可协议没有明确的标准格式,但通常会包含某些要点。在许多情况下,许可人将根据以往的许可经验制定这些合同的标准格式。通常,许可协议将包括以下内容:

1. 对协议各方的清晰和正确的描述,明确各方公司名称、其合并管辖权及其主要营业地。

2. 描述各方情况、签署协议的理由及各自相应角色的简单说明。

3. 对特定合同中各种术语的定义,旨在简化文件、消除歧义或模糊性(如对许可、产品、净利润、领域等术语的定义)。

4. 必要时,在表格或附录中列出一组时间表,以避免冗长、详细的描述。

5. 授权,这是协议的基础,需明确描述授予被许可人的权利的性质。该授权可能基于推广方法、商业秘密、客户名单、图纸和照片、模型、工具和零件或技术诀窍。技术诀窍可能基于发明记录、实验室记录、研究报告、开发报告、工程报告、试点工厂设计、生产工厂设计、生产规格、原材料规格、质量控制、经济调查、市场调查等。

6. 对被许可人的制造、销售或转授许可活动施加的任何地理限制的描述。

7. 对可能被授予的制造和销售的任何排他性权利的描述。

8. 有关任何转授许可权利的论述。

9. 与协议期限有关的条款,包括自动延期或审查协议的初始条款和任何必要条款。

10. 同意许可人有权在将来进行下游改良或改进的规定。

11. 被许可人的改进的一些利益返回给许可人的"技术回流"协议的规定。

许可人或被许可人未来改进的权利常常被作为影响谈判的一种力量。

12. 关于使用许可权利的特许权使用费或定期支付的详细信息。使用费的百分比可能是固定的，也可能是变动的（根据时间、生产水平、销售水平等），但必须明确界定该费率的"使用费基础"。计算许可费的一些方法包括销售百分比、基于生产的特许使用费、净利润百分比、一次付款或交叉许可安排中的免付费许可证。奥拉克等（Aulakh et al.）发现："许可人对被许可人的监督和公司间互动在特许权使用费协议中显著提高，许可人公司在面临与知识产权保护有关的和从国外市场汇回收入的能力的不确定性时，更喜欢一次总付费用协议。"

确定许可费率没有必须遵守的规则。一个武断的规则（见"补充阅读"中的 Contractor 的文章）是"25%的经验法则"，这表明许可人的目标是获得被许可人相关利润的25%，然后将这一利润水平转换为一定的专利费率。其他人则认为许可人通常会指定最低报酬额或目标绝对报酬额。这可以从技术转让成本考虑中得出，或者判断潜在被许可人以其他方式或根据"行业标准"获取这项技术可能需要的费用。还应规定许可费调整条款和付款币种。

许可人通常很难准确估计其所有权的市场潜力。因此，更了解当地条件的被许可人在对专利费率条款进行谈判时经常处于强势地位。

13. 规定最低业绩要求（如最低专利使用费、销售量、雇用人员、最低促销费用等），以确保被许可人"尽最大的努力"，从而充分利用许可的潜力。例如，大多数向被许可人授予特定地区独家销售权的许可协议也需要相当可观的首付或最低年度专利使用费。否则，被许可人可以"坐享"许可权利，并考虑阻止许可人进入有关市场。

14. 大多数许可协议中常见的其他条款包括那些保护被许可人和第三方的许可权利以及许可人对所有权保留、专有技术的保密性、质量控制、被许可人最惠待遇（most-favored-licensee）身份、合同的适用语言以及关于被许可人的权利可转让性的任何规定。

上面的列表是大多数许可协议都会列出的条款，但并不全面。许可协议更详细的清单请参阅"补充阅读"中斯蒂特和贝克（Stitt and Baker, 1985）的文章。任何潜在的许可协议都应由公司律师进行审核。必须指出的是，每个许可协议在某种程度上都是独一无二的，所以在谈判和编写正式文件时应该非常谨慎。

补充阅读

许可

Anand, Bharat N., and Tarun Khanna. "The Structure of Licensing Contracts." *The Journal of Industrial Economics* 48, no. 1 (2000): 103–135.

Arora, Ashish, and Andrea Fosfuri. "Wholly Owned Subsidiary versus Technology Licensing in the Worldwide Chemical Industry." *Journal of International Business Studies* 31, No. 4 (2000): 555–572.

Atuahene-Gima, Kwaku. "International Licensing of Technology: An Empirical Study of the Differences between Licensee and Non-Licensee Firms." *Journal of International Marketing* (1993): 71–87.

Aulakh, Preet S., Marshall S. Jiang, and Sali Li. "Licensee Technological Potential and Exclusive Rightsin International Licensing." *Journal of International Business Studies* 44, No. 7 (2013): 699–718.

Aulakh, Preet S., S. Tamer Cavusgil, and M. B. Sarkar. "Compensation in International Licensing Agreements." *Journal of International Business Studies* 29, No. 2 (1998): 409–419.

Business International Corporation. *International Licensing Management*. New York: Business International Corporation, 1988.

Clegg, Jeremy. "The Determinants of Aggregate International Licensing Behaviour: Evidence from Five Countries." *MIR: Management International Review* (1990): 231–251.

Contractor, Farok J. "A Generalized Theorem for Joint-Ventures and Licensing Negotiations." *Journal of International Business Studies* 16, No. 2 (1985): 23–50.

De Werra, Jacques, ed. *Research handbook on intellectual property licensing*. Cheltenham, UK, Edward Elgar Publishing, 2013.

Ehrbar, Thomas J. *Business International's Guide to International Licensing: Building a Licensing Strategy for 14 Key Markets Around the World*. New York: McGraw-Hill, 1993.

Hill, Charles W. L. "Strategies for Exploiting Technological Innovations: When and When Not to License." *Organization Science* 3, no. 3 (1992): 428 – 441.

Khan, Uzma, and Ravi Dhar. "Licensing Effect in Consumer Choice." *Journal of Marketing Research* 43, No. 2 (2006): 259 – 266.

Lichtenthaler, Ulrich. "The Drivers of Technology Licensing: An Industry Comparison." *California Management Review* 49, No. 4 (2007): 67 – 89.

Mottner, Sandra, and James P. Johnson. "Motivations and Risks in International Licensing: A Review and Implications for Licensing to Transitional and Emerging Economies." *Journal of World Business* 35, No. 2 (2000): 171 – 188.

Mulotte, Louis, Pierre Dussauge, and Will Mitchell. "Does Pre – Entry Licensing Undermine the Performance of Subsequent Independent Activities? Evidence from the Global Aerospace Industry, 1944 – 2000." *Strategic Management Journal* 34, No. 3 (2013): 358 – 372.

Papageorgiadis, Nikolaos, Constantinos Alexiou, and Joseph G. Nellis. "International Licensing Revisited: The Role of Copyright and Trademark Enforcement Strength." *European Journal of Innovation Management* 19, No. 2 (2016): 261 – 275.

Reza Saeedi, Mohammad, Hossein Dadfar, and Staffan Brege. "The Impact of Inward International Licensing on Absorptive Capacity of SMEs." *International Journal of Quality and Service Sciences* 6, No. 2/3 (2014): 164 – 180.

Root, Franklin R. *Entry Strategies for International Markets*. Lexington, MA: Lexington Books, 1987.

Schuett, Florian. "Field – of – use Restrictions in Licensing Agreements." *International Journal of Industrial Organization* 30, No. 5 (2012): 403 – 416.

Sherman, Andrew J. *Franchising & Licensing: Two Powerful Ways to Grow Your Business in Any Economy*. 4th ed. New York: American Management Association, 2011.

Simon, Danny, and Gregory J. Battersby. *Basics of Licensing*. International Edition. Kent Press, 2014.

Stitt, Hubert J., and Samuel R. Baker. *The Licensing and Joint Venture Guide*. 3rd ed. Toronto, Ontario: Ministry of Industry, Trade, and Technology, 1985.

Teece, D. J., P. Grindley, and E. Sherry. *Understanding the Licensing Option*. New York: Oxford University Press, 2000.

Werra, Jacques De., ed. *Research Handbook on Intellectual Property Licensing*. Cheltenham, UK: Edward Elgar, 2013.

Yang, Deli. *Understanding and Profiting from Intellectual Property: Strategies Across Borders*. 2nd ed. Basingstoke: Palgrave Macmillan, 2012.

特许经营

Alon, Ilan. *The Internationalization of U. S. Franchising Systems*. New York: Garland Publishing, 1999.

Alon, Ilan. *Franchising Globally: Innovation, Learning and Imitation*. Basingstoke: Palgrave Macmillan, 2010.

Alon, Ilan. *Global Franchising Operations Management: Cases in International and Emerging Markets Operations*. Upper Saddle River, N. J.: FT Press/Pearson, 2012.

Fladmoe – Lindquist, Karin. "International Franchising: A Network Approach to FDI." In *Globalization of Services*, edited by YairAharoni and Lilach Nachum, 197 – 216. New York: Routledge, 2000.

Hartenstein, Jim. "Common Errors in International Franchising." *Franchising World*, September 1, 2015.

Hero, Marco, ed. *International Franchising: A Practitioner's Guide*. London: Globe Law And Business, 2010.

Hoy, Frank, and John Stanworth, eds. *Franchising: An International Perspective*. London: Routledge, 2003.

Konigsberg, Alex S. *International Franchising*. 3rd ed. Huntington, NY: Juris Pub., 2008.

Merrilees, Bill. "International Franchising: Evolution of Theory and Practice." *Journal of Marketing Channels* 21, No. 3 (2014): 133 – 142.

Paik, Yongsun, and David Y. Choi. "Control, Autonomy and Collaboration in the Fast Food Industry A Comparative Study between Domestic and International Franchising." *International Small Business Journal* 25, No. 5 (2007): 539 – 562.

Shane, Scott A. "Why Franchise Companies Expand Overseas." *Journal of Business Venturing* 11, No. 2 (1996): 73 – 88.

附录1：国际许可公告示例

截至2016年11月，7-11便利店通过特许经营或许可在18个国家开设了超过6万家门店。

2014年1月，三星电子和谷歌公司宣布签署其全球专利许可协议。该协议涵盖现有以及未来10年的专利。

2013年2月，国家地理与IMG许可证贸易公司签署了一项多年期许可协议。根据协议，IMG公司将代表国家地理品牌并为国际市场开发行李箱和旅行袋。

一项高达7000万美元的许可协议在2016年9月签署，这一协议将板球带到了美国。此项多年期协议是美国板球协会和全球体育风险投资有限责任公司签署的，目的是在美国创建一个专业的板球联盟。

2012年8月，杨森生物技术公司（强生集团公司的一部分）宣布与Genmab A/S签署全球许可和开发协议。根据协议，杨森将获得抗癌化合物daratumumab的全球独家许可。

阿斯利康于2016年7月宣布与LEO Pharma在皮肤疾病方面签署了全球许可协议和欧洲独家许可协议。

孩之宝（Hasbro）有限公司和PEZ国际于2014年10月签署了全球许可协议。该协议将创造出PEZ分配器的My Little Pony产品线。

索尼音乐娱乐公司和唱片与音乐出版社（EGREM）签署了独家多年协议。从2015年9月开始，通过该协议，EGREM的古巴音乐节目将在全球发行。

授权业协会（Licensing Industry Merchandiser's Association，LIMA）是许可行业的全球贸易组织，其主要目标是通过研究、国内和国际研讨会、贸易活动以及出版物与许可人和被许可人合作，提高许可的专业水平。LIMA在许可研究项目（CLS）中提供课程，该课程是专门为许可专业人士在不断变化的许可行业取得成功而设计的（见www.licensing.org）。

NBC于2014年5月签署了一份价值76.5亿美元的协议，可转播奥运节目，直到2032年。NBC还支付了1亿美元的签约奖金，以推动奥林匹克运动。

自1970年以来，国际足球联合会（FIFA）和阿迪达斯已经建立了长期合作伙伴关系，向阿迪达斯授予世界杯足球赛的许可和营销权。2013年11月，该协议延长至2030年。

2015年12月，爱立信和苹果公司结束了专利侵权诉讼，并签署了全球专利许可协议。协议的确切条款是保密的；不过，苹果将向爱立信支付包括预付金和持续的特许权使用费在内的费用。

佩里·埃利斯国际公司（Perry Ellis International）于 2016 年 11 月与卡拉威高尔夫公司（Callaway Golf）签订了许可协议。在北美、南美、欧洲、中东和非洲，佩里·埃利斯国际公司将监督男女高尔夫服饰从设计到配送的整个过程。

迪士尼和美泰公司在 2016 年 1 月续订了迪士尼皮克斯公司电影《汽车总动员》的协议。迪士尼和美泰在 2015 年全球前 150 位许可颁发者排名中名列第 1 位和第 27 位。

Technicolor，原为法国电视机和视频设备制造商 Thomson 公司，拥有 4 万项专利，公司将这些专利授权给其他公司。

2016 年 2 月，高通公司和联想公布了 3G 和 4G 专利许可协议。该协议包括摩托罗拉和联想的设备。

黑莓和思科在 2015 年 6 月宣布了长期的专利交叉许可协议。该协议将覆盖它们的产品和技术，而黑莓将收到思科的许可费用。

2016 年，微软宣布了一系列许可协议。微软和纬创资通（Wistron）重新签订了安卓专利许可协议。微软与乐天公司（Rakuten Inc.）签署了全球专利交叉许可协议。微软与船井电子公司（Funai Electric Co.）重新签订了消费者视听产品的专利交叉许可协议。联想和微软加强了战略合作，并提出了涵盖联想和摩托罗拉设备的专利交叉许可协议。

艺术品许可在 2012 年估计创造了 39 亿美元的零售额（版权费为 1.34 亿美元）。艺术品许可是制造商向越来越挑剔的消费者提供产品以满足其日益增长的需求的直接结果。与慈善相关的许可（cause-related licensing）、展览、交易溢价、消费者溢价和互联网营销正在成为获得许可的艺术图像的利基渠道。

2016 年 12 月，向华纳兄弟娱乐公司授予知识产权的华纳兄弟消费品公司在全球拥有超过 3700 个活跃许可。华纳兄弟娱乐公司拥有 DC 漫画、哈利·波特和许多其他标志品牌。

麦当劳于 2016 年 12 月宣布，其在美国以外的许可协议的大部分特许权使用费将由位于英国的新控股公司收取。

管理主要许可项目的典型个人头衔包括：全球许可执行副总裁、消费品许可副总裁、全球许可副总裁；全球许可主管、许可主任、全球许可产品总监、许可副总裁和品牌授权总监。一半以上的个人担任副总裁或以上职务。

2016 年 3 月，法拉利与北京汽车集团有限公司和北汽恒盛置业有限公司签署了在中国设计、建造和运营法拉利主题公园的协议。

宝可梦公司（Pokémon Company）是日本最具多样性的娱乐特许经营商之一，它向玩具反斗城（Toys"R"Us）和塔吉特（Target）等零售商进行了独家授权，并与TOMY国际公司签署了一份玩具许可。

许可协议清单

当事人

许可人名称_____ 地址_____

总部_____ 纳税地_____

简称_____ 被许可人名称_____

地址_____

总部_____ 纳税地_____

简称_____

说明条款

许可人拥有发明_____专利_____专利应用_____

工业设计_____商标_____专有技术_____

许可人代表有权利授予与_____相关的许可

被许可人代表_____

被许可人希望获得与_____相关的许可

定义

给出有限许可所覆盖的"本产品"的定义。如果只覆盖了特定种类的发明,那就定义"本发明"。定义"专利""商标""注册设计""版权""专有技术""销售净额""区域"。根据需要加入其他术语定义。

协议日期

从协议签订日起_____ 从某一特定日期起_____

有效日期_____ 何时由何人核准_____

授予

专利_____ 商标_____

注册设计_____ 版权_____

专有技术_____ 现有/未来_____

来自许可人的改进_____

被许可的发明或专有技术中_____

在相同领域或类似应用_____
全权使用专有技术和实践发明_____以及全权生产、使用和销售产品_____
独有的_____
除了许可人之外独有的_____
独有_____年，并在此之后不再独有
非独有_____
不可改变的_____
有权授予转授许可_____
　　制造（生产）_____
　　制造以自用_____
　　非限制的_____
使用_____　销售_____　租赁_____　出租_____

专有技术的性质
　　发明记录　　　　　　生产设备设计
　　实验室记录　　　　　产品规格
　　研究报告　　　　　　原材料规格
　　开发报告　　　　　　质量控制
　　研发报告　　　　　　经济调研
　　实验装置设计　　　　市场调查
推广方法
商业秘密
顾客清单
图纸和照片
模型、工具和零件
其他（请说明）
非保密的专有技术
保密的专有技术
　　受约束的员工
　　受约束的分包商和从属被许可人
如果专利无效：
　　专有技术支付停止
　　专有技术支付继续

区域

所有国家_____；所有国家除了_____（请说明）

限制

特定领域限制_____

特定区域限制_____

受制于之前的许可_____

受制于许可人的权利去制造____已经制造____使用____销售____

转授许可

给任何他人_____

给许可人提名者_____

特定的考虑事项_____

限制_____

与许可方共享的报酬_____

提供给许可方的副本_____

期限

____年内

直到（具体日期）_____

直到将来特定情况发生（请说明）_____

对于任何专利的寿命_____

直到发布指定的终止通知_____

期限延长_____

自动延长，除非发布终止通知_____

如果达到最低业绩，则自动延长期限_____

除非条款需谈判或仲裁（如特许使用权费），否则自动延长期限_____

通过善意谈判延长期限_____

报酬

一次性支付_____

整笔支付_____

分期付款_____

特许权使用费，利润的百分之_____

  销售总额

  销售净额，具体金额（请说明）____

每单位（请说明）____其他_____

以美元支付：

以当时的汇率

以____美元兑____（外国货币）的汇率

如果汇率下降或上升5%，支付金额将减少或增加同样的比例：是____否____

汇率应以_____发行

用上述货币以外的货币支付_____

被许可人的股票（请说明）

现有企业____新企业____的股票

股票价值在协议日期为市值____

净值为____

股票应有完整的表决权____无表决权____

股票的价值不低于____美元

股票应代表不少于____已发行股票

许可方可以选择以市值____账面价值____获得额外股份

许可人有权利任命董事：

拥有完整表决权____

无表决权____

最低特许权使用费

每日历年____每12个月期间____的金额

预付款____

在日历年年底支付____在12个月期间结束时支付____

抵免所得的特许权使用费：

是____否____

对被许可人账户的检查

不允许

允许：

在任何工作时间　　　　　　　　在特定时间

由许可人的授权代表　　　　　　由会计师

许可人名称的确认

不承认____

由被许可人承认____

如果专利无效：

  被许可人可能会终止：

    根据无效声明____   整个协议____

对已获特许费的声明

每季度，在季度末的____天内

每年，在年底_____天内

其他期间（具体说明）_____

在公证人公证前书面通过认证

转授许可人的名称和地址

转授许可的副本

连同累计支付的专利使用费

被许可人的改进

不包含

包括产品（指定）

  由许可人自动拥有

  自动对许可人许可

  许可人自由选择特许费

  协议期限____特定期限____

  许可的第一区域____对特定区域____

被许可人的勤勉

没有义务

被许可人将竭尽全力

被许可方同意：

  生产____或销售____特定单位

  生产____或销售____特定产品

  投资规定的金额____

  满足贸易要求____

  拒绝不合理的再许可请求____

对缺乏勤勉的处罚：

  许可转换为非排他性许可

  许可人可以提名被许可人

许可人可以提前____天书面通知终止

侵权行为

A. 被许可的权利

   被许可人过去的侵权行为：

   原谅____不原谅____

   支付____原谅

   如果被他人侵权：

   谁会通知

   谁将发起诉讼

   谁将承担诉讼费用

   费用：由____分担____

B. 他人的权利

   许可人没有赔偿

   许可人赔偿被许可人

   谁会通知

   谁来辩护

   谁来支付费用

   费用：由____分担____

C. 赔偿

   由____分担____

D. 解决诉讼的权利：

   由许可人____由被许可人____

   只有经被许可人同意时由许可人____

检查的权利

被许可人有权利检查许可人的：

研究实验室____   发展实验室_____   工程实验室____

试点工厂____   生产工厂____   与产品有关的部门____

每年允许的访问次数

人数

许可人应拥有相互的检查权____   不应拥有____

技术人员

许可人应该派出技术人员传授专有技术：

延伸阅读

  许可人支付费用____被许可人支付费用____
  不超过____天，不超过____人
  收取的费用是薪金，加上____%
  差旅费____
  生活费____ 由许可人承担____   由被许可人承担____
技术人员人数和持续时间由下列人员决定：
  许可人____被许可人____共同____

保密性
没有责任____被许可人责任____双方都有责任____
没有时间限制____合同有效期内____直到所有者公开____
员工的保密义务____转授许可人

仲裁
无仲裁权
缔约双方将尽全力
双方同意仲裁：
  指定主体____
  三人，双方各选定一人，另有第三人由选定人员指定_____
  仲裁裁决提出上诉：
  不允许，有约束力的决定
  允许（具体法庭）仲裁

终止
由许可人：
  若某人丧失能力（姓名）
  如果某人终止与被许可人的联系（姓名）
  在指定时间
  在书面通知后____天内违约
由被许可人：
随时提前____天书面通知
  在任何周年纪念日
  在任何指定的时间
  只有在支付罚款____美元
  在书面通知后____天内违约

终止后，被许可人转让给许可人：
  商标____专利____转授许可____
对于任何指定的专利或应用
对于任何指定的国家
独家许可可以作为非排他性许可继续存在
无论何时任何基本要求均无效
任何一方破产

不可抗力
许可人有权利
被许可人有权利
双方都有权利
不可抗力的性质
  自然事件：火灾、洪水、闪电、风暴、地震、土壤沉降等
  事故：火灾、爆炸、设备故障、运输事故
  民事：骚乱、暴乱、战争、罢工、劳动力流失、劳动力短缺、原材料和
    设备短缺
  政府：政府控制、配给、法院命令
  任何超出控制范围的原因

协议和许可的转让
任何一方均不可转让
由许可人转让，无须被许可人同意____许可人同意____
合并后
由任何一方：
  为全部业务的继承者
  对于拥有大多数股份的任何公司
  对任何拥有控股权的公司
约束继承人、继任者和受让人

最惠待遇被许可人条款
许可人需要通知被许可人类似的许可 通知和地址
被许可人有选择权使用类似的许可 通过挂号航空邮件
许可改为更有利的许可条款 许可人的法定通知地址

被许可人可能会终止   被许可人的法定通知地址

视同通知的条款

综合

本文书是双方之间的完整协议

除非由双方书面签字，否则修改无效

该协议取代：

    双方之间先前的所有协议、过期的协议

语言

官方语言应为英文____其他____（具体说明）

____语言的复印件是正式的____非正式的_____

适用法律

根据_____法律进行解释

签字

个人：   企业：

    "签名盖章"   企业官员

      头衔   企业公章

编制目录

专利清单（发明人、编号、核准日期、官方名称）

专利申请（发明人、序列号、申请日、官方名称）

工业设计（注册号码及日期）

版权（描述、注册号码和日期）

商标（描述、注册号码和日期）

正式文件的描述或副本，如转授许可、转让、事先许可等

确定销售额、净销售额、股票销售价值或其他财产的会计程序（如果有的话）

商标（补充）

如果协议要包括商标许可，请检查以下项目：

许可商标

商标申请号码和日期

商标注册和日期

商品类别（具体说明）

企业商誉（具体说明）

授权使用

独占的____不可转让____

国家商标注册号码和日期_____

许可条款

报酬

特许权使用费：利润的____%　销售总额的____%　销售净额的____%

单一金额____　　年度最低金额____

包括在专有技术费中____　　不包括____

被许可人股票市值（指定公司）____"账面价值"

产品质量控制

商标仅用于商品（请注明）

按书面规格制造：

　　由许可人提供____

同一商品不得使用其他商标

根据要求提供样品：

　　每季度____每年____

允许检验许可人制造的产品：

　　需要的时候____每季度____每年____

误用责任：

　　许可人责任____被许可人责任____

商标使用控制

许可方有权事先批准在下列情况下使用商标：：

　　广告____　标签____　集装箱____　注册通知____

　　展览____　演讲____　宣传____　公司签名____

在商标局注册

整个协议

独立注册用户协议

资料来源：该清单经安大略省工业、贸易和技术部授权转载，引自"许可与合资企业指南"（The Licensing and Joint Venturing Guide）。